중세 국어 입문

– 이론과 강독 –

중세 국어 입문

-이론과 강독-

나찬연

머리말

『중세 국어 입문』은 중세 국어를 처음 배우는 학습자를 대상으로 중세 국어에 대한 기본적인 학습 내용을 기술한 교재이다. 곧, 이 책은 중세 국어의 언어 현상에 대한 기본적인 이론과 중세 국어의 텍스트를 소개하여, 중세 국어의 입문자들에게 중세 국어에 대한 기본적인 이해를 높이는 책이다.

이 책은 '이론편'과 '강독편'으로 구성되어 있다. 제1부의 이론편에서는 15세기의 국어를 중심으로 '문자론·음운론·형태론·통사론' 등의 이론을 다루었다. 그리고 제2부에서는 15·16세기에 발간된 대표적인 한글 문헌을 선정하여, 이들 문헌에 실린 텍스트의 문장을 현대어로 번역하고 형태소 단위로 분석하였다.

이 책은 '제7차 교육과정'에 따른 『고등학교 문법』(2010)과 '2015 개정 교육과정'에 따른 『언어와 매체』(2019) 등의 학교 문법 교과서에 기술된 문법 교육의 내용과 체제에 기반하여 집필되었다. 그리고 이 책이 중세 국어의 입문서라는 특징 때문에, 저자가 이전에 발간한 『제2판 학교 문법의 이해 1·2』, 『중세 국어의 이해』, 『중세 국어 강독』, 『근대 국어 강독』에 기술된 내용이 이 책에 많이 반영되어 있음을 밝힌다.

지은이는 중세 국어를 배우는 이들이 『중세 국어 입문』·『중세 국어의 이해』·『중세 국어 강독』·『근대 국어 강독』을 순차적으로 학습함으로써, 중세 국어에서 현대 국어에 이르는 국어사에 대한 학습 능력을 배양할 수 있을 것으로 기대한다.

이 책이 나오기까지 여러 사람의 도움이 있었다. 먼저 '학교문법 연구회' 소속의 권영환·김문기·박성호 선생과, 현재 부산대학교 대학원의 국어국문학과에서 박사과정을 이수하고 있는 나벼리 군은 이 책에 기술된 문법 이론을 검토하고 오류를 수정하는 데에 큰 도움을 주었다. 그리고 20여 년 동안 저자의 졸고를 읽은 수많은 독자들이 '학교 문법 교실(http://scammar.com)' 홈페이지의 문답방에 문법에 관련한 질문을 올려서, 이 책의 내용을 수정하여 더 나은 내용으로 발전시키는 데에 큰 도움이 되었다. 끝으로 이 책을 발간해 주신 경진출판의 양정섭 대표님께 고마운 뜻을 전한다.

2020. 4.
지은이 씀

제2부 강독편

이 론 편 1부

[이 책에서 인용한 15·16세기의 국어 문헌]

약어	문헌 이름	발간 연대	
용가	용비어천가(龍飛御天歌)	1445년	세종
훈해	훈민정음 해례본(訓民正音解例)	1446년	세종
석상	석보상절(釋譜詳節)	1447년	세종
월천	월인천강지곡(月印千江之曲)	1448년	세종
훈언	훈민정음 언해본(訓民正音諺解)	1450년경	세종
월석	월인석보(月印釋譜)	1459년	세조
능언	능엄경언해(愣嚴經諺解)	1462년	세조
법언	묘법연화경언해(妙法蓮華經諺解(法華經諺解)	1463년	세조
몽언	몽산화상법어약록언해(蒙山和尙法語略錄諺解)	세조 때	세조
금언	금강경언해(金剛經諺解)	1464년	세조
선언	선종영가집언해(禪宗永嘉集諺解)	1464년	세조
원언	원각경언해(圓覺經諺解)	1465년	세조
구언	구급방언해(救急方諺解)	1466년	세조
내훈	내훈(內訓, 일본 蓬左文庫 판)	1475년	성종
삼행	삼강행실도(三綱行實圖)	1481년	성종
두언	분류두공부시언해(分類杜工部詩諺解 初刊本)	1481년	성종
금삼	금강경삼가해(金剛經三家解)	1482년	성종
영남	영가대사증도가 남명천선사계송(永嘉大師證道歌 南明泉禪師繼訟)	1482년	성종
구간	구급간이방언해(救急簡易方諺解)	1489년	성종
육언	육조법보단경언해(六祖法寶壇經諺解)	?	?
악궤	악학궤범(樂學軌範)	1493년	성종
속삼	속삼강행실도(續三綱行實圖)	1514년	
훈자	훈몽자회(訓蒙字會)	1517년	중종
번소	번역소학(飜譯小學)	1518년	중종
번노	번역노걸대(飜譯老乞大)	16세기 초	중종
번박	번역박통사(飜譯朴通事)	16세기 초	중종
소언	소학언해(小學諺解)	1587년	선조
악가	악장가사(樂章歌詞)	?	?

제1장 문자론과 음운론

1.1. 훈민정음

〈 훈민정음의 창제 〉 글자 체계로서의 '훈민정음(訓民正音)'은 세종 25년 음력 12월(1444년 양력 1월)에 창제되고, 세종 28년 음력 9월(1446년 양력 10월)에 반포되었다. 훈민정음의 제자 원리와 용례 및 훈민정음의 창제 과정은 『훈민정음 해례본』(訓民正音 解例本)에

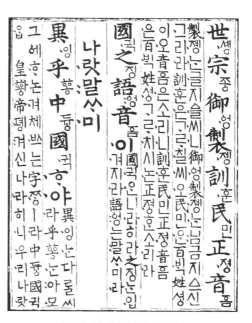

〈그림 1〉 훈민정음 해례본   〈그림 2〉 훈민정음 언해본

자세하게 기술되어 있다.

〈 훈민정음 해례본 〉『훈민정음 해례본』은 1446년 음력 9월 상순(正統 十一年 九月 上澣)에 발간된 한문본으로서『간송 전형필본』이라고도 한다. 이 책은 1940년에 경북 안동군에서 발견되었는데, 현재 국보 70호로 지정되어 있으며 1997년에 유네스코가 지정한 세계 기록 유산에 등재되어 있다.『훈민정음 해례본』의 내용은 다음과 같이 짜여 있다.

---

1. (어제 훈민정음)
　　　① (어제 서) : 훈민정음 창제의 동기와 목적 소개
　　　② (예　　의) : −자모의 형태와 음가 소개
　　　　　　　　　 −글자의 운용법 소개
2. 훈민정음 해례 : 제자해, 초성해, 중성해, 종성해, 합자해; 용자례
3. (정인지 서) : 창제의 동기와 목적, 정음의 우수성, 정음 창제의 경위

〈표 1〉 훈민정음 해례본의 내용 체제

1.1.1. 제자의 일반 원리

훈민정음의 제자 원리는『훈민정음 해례본』의 '제자해'에 자세하게 기술되어 있다.

(1) ㄱ. 正音二十八字 各象其形而制之.　　　　　　　　　　　　　[훈해 제자해]
　　 ㄴ. 훈민정음 28글자는 각기 그 모양을 본떠서 만들었다.

위의 기록은 훈민정음의 기본적인 제자 원리가 '상형(象形)'의 원리임을 밝히고 있다. 곧 초성(자음) 글자는 그것을 발음할 때에 작용하는 발음 기관의 모양을 본떠서 글자를 만들었고, 중성(모음) 글자는 하늘(天)이 둥근 모양과 땅(地)이 평평한 모양, 그리고 사람(人)이 서 있는 모양을 본떠서 만들었다.

1.1.2. 초성 글자의 제자 원리

초성 글자는 소리를 낼 때의 발음 기관을 상형함으로써 'ㄱ, ㄴ, ㅁ, ㅅ, ㅇ'의 상형자를 만들고, 이들 글자에 '가획'의 방법을 적용하여 다른 글자를 만들었다. 그리고 종성 글자

는 따로 만들지 않고 초성 글자를 다시 사용하였다.

〈상형〉 '훈민정음 해례본'의 '제자해'에는 초성(자음) 글자의 제자 원리를 다음과 같이 밝히고 있다.

(2) ㄱ. 初聲凡十七字。牙音ㄱ象舌根閉喉之形。舌音ㄴ象舌附上腭之形。脣音ㅁ象口形。齒音ㅅ象齒形。喉音ㅇ象喉形。 [훈해 제자해]

ㄴ. 초성은 모두 17자이다. 아음(어금닛소리, 牙音)인 'ㄱ'은 혀의 뿌리가 목을 막는 모양을 본떴다. 설음(혓소리, 舌音)인 'ㄴ'은 혀가 윗잇몸에 붙는 모양을 본떴다. 순음(입술소리, 脣音)인 'ㅁ'은 입의 모양을 본떴다. 치음(잇소리, 齒音)인 'ㅅ'은 이의 모양을 본떴다. 후음(목구멍소리, 喉音)인 'ㅇ'은 목구멍의 모양을 본떴다.

초성 글자를 만든 일차적인 원리는 '상형(象形)'이다. 곧 상형자인 'ㄱ, ㄴ, ㅁ, ㅅ, ㅇ'은 소리를 낼 때에 관여하는 발음 기관의 모습을 그대로 본떠서 만들었다.

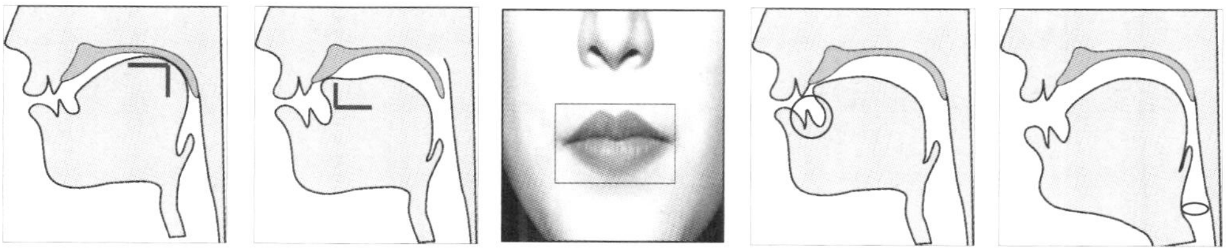

['ㄱ'의 상형] **['ㄴ'의 상형]** **['ㅁ'의 상형]** **['ㅅ'의 상형]** **['ㅇ'의 상형]**

'ㄱ'은 그 소리를 발음할 때 혀의 뒷부분(뒤혀)이 올라가서 입천장의 맨 안쪽 부분(연구개)을 막는 모양을 본떠서 글자의 꼴을 만들었다. 'ㄴ'은 혀끝이 윗잇몸에 닿는 모양을 본떴다. 'ㅁ'은 별도의 글자를 만들지 않고 한자의 '口' 모양을 그대로 가져와서 입의 (네모진) 모양을 본떴고, 'ㅅ'은 이의 (뾰쪽한) 모양을, 'ㅇ'은 목구멍의 (둥근) 모양을 그대로 본떴다.

〈가획〉 초성 글자를 만드는 데에 적용한 두 번째 원리'는 '가획(加劃)'이다. 곧 상형의 원리로써 'ㄱ, ㄴ, ㅁ, ㅅ, ㅇ'의 상형자를 먼저 만들고, 나머지 글자는 소리가 세어짐에 따라서 획을 더하는 원리를 사용하여 글자(=가획자)를 만들었다.

(3) ㄱ. ㅋ比ㄱ 聲出稍厲 故加畫。ㄴ而ㄷ ㄷ而ㅌ ㅁ而ㅂ ㅂ而ㅍ ㅅ而ㅈ ㅈ而ㅊ ㅇ而ㆆ ㆆ而ㅎ 其因聲加畫之義皆同 而唯ㆁ爲異。 [훈해 제자해]

ㄴ. ㅋ은 ㄱ에 비하여 소리가 약간 세게 나오므로 획(劃)을 더하였다. ㄴ과 ㄷ, ㄷ과 ㅌ,

ㅁ과 ㅂ, ㅂ과 ㅍ, ㅅ과 ㅈ, ㅈ과 ㅊ, ㅇ과 ㆆ, ㆆ과 ㅎ은 그 소리를 말미암아서 획을 더하는 뜻은 모두 같으나, 오직 ㆁ만은 다르다.

상형자에 획을 더하여 글자를 만든 것은 'ㄱ'보다 'ㅋ'이 소리가 세게 나고, 'ㄴ'보다 'ㄷ' 이 더 세게 나고, 'ㄷ'보다는 'ㅌ'이 더 세게 나기 때문이다. 결국 소리의 세기를 획을 더해서 나타낸 것이다. (3)의 내용을 정리하여 표로 보이면 다음과 같다.

	상형자	1차 가획자	2차 가획자	이체자(異體字)
아음(牙音)	ㄱ	ㅋ		ㆁ
설음(舌音)	ㄴ	ㄷ	ㅌ	ㄹ
순음(脣音)	ㅁ	ㅂ	ㅍ	
치음(齒音)	ㅅ	ㅈ	ㅊ	ㅿ
후음(喉音)	ㅇ	ㆆ	ㅎ	

〈표 2〉 초성 글자의 가획 원리

1.1.3. 중성 글자의 제자 원리

중성(모음) 글자는 상형의 원리에 따라서 'ㆍ, ㅡ, ㅣ' 세 글자를 만들고 나서, 나머지 중성 글자는 'ㆍ, ㅡ, ㅣ'를 합성하여 만들었다.

〈 상형 〉 중성 글자 중에서 으뜸이 되는 'ㆍ, ㅡ, ㅣ' 세 글자는 '상형(象形)'의 원리로 만들었다.

(4) ㄱ. 中聲凡十一字。ㆍ(…) 形之圓 象乎天也。ㅡ (…) 形之平 象乎地也。ㅣ (…) 形之立 象 乎人也。　　　　　　　　　　　　　　　　　　　　　　　　　　[훈해 제자해]

ㄴ. 중성은 모두 11자이다. ㆍ는 (…) 그 형상이 둥근 것은 하늘을 본떴다. ㅡ는 (…) 그 형상이 평평한 것은 땅을 본떴다. ㅣ는 (…) 그 형상이 서 있는(立) 모양인 것은 사람 을 본떴다.

'ㆍ'는 하늘(天)의 둥근 모양을, 'ㅡ'는 땅(地)의 평평한 모양을, 'ㅣ'는 사람(人)이 서 있는 모양을 본떠서 글자를 만들었다.

〈 합성 〉 상형자인 'ㆍ'와 'ㅡ'와 'ㅣ'를 합성(合成)하여 초출자와 재출자를 만들었다.

(5) ㄱ. ㅗ(…)其形則·與一合而成(…)。ㅏ(…)其形則ㅣ與·合而成(…)。ㅜ(…)其形則一
與·合而成。ㅓ(…)其形則·與ㅣ合而成。　　　　　　[훈해 제자해]

ㄴ. ㅗ는 그 모양이 ·와 ㅡ가 합쳐서 이루어졌다. ㅏ는 그 모양이 ㅣ와 ·가 합쳐서 이루어
졌다. ㅜ는 그 모양이 ㅡ와 ·가 합쳐서 이루어졌다. ㅓ는 그 모양이 ·와 ㅣ가 합쳐서
이루어졌다. [훈해 제자해]

(6) ㄱ. ㅛ與ㅗ同而起於ㅣ。ㅑ與ㅏ同而起於ㅣ。ㅠ與ㅜ同而起於ㅣ。ㅕ與ㅓ同而起於ㅣ。

ㄴ. ㅛ는 ㅗ와 같으나 ㅣ에서 일어난다. ㅑ는 ㅏ와 같으나 ㅣ에서 일어난다. ㅠ는 ㅜ와
같으나 ㅣ에서 일어난다. ㅕ는 ㅓ와 같으나 ㅣ에서 일어난다. [훈해 제자해]

(7) ㄱ. ㅗㅏㅜㅓ始於天地 爲初出也。ㅛㅑㅠㅕ起於ㅣ 而兼乎人 爲再出也。ㅗㅏㅜㅓ之一
其圓者 取其初生之義也。ㅛㅑㅠㅕ之二圓者 取其再生之義也。[훈해 제자해]

ㄴ. 'ㅗ, ㅏ, ㅜ, ㅓ'는 천지(天地)에서 비롯하므로 초출(初出)이 된다. 'ㅛ, ㅑ, ㅠ, ㅕ'는 ㅣ에
서 일어나서 인(人)을 겸하므로 재출(再出)이 된다. 'ㅗ, ㅏ, ㅜ, ㅓ'에서 그 원(圓)을 하
나로 한 것은 초생(初生)의 뜻을 취했다. 'ㅛ, ㅑ, ㅠ, ㅕ'에서 그 원(圓)을 둘로 한 것은
재생(再生)의 뜻을 취했다.

'ㅗ'는 '·'에 'ㅡ'를 합성하여서 만들었으며, 'ㅏ'는 'ㅣ'에 '·'를 합성하여서 만들었다. 'ㅜ'
는 'ㅡ'에 '·'를 합성하여서 만들었고, 'ㅓ'는 '·'에 'ㅣ'를 합성하여서 만들었다. 그리고
'ㅗ, ㅏ, ㅜ, ㅓ'처럼 'ㅡ'나 'ㅣ'에 '·'를 하나 더하여 만든 합성 글자를 '초출자(初出字)'라고
하는데, 이는 단모음을 적은 글자이다. 반면에 'ㅛ, ㅑ, ㅠ, ㅕ'처럼 'ㅡ'나 'ㅣ'에 '·'를
두 개 더하여 만든 글자를 '재출자(再出字)'라고 하는데, 이는 'ㅣ'계'의 상향적 이중 모음
을 적은 글자이다. 초출자와 재출자의 제자 원리와 음가를 표로 보이면 다음과 같다.

초출자			재출자		
글꼴	글자의 합성	음가	글꼴	글자의 합성	음가
ㅗ	· + ㅡ	/o/	ㅛ	· + · + ㅡ	/jo/
ㅏ	ㅣ + ·	/a/	ㅑ	ㅣ + · + ·	/ja/
ㅜ	ㅡ + ·	/u/	ㅠ	ㅡ + · + ·	/ju/
ㅓ	· + ㅣ	/ə/	ㅕ	· + · + ㅡ	/jə/

〈표 3〉 초출자와 재출자의 제자 원리

상형자(·, ㅡ, ㅣ), 초출자(ㅗ, ㅏ, ㅜ, ㅓ), 재출자(ㅛ, ㅑ, ㅠ, ㅕ)는 하나로 된 글자인데, 이들을 아울러서 '일자 중성자(一字中聲字, 홑 중성 글자)'라고 한다.

1.1.4. 글자의 운용법

『훈민정음』의 예의에서는 글자의 운용에 관한 규정으로서, '종성법, 연서법, 병서법, 성음법, 부서법, 사성법'에 관한 규정을 두고 있다.

〈종성법〉 15세기 국어에서 종성에서 발음되는 /ㄱ, ㄴ, ㄷ, ㄹ, ㅁ, ㅂ, ㅅ, ㆁ/의 8개가 있었는데, 종성 글자는 따로 만들지 않고 초성의 글자를 다시 사용하였다.

(8) ㄱ. 終聲復用初聲。   [훈해 예의]
     ㄴ. 종성은 초성을 다시 사용한다.

이처럼 종성 글자를 따로 만들지 않은 것은, 초성이나 종성의 소리가 음절 속에서 실현되는 위치만 다를 뿐이지, 둘 다 동일한 소리라는 것을 인식하고 있었기 때문이다.

〈연서법〉 'ㅇ'을 순음 글자인 'ㅂ, ㅃ ㅍ, ㅁ'의 아래에 이어서 적으면 순경음 글자인 'ㅸ, ㅹ ㆄ, ㅱ'이 된다. 이렇게 두 글자를 위아래로 이어서 새로운 글자를 만드는 방법을 '연서(連書)'라고 한다.

(9) ㄱ. ○連書脣音之下 則爲脣輕音。   [훈해 예의]
     ㄴ. ○를 순음의 아래에 이어 쓰면 순경음(脣輕音)이 된다.

순경음은 순음인 /ㅂ/, /ㅃ/, /ㅍ/, /ㅁ/을 발음할 때에 입술을 가볍게 하여 공기를 내뿜는 소리이다. 순경음을 적는 글자로는 'ㅸ, ㅱ, (ㆄ, ㅹ)'의 네 가지가 있겠으나, 우리말을 적는 데에는 'ㅸ'만이 쓰였고 'ㅱ'은 한자음을 표기하는 데에만 쓰였다.

〈병서법〉 초성과 종성의 글자를 합해서 사용할 때에는 두 글자를 왼쪽에서 오른쪽으로 나란히 잇대어서 쓰는데, 이를 '병서(竝書)'라고 한다.

(10) ㄱ. 初聲合用則竝書 終聲同。   [훈해 예의]
      ㄴ. 초성을 합쳐서 사용하려면 나란히 쓰라. 종성도 마찬가지다.

병서 글자로는 두 가지가 있다. 먼저 현대어의 된소리 글자처럼 같은 글자를 나란히 적는 것을 '각자 병서(各自竝書)'라고 하고, 다른 글자를 나란히 적는 것을 '합용 병서(合用竝書)'라고 한다.

(11) ㄱ. 各自竝書: ㄲ, ㄸ, ㅃ, ㅆ, ㅉ, ㆅ, (ㆀ, ㄴ)

ㄴ. 合用竝書: (초성) : ㅲ, ㅄ, ㅵ, ㅳ; ㅴ, ㅥ, ㅅㄷ, ㅿ; ㅴ, ㅵ

(종성) : ㄳ; ㄴㅅ; ㄺ, ㄻ, ㄼ, ㅀ

현대어에서 합용 병서는 종성에서만 쓰이지만, 15세기 국어에는 초성에도 'ㅳ, ㅄ, ㅵ, ㅳ; ㅴ, ㅥ, ㅅㄷ, ㅿ; ㅴ, ㅵ' 등의 합용 병서 글자가 쓰였다.

〈성음법〉 훈민정음을 창제한 학자들은 원칙적으로 초성, 중성, 종성이 합해져야 소리가 이루어지는 것으로 생각했다. 또한 이러한 생각에 따라서 글자도 초성과 중성, 혹은 초성, 중성, 종성의 글자를 합쳐서 적어야 한다는 규정을 두었는데, 이러한 규정을 '성음법(成音法)'이라고 한다.

(12) ㄱ. 凡字必合而成音。　　　　　　　　　　　　　[훈해 예의]

ㄴ. 무릇 글자는 반드시 합쳐져야 소리가 이루어진다.

음소 글자인 훈민정음은 낱글자 단위로 하나하나 풀어서 적는 것이 원칙이다. 하지만 훈민정음의 창제자들은 위와 같은 규정을 두어서 낱 글자를 음절 단위로 모아서 적게 하였는데, 이와 같은 규정을 둔 데는 다음과 같은 현실적인 이유가 있었다.

곧 한자(漢字)의 한 글자에 대응되는 소리는 음소가 아니라 음절이기 때문에, 한자의 한 글자와 한글의 한 글자가 표현하는 소리의 단위가 일치하지 않았다.

(13) ㄱ. 君군, 覃땀, 呑튼, 彆볃, 卽즉, 侵침, ……

ㄴ. 君ㄱㅜㄴ, 覃ㄸㅏㅁ, 呑ㅌㆍㄴ, 彆ㅂㅕㄹㆆ, 卽ㅈㅡㄱ, 侵ㅊㅣㅁ, ……

음절 단위로 발음하는 글자인 한자의 한 글자에 맞추어서 적기 위해서는, 훈민정음 글자를 (ㄱ)처럼 초성, 중성, 종성을 모아서 적어야 한다. 만일 (ㄴ)처럼 음소 단위의 낱 글자로 풀어서 적으면 한자 한 글자에 대응되는 훈민정음 글자가 세 글자 혹은 네 글자가 된다. 한자와 한글을 함께 쓸 것을 고려하면 (ㄱ)처럼 낱 글자를 모아서 쓸 수밖에 없었다. 이러한 성음법의 규정에 따라서 종성이 없는 한자음을 훈민정음으로 적을 때에는, 음가가 없는 'ㅇ'을 종성의 자리에 넣어서 적었다.

(14) 快캐, 那낭, 步뽕, 彌밍, 慈쭝, 邪썅, 虛헝, 閻령

(14)의 한자들은 초성과 중성의 소리만 발음되는 글자인데, 종성의 자리에 소리가 나지
않는 'ㅇ'을 표기하여서 초성, 중성, 종성을 맞추어서 적었다.

〈부서법〉 초성은 단독으로 발음되지 않으므로 반드시 중성을 붙여 써야 한다. 그런데
중성 중에서 어떤 것은 초성의 아래에 붙여 쓰고, 또 어떤 것은 초성의 오른쪽에 붙여
쓴다는 규정을 두었는데, 이러한 규정을 '부서법(附書法)'이라고 한다.

(15) ㄱ. ·ㅡㅗㅜㅛㅠ 附書初聲之下。ㅣㅏㅓㅑㅕ 附書於右。   [훈해 예의]

　　 ㄴ. '·, ㅡ, ㅗ, ㅜ, ㅛ, ㅠ'는 초성의 아래에 붙여 쓴다. 'ㅣ, ㅏ, ㅓ, ㅑ, ㅕ'는 (초성의) 오른쪽
　　　　에 붙여 쓴다.

(16) ㄱ. 中聲則圓者橫者在初聲之下 ·ㅡㅗㅜㅛㅠ是也。縱者在初聲之右 ㅣㅏㅓㅑㅕ是也。

　　 ㄴ. 중성 중에서 둥근 것과 가로 그은 것은 초성의 아래에 놓이는데, '·, ㅡ, ㅗ, ㅜ, ㅛ,
　　　　ㅠ'가 그것이다. 위에서 아래로 그은 것은 초성의 오른쪽에 놓이는데, 'ㅣ, ㅏ, ㅓ,
　　　　ㅑ, ㅕ'가 그것이다.   [훈해 합자해]

위의 (15)와 (16)은 부서법에 대한 규정으로서, '·, ㅡ, ㅗ, ㅜ, ㅛ, ㅠ'는 초성의 아래에
붙여 쓰고, 'ㅣ, ㅏ, ㅓ, ㅑ, ㅕ'는 초성의 오른쪽에 붙여 쓴다는 규정이다. 곧 중성 가운데
에서 둥근 것(·)과 가로 그은 것(ㅡ, ㅗ, ㅜ, ㅛ, ㅠ)은 초성 밑에 두고, 위에서 아래로 내리
그은 것(ㅣ, ㅏ, ㅓ, ㅑ, ㅕ)은 초성의 오른쪽에 둔다는 것이다.

(17) ㄱ. ᄀ, 그, 고, 구, 교, 규
　　 ㄴ. 기, 가, 거, 갸, 겨

부서법에 따라서 초성 'ㄱ'에 중성을 붙여 쓰면 (17)처럼 된다. 이렇게 특정한 중성 글자
가 초성 글자에 붙을 때의 위치를 정해 둔 것은, 글자의 모양을 전체적으로 네모의 모양
으로 유지하여 한자의 글꼴과 조화를 이루도록 하기 위한 것이다.

〈사성법〉 훈민정음은 초성, 중성, 종성의 글자 이외에도 '방점(傍點, 四聲點)'을 찍어서
'성조(聲調, 소리의 높낮이)'를 표시하였다.

(18) ㄱ. 左加一點則去聲 二則上聲 無則平聲。入聲加點同而促急。 [훈해 예의]

ㄴ. (글자의) 왼편에 한 점을 찍으면 거성(去聲)이요, 둘이면 상성(上聲)이요, 없으면 평성(平聲)이다. 입성(入聲)은 점을 찍는 것은 같으나 촉급하다.

사성법은 글자의 왼편에 점을 찍어서 소리의 높낮이를 표시한 것이다. 거성(去聲, 가장 높은 소리)은 한 점을 찍으며, 상성(上聲, 처음에는 낮았다가 나중에는 높은 소리)은 두 점을 찍었고, 평성(平聲, 가장 낮은 소리)은 점을 찍지 않았다.

『훈민정음』에서 규정한 방점의 사용법을 정리하여 표로 보이면 다음과 같다.

사성 (四聲)		좌가점 (左加點)	용례	소리의 성질	
				해례본	언해본
비입성 (非入聲)	거성(去聲)	一 點	·갈(刀), ·키(箕)	擧而壯	뭇 노푼 소리
	상성(上聲)	二 點	:돌(石), :범(虎)	和而擧	처석미 놋갑고 내즁이 노푼 소리
	평성(平聲)	無 點	벼(稻) 콩(大豆)	安而和	뭇 놋가톤 소리
입성 (入聲)	거성(去聲)	一 點	·몯(釘), ·특(頤)	促而塞	샐리 긋돋눈 소리
	상성(上聲)	二 點	:낟(穀), :깁(繒)		
	평성(平聲)	無 點	독(甕) 녑(脅)		

〈표 4〉 방점의 운용법

『훈민정음 해례본』의 '종성해'에 따르면, 'ㆁ, ㄴ, ㅁ, ㅇ, ㄹ, ㅿ'과 같은 불청불탁(不淸不濁)의 글자를 제외한, 나머지 전청(全淸)과 차청(次淸)의 글자가 종성으로 쓰일 때에는 입성이 된다고 하였다.

(19) ㄱ. ㆁㄴㅁㅇㄹㅿ六字爲平上去聲之終 而餘皆爲入聲之終也。　[훈해 종성해]

　　ㄴ. 'ㆁ, ㄴ, ㅁ, ㅇ, ㄹ, ㅿ'의 여섯 자는 평성, 상성, 거성의 종성이 되고, 그 나머지는 모두 입성의 종성이 된다. [훈해 종성해]

입성은 소리의 높낮이와는 관계없이 짧고 빨리 끝나는 음절의 소리이므로 '평성, 상성, 거성'과는 구분된다. 곧, 입성(入聲)은 '독(甕), :속(內), ·특(頤); 긷(柱), :낟(穀), ·몯(釘); 녑(脅), :깁(繒), ·입(口)'처럼 종성이 폐쇄음인 /k/, /t/, /p/으로 된 음절이다. 따라서 입성을 다시 높낮이의 특징에 따라서 '거성적 입성'에는 한 점, '상성적 입성'에는 두 점을 찍었고, '평성적 입성'에는 점을 찍지 않았다.

이러한 방점은 16세기 초기 문헌에서부터 사용법에 혼란을 보이다가, 『동국신속삼강행실도』(1617)와 같은 17세기 초반에 간행된 문헌부터는 방점이 표시되지 않았다.

{ 훈민정음 해례본에 제시된 초성 글자의 소리 체계 }

『훈민정음 해례본』의 '초성해'에서는 초성의 글자 체계를 23글자 체계로 제시하였다. 이는 단일 초성 글자인 17자와 각자 병서의 글자인 6자를 아울러서 글자 체계를 제시한 것이다.

조음 방법(淸濁) 조음 위치(五音)		全淸 (예사소리)	次淸 (거센소리)	不淸不濁 (울림소리)	全濁 (된소리)
牙音	엄쏘리	/ㄱ/ 君군	/ㅋ/ 快쾡	/ㆁ/ 業업	/ㄲ/ 虯뀨
舌音	혀쏘리	/ㄷ/ 斗둘	/ㅌ/ 呑톤	/ㄴ/ 那낭	/ㄸ/ 覃땀
脣音	입시울쏘리	/ㅂ/ 彆볋	/ㅍ/ 漂푷	/ㅁ/ 彌밍	/ㅃ/ 步뽕
齒音	니쏘리	/ㅈ/ 卽즉 /ㅅ/ 戌슗	/ㅊ/ 侵침		/ㅉ/ 慈쭝 /ㅆ/ 邪쌍
喉音	목소리	/ㆆ/ 挹흡	/ㅎ/ 虛헝	/ㅇ/ 欲욕	/ㆅ/ 洪뽕
半舌音	반혀쏘리			/ㄹ/ 閭령	
半齒音	반니쏘리			/ㅿ/ 穰양	

〈표 1〉 초성 글자의 소리 체계

초성의 소리는 먼저 '오음(五音)', 곧 조음 위치에 따라서 초성의 소리를 '아음, 설음, 순음, 치음, 후음, 반설음, 반치음'으로 나누었다. 첫째로 /ㄱ/, /ㅋ/, /ㆁ/, /ㄲ/은 혀의 뿌리로써 어금니의 근처(여린입천장 근처)를 막아서 내는 소리이므로 '아음(牙音, 엄쏘리)'이라고 한다. 둘째로 /ㄷ/, /ㅌ/, /ㄴ/, /ㄸ/은 혀끝으로 윗잇몸을 막아서 내므로 '설음(舌音, 혀쏘리)'이라고 한다. 셋째로 /ㅂ/, /ㅍ/, /ㅁ/, /ㅃ/은 두 입술을 막아서 내는 소리이므로 '순음(脣音, 입시울소리)'이라고 한다. 넷째로 /ㅈ/, /ㅅ/, /ㅊ/, /ㅉ/, /ㅆ/은 혀끝으로 윗니 근처를 막거나 접근시켜서 내므로 '치음(齒音, 닛소리)'이라고 한다. 다섯째로 /ㆆ/, /ㅎ/, /ㅇ/, /ㆅ/은 목에서 나는 소리이므로 '후음(喉音, 목소리)'이라고 한다. 그리고 /ㄹ/은 설음인 /ㄷ/, /ㅌ/, /ㄴ/과 같은 위치에서 나되 혀끝이 완전하게 닫히지 않는 점이 /ㄷ/, /ㅌ/, /ㄴ/과 다르므로, '반설음(半舌音, 반혀쏘리)'이라고 한다. 마지막으로 /ㅿ/은 치음인 /ㅅ/, /ㅈ/, /ㅊ/과 같은 위치에서 나되, 유성음과 유성음 사이에서만 실현된다는 제약 때문에 '반치음(半齒音, 반닛소리)'이라고 한다.

다음으로 '청탁(淸濁)', 곧 소리를 내는 방법과 힘의 강도에 따라서 초성의 소리를 '전청, 차청, 불청불탁, 전탁'으로 나누었다. 이들 소리 가운데서 '전청(全淸)'인 /ㄱ, ㄷ, ㅂ, ㅈ, ㅅ, ㆆ/은 약한 소리인 '예사소리(軟音)'에 해당하며, '차청(次淸)'인 /ㅋ, ㅌ, ㅍ, ㅊ, ㅎ/은 '거센소리(激音, 氣音)'에 해당한다. 그리고 '불청불탁(不淸不濁)'인 /ㆁ, ㄴ, ㅁ, ㅇ, ㄹ, ㅿ/은 '향음(響音, 울림소리)'에 해당하며, '전탁(全濁)'인 /ㄲ, ㄸ, ㅃ, ㅉ, ㅆ, ㆅ/은 '된소리(硬音)'에 해당한다.

『훈민정음 해례본』에서는 단일 글자인 '일자 중성 글자(一字 中聲)'나 복합 글자인 '이자 중성 글자(二字 中聲)'의 뒤에 'ㅣ'를 합쳐서, 더 많은 글자를 만들어서 사용할 수 있다고 하였다. 곧, 'ㅣ, ㅢ, ㅚ, ㅐ, ㅟ, ㅔ, ㅚ, ㅒ, ㅠ, ㅖ'의 10개의 글자는 일자 중성(一字 中聲)인 'ㆍ, ㅡ, ㅗ, ㅏ, ㅜ, ㅓ, ㅛ, ㅑ, ㅠ, ㅕ'에 'ㅣ'를 합쳐서 사용하는 글자이다. 이렇게 합용된 글자는 '이자 중성(二字 中聲)'이 된다. 그리고 'ㅙ, ㅞ, ㅙ, ㅞ'는 '이자 중성(二字 中聲)'인 'ㅘ, ㅝ, ㅛ, ㅠ'에 다시 'ㅣ'를 합쳐서 사용하는 글자인데, 이들 글자는 '삼자 중성(三字 中聲)'이 된다.

글자의 종류		글자의 예	제자 방법과 합용 방법
基本字	象形字	ㆍ, ㅡ, ㅣ	상형
	初出字	ㅗ, ㅏ, ㅜ, ㅓ	상형자의 합성
	再出字	ㅛ, ㅑ, ㅠ, ㅕ	초출자와 'ㆍ'의 합성
合用	二字相合者	ㅘ, ㅝ; ㅛ, ㅠ	초출자의 합용, 재출자의 합용
		ㅣ, ㅢ, ㅚ, ㅐ, ㅟ, ㅔ, ㅚ, ㅒ, ㅠ, ㅖ	'일자 중성'과 'ㅣ'의 합용
	三字相合者	ㅙ, ㅞ, ㅙ, ㅞ	'이자 중성'과 'ㅣ'의 합용

〈표 2〉 중성 글자의 제자 방법과 합용 방법

1.2. 표기법

15세기 국어의 표기법은 '음소적 표기법과 음절적 표기법, 형태·음소적 표기법, 종성의 표기, 사잇소리의 표기, 한자음의 표기, 붙여쓰기' 등에서 특징이 나타난다.

1.2.1. 표음주의와 표의주의 표기법

15세기 국어에서는 원칙적으로는 '표음주의 표기법'으로 적었으며, 일부 문헌에서 부분적으로 '표의주의 표기법'으로 적었다.

〈 표음주의 표기법 〉 '표음주의 표기법(表音主義 表記法)'은 특정한 형태소에 변동이 일어날 때에, 그 형태소를 변동된 대로 적거나 형태소의 경계를 무시하고 소리 나는 대로 적은 표기법이다. 중세 국어에서 표음주의 표기법은 '음소적 표기법'과 '음절적 표기법'의 두 가지 방식으로 실현되었다.

첫째, '음소적 표기법(音素的 表記法, phoneticism)'은 변동된 형태를 소리 나는 대로 적는 표기 방법이다.

  (1) ㄱ. 무룹, 글, 넏디, 곳, 눛

      ㄴ. 이실 찌긔, 녀쑵고, 우룸쏘리

      ㄷ. 믓결, 밧, 업던, 아숩고, 화살; 삐, 어믜, 잇거든

      ㄹ. 날ᄃ려, ᄃ리예, ᄃ외욤과

      ㅁ. 마키디, 나코, 코콰, ᄀᄅ쳐

      ㅂ. 건나디, 븓ᄂ니, 젼노라

(1)에서는 형태소의 기본 형태가 (ㄱ)은 평파열음화, (ㄴ)은 된소리되기, (ㄷ)은 탈락, (ㄹ)은 첨가, (ㅁ)은 축약 현상에 따라서 비기본 형태로 변동했다. 중세 국어에서는 이러한 변동 현상이 일어날 때에는 소리나는 대로 표기하는 것이 일반적이었다.

둘째, '음절적 표기법(音節的 表記法)'은 체언이나 용언의 어간이 종성으로 끝나고 그 뒤에 실현되는 조사와 어미가 모음으로 시작할 때에, 형태소의 경계를 무시하고 앞 말의 종성을 뒤 말의 초성으로 이어서 적는 표기법이다(이어적기, 連綴).

  (2) ㄱ. 모믈(몸 + -올), 사ᄅ미(사름 + -이), 도ᄂ로(돈 + -ᄋ로), 쁘들(뜯 + -을), 소내(손 + -애), ᄂ미(놈 + -익), 쑤믈(숨 + -을), ᄃ롤(돌 + -올), 홀ᄀ롤(훍 + -올), 누니라(눈 + -이라)

      ㄴ. 업슬(없- + -을), 아나(안- + -아), 빌머그라(빌먹- + -으라), 안자(앉- + -아), 바다(받- + -아), 어드리라(얻- + -으리라), 소사(솟- + -아)

(ㄱ)은 체언의 끝에 실현된 종성이 모음으로 시작하는 조사와 결합할 때에 이어적기를 한 예이다. 그리고 (ㄴ)은 용언 어간의 끝에 실현된 종성이 모음으로 시작하는 어미와 결합할 때에 이어적기를 한 예이다.

〈 표의주의 표기법 〉 '표의주의 표기법(表意主意 表記法)'은 변동된 형태소의 기본 형태를 밝혀서 적거나, 형태소의 경계를 밝혀서 적는 표기 방법인데, 이러한 표기법을 '형태·음소적 표기법(形態 音素的 表記法, ideographicism)'이라고도 한다.

첫째, 『용비어천가』와 『월인천강지곡』과 같은 문헌에서는, 특정한 형태소가 쓰이는 환경에 따라서 형태가 달라지더라도 원래의 기본 형태대로 적는 경우가 있었다.

(3) ㄱ. 곶비, 낯과, 맞나ᅀᆞᆸ며 [월천 81장, 16장, 178장]

　　ㄴ. 빛나시니이다, 좇거늘 [용가 80장, 36장]

　　ㄷ. 닢, 높고, 깊고 [용가 34장, 84장, 월천 99장]

　　ㄹ. 낱 [월천 40장]

(3)의 예는 종성에서는 소리나지 않는 'ㅈ, ㅊ, ㅍ, ㅌ' 받침을 원래의 기본 형태대로 종성에 적은 것이다. 이들을 '팔종성가족용법(八終聲可足用法)'에 따라서 적으면 각각 '곳비, 낫과, 맛나ᅀᆞᆸ며; 빗나시니이다, 좃거늘; 닙, 놉고, 깁고; 낟'으로 적힌다.1)

　둘째, 『월인천강지곡』에서는 형태소와 형태소의 경계를 밝혀서 '끊어적기(分綴)'를 한 경우도 있다.

(4) ㄱ. 눈에, 손ᄋᆞ로; 일을, 들이; 꿈을, 몸이; 종을, 딮동을; 줌을

　　ㄴ. 안아, 안ᄋᆞ시니이다; 담아, 감아늘

(ㄱ)처럼 체언에 조사가 결합하는 경우에, 체언이 주로 /ㄴ/, /ㄹ/, /ㅁ/, /ㆁ/, /ㅿ/과 같은 공명음(共鳴音)의 종성으로 끝날 때에는 체언과 조사의 경계를 구분하여 적었다. 그리고 용언의 경우에 (ㄴ)과 같이 어간이 공명음 중에서 특히 /ㄴ/과 /ㅁ/의 종성으로 끝날 때에는 어간과 어미의 경계를 구분하여 적었다.

1.2.2. 종성의 표기

15세기 국어에서 종성의 자리에서는 /ㄱ, ㆁ, ㄷ, ㄴ, ㅂ, ㅁ, ㅅ, ㄹ/의 여덟 개의 소리만이 발음되었다.2) 이에 따라서 『훈민정음 해례본』의 종성해에서는 '然ㄱㆁㄷㄴㅂㅁㅅㄹ八字可足用也'라고 규정하여, 종성 소리로서 원칙적으로 'ㄱ, ㆁ, ㄷ, ㄴ, ㅂ, ㅁ, ㅅ, ㄹ'의 여덟 글자만 사용하였다.

(5) ㄱ. 然ㄱㆁㄷㄴㅂㅁㅅㄹ八字可足用也。如빗곶爲梨花 엿의갗爲狐皮。而ㅅ字可以通用。故只用ㅅ字。 [훈해 종성해]

---

1) 'ㄹ' 겹받침은 '훑과, 둛과룰; 여듧, 엷디, 붋디; 옮디, 옮겨'에서처럼 항상 겹자음 그대로 소리 났으므로, '형태 음소적 표기법'의 예에서 제외된다. 이 책 55쪽의 예문 (26)을 참조.

2) 'ㅿ'은 예외적으로 제한된 환경에서 종성 자리에 쓰인 예가 있다. 결과적으로 '앗이/앗이(← 아ᅀᆞ + -이)', '엿이/엿이(← 여ᅀᆞ + -이)' 등과 같이 쓰였다. 이 책 54쪽의 내용을 참조.

ㄴ. 그러나 'ㄱ, ㆁ, ㄷ, ㄴ, ㅂ, ㅁ, ㅅ, ㄹ'의 여덟 글자로 (종성에) 쓰는 데 충분하다. '빗곶(배꽃, 梨花)'과 '엿의갗(여우 가죽, 狐皮)'처럼 ('ㅈ, ㅿ, ㅊ'을) 'ㅅ자(字)'로 통용할 수 있으므로, 오직 'ㅅ자(字)'를 사용한다.(빗곳, 엿의갓)

이에 따라서 『훈민정음 언해본』, 『석보상절』, 『월인석보』 등 15세기 국어로 된 대부분의 문헌에서는 이러한 원칙에 따라서 종성을 소리 나는 대로 적었다.

    (6) ㄱ. <u>목</u>소리, 스<u>승</u>, 낟(穀), 눈, <u>솝</u>옷, 꿈, 옷, 믈
        ㄴ. <u>받</u>(← 밭), <u>놉</u>고(← 높고), <u>곳</u>(← 곶), 갓(← 갗), <u>노</u>쑵고(← 놓습고)

(ㄱ)은 /ㄱ, ㆁ, ㄷ, ㄴ, ㅂ, ㅁ, ㅅ, ㄹ/의 8종성이 그대로 쓰인 예이다. 반면에, (ㄴ)은 /ㄱ, ㆁ, ㄷ, ㄴ, ㅂ, ㅁ, ㅅ, ㄹ/ 이외의 종성이 변동함에 따라서, 형태소의 기본 형태를 무시하고 소리 나는 대로 적은 예이다.

1.2.3. 사잇소리의 표기

15세기 국어에서 사잇소리를 적는 방법은 현대 국어에서보다 훨씬 다양했다. 특히 『용비어천가』와 『훈민정음 언해본』에는 'ㅅ'뿐만 아니라 'ㅿ, ㄱ, ㄷ, ㅂ, ㅸ, ㆆ'의 글자를 사용했다(단, '-ㅿ'은 『용비어천가』에만 쓰였다). 『용비어천가』와 『훈민정음 언해본』에 사용되었던 사잇소리의 표기 방법을 다음과 같이 정리할 수 있다.

실현 환경			보기
앞말의 끝소리	사잇소리 글자	뒷말의 첫소리	
모든 유성음	ㅿ	유성음 (모음, ㄴ, ㄹ, ㅁ)	世子ㅿ 位, 天子ㅿ ᄆᆞ슴, 英主ㅿ 알ᄑᆡ, 나랑 일훔, 後ㅿ 날, 바ᄅᆞᆯ 우희, 눖므를
/ㆁ/	ㄱ	무성의 예사소리 (/ㄱ, ㄷ, ㅂ, ㅅ, ㅈ/)	遮陽ㄱ 세 쥐, 乃냉終즁ㄱ 소리, 讓兄ㄱ ᄠᅳᆮ
/ㄴ/	ㄷ		呑ᄐᆞᆫㄷ 字ᄍᆞᆼ, 君군ㄷ 字ᄍᆞᆼ, 몃 間ㄷ 지븨
/ㅁ/	ㅂ		사ᄅᆞᆷ ᄠᅳ디잇가, 侵침ㅂ 字ᄍᆞᆼ
/ㅸ/	ㅸ		ᅀᆞᆯᇢㅸ 字ᄍᆞᆼ, 漂ᄑᆣㅸ 字ᄍᆞᆼ
모음, /ㄹ/	ㆆ		那낭ㆆ 字ᄍᆞᆼ, 先考ㆆ ᄠᅳᆮ; 하ᄂᆞᇙ ᄠᅳ들

〈표 3〉 사잇소리 표기 방법

이들 문헌에 쓰인 사잇소리 표기 글자는 앞말의 끝소리가 유성음일 때에만 나타난다. 그리고 앞말의 끝소리와 뒷말의 첫소리의 종류에 따라서, 'ㅿ, ㄱ, ㄷ, ㅂ, ㅸ, ㆆ' 등의 사잇소리 표기 글자가 선택되었다.

첫째, '世子ㅿ 位'처럼 뒷말의 첫소리가 유성음(모음, /ㄴ/, /ㄹ/, /ㅁ/)일 때에는 유성 자음인 'ㅿ'을 사잇소리 글자로 사용하였다. 둘째, 뒷말의 첫소리가 무성의 예사소리(/ㄱ/, /ㄷ/, /ㅂ/, /ㅅ/, /ㅈ/)일 때에는, 앞말의 끝소리와 동일한 조음 위치에서 발음되는 전청(全淸, 예사소리)의 자음 글자인 'ㄱ, ㄷ, ㅂ, ㅸ, ㆆ' 등을 사잇소리 글자로 사용했다. 곧 '遮陽ㄱ 세 쥐'처럼 앞말의 끝소리가 아음(牙音)인 /ㆁ/일 때는, 사잇소리 글자로서 아음의 전청 글자인 'ㄱ'을 사용하였다. 그리고 '呑ㄷ 字'처럼 설음(舌音)인 /ㄴ/의 뒤에서는 설음의 'ㄷ'을 사용하였고, '사룹 ㅃ디잇가'처럼 순음(脣音)인 /ㅁ/의 뒤에서는 순음의 'ㅂ'을 사용했다. '斗ㅸ 字'처럼 순경음인 /ㅸ/의 뒤에서는 순경음의 'ㅸ'을 사용했고, '那ㆆ 字'처럼 모음이나 /ㄹ/ 뒤에서는 후음의 'ㆆ'을 사잇소리 글자로 사용했다.

그런데 사잇소리에 대한 이러한 다양한 표기 방법은 훈민정음을 창제한 직후부터 변하여, 'ㅅ'으로 두루 쓰려는 경향이 나타났다.

    (7) ㄱ. 野人ㅅ 서리, 님금 德, 아바닚 뒤, 나랏 小民, 긼ㄱ새   [용가]
        ㄴ. 부텻 말, 聖人ㅅ 물, 神通ㅅ 이룰   [법언]

『용비어천가』에서 이미 (ㄱ)처럼 'ㄷ, ㅂ, ㆆ' 대신에 'ㅅ'만을 쓰려는 경향이 나타났고, 『용비어천가』 뒤의 책에는 (ㄴ)처럼 'ㅿ'을 써야 할 음성적 환경에서도 'ㅅ'을 사용했다.

15세기 국어에서 사잇소리를 표기하는 글자는 이처럼 'ㅅ'으로 통일되었는데, 사잇소리 표기의 'ㅅ' 글자는 다음과 같이 다양한 모습으로 실현된다.

    (8) ㄱ. 아릿 因緣, 부텻 말, 나랏 小民, 빗곶, 즘겟가재
        ㄴ. 님금 德, 아바닚 뒤, ㄱ룺ㄱ새, ㅁ숤ㄱ장, 긼ㄱ새
        ㄷ. 神通ㅅ 이룰, 野人ㅅ 서리, 聖人ㅅ 물, 狄人ㅅ 서리, 魯ㅅ 사룸, 東海ㅅ ㄱ싀
        ㄹ. 엄쏘리, 혀쏘리, 입시울쏘리; 두 鐵圍山 쓰싀

(ㄱ)의 '아릿 因, 부텻 말' 등에는 앞 체언의 모음 아래에 사잇소리를 표기하는 'ㅅ'이 실현되었는데, 이러한 방식은 현대어에서 사이시옷을 표기하는 방식과 동일하다. (ㄴ)의 '님금 德, 긼ㄱ새' 등에는 'ㅅ'을 앞 체언의 종성 아래에 적었고, (ㄷ)의 '神通ㅅ 이룰, 野人ㅅ 서리, 魯ㅅ 사룸' 등에는 한자로 적은 체언 뒤에 'ㅅ'을 붙여서 적었다. (ㄹ)의

'엄쏘리, 혀쏘리, 입시울쏘리; 두 鐵圍山 쓰싀'에는 'ㅅ'을 뒤 체언의 앞으로 옮겨서 적었
는데, 그 결과 뒤 체언의 첫 'ㅅ' 글자와 합쳐서 각자 병서 글자인 'ㅆ'으로 적었다.

1.2.4. 한자어의 표기

15세기 국어에서 한자어는 대략 다음과 같은 세 가지의 방법으로 표기하였다.
첫째, 한자어를 한자로만 표기하고 한글을 표기하지 않는 방법이 있었다.

    (9) ㄱ. 狄人ㅅ 서리예 가샤 狄人이 굴외어늘   [용가 4장]
       ㄴ. 긴 녀릆 江村애 일마다 幽深ᄒ도다   [두언 7:3]

이는 한자만 적고 한자음을 달지 않은 표기법으로서, 『용비어천가』와 〈두시언해〉 등의
문헌에서는 이러한 방식으로 한자어를 표기하였다.
둘째, 한자를 주로 삼고 한글을 딸림으로 하여 한자어를 표기하는 방법이 있었다.

    (10) ㄱ. 世솅尊존ㅅ 일 ᄉᆞᆯ보리니 萬먼里링外ᅌᅱ 일이시나   [월석 1:1]
       ㄴ. 나랏 말ᄊᆞ미 中듕國귁에 달아   [훈언 1]
       ㄷ. 李링氏씨 女녀戒갱예 닐오ᄃᆡ   [내훈 1:1]

이 경우에는 한자를 크게 쓰고 한글을 한자의 오른쪽 아래에 달았다. 이러한 표기 방법
은 『월인석보』, 『훈민정음 언해본』, 『내훈』 등에 쓰였던 주음 방식이다.
셋째, 한글을 주로 하고 한자를 딸림으로 하여 한자어를 표기하는 방법이 있었다.

    (11) 세世존尊ㅅ 일 ᄉᆞᆯ보리니 먼萬리里외外 일이시나   [월천 기2]

이러한 표기법은 한글을 크게 쓰고 한자를 오른쪽 아래에 작게 다는 한자어의 표기 방법
인데, 이는 『월인천강지곡』에만 쓰인 예외적인 한자어 표기법이다.

1.2.5. 붙여쓰기

15세기 문헌에서는 원칙적으로 띄어쓰기를 하지 않고 글 전체를 붙여 썼다.

(12) ㄱ. 나랏말ᄊᆞ미中國에달아文字와로서르ᄉᆞᄆᆞᆺ디아니ᄒᆞᆯ씨 　　　　 [훈언 1]

　　 ㄴ. 닐굽고줄因ᄒᆞ야信誓기프실씨世世예妻眷이ᄃᆞ외시니 　　　　 [월석 1:4]

훈민정음을 창제한 1444년 이후부터 19세기 말인 개화기 직전의 시기까지는 대체로 띄어쓰기를 하지 않고 (12)처럼 글 전체를 붙여서 적었다.

1.3. 음운

국어의 음절은 초성, 중성, 종성으로 구성되었다. 그러므로 국어의 음운은 원칙적으로 '초성', '중성', '종성'과 초분절 음소인 성조(聲調)의 체계로 구성되었다. 여기서는 15세기 국어에 쓰였던 문자의 음가를 중심으로 하여 음운 체계를 설명한다.

1.3.1. 음운 체계

1.3.1.1. 자음의 음소 체계

초성 글자와 종성 글자 중에서 현대어와 차이 나는 것의 음가와 사용법을 정리하면 다음과 같다.

(가) 초성 글자의 소리

〈초성 글자의 유형〉 초성 글자는 '단일 초성 글자'와 '복합 초성 글자'로 구분할 수 있다. '단일 초성 글자(홑 초성 글자)'는 한 글자로 이루어진 기본 글자이며, '복합 초성 글자(겹 초성 글자)'는 기본 글자를 합해서 만든 글자이다.

단일 초성 글자		ㄱ, ㅋ, ㆁ; ㄷ, ㅌ, ㄴ; ㅂ, ㅍ, ㅁ; ㅅ, ㅈ, ㅊ; ㅇ, ㆆ, ㅎ; ㄹ; ㅿ
복합 초성 글자	각자 병서 글자	ㄲ, ㄸ, ㅃ, ㅉ, ㅆ, ㆅ, (ㆀ, ㅥ)
	합용 병서 글자	ㅳ, ㅄ, ㅶ, ㅷ; ㅺ, ㅼ, ㅽ, ㅾ; ㅴ, ㅵ
	연 서 　 글 자	ㅸ, ㅱ, (ㆄ), (ㅹ)

〈표 4〉 초성 글자의 유형

(가)-1. 단일 초성 글자의 소리

'단일 초성 글자(홑 초성 글자)'는 한 글자로 이루어진 기본 글자인데, 이들 중에서 지금은 없어졌거나 발음이 지금과 다른 글자로는 'ㆁ, ㆆ, ㅿ; ㅇ, ㅈ, ㅊ'이 있다.

〈ㆁ〉 'ㆁ'은 아음(牙音)의 불청불탁 글자로서, 여린입천장(연구개)에서 나는 비음인 /ŋ/의 음가를 가진 글자이다.

     (1) ㄱ. 러울, 서에, 바올, 그에, 미드니잇가
         ㄴ. 올창, 부형, 밍글다

이 글자의 음가는 현대어에서 종성의 위치에 쓰이는 'ㅇ'의 글자와 비슷하나 15세기 국어에서는 (1ㄱ)처럼 초성의 위치에도 나타나는 것이 특징이다.

'ㆁ' 글자는 대체로 16세기 초기부터 초성에는 쓰이지 않고 종성에서만 쓰이다가, 16세기 말에 이르면 문헌에서 거의 나타나지 않는다.

〈ㆆ〉 'ㆆ'은 후음(喉音)의 전청 글자로서, 그 앞의 소리를 끊는 것을 표시하는 '후두 폐쇄음(喉頭 閉鎖音)'인 [ʔ]의 음가를 나타낸다. 'ㆆ'은 우리말을 적을 때에는 초성으로 사용된 예가 보이지 않는 것이 특징이다.

     (2) ㄱ. 長湍을 건너싫 제, 갏 길히, 니르고져 훑 배, 도라옳 軍士, 지브로 도라오싫 제; 功德이 져긇가
         ㄴ. 快ㆆ字, 那ㆆ字, 先考ㆆ뜯, 하눓뜯

(2)의 (ㄱ)에서는 'ㆆ'이 미래 시제를 나타내는 어미인 '-을/-을-'의 다음에 쓰여서 절음(絶音)을 위한 휴지(休止)의 부호로 사용되었다. 그리고 (2ㄴ)에서는 'ㆆ'이 사잇소리를 표기하거나 관형격 조사로 쓰인 예이다.

'ㆆ'은 우리말을 적는 데에는 그리 많이 쓰이지 않았지만 '동국정운식 한자음'을 표기하는 데에는 많이 쓰였다.

     (3) ㄱ. 於ᅙᅥᆼ, 一ᅙᅵᇙ, 因ᅙᅵᆫ, 依ᅙᅴᆼ, 音흠
         ㄴ. 日ᅀᅵᇙ, 發벓, 戌슗, 八밣, 不붏, 節졇

(ㄱ)에서 '於ᅙᅥᆼ, 一ᅙᅵᇙ, 因ᅙᅵᆫ, 依ᅙᅴᆼ, 音흠' 등은 동국정운식 한자음을 표기할 때에 'ㆆ'이 초성에 쓰인 예이다. 그리고 (ㄴ)에서 '日ᅀᅵᇙ, 發벓, 戌슗, 八밣, 不붏, 節졇' 등은 /ㄹ/ 종성으로 끝난

국어 한자음을 중국의 발음인 입성에 가깝게 표기하기 위하여 'ㆆ'으로써 'ㄹ'을 보충하여 표기한 것이다(이영보래, 以影補來).

'ㆆ'은 아주 제한된 범위에서만 쓰이다가, 1465년(세조 11년)에 간행된 『원각경언해』(圓覺經諺解)에서부터 쓰이지 않았다.

〈ㅿ〉 'ㅿ'은 『훈민정음 해례본』에 따르면 치음의 불청불탁 글자로 처리되어 있다. 이러한 사실을 감안하면 'ㅿ'은 'ㅅ'에 대립되는 '유성 치조 마찰음(有聲 齒槽 摩擦音)'인 /z/의 음가가 있는 글자로 보아야 한다.

(4) ㄱ. 겨슬, ᄀᆞᅀᆞᆯ, ᄆᆞᅀᆞᆯ, 스싀, 아ᅀᆞ, 한숨; 거싀, 몸소

　　ㄴ. 그ᅀᅥ, 니ᅀᅥ, 우ᅀᅳ샤, 지ᅀᅥ, ᄃᆞ슥샤

　　ㄷ. 나랑 일훔, 世子ㅿ 位, 英主ㅿ 알ᄑᆡ, 바ᄅᆞᆳ 우희

이 글자는 모음과 모음 사이나, 유성 자음인 /ㄴ, ㄹ, ㅁ, ㆁ, ㅸ/과 모음 사이에서만 나타나는 특징이 있다. (ㄱ)의 예는 체언이나 부사에서 실현되는 'ㅿ'의 예이고, (ㄴ)은 'ㅅ' 불규칙 용언의 어간 끝소리인 /ㅅ/이 변동한 결과로서 실현된 것이다. 그리고 (ㄷ)은 『용비어천가』에서 사잇소리를 표기하는 글자나 관형격 조사로 'ㅿ'을 사용한 예이다.

'ㅿ' 글자도 'ㆆ' 글자와 마찬가지로 16세기 초기부터 사용법에 혼란을 보이다가, 16세기 말에 이르면 거의 문헌에 나타나지 않는다(허웅, 1986: 468).

〈ㅇ〉 현대 국어에서 'ㅇ'은 초성과 종성에 두루 쓰이는데, 초성에서는 음가가 없는 글자로 쓰이고 종성에서는 /ŋ/의 음가가 있는 글자로 쓰인다.

그런데, 15세기 국어에서는 'ㅇ'의 글자는 원칙적으로 음가가 있는 초성 글자였다. 곧, 『훈민정음 해례본』의 '제자해'에서는 'ㅇ'이 후음의 불청불탁 계열의 초성 글자로 분류되어 있다. 이를 보면 'ㅇ' 글자가 '유성 후두 마찰음(有聲喉頭摩擦音)'인 /ɦ/의 음가를 나타내는 글자이었음을 짐작할 수 있다. 특히 'ㅇ'이 /ㄹ, ㅿ, ㅣ, j/[3]와 그에 뒤따르는 모음 사이에서 실현될 때에는, 후두 유성 마찰음으로 발음되었다(고등학교 문법, 2010: 282).

(5) ㄱ. 놀애, 늘애, 몰애; 달아, 일우다

　　ㄴ. ᄀᆞᆯ애, 앒이; ᄀᆞᅀᅥ, 빗이고, 웃음

　　ㄷ. 아니어늘, 몯ㅎ리오, 뷔오; 뮈우다, 메우다

---

3) /j/는 'ㅣ'계 이중 모음인 /ㅑ, ㅕ, ㅛ, ㅠ/나 /ㅐ, ㅔ, ㅚ, ㅟ, ㅒ, ㅖ/ 등을 이루는 반모음이다.

(6) ㄱ. *노래, *ᄂ래, *모래, *다라, *이루다

　　ㄴ. *ᄀ쇄, *아ᄉᆡ, *그서, *비ᄉᆞᆯ고, *우슘

　　ㄷ. *아니여늘, *몯ᄒᆞ리요, *뷔요; *뮈유다, *메유다

만일 'ㅇ'이 음가가 없는 글자이면 (5ㄱ)에서 '놀애, 늘애, 몰애, 달아, 일우다'는 '*노래, *ᄂ래, *모래, *다라, 이루다*'로 표기해야 하고, (5ㄴ)에서 'ᄀᆞᆯ애, 앗이, 궂어, 빗이고, 웅윰' 등도 마찬가지로 '*ᄀ쇄, *아ᄉᆡ, *그서, *비ᄉᆞᆯ고, *우슘'로 표기되어야 한다. 마지막으로 (5ㄷ)에서 '아니어늘, 몯ᄒᆞ리오, 뷔오, 뮈우다, 메우다'도 /ㅣ/ 모음의 동화 현상에 따라서 '*아니여늘, *몯ᄒᆞ리요, *뷔요, *뮈유다, *메유다'로 표기되어야 한다. 그러나 이들 어휘들은 반드시 (5)와 같이 표기되었고, (6)처럼 표기되지는 않았다. 이러한 사실은 (5)에 쓰인 'ㅇ'이 무음가의 글자가 아니고 /ɦ/의 음가가 있는 자음 글자였음을 암시해 준다.

　그런데 훈민정음의 성음법(成音法)의 규정에 따라서, 'ㅇ' 글자를 음가가 없는 초성이나 종성의 자리에 실현하여, 초·중·종성을 갖추어서 적는 데에 활용하기도 했다.

(7) ㄱ. 아히, 아ᅀᆞ, 어마님, 요주숨, 입시울; 용(用), 욕(欲), 잉(異)

　　ㄴ. 셔(書), 쭝(字), 셩(如), 층(此), 뽕(步)

(ㄱ)의 '아히, 아ᅀᆞ, 어마님, 요주숨, 입시울; 용(用), 욕(欲), 잉(異)'에서 초성의 'ㅇ'은 음가가 없는 글자이다. 그런데 중세어에서는 동국정운식 한자음 표기에 (ㄴ)의 '셔(書), 쭝(字), 셩(如), 층(此), 뽕(步)'처럼 음가가 없는 'ㅇ'이 종성의 자리에 쓰였다.

　음가가 없는 'ㅇ' 글자는 현재까지 쓰이고 있으나, 유성 후두 마찰음의 'ㅇ' 글자는 16세기 중엽에 사라졌다(안병희·이광호, 1993: 60).

〈 ㅈ, ㅊ 〉'ㅈ'과 'ㅊ'은 현대어에서는 경구개음(센입천장소리)의 글자인 데에 반해서, 15세기 국어에서는 치음(치조음, 혀끝소리)의 글자이다.

(8) ㄱ. 잡다, 잣(城), ᄌᆞ라다, 좀먹다, 즘게

　　ㄴ. 차(茶), 차반, 춤, 츰히, 츰째, 칙ᄒᆞ다

현대어에서 'ㅈ'과 'ㅊ'의 글자는 경구개음인 /tɕ/, /tɕʰ/을 나타낸다. 반면에 『훈민정음 해례본』에서는 'ㅈ'과 'ㅊ'을 'ㅅ'과 함께 치음으로 처리했는데, 이러한 사실에서 중세어의 'ㅈ'과 'ㅊ'은 혀끝에서 발음되는 파찰음인 /ts/과 /tsʰ/로 소리난다는 사실을 알 수 있다.[4)

(가)-2. 복합 초성 글자의 소리

'복합 초성 글자(＝겹 초성 글자)'는 기본 글자를 합해서 만든 글자로서, 이에는 '병서 글자'와 '연서 글자'가 있다.

① 병서 글자의 소리

초성 글자를 합하여 사용할 때에는 두 글자를 왼쪽에서 오른쪽으로 나란히 잇대어서 쓰는데 이를 '병서(竝書)'라고 한다. 병서 글자로는 '각자 병서 글자'와 '합용 병서 글자'가 있다.

〈 각자 병서 글자의 소리 〉 동일한 글자를 옆으로 나란히 적어서 새로운 글자를 만드는 방법을 '각자 병서(各自竝書)'라고 하는데, 각자 병서 글자로는 'ㄲ, ㄸ, ㅃ, ㅉ, ㅆ, ㆅ, ㅇㅇ, ㄴㄴ'이 있다.

ⓐ 'ㄲ, ㄸ, ㅃ, ㅉ, ㅆ' : 'ㄲ, ㄸ, ㅃ, ㅉ, ㅆ'은 전탁 계열의 글자로서 각각 현대 국어의 /k', t', p', ts', s'/의 된소리와 대응된다(고등학교 문법, 2010: 279).

> (9) ㄱ. 말쏨, 쓰다, 싸호다, 블써
>
> ㄴ. 브릴 끼름, 수물 띠, 여흴 쩌긔, 펼 쓰싀예
>
> ㄷ. 일흘까, 아슨 볼까, 이실까, 겻굴따
>
> ㄹ. 녀쓥고, 둡쓥고, 노쓥고; 연쯥고, 무쯥뵈대, 조쯥고, 마쯥비
>
> ㅁ. 엄쏘리, 니쏘리, 허쏘리
>
> ㅂ. 而ᅀᅵᆼ終쥬ᇰ不부ᇙ得득伸신其끵情쪙者쟝ㅣ多당矣의라　　　　　　[훈언 2]

(ㄱ)은 개별 어휘에 각자 병서 글자가 쓰였으며, (ㄴ)은 관형사형 어미인 '-을' 다음에서 각자 병서 글자가 실현되었고, (ㄷ)은 의문형 종결 어미가 각자 병서 글자로 실현되었다. (ㄹ)은 객체 높임 선어말 어미인 '-숩-'과 '-줍-'의 변이 형태로서 '-쓥-'과 '-쯥-'으로 실현되었으며, (ㅁ)은 '*엄ㅅ소리'나 '*니ㅅ소리'와 같이 사잇소리나 관형격 조사를 표기하는 과정에서 'ㅆ'의 글자가 실현되었다. 끝으로 동국정운식 한자음을 표기할 때에는 (ㅂ)의 '끵(其)'와 '쪙(情)'처럼 각자 병서 글자가 단어의 첫머리에도 쓰였다.

'ㄲ, ㄸ, ㅃ, ㅉ, ㅆ, ㆅ'의 각자 병서 글자 중에서 'ㅆ'과 'ㆅ'을 제외한 'ㄲ, ㄸ, ㅃ, ㅉ'의

---

4) 15세기 국어에서는 '쟈, 져, 죠, 쥬'와 같은 표기가 나타난다. 이와 같이 /ㅈ/이 이중 모음인 /ㅑ, ㅕ, ㅛ, ㅠ/와 결합하는 것은 /ㅈ/이 치음인 것을 뒷받침해 준다. 곧 현대 국어처럼 'ㅈ'이 경구개음으로 발음되면 /ㅑ, ㅕ, ㅛ, ㅠ/와 결합할 수 없기 때문이다. (보기) 쟈랑, 쟝긔, 졎, 죵, 쥭; 챵포, 천량, 쵸롱, 쿄마, 츄마 cf. 쟌, 잣, 졀, 좁다, 줄기; 차, 차반, 처섬, 초, 춤

글자들은 주로 동국정운식 한자음을 표기하는 데에 쓰였고, 순우리말을 표기할 때에는 단어의 첫머리에 잘 쓰이지 않는 제약이 있었다. 이러한 각자 병서 글자는 『원각경언해(圓覺經諺解)』(1465)부터는 쓰이지 않게 되었다.

ⓑ **'ㆅ'** : 'ㆅ'은 반모음인 /j/ 앞에서 나타나는 'ㅎ(/ç/)'을 긴장되게 발음하는 소리(/ç/)를 나타내는 글자이다.

(10) 혀, 내혀ᄂᆞ니, ᄡᅡ혈 씨니, 치혀시니, 두르혀, 두위혀, 도ᄅᆞ혀

'ㆅ'의 글자는 앞혓바닥을 센입천장에 접근시켜 마찰하면서 소리를 내는데, /ç/보다 더 길고 세게 낸다.

ⓒ **'ㆀ'** : 'ㆀ'은 /i/나 반모음 /j/ 앞에서 실현되어서, 그 /i/나 반모음 /j/를 긴장되고 길게 발음하는 소리를 나타내는 글자로 추측된다.

(11) ㄱ. 使ᄂᆞᆫ ᄒᆡᅇᅧ ᄒᆞ논 마리라 [훈언 3]
ㄴ. 生死애 ᄆᆡᅇᅩᆫ 根源을 알오져 홇 딘댄 [능언 5:5]
ㄷ. 사ᄅᆞᄆᆡ 게 ᄆᆡᅇᅵᆫ 고ᄃᆞᆯ 긋 아라 [몽언 9]
ㄹ. 王이 威嚴이 업서 ᄂᆞᄆᆡ 소내 쥐ᅇᅧ 이시며 [월석 2:11]

'ㆀ'은 대체로 'ᄒᆡ-, ᄆᆡ-, ᄆᆡ-, 쥐-'처럼 반모음 /j/로 끝나는 어근이나 어간의 뒤에서, 그 뒤에 실현되는 접미사나 어미의 /i/나 반모음 /j/를 긴장되고 길게 발음하는 소리이다.

ⓓ **'ㅥ'** : 'ㅥ'은 'ㄴ'을 길게 발음하는 소리인 /nː/로 발음하는 글자이다.

(12) ㄱ. 혀 그티 웃닛 머리예 다ᄔᆞ니라 [훈언 15]
ㄴ. 네 이제 머리 셰며 ᄂᆞᆾ 삻쥬ᇜ 슬ᄔᆞ니 [능언 2:9]

유성 자음인 /ㄴ/은 소리의 특성상 된소리로 발음할 수 없으므로, /ㅥ/은 /ㄴ/을 길게 발음하는 소리일 것으로 추정된다.

〈 합용 병서 글자의 소리 〉 서로 다른 글자를 옆으로 나란히 적어서 새 글자로 쓰는 방법을 '합용 병서(合用竝書)'라고 하는데, 이러한 합용 병서의 글자로는 'ㅲ, ㅳ, ㅶ, ㅷ; ㅺ, ㅻ, ㅼ, ㅽ; ㅴ, ㅵ'이 있다.

(13) ㄱ. ᄠᆞᆯ기, ᄠᅳᆮ; ᄩᅳ고, ᄩᅥ디며; 대ᄧᅩᆨ, ᄧᅡᆨ; ᄡᅮᆨ, ᄡᅵ, ᄡᆞᆯ [‘ㅂ’ 계 합용 병서]

ㄴ. ᄭᅬ, ᄭᅩ리, ᄭᅮᆷ; ᄮᅡ히; ᄯᅡᇂ, ᄯᅥᆨ, ᄯᅩ; ᄲᅧ [‘ㅅ’ 계 합용 병서]

ㄷ. ᄢᅮᆯ, ᄢᅳᆷ, ᄢᅢ니; ᄃᆞᇌᄣᅢ, ᄣᅵ며, ᄣᆞ리니 [‘ㅄ’ 계 합용 병서]

합용 병서 중에서 (ㄱ)의 ‘ᄠ, ᄩ, ᄧ, ᄡ’을 ‘ㅂ계 합용 병서’, (ㄴ)의 ‘ᄭ, ᄮ, ᄯ, ᄲ’을 ‘ㅅ계 합용 병서’, (ㄷ)의 ‘ᄢ, ᄣ’을 ‘ㅄ계 합용 병서’라고 한다.

『훈민정음 해례본』에서는 합용 병서 글자의 음가에 대하여 아무런 설명이 없다. 이 때문에 합용 병서의 음가에 대하여 ‘이중 자음 설’과 ‘된소리 설’이 나오게 되었다.

ⓐ 이중 자음 설: ‘이중 자음 설’은 합용 병서의 각 글자가 모두 따로 발음되었다는 설이다. 합용 병서 글자를 이중 자음으로 발음하면 다음과 같이 된다.

(14) ㄱ. ᄠ [pt], ᄩ [pt^h], ᄧ [pts], ᄡ [ps]

ㄴ. ᄭ [sk], ᄮ [sn], ᄯ [st], ᄲ [sp]

ㄷ. ᄢ [psk], ᄣ [pst]

허웅(1975: 56)에서는 ‘이중 자음 설’에 대하여 다음과 같은 근거를 제시하고 있다.

첫째, 『훈민정음 해례본』에서 합용 병서 글자의 음가를 따로 설명하지 않았다. 만일 글자가 합용 병서 글자가 각각의 글자대로 발음되지 않고 제3의 음가를 가졌으면, 이들 음가에 대한 설명을 반드시 하였을 것이다. 따라서 합용 병서 글자는 각각의 글자대로 발음한 것으로 보아야 한다.

둘째, 다음과 같은 현대어 어휘들의 발음은 이중 자음 설을 뒷받침한다.

(15) ㄱ. 멥쌀(<뫼ᄡᆞᆯ), 좁쌀(<조ᄡᆞᆯ), 찹쌀(<ᄎᆞᄡᆞᆯ)

ㄴ. 입때(<이ᄣᅢ), 접때(<뎌ᄣᅴ)

(16) ㄱ. ᄂᆞᄆᆡ 시ᄂᆞᆯ ᄇᆞᆯᄠᅵ 말며 [내훈 1:6]

ㄴ. 이리 쉬ᄠᅵ 아니ᄒᆞ니 [내훈 3:6]

현대 국어의 ‘멥쌀, 좁쌀, 찹쌀’에서 /ㅂ/이 덧나는 것은 곧 (15ㄱ)의 중세 국어의 ‘ᄡᆞᆯ(쌀)’에서 첫소리로 나는 /ㅂ/의 흔적 때문이다. 마찬가지로 현대어 ‘입때, 접때’에서 /ㅂ/이 덧나는 것도 (15ㄴ)의 ‘ᄣᅢ(때, 時)’와 ‘ᄣᅴ(때, 時)’의 첫 소리인 /ㅂ/의 흔적이 현재까지 남았기 때문이다. 그리고 (16)에서 (ㄱ)의 ‘ᄇᆞᆯᄠᅵ’와 (ㄴ)의 ‘쉬ᄠᅵ’는 현대 국어에서 ‘밟지’와

'쉽지'로 실현된다. 그런데 현대 국어에서 /ㅂ/ 받침 소리가 존재하는 것을 보면, 15세기 국어에서 '삐'의 'ㅽ'이 이중 자음으로 발음된 것을 알 수 있다.

'ㅅ'계는 16세기 초기에 된소리로 바뀌었고, 'ㅂ'계는 17세기 말에 동요하기 시작하여 1730년 무렵에 완전히 된소리로 바뀌었다. 그리고 'ㅽ'계는 16세기부터 동요하기 시작하여, 17세기에는 된소리나 'ㅂ'계로 바뀐 것도 있다(허웅, 1986: 478 참조).

ⓑ **된소리 설** : 합용 병서 글자 가운데서 'ㅂ'계인 'ㅳ, ㅲ, ㅄ, ㅄ'의 글자들은 각각 /pt/, /ptʰ/, /pts/, /ps/처럼 이중 자음으로 발음되었다. 이처럼 'ㅂ'계 합용 병서가 이중 자음으로 발음된 것은 앞에서 제시한 (15)와 (16)의 예를 통해서 확인할 수 있다.

그런데 합용 병서 글자 중에서 'ㅅ'계 합용 병서 글자인 'ㅺ, ㅼ, ㅽ'은 된소리를 표기한 글자라는 설이 있다. 이처럼 'ㅅ'계 합용 병서를 이중 자음의 소리가 아니라 된소리로 보게 되면, 15세기 국어의 합용 병서 글자는 다음과 같이 발음된다.

(17) ㅳ [pt], ㅲ [ptʰ], ㅄ [pts], ㅄ [ps]

(18) ㄱ. ㅺ [k'], ㅅㄴ [sn], ㅼ [t'], ㅽ [p']
　　ㄴ. ㅄㄱ [pk'], ㅄㄷ [pt']

이처럼 'ㅅ'계 합용 병서 글자가 된소리 글자라고 주장하는 학자들은 다음과 같은 사실을 주장의 근거로 들고 있다.

(19) ㄱ. 소리>꼬리, ᄯᅡ호>땅, ᄲᅧ>뼈
　　ㄴ. 뻬니>깨니, 뜨리니>때리니

(20) ㄱ. 즘겟가재, 깂ᄀᆞ쇄, ᄀᆞ롨ᄀᆞ쇄, ᄆᆞ숤ᄀᆞ장; 빗돕
　　ㄴ. 엄쏘리, 혀쏘리, 입시울쏘리

15세기 국어에서 'ㅅ'계 합용 병서로 쓰인 말이 현대어에는 대체로 (19)처럼 된소리로 발음된다. 그리고 'ㅅ'은 (20)에서처럼 사잇소리를 표기하는 글자로 쓰여서 그 뒤에 실현되는 말이 된소리로 발음됨을 표기했는데, 이러한 이유로 'ㅅ'을 예전에 '된시옷'으로 부르기도 했다. 이러한 사실은 'ㅅ'계 합용 병서의 'ㅅ'이 독립된 음가를 가지지 않고 된소리를 표기하는 글자이었을 가능성을 보여 준다(이기문, 1998: 138).

② 연서 글자의 소리

〈 ㅸ 〉 'ㅸ'의 음가는 『훈민정음 해례본』에 나타난 다음의 설명으로 추측할 수 있다.

(21) ㄱ. ㅇ連書脣音之下 則爲脣輕音者 以輕音脣乍合而喉聲多也。[훈해 제자해]

ㄴ. ㅇ을 입술소리(脣音)의 아래에 이어서 쓰면 '입술 가벼운 소리(脣輕音)'가 되는 것은, 소리를 가볍게 냄(輕音)으로써 입술이 가볍게 합쳐지고(乍合) 목소리(喉聲)가 많기 때문이다. [훈해 제자해]

위의 설명을 참조하면, 'ㅸ'은 두 입술을 가볍게 하여 마찰음으로 소리내는 유성음(유성 양순 마찰음)인 /β/의 소리를 나타내는 글자임을 알 수 있다.

'ㅸ'은 대체로 유성음과 유성음 사이에서만 실현되어서 분포가 극히 제한적이다.

(22) ㄱ. ᄀᆞᄅᆞᄫᅵ, 셔ᄫᅳᆯ, 사ᄫᅵ, ᄒᆞᄫᅡᅀᅡ, 드ᄫᅴ, 대ᄫᅥᆷ, 메ᄫᅡᆺ고

ㄴ. 열ᄫᅳᆫ, 셜ᄫᅥ, 글ᄫᅡᆯ, 말ᄫᅡᆷ; ᅀᅮᆺᄫᅳ니

ㄷ. 斗ᄝᅳᇢ字, 漂ᄝᅳᇢ字

(ㄱ)에서 'ᄀᆞᄅᆞᄫᅵ, 셔ᄫᅳᆯ, 사ᄫᅵ, ᄒᆞᄫᅡᅀᅡ, 드ᄫᅴ, 대ᄫᅥᆷ, 메ᄫᅡᆺ고' 등에서는 'ㅸ'이 모음과 모음 사이에 쓰였다. (ㄴ)의 '열ᄫᅳᆫ, 셜ᄫᅥ, 글ᄫᅡᆯ, 말ᄫᅡᆷ' 등에서는 'ㅸ'이 /ㄹ/과 모음 사이에, 'ᅀᅮᆺᄫᅳ니'에서는 'ㅸ'이 /ㅿ/과 모음 사이에 쓰였다. 그리고 (ㄷ)의 예에서는 'ㅸ'이 /ㅁ/ 다음에 실현되는 사잇소리 글자나 관형격 조사를 적는 글자로 쓰였다.

이러한 분포적인 제약 때문에 /ㅸ/은 세조가 등극한 이후에는 대체로 '고ᄫᅡ〉고와'나 '더ᄫᅥ/더워'처럼 반모음인 /w/로 바뀌었으며, '고ᄫᅵ〉고이'처럼 /ㅸ/의 소리가 소멸하기도 했다. 이에 따라서 'ㅸ' 글자도 1450~1460년 사이에 문헌에서 사라졌다.

(나) 종성 글자의 소리

15세기 국어에서는 일반적으로 'ㄱ, ㆁ, ㄴ, ㄷ, ㅂ, ㅁ, ㅅ, ㄹ'의 글자가 쓰였는데, 이들 여덟 글자 이외에도 'ㅿ'과 일부 겹자음 글자가 쓰인 것이 특징이다.

〈 종성에서 실현되는 8글자 〉 15세기 국어의 종성에서는 일반적으로 /ㄱ, ㆁ, ㄷ, ㄴ, ㅂ, ㅁ, ㅅ, ㄹ/의 여덟 소리만 발음될 수 있었다. 따라서 종성을 적을 때에는 'ㄱ, ㆁ, ㄷ, ㄴ, ㅂ, ㅁ, ㅅ, ㄹ'의 여덟 글자만으로도 충분히 쓸 수 있다고 하였다.[5)]

5) 『훈민정음』의 '종성해(終聲解)'에는 "然ㄱㆁㄷㄴㅂㅁㅅㄹ八字可足用也。如빗곶爲梨花 엿의갗爲狐皮。

(23) 박(瓢), 강아지(犬), 벋(友), 빈혀(簪), 입(口), 밤(栗) 못(池), 믈(馬)

'박(瓢)'에는 'ㄱ'이 종성 글자로 쓰였으며, '강아지'에는 'ㆁ'이, (ㄷ)의 '벋(友)'에는 'ㄷ'이, (ㄹ)의 '빈혀(簪)'에는 'ㄴ'이, (ㅁ)의 '입(口)'에는 'ㅂ'이, (ㅂ)의 '밤(栗)'에는 'ㅁ'이, (ㅅ)의 '못(池)'에는 'ㅅ'이, (ㅇ)의 '믈(馬)'에는 'ㄹ'이 종성 글자로 쓰였다.

15세기 국어의 종성 글자를 현대어의 그것과 비교하면 'ㅅ'이 종성에서 그대로 쓰일 수 있다는 점이 특징이다.

(24) ㄱ. 긋(必), 못(池), 뭇(最)
　　 ㄴ. 귿(末), 몯(莫), 뭍(昆)

예를 들어서 15세기 국어에서는 (ㄱ)의 '긋(必), 못(池), 뭇(最)'과 (ㄴ)의 '귿(末), 몯(莫), 뭍(昆)'을 반드시 구분하여 표기하였다. 곧 '긋(必), 못(池), 뭇(最)'은 /kis/, /mos/, /mʌs/로 발음되었고, '귿(末), 몯(莫), 뭍(昆)'은 /kit/, /mot/, /mʌt/으로 발음된 것이다. 이를 감안하면 종성의 자리에서도 초성의 자리에서와 마찬가지로 'ㅅ'과 'ㄷ'의 글자가 구별되어서 쓰였음을 알 수 있다.

종성의 'ㅅ'은 16세기 초부터 'ㄷ'으로 적히기 시작하다가 16세기 후반에는 종성에서 'ㄷ'과 'ㅅ'이 혼용되어 이 두 글자의 구분이 사실상 없어졌다(허웅, 1986: 497).

〈 종성 자리에서 실현되는 'ㅿ'과 겹자음의 표기 〉 15세기 국어에서는 'ㄱ, ㆁ, ㄴ, ㄷ, ㅂ, ㅁ, ㅅ, ㄹ'의 팔종성 이외에도, 'ㅿ'과 일부 겹자음 글자가 종성에 쓰였다.

첫째, 'ㅿ'의 글자가 종성에 쓰인 예가 있다.

(25) ㄱ. ᄀᆞᇫ 업슬씨, ᄀᆞᇫ 업스며
　　 ㄴ. 앗이, 영의
　　 ㄷ. 웃ᄂ니이다, 웃ᄇ니; ᄀᆞᇫ어

(ㄱ)에서 'ᄀᆞᇫ'은 'ᄀᆞᆺ(邊)'의 종성 'ㅅ'이 'ㅿ'으로 표기되었으며, (ㄴ)에서 '앗이, 영의'는 체언인 '아ᅀᆞ(弟), 여ᅀᆞ(狐)'가 모음으로 시작하는 격조사와 결합되는 과정에서 둘째 음절의 'ㅿ'이 첫째 음절의 종성의 자리로 옮아서 쓰였다. 그리고 (ㄷ)에서는 '웃다(笑)'와 'ᄀᆞᆺ다(劃)'의 어간이 활용하는 과정에서 'ㅿ'이 종성에 쓰였다.

　　 而ㅅ字可以通用。故只用ㅅ字。"로 규정되어 있다.

둘째, 겹자음 글자가 종성의 자리에 쓰인 예가 있다.

(26) ㄱ. <u>흙</u>과, <u>둙</u>과를; 여<u>듧</u>, <u>엷</u>디, <u>넓</u>디; <u>옮</u>디, <u>옮</u>겨
    ㄴ. <u>났</u> 드리워, <u>값</u> 기드리ᄂᆞ니
    ㄷ. <u>앉</u>는 거시라, <u>앉</u>거늘, <u>엱</u>고

(ㄱ)은 종성의 자리에 'ㄹ' 겹자음인 'ㄺ, ㄼ, ㄻ'이, (ㄴ)은 'ㄳ'과 'ㅄ'이, (ㄷ)은 'ㄵ(← ㄵ)'이 종성의 자리에 쓰인 예이다. (26)의 예들 중에서 특히 (ㄱ)처럼 종성의 자리에 'ㄹ' 겹자음이 쓰인 단어들은 항상 겹자음의 글자로만 적었다는 점이 특징적이다. 'ㄹ' 이처럼 겹자음 글자의 특수한 용례를 감안하면, 15세기 국어에서는 'ㄹ' 겹자음이 종성의 자리에서 발음되었다고 추정할 수 있다.

(다) 자음의 음소 체계

지금까지 훈민정음의 초성과 종성 글자의 음가를 설명하였다. 이를 바탕으로 하여 15세기 국어에 쓰인 자음의 음소 체계를 정리하면 다음과 같다(이기문, 1998: 144).[6]

조음 방법		조음 위치	입술소리 (脣音)	치음 (齒音)	잇몸소리 (舌音)	여린입천장소리 (牙音)	목청소리 (喉音)
장애음	파열음	예사소리	/ㅂ/		/ㄷ/	/ㄱ/	
		된 소 리	/ㅃ/		/ㄸ/	/ㄲ/	
		거센소리	/ㅍ/		/ㅌ/	/ㅋ/	
	파찰음	예사소리		/ㅈ/			
		된 소 리		/ㅉ/			
		거센소리		/ㅊ/			
	마찰음	예사소리		/ㅅ/			/ㅎ/
			/ㅸ/	/ㅿ/			/ㅇ, ɦ/
		된 소 리		/ㅆ/			/ㆅ/
공명음		비 음	/ㅁ/		/ㄴ/	/ㆁ/	
		유 음			/ㄹ/		

〈표 5〉 15세기 자음의 음소 체계

6) /ㅈ, ㅉ, ㅊ, ㅅ, ㅿ, ㅆ/을 잇몸소리(치조음)으로 보는 견해도 있다. 그러나 〈표 2〉에서는 『훈민정음 해례본』에서 /ㄷ, ㄸ, ㅌ/을 설음으로, /ㅈ, ㅉ, ㅊ, ㅅ, ㅿ, ㅆ/을 치음으로 분류한 바에 따랐다.

곧, 15세기 국어의 자음은 조음 방법을 기준으로 '파열음, 마찰음, 파찰음, 비음, 유음'으로 분류되며, 조음 자리를 기준으로는 '입술소리(양순음), 치음(치음), 잇몸소리(치조음), 여린입천장소리(연구개음), 목청소리(후음)'으로 분류된다. 15세기 국어의 자음 체계는 다음과 같은 특징이 나타난다.

첫째, 'ㆆ'의 글자는 거의 대부분 한자음의 표기에만 쓰였고, 순우리말 표기에는 극히 제한적으로만 쓰였다. 이에 따라서 'ㆆ' 글자로 표기된 후두 폐쇄음은 자음의 음소 목록에서 제외하였다. 둘째, 'ㅇ'은 후두 유성 마찰음인 /ɦ/의 음가를 나타내는데, /ㄹ, ㅿ, ㅣ, j/와 그에 뒤따르는 모음 사이에서만 실현되는 제약이 있으므로, 자음의 음소 목록에서 제외하는 견해도 있다(허웅, 1975: 62; 김동소, 1998: 122). 셋째, 'ㅈ, ㅊ, ㅉ'의 글자는 훈민정음의 글자 체계에서 치음(齒音)으로 분류되어 있으므로, 그 음가는 현대어에서와는 달리 '치조 파찰음'인 /ts/과 /tsʰ/, /ts'/이었다. 넷째, 이기문(1998: 145)에서는 된소리가 각자 병서인 'ㅆ, ㆅ'의 글자와 'ㅅ'계 합용 병서인 'ㅽ, ㅼ, ㅺ'의 글자로 표기되었다고 보았다. 반면에 허웅(1975: 56)에서는 된소리는 각자 병서 글자인 'ㅃ, ㄸ, ㅉ, ㅆ, ㄲ, ㆅ'로 표기되었고, 'ㅽ, ㅼ, ㅺ'의 글자는 겹자음인 /ㅽ, ㅼ, ㅺ/의 소리를 표기한 것으로 보았다.

1.3.1.2. 모음의 음소 체계

(가) 중성 글자의 체계

〈 중성 글자의 유형 〉 훈민정음의 중성 글자는 하나의 글자로 된 '단일 중성 글자'와 이를 합쳐서 사용(合用)한 '복합 중성 글자'로 구분된다.

단일 중성 글자	상형자	ㆍ, ㅡ, ㅣ
	초출자	ㅗ, ㅏ, ㅜ, ㅓ
	재출자	ㅛ, ㅑ, ㅠ, ㅕ
복합 중성 글자	이자 중성 글자	ㅘ, ㅝ, ㅢ, ㅢ, ㅚ, ㅐ, ㅟ, ㅔ, ㅚ, ㅒ, ㅟ, ㅖ, (ㆇ, ㆊ)
	삼자 중성 글자	ㅙ, ㅞ, (ㆈ, ㆋ)

〈표 6〉 중성 글자의 체계

'복합 중성 글자' 중에서 'ㅘ, ㅝ; ㅢ, ㅢ, ㅚ, ㅐ, ㅟ, ㅔ; ㅚ, ㅒ, ㅟ, ㅖ'는 '단일 중성 글자' 두 개를 합용한 '이자 중성 글자(二字 中聲字)'이다. 그리고 'ㅙ'와 'ㅞ'는 '단일 중성 글자' 세 개를 합용한 '삼자 중성 글자(三字 中聲字)'이다.

(나) 모음의 체계

(나)-1. 단모음의 체계

〈 상형자와 초출자의 소리 〉 15세기 국어에서 상형자(象形字)인 '·, ㅡ, ㅣ'와 '초출자(初出字)'인 'ㅗ, ㅏ, ㅜ, ㅓ'의 일곱 글자는 단모음으로 발음하였다.

음상 입 모양	초출자(口蹙)	상형자(중립)	초출자(口張)
양성 모음	/ㅗ/	/·/	/ㅏ/
음성 모음	/ㅜ/	/ㅡ/	/ㅓ/
중성 모음		/ㅣ/	

〈표 7〉 훈민정음에서 제시한 단모음 글자의 소리 체계

『훈민정음 해례본』의 '제자해'에서는 상형자와 초출자의 소리를 〈표 7〉과 같이 분류하였다. 첫째, 입의 모양에 따라서 단모음을 나눌 수 있다. 가장 기본이 되는 모음인 /·, ㅡ, ㅣ/는 중간 소리이다. /ㅗ, ㅜ/는 상형자보다도 입을 오므려서 내는 소리(口蹙)이다. 곧, /ㅗ/은 /·/를 소리낼 때보다 입을 오므려서 소리를 내며, /ㅜ/는 /·/를 소리낼 때보다 오므려서 소리를 낸다. /ㅏ, ㅓ/는 상형자보다도 입을 펴서(口張) 내는 소리이다. 곧, /ㅏ/는 /·/를 소리낼 때보다 입을 펴서 소리를 내며, /ㅓ/는 /ㅡ/를 소리낼 때보다 입을 펴서 소리를 낸다. 둘째, 음상에 따라서도 단모음을 나눌 수 있다. 곧 /ㅏ, ·, ㅗ/는 양성 모음이며, /ㅓ, ㅡ, ㅜ/는 음성 모음이며, /ㅣ/는 중성 모음이다.

〈 '·'의 소리 〉 '·'는 단모음의 글자 중에서 유일하게 현대어에 쓰이지 않는 글자이다. '·' 글자의 음가는 『훈민정음 해례본』의 다음과 같은 설명으로 그 음가를 추정할 수 있다.

(27) ·舌縮而聲深。   [훈해 제자해]

(28) ·는 혀가 오그라들며 소리가 깊다.

(27)과 (28)에서 '혀가 오그라들고 소리의 음상이 깊은 느낌을 준다'고 하는 설명을 음성학적인 관점에서 추정해 보면, '·'가 후설(後舌)에서 발음되는 저모음임을 알 수 있다.

그리고 『훈민정음 해례본』의 '제자해'에서는 'ㅗ'와 'ㅏ' 글자의 음가를 다음과 같이 설명하였는데, 이를 통해서도 간접적으로 '·' 글자의 음가를 추정할 수 있다.

(29) ㄱ. ㅗ與·同而口蹙 …… ㅏ與·同而口張

　　ㄴ. 'ㅗ'는 '·'와 같으나 입이 오므라진다. 'ㅏ'는 '·'와 같으나 입이 펴진다.

　　　　　　〈 口張 〉　　　　　　　　　　　　　〈 口蹙 〉

　　　　　[ㅏ] ◄───────── [·] ─────────► [ㅗ]

(29)의 설명에 따르면 '·' 글자의 음가는 'ㅗ'보다 입을 펴고 'ㅏ'보다 입을 더 오므려서
발음하는 소리인 후설 저모음인 /ʌ/이다.

(30) ㄱ. · /ʌ/,　　ㅡ /ɨ/,　　ㅣ /i/

　　ㄴ. ㅗ /o/,　　ㅏ /a/,　　ㅜ /u/,　　ㅓ /ə/

(31) ㄱ. ᄆᆞᆷ, 드르ㅎ, 기리

　　ㄴ. 몸소, 나라ㅎ, 우숨, 멀험

'ᄆᆞᆷ, 드르ㅎ, 기리'는 '·, ㅡ, ㅣ'의 상형자가 쓰인 예이며, '몸소, 나라ㅎ, 우숨, 멀험'은
초출자인 'ㅗ, ㅏ, ㅜ, ㅓ'가 쓰인 예이다.

　〈 단모음의 체계 〉 지금까지 살펴본 상형자와 초출자의 음가를 바탕으로 15세기 국어의
'단모음 체계'는 다음과 같이 기술할 수 있다(이기문, 1998: 151).

	전설 모음		후설 모음	
	평순	원순	평순	원순
고모음	ㅣ, /i/		ㅡ, /ɨ/	ㅜ, /u/
중모음			ㅓ, /ə/	ㅗ, /o/
저모음			ㅏ, /a/	·, /ʌ/

〈표 8〉 15세기의 단모음 체계

(나)-2. 중모음의 체계

　15세기 국어의 중모음에는 현대 국어와는 달리 '이중 모음'뿐만 아니라 '삼중 모음'도
있었다.

① 이중 모음

15세기 국어의 '이중 모음'으로는 '상향적 이중 모음'과 '하향적 이중 모음'이 있었다.

〈 상향적 이중 모음 〉 '상향적 이중 모음'은 '반모음 + 단모음'의 방식으로 발음되는 이중 모음이다. 'ㅛ, ㅑ, ㅠ, ㅕ'는 'ㅣ'계 상향적 이중 모음의 음가를 나타내며, 'ㅘ, ㅝ'는 'ㅜ'계 상향적 이중 모음의 음가를 나타낸다.

(32) ㄱ. ㅛ /jo/, ㅑ /ja/, ㅠ /ju/, ㅕ /jə/

ㄴ. 쇼ㅎ, 약대, 유무, 여ᇫ

(33) ㄱ. ㅘ /wa/, ㅝ /wə/

ㄴ. <u>좌</u>ㅎ다, <u>워</u>기다

(32)에서 (ㄱ)의 'ㅛ, ㅑ, ㅠ, ㅕ'는 반모음인 /j/의 입 모양에서 출발하여, 나중에는 각각 'ㅗ, ㅏ, ㅜ, ㅓ'를 발음할 때의 입 모양으로 발음한다. 따라서 'ㅛ, ㅑ, ㅠ, ㅕ'는 'ㅣ'계 상향적 이중 모음인 /jo/, /ja/, /ju/, /jə/로 발음되었다. 그리고 (33)에서 (ㄱ)의 'ㅘ'와 'ㅝ'는 반모음인 /w/의 입모양에서 시작하여 /ㅏ/와 /ㅓ/의 입 모양으로 발음한다. 따라서 'ㅘ'와 'ㅝ'는 'ㅜ'계 상향적 이중 모음'인 /wa/, /wə/로 발음되었다.

〈 하향적 이중 모음 〉 '하향적 이중 모음'은 '단모음 + 반모음'의 방식으로 발음되는 이중 모음인데, 'ㆎ, ㅢ, ㅚ, ㅐ, ㅟ, ㅔ'는 'ㅣ'계 하향적 이중 모음의 음가를 나타낸다.

(34) ㄱ. ㆎ /ʌj/, ㅢ /ij/, ㅚ /oj/, ㅐ /aj/, ㅟ /uj/, ㅔ /əj/

ㄴ. <u>ᄆᆡ</u>샹, <u>믜</u>다, <u>외</u>얏, <u>대</u>범, <u>뮈</u>다, 세ㅎ

곧, 'ㆎ, ㅢ, ㅚ, ㅐ, ㅟ, ㅔ'는 /ㆍ, ㅡ, ㅗ, ㅏ, ㅜ, ㅓ/의 입 모양에서 시작하여 반모음인 /j/의 입 모양으로 발음하였다. 곧, 'ㆎ, ㅢ, ㅚ, ㅐ, ㅟ, ㅔ'는 'ㅣ'계의 하향적 이중 모음'인 /ʌj/, /ij/, /oj/, /aj/, /uj/, /əj/로 발음된다.

② 삼중 모음

현대 국어와는 달리 15세기 국어에서는 '삼중 모음(三重母音)'도 있었는데, 삼중 모음에는 반모음인 /j/로 시작하는 삼중 모음과 /w/로 시작하는 삼중 모음이 있었다.

(35) ㄱ. ㆊ /joj/, ㅒ /jaj/, ㆌ /juj/, ㅖ /jəj/

ㄴ. <u>쇠</u>똥, <u>ᄌᆞ걔</u>, <u>취</u>ㅎ다, <u>셰</u>다

(36) ㄱ. ㅙ /waj/, ㅞ /wəj/

　　 ㄴ. 괘씸ᄒ다, 웨다

(35)의 'ㅢ, ㅒ, ㆌ, ㅖ'는 '삼중 모음'의 음가를 나타내는데, 'ㅢ, ㅒ, ㆌ, ㅖ'는 'ㅣ'계의 상향적으로 발음하고 난 뒤에 다시 'ㅣ'계의 하향적으로 발음하는 "ㅣ"계의 삼중 모음 '이다. 그리고 (36)의 'ㅙ, ㅞ'는 'ㅜ'계의 상향적으로 발음하고 난 뒤에 다시 'ㅣ'계의 하향적으로 발음하는 "ㅜ'계의 삼중 모음'이다.

　　위에서 살펴본 15세기의 '중모음의 체계'를 정리하여 표로 보이면 다음과 같다.

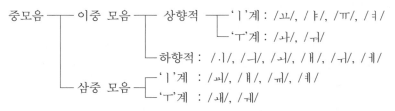

〈표 9〉 15세기 국어의 중모음 체계

1.3.2. 음절

15세기 국어의 음절은 현대 국어와 마찬가지로 '초성, 중성, 종성'으로 이루어져 있다.
〈초성〉 15세기 국어에는 모두 32개의 자음이 있었는데, 이들 중에서는 단일 자음 22개와 복합 자음 10개가 있었다

(37) ㄱ. 단일 자음(22개) : /ㅂ, ㅃ, ㅍ, ㅁ, ㅸ/; /ㄷ, ㄸ, ㅌ, ㄴ, ㄹ/; /ㅈ, ㅉ, ㅊ/;

　　　　　　　　　　/ㅅ, ㅆ, ㅿ/; /ㄱ, ㄲ, ㅋ, ㆁ/; /ㅎ, ㆅ/

　　 ㄴ. 복합 자음(10개) : /ㅲ, ㅄ, ㅴ, ㅵ/; /ㅺ, ㅼ, ㅻ, ㅽ/; /ㅴ, ㅵ/

15세기 국어의 자음은 초성이나 종성으로 쓰였는데, 초성으로 쓰인 자음에 나타나는 특징은 다음과 같다. 첫째, '바올'처럼 여린입천장소리인 /ㆁ/이 음절의 초성으로 쓰일 수 있었다. 둘째, /ㅲ, ㅴ, ㅵ, ㅄ; ㅺ, ㅼ, ㅽ, ㅻ; ㅴ, ㅵ/처럼 음절의 초성 자리에 자음군이 나타날 수 있었다.(단, /ㅺ, ㅼ, ㅽ/을 자음군이 아니라 된소리로 보는 견해도 있다.) 셋째, 된소리 중에서 마찰음인 /ㅆ/과 /ㆅ/을 제외한 나머지 /ㄲ, ㄸ, ㅃ, ㅉ/은 단어의 첫 음절에서 초성으로 쓰이지 못했다. 넷째, 공명음 중에서 /ㅸ, ㅿ, ㆁ/은 단어의 첫 음절에 나타나는

초성으로 쓰이지 못하였으며, /ㄹ/은 한자말을 제외하면 고유어에서는 단어의 첫 음절의 초성으로 거의 쓰이지 않았다('러울, 롱담, 라귀'는 예외이다).

〈초성〉중성로 쓰인 모음 중에서 단모음은 7개였으며 중모음은 18개가 있었다. 그리고 중모음은 다시 이중 모음 12개와 삼중 모음 6개가 있었다(단, 된소리로 발음되는 모음인 /ㅇㅣ, ㅑ, ㅕ, ㅛ, ㅠ/는 제외한다).

```
                    ┌─ 단모음: /ㆍ, ㅡ, ㅣ, ㅗ, ㅏ, ㅜ, ㅓ/
                    │
모음 ───────────────┤         ┌─ ① 이중 모음: /ㅛ, ㅑ, ㅠ, ㅕ, ㅘ, ㅝ/   (상향적 이중 모음)
                    │         │
                    └─ 중모음 ─┤           /ㆎ, ㅢ, ㅚ, ㅐ, ㅟ, ㅔ/   (하향적 이중 모음)
                              │
                              └─ ② 삼중 모음: /ㅙ, ㅒ, ㅞ, ㅖ, ㅙ, ㅞ/   (상향적 → 하향적)
```

〈표 10〉15세기 국어의 중성 체계

〈초성〉종성의 자리에는 단일 자음으로서 원칙적으로 /ㄱ, ㆁ, ㄷ, ㄴ, ㅂ, ㅁ, ㅅ, ㄹ/이 쓰였다. 이들 자음 이외에도 /ㅿ/도 종성으로 쓰일 수 있었는데, 예들 들어서 '웃도'와 'ᄀᆞ애'처럼 /ㅅ/과 /ㅿ/이 모두 종성의 자리에 쓰였다. 그리고 종성의 자리에 '넋, 앉거늘, 늙디, 옮고, 숣고, 읎디, 값과'에서처럼 /ㄳ/; /ㄵ/; /ㄺ, ㄻ, ㄼ, ㄿ, ㅄ/과 같은 자음군이 쓰일 수 있었던 것도 15세기 국어의 특징이다.[7]

1.3.3. 음운의 변동

형태소가 음운론적 환경에 따라서 형태소의 꼴(형태)이 바뀌는 현상을 '음운의 변동(音韻變動)'이라고 한다. 15세기 국어에서 나타나는 음소 변동의 유형으로는 '교체(交替)', '탈락(脫落)', '첨가(添加)', '축약(縮約)', '탈락과 축약' 등이 있다. 그리고 형태소와 형태소가 결합하는 과정에서 특정한 형태소에 실린 성조가 바뀌는 경우가 있다.

1.3.3.1. 교체

15세기 국어에서 일어난 음운의 '교체'로는 동화에 따른 교체인 '모음 조화'와 '비음화'가 있으며, 동화가 아닌 교체 현상으로 '평파열음화'와 '된소리되기'가 있다.

---

7) 겹받침 중에서 /ㄺ, ㄻ, ㄼ/과 같은 'ㄹ' 겹받침은 종성의 자리에 일반적으로 실현될 수 있었다.

(가) 동화 교체

(가)-1. 모음 조화

모음은 음상에 따라서 '양성 모음', '음성 모음', '중성 모음'으로 나뉜다.

(36) ㄱ. 양성 모음(밝음)   : /·, ㅗ, ㅏ; ㅛ, ㅑ/

　　　ㄴ. 음성 모음(어두움) : /ㅡ, ㅜ, ㅓ; ㅠ, ㅕ/

　　　ㄷ. 중성 모음(중간)   : /ㅣ/

(ㄱ)의 /·, ㅗ, ㅏ; ㅛ, ㅑ/는 밝은 느낌을 주는 양성 모음이며, (ㄴ)의 /ㅡ, ㅜ, ㅓ; ㅠ, ㅕ/는 어두운 느낌을 주는 음성 모음이다. 그리고 /ㅣ/는 양성과 음성의 중간인 중성 모음이다. 15세기 국어에서 양성 모음은 양성 모음끼리, 음성 모음은 음성 모음끼리 어울리는 경향이 있었는데, 이를 '모음 조화(母音調和)'라고 한다.

〈 한 형태소의 안 〉 한 형태소 안의 모음들은 대체로 모음 조화를 지켜서 실현되었다.

(37) ㄱ. ᄀᆞ룸, 나라ㅎ, 나모, 도죽, 다ᄉᆞᆺ

　　　ㄴ. 구룸, 드르ㅎ, 허믈, 겨를, 브르(다), 어듭(다), 더으(다)

　　　ㄷ. 가지, 가치, ᄃᆞ리, 스싀, 할미, 아비

　　　ㄹ. 머리, 서리, 그리(다)

　　　ㅁ. 닐굽, 닐흔, 님금, 일훔

　　　ㅂ. 미리, 이기(다)

(ㄱ)에서는 양성 모음과 양성 모음이 어울렸으며, (ㄴ)에서는 음성 모음끼리 어울렸으며, (ㄷ~ㅂ)에서는 중성 모음이 양성 모음이나 중성 모음과 어울렸다. 결과적으로 한 형태소 안에서 양성과 음성의 모음이 함께 실현되는 예는 극히 드물었다.

〈 체언과 조사 〉 체언과 조사의 모음은 대체로 모음 조화를 지켜서 실현되었다.

(38) ㄱ. 故ᄂᆞᆫ, ᄆᆡ롤, ᄇᆞᄅᆞ매, 알픽, 말ᄊᆞ물

　　　ㄴ. 語는, 번게를, 뒤헤, 우희, 님그믈

(ㄱ)에서는 체언과 조사의 모음이 양성 모음끼리 어울렸으며, (ㄴ)에서는 체언과 조사의 모음이 음성 모음끼리 어울렸다.

〈 어간과 어미 〉 어간과 어미에 나타나는 모음도 대체로 모음 조화를 지켜서 실현되었다.

(39) ㄱ. 몰라, 싸호아, 느라, 나ᄅ샤

　　ㄴ. 므러, 드러, 주거, 버서, 그츨씨

　　ㄷ. 니즈실씨

　　ㄹ. 느려, 텨, 그리어

(ㄱ)에서는 어간과 어미의 모음이 양성 모음끼리, (ㄴ)에서는 음성 모음끼리 어울렸다. 그리고 (ㄷ)에서는 중성 모음과 양성 모음이, (ㄹ)은 중성 모음과 음성 모음이 어울렸다.

(가)-2. 비음화

'비음화'는 파열음이 비음에 동화되어서 비음으로 바뀌는 현상이다. 15세기 국어에서는 파열음인 /ㄷ/이나 /ㅂ/이 비음인 /ㄴ/과 /ㅁ/으로 교체되는 예가 드물게 나타난다.

(40) ㄱ. 므리 만코 길흔 멀오 도즈ᄀ 하고 <u>건나디</u> 몯ᄒ야　　　　[월석 10:23]

　　ㄴ. 므레 <u>ᄃᆞ니ᄂᆞ</u> 中에 龍의 히미 못 크고　　　　　　　[월석 20:8]

　　ㄷ. <u>문노라</u> 大將은 누고　　　　　　　　　　　　　　　[두언 5:31]

(41) ㄱ. 가ᄂᆞ 빗츤 네 顔色을 <u>븓ᄂᆞ니</u>　　　　　　　　　　　[두언 20:45]

　　ㄴ. 더운 짜히 므싀여워 블 <u>븐ᄂᆞ</u> 듯도다　　　　　　　　[두언 16:65]

(42) 世ㅣ 어즈럽거든 글 홀 사ᄅᆞ미 <u>굼ᄂᆞ니라</u>　　　　　　　[두언 3:13]

(43) ㄱ. 혓 그티 웃닛머리예 <u>다ᇇᄂᆞ니라</u>　　　　　　　　　　[훈언 15]

　　ㄴ. 夫ㅣ 사오나온 後에ᅀᅡ 陰陽이 和ᄒ야 子息을 <u>난ᄂᆞ니</u>　[능언 4:23]

　　ㄷ. 亂離ㅅ 처석믈 브터 니를가 <u>전노라</u>　　　　　　　　　[두언 3:62]

(40)의 '건나디(←걷나디), ᄃᆞ니ᄂᆞ(←ᄃᆞ니ᄂᆞ), 문노라(←묻노라)'에서는 어간의 종성인 /ㄷ/이 어미의 초성인 /ㄴ/ 앞에서 /ㄴ/으로 바뀌었다. (41)의 '븓ᄂᆞ니(←븥ᄂᆞ니), 븐ᄂᆞ(←븥ᄂᆞ)'에서는 어간의 종성인 /ㅌ/이 평파열음화에 따라서 /ㄷ/으로 바뀐 다음에, /ㄷ/이 어미의 초성인 /ㄴ/ 앞에서 /ㄷ/으로 다시 바뀌었다. (42)의 '굼ᄂᆞ니라(←굽ᄂᆞ니라)'에서는 어간의 종성인 /ㅂ/이 어미의 초성인 /ㄴ/의 앞에서 /ㅁ/으로 바뀌었다. (43)의 '다ᇇᄂᆞ니라(←닿ᄂᆞ니라), 난ᄂᆞ니(←낳ᄂᆞ니), 전노라(←젛노라)'에서는 어간의 종성인 /ㅎ/이 평파열음화에 따라서 /ㄷ/으로 바뀐 다음에, /ㄷ/이 다시 어미의 초성 /ㄴ/ 앞에서 /ㄴ/으로 바뀌

었다. 이처럼 /ㄷ, ㅂ/이 /ㄴ/ 앞에서 직접 /ㄴ/과 /ㅁ/으로 비음화하거나, /ㅌ, ㅎ/이 평파열음화를 입어서 /ㄷ/으로 변동된 다음에 다시 /ㄴ/으로 비음화되는 예가 드물게 발견되었다. 그러나 /ㄱ/이 /ㅇ/으로 비음화하는 예는 중세 국어에서는 잘 발견되지 않는다.

(나) 비동화 교체

(나)-1. 평파열음화

15세기 국어에서는 종성의 자리에서 /ㄱ, ㄴ, ㄷ, ㄹ, ㅁ, ㅂ, ㅅ, ㅇ/의 여덟 자음만 실현될 수 있었다. 이 여덟 개의 자음을 제외한 나머지 자음이 종성의 자리에 오면, /ㄱ, ㄷ, ㅂ, ㅅ/ 중의 하나로 바뀌게 되는데, 이를 '평파열음화(平破裂音化)'라고 한다.

〈 /ㅍ/, /ㅸ/ → /ㅂ/ 〉 체언이나 어간의 끝 음절에서 실현되는 종성 /ㅍ/, /ㅸ/은 자음이나 휴지 앞에서 평파열음인 /ㅂ/으로 교체된다(양순음의 평파열음화).8)

    (44) ㄱ. 무릎 : 뎌 주거미 <u>무루프</u>며 바리며 다 놀여   [월석 9:36]
        ㄴ. 무릅 : 올흔 <u>무릅</u> 쭈러 몸 구펴 合掌ㅎ야   [석상 9:29]

    (45) ㄱ. 돕- : 城 높고 드리 업건마른 하늘히 <u>도ᄫ실ᄊ</u>ᅵ   [용가 34장]
        ㄴ. 돕- : 벼슬 노푼 臣下ㅣ 님그믈 <u>돕ᅀᆞᄫᅡ</u> 百官을 다스릴씨 [월석 서4]

(44)의 '무릎'에서 끝 음절의 종성인 /ㅍ/은 모음 앞에서는 (ㄱ)처럼 /ㅍ/으로 실현되지만, 자음이나 휴지의 앞에서는 (ㄴ)처럼 /ㅂ/으로 교체되었다. 그리고 (45)의 '돕-'에서 종성인 /ㅸ/은 모음 앞에서는 (ㄱ)처럼 /ㅸ/으로 실현되지만, 자음 앞에서는 (ㄴ)처럼 /ㅂ/으로 교체되었다.

〈 /ㅌ/, /ㅎ/ → /ㄷ/ 〉 체언이나 어간의 끝 음절에 실현되는 종성인 /ㅌ/이나 /ㅎ/은 자음이나 휴지 앞에서 평파열음인 /ㄷ/으로 교체된다(설음과 후음의 평파열음화).

첫째, 체언이나 어간의 끝 음절에 실현된 종성인 /ㅌ/이 /ㄷ/으로 교체되었다.

    (46) ㄱ. 귿: 末은 <u>그티라</u>   [월석 2:21]
        ㄴ. 귿: 本末은 밑과 <u>귿괘</u>니   [석상 13:41]

---

8) 『고등학교 문법』(2010)에서는 '돕다' 등에서 어간의 기본 형태를 '돕-'으로 잡고, '돕-'이 모음으로 시작하는 어미 앞에서 /돌/으로 바뀌는 것으로 처리했다('ㅂ' 불규칙 활용). 그러나 이론적으로 보면 '돌-'을 기본 형태로 보고 자음이나 휴지 앞에서 '돕-'으로 변동하는 것으로 처리하면, 불규칙 용언의 예를 줄이게 되는 이점이 있다(허웅, 1975: 450).

(47) ㄱ. 녙-: <u>녀트며</u> 기푸미 곧디 아니커늘　　　　　　　　　[능언 3:87]

　　　ㄴ. 녙-: 슬후미 <u>녇디</u> 아니ᄒ니　　　　　　　　　　　　[두언 6:29]

(46)의 '긑'에서 종성 /ㅌ/은 모음의 시작되는 조사 앞에서는 (ㄱ)처럼 /ㅌ/으로 실현되지만, 자음 앞에서는 (ㄴ)처럼 /ㄷ/으로 교체되었다. 그리고 (47)의 '녙-'에서 종성 /ㅌ/은 모음 앞에서는 (ㄱ)처럼 /ㅌ/으로 실현되지만, 자음 앞에서는 (ㄴ)처럼 /ㄷ/으로 교체되었다.

　둘째, 어간의 끝 음절에서 종성으로 쓰인 /ㅎ/이 /ㄷ/으로 교체되는데, 이 경우에는 조음 위치가 후두에서 치조(혀끝)로 바뀌게 된다(후음의 평파열음화).

(48) ㄱ. 둏-: 제 지순 이릴 <u>됴ᄒ며</u> 구주ᄆ로　　　　　　　[월석 서:3]

　　　ㄴ. 돋-: 病이 곧 <u>됻놋다</u>(← **됻놋다** ← **둏놋다**)　　　[두언 20:9]

'둏다'에서 끝 음절의 종성으로 쓰인 /ㅎ/은, 모음으로 시작하는 어미가 붙어서 활용하면, (ㄱ)의 '됴ᄒ며'처럼 /ㅎ/이 그대로 다음 음절의 첫소리로 실현된다. 그러나 /ㅎ/이 자음으로 시작하는 어미 앞에서 종성으로 쓰이면 (ㄴ)의 '됻놋다'처럼 /ㄷ/으로 바뀐다.9)

　⟨/ㅈ, ㅊ, ㅿ/ → /ㅅ/⟩ 체언이나 어간의 끝 음절에 실현되는 종성 /ㅈ, ㅊ, ㅿ/은 자음이나 휴지 앞에서 /ㅅ/으로 교체된다(치음의 평파열음화).

(49) ㄱ. 곶 : ᄀ숤 <u>고지</u> 盛ᄒ야 菲菲ᄒ도다　　　　　　　[두언 15:5]

　　　ㄴ. 곳 : <u>곳</u>과 果實와 플와 나모와를 머그리도 이시며　[월석 2:27]

　　　　　善慧…<u>곳</u> 잇ᄂᆫ 짜홀 곧가 가시다가　　　　　　[월석 1:9]

(50) ㄱ. 젖- : 花間애 흘러 ᄡ리 아니 <u>저즈니</u>　　　　　　[월석 7:21]

　　　ㄴ. 젓- : 오시 <u>젓게</u> 우러 行幸 겨신 ᄃᆡ를 묻고　　　[두언 8:16]

(51) ㄱ. 늧 : 늘근 <u>ᄂ츠란</u> 紫金丹애 브티고져 ᄒ노라　　　[두언 21:5]

　　　ㄴ. 늣 : <u>ᄂ</u>비치 검디 아니ᄒ며　　　　　　　　　　[월석 17:53]

　　　　　<u>ᄂ</u> 양ᄌᆞᄂᆞ 늘근 한아비 ᄃᆞ외옛도다　　　　[능언 2:6]

---

9) 어간의 끝 음절에서 종성으로 쓰인 /ㅎ/은 예사소리로 시작하는 어미의 초성과 합쳐져서 거센소리로 축약된다. 다만, 종성의 /ㅎ/은 초성으로 실현되는 /ㅅ/을 /ㅆ/으로 바뀌게 한다.
　(보기) ㄱ. 수를 노코, 다티 아니호미　　　　　　　[두언 20:29], [능언 2:103]
　　　　ㄴ. 부텻 像을…座애 便安히 노ᄊᆞ고, 太子를 나ᄊᆞᄫᆞ니　[석상 9:22], [월석 10:25]

(52) ㄱ. 긏- : 傳祚萬世예 功이 <u>그츠리잇가</u>　　　　　　　[용가 79장]

　　　ㄴ. 긏- : ᄇᆞᄅᆞ미 <u>긋고</u> 구루미 먹 빗 ᄀᆞᄐᆞ니　　　[두언 6:42]

(53) ㄱ. ᄀᆞ : 西水ㅅ <u>ᄀᆞᅀᅵ</u> 져재 ᄀᆞᄐᆞ니　　　　　　[용가 6장]

　　　ㄴ. ᄀᆞ : 無邊은 <u>ᄀᆞ</u> 업슬 씨라　　　　　　　　　[월석 8:39]

(54) ㄱ. 짓- : 아바님 위ᄒᆞ야 病엣 藥을 <u>지ᅀᅮ려</u> ᄒᆞ노니　[월석 21:217]

　　　ㄴ. 짓- : 모딘 罪業을 <u>짓디</u> 아니ᄒᆞ리니　　　　　　[석상 9:31]

(49~54)에서 '곶, 젖-'; 'ᄂᆞᆾ, 긏-'; 'ᄀᆞ, 짓-'의 종성인 /ㅈ, ㅊ, ㅿ/은 모음 앞에서는 (ㄱ)처럼 /ㅈ, ㅊ, ㅿ/으로 실현되지만, 자음이나 휴지 앞에서는 (ㄴ)처럼 /ㅅ/으로 교체된다.10) 다만, 치음이 /ㅅ/으로 평파열음화하는 현상은 보편적으로 일어나는 현상은 아니다.

(55) ㄱ. 치운 젯 오슬 곧마다 <u>ᄀᆞ</u>애와 자콰로 지소믈 뵈아ᄂᆞ니　[두언 10:33]

　　　ㄴ. 어딘 앒이 草萊ㅅ 소ㄱ로셔 오니　　　　　　　　　　[두언 2:35]

　　　ㄷ. 太子ㅣ 轅中에 드러 <u>긋어</u> 가더니　　　　　　　　　[월석 20:70]

　　　ㄹ. 金剛座 <u>빗이고</u> 獅子座를 셰ᅀᆞᄫᅡ　　　　　　　　　[월천 기65]

(56) ㄱ. 龍이 다 <u>졷ᄌᆞᄫᅡ</u> ᄒᆞ니더니　　　　　　　　　　　　[월석 7:54]

　　　ㄴ. 諸釋들히 … 棺을 우희 <u>엳ᄌᆞᆸ고</u>　　　　　　　　　　[월석 10:10]

(55)에서 'ᄀᆞ애, 앒이; 긋어, 빗이고' 등은 종성의 /ㅿ/이 /ㅅ/으로 교체되지 않고 그대로 /ㅿ/으로 유지되었다. 그리고 (56)에서 '졷ᄌᆞᄫᅡ(좇-)'와 '엳ᄌᆞᆸ고(엱-)'에서는 종성의 /ㅈ/과 /ㅊ/이 동일한 치음인 /ㅅ/으로 교체되지 않고, 설음인 /ㄷ/으로 교체되었다.

(나)-2. 된소리되기(경음화)

특정한 형태-음운론적인 환경에서 예사소리가 된소리로 바뀔 수 있다. 곧, 관형사형 어미인 '-을'에 뒤에 실현되는 체언이나, 용언의 어간 뒤에 실현되는 객체 높임의 선어

---

10) 15세기 국어에서 종성에서 실현되는 /ㅅ/은 마찰음의 성질이 있기 때문에 이 현상을 완전한 평파열음화로 보기는 어렵다. 그런데 15세기 국어의 종성인 /ㅅ/은 마찰음인 /s/으로 발음되기는 하였으나, /s/가 아주 짧게 발음되는 /sˀ/의 음가인 것으로 추정한다(허웅, 1986: 361 참조). 이러한 점을 감안하여 /ㅈ, ㅊ, ㅿ/이 종성의 자리에서 /ㅅ/으로 교체되는 현상을 평파열음화로 처리한다. 그리고 『고등학교 문법(2010)』에서는 (54ㄱ)의 '지ᅀᅮ려'를 '짓다'의 'ㅅ' 불규칙 활용으로 처리한다.

말 어미, 그리고 체언과 체언이 이어서 실현될 때에 된소리로 변동할 수 있다.

〈 관형사형 어미인 '-을'의 뒤에서 〉 용언의 관형사형 어미인 '-을'의 뒤에 실현되는 예사소리 초성이 된소리로 교체될 수 있다.

(57) ㄱ. 내 지븨 이실 쩌긔 受苦호미 이러호니　　　　　　　　[월석 10:26]

　　　ㄴ. 져믄 고볼 양즈를 오래 믿디 몯홀 꺼시니　　　　　　[석상 11:36]

　　　ㄷ. 큰 光明을 펴 一切의 공경홀 빼라　　　　　　　　　[법언 4:30]

　　　ㄹ. 阿鼻는 쉴 쓰싀 업다 흐논 마리니　　　　　　　　　[월석 1:29]

(57)에서 예사소리로 시작되는 체언인 '적, 것, 바, 스싀'가 관형사형 어미인 '-ㄹ' 뒤에서 체언의 초성이 된소리로 바뀌어서 '쩍, 껏, 빠, 쓰싀'로 교체되었다. 다만 관형사형 전성 어미를 '-ㅭ'으로 표기할 때에는, 뒤 체언의 초성을 된소리 대신에 '적, 것, 바, 스싀'와 같이 예사소리로 표기했다.11)

〈 객체 높임 선어말 어미에서 〉 용언의 어간에 객체 높임의 선어말 어미인 '-줍-'과 '-습-'이 붙어서 활용할 때에, 어미의 초성인 /ㅈ, ㅅ/이 된소리로 교체될 수가 있다.

(58) ㄱ. 阿難이 (大愛道의) 무쯔볼대　　　　　　　　　　　　[월석 10:18]

　　　ㄴ. 그 저긔 四天王이 하ᄂᆞᆯ 기ᄫᅳ로 안ᄉᆞᄫᅡ 金几 우희 연쯥고 [월석 2:39]

　　　ㄷ. 마쯔비예 므스믈 놀라니　　　　　　　　　　　　　　[용가 95장]

　　　ㄹ. 天樂을 奏커늘 諸天이 조쯥고 하ᄂᆞᆯ 고지 드르니이다　[월천 기14]

(59) ㄱ. 그 ᄢᅴ 阿那律이 如來를 棺애 녀쏩고　　　　　　　　[석상 23:27]

　　　ㄴ. 龍王이 두리ᄉᆞᄫᅡ 七寶平 床座 노쏩고　　　　　　　[월천 기191]

　　　ㄷ. 迦葉이⋯香 퓌우며 곳 비쏩고 ᄀᆞ장 슬허 우러　　　[석상 23:42]

(58)의 '무쯔볼대(←묻-줍-은대), 연쯥고(←옆-줍-고), 마쯔비(←맞-줍-이), 조쯥고(←좇-줍-고)'에서는 어간 뒤에 실현되는 '-줍-'의 초성 /ㅈ/이 /ㅉ/으로 교체되었다.12) 그리고

------

11) 이처럼 '-ㄹ' 뒤에서 일어나는 된소리된 형태를 '이싏 저긔, 몯홇 거시니, 공경홇 배라, 싏 스싀'로 표기하기도 했으나, 뒤 명사의 예사소리가 된소리로 나는 것은 마찬가지이다.

12) 객체 높임의 선어말 어미인 '-줍-'은 어간의 종성이 /ㄷ/일 때에 실현된다.(표기상으로는 'ㄷ, ㅈ, ㅊ'일 때에 실현됨.) 그런데 15세기 국어에서는 이러한 환경에서 '-줍-'이 '-쯥-'으로 교체되지 않고, '-줍-'으로 실현된 예도 많다. (보기: 받줍거늘 [석상 3:38], 좇줍거늘 [용가 36장]) 그러므로 (58)에서 '-줍-'이 '-쯥-'으로 교체되는 된소리되기는 수의적인으로 현상으로 볼 수 있다.

(59)의 '녀쏩고(← 넣-습-고), 노쏩고(← 놓-습-고), 비쏩고(← 빟-습-고)'에서는, 어간의 종성인 /ㅎ/의 뒤에 실현되는 어미의 초성 /ㅅ/이 /ㅆ/으로 교체되었다.[13]

〈체언과 체언 사이에서〉 체언과 체언 사이에서 사잇소리가 날 때에는, 뒤 체언의 초성이 된소리로 교체될 수 있다.

(60) ㄱ. 目連의 슬픈 <u>우룹쏘리</u> 훤히 업스니라　　　　　　　　[월석 23:96]

　　　ㄴ. 그 사ᄅᆞ미 緣故 업시 <u>눈쯔ᅀᅳ</u>를 ᄢᅴ우디 아니ᄒᆞ야　　[능언 2:109]

(61) ㄱ. 두 鐵圍山 <u>ᄊᆞᅀᅵ</u> 어드본 ᄯᅡ해 地獄이 버러 잇ᄂᆞ니라　　[월석 1:28]

　　　ㄴ. 太子ㅣ 아ᄎᆞᆷ <u>ᄊᆞᅀᅵ</u>예 八百 里를 녀샤　　　　　　[석상 3:30]

(60)에서 '우룹쏘리, 눈쯔ᅀᅳ'는 앞 어근인 '우룹, 눈'에 뒤 어근인 '소리'와 'ᄌᆞᅀᅳ'가 결합하여서 된 합성 명사이다. 이때 두 어근 사이에서 사잇소리가 나게 되므로, 뒤의 체언인 '소리'의 초성이 된소리로 교체되어서 '우룹쏘리'와 '눈쯔ᅀᅳ'로 실현되었다. 그리고 (61)에서 앞 체언인 '鐵圍山'과 '아ᄎᆞᆷ'과 뒤에 체언인 'ᅀᆞᅀᅵ'가 실현되었는데, 이때에도 'ᅀᆞᅀᅵ'의 초성이 된소리로 교체되어서 'ᄊᆞᅀᅵ'로 실현되었다.

(나)-3. /ㄱ/이 /ﬁ/으로 교체됨

특정한 형태-음운론적 환경에서는 /ㄱ/으로 시작하는 조사나 어미의 /ㄱ/이 후두 유성 마찰음인 /ﬁ/로 교체될 수 있다.[14]

첫째, 모음이나 /ㄹ/로 끝나는 체언 뒤에서 조사의 초성 /ㄱ/이 /ﬁ/으로 교체된다. 곧, 모음이나 /ㄹ/로 끝나는 체언 뒤에서 조사 '-과, -과로, -곳, -곰, -고/-가'의 초성 /ㄱ/이 /ﬁ/으로 교체된다.

(62) ㄱ. 부텻 威嚴<u>과</u> 德<u>과</u>를 가줄벼 獅子座ㅣ라 ᄒᆞᄂᆞ니라　　[석상 3:43]

---

13) /ㅎ/의 뒤에 예사소리의 자음이 결합하면 자음 축약에 따라서 같은 자리에서 발음되는 거센소리로 교체되는 것이 원칙이다. 그러나, /ㅅ/은 그에 대응되는 거센소리의 짝이 없으므로 거센소리로 축약될 수 없다. 이러한 제약 때문에 종성의 /ㅎ/이 /ㄷ/으로 교체되고, /ㄷ/ 뒤에서 /ㅅ/이 된소리인 /ㅆ/으로 교체된 것으로 추정한다. 15세기 국어에서 종성 /ㅎ/이 /ㄷ/으로 바뀌는 것은 '녿논디라(놓-)[금상 5:25], 낟노라(← 낳-)[월석 10:25], 졷ᄂᆞ니(← 좋-)[능언 6:73]'의 예에서 확인된다.

14) 이렇게 /ㄱ/이 /ﬁ/으로 교체되는 현상은 /ㄱ/ 음소가 유성음 사이에서 약화된 결과이다. 그런데 이러한 현상을 음운의 교체로 보지 않고 /ㄱ/의 탈락으로 처리하기도 한다(허웅, 1986: 436). 후두 유성 마찰음인 /ﬁ/에 대하여는 이 책 46쪽의 내용을 참조하기 바란다.

ㄴ. 仙人들히 다 나못 것과 닙<u>과로</u> 옷 ᄒ야 닙고 　　　　　[석상 3:33]

ㄷ. 生<u>곳</u> 이시면 老死苦惱ㅣ 좃ᄂ니 　　　　　　　　[월석 2:22]

ㄹ. 菩薩이 ᄀᆺ 나샤 자비리 업시 四方애 닐굽 거름<u>곰</u> 거르시니 　　　　　　　　　　　　　　　　　　[월석 2:37]

ㅁ. 얻논 藥이 므스<u>것고</u> 　　　　　　　　　　　　　[월석 21:215]

(63) ㄱ. 입시울<u>와</u> 혀<u>와</u> 엄과 <u>니왜</u> 다 됴ᄒ며 　　　　[석상 19:7]

ㄴ. 문자<u>와로</u> 서르 ᄉᄆᆺ디 아니홀ᄊᆡ 　　　　　　[훈언 서]

ㄷ. 내 말<u>옷</u> 아니 드르면 　　　　　　　　　　　　[월석 2:5]

ㄹ. 八千里象은 ᄒ릭 八千里<u>옴</u> 녀는 象이라 　　　　[월석 7:52]

ㅁ. 사모매 서르 맛나ᄆᆫ ᄯ 어느 날<u>오</u> 　　　　　[두언 21:16]

(62)에서는 /ㄹ/을 제외한 자음 뒤에서 조사 '-과, -곳, -곰, -고'이 실현되었다. 반면에 (63)에서는 이들 조사가 모음이나 /ㄹ/ 뒤에서 초성 /ㄱ/이 /ɦ/로 교체되어, 각각 '-와, -옷, -옴, -오'로 실현되었다.

둘째, '-거-; -거늘, -거든, -거나, -거니와, -고, -고도, -곡, -고져, -과뎌, -게, -곤'에서 어미의 초성인 /ㄱ/이 /ɦ/로 교체된다. 곧, /ㄹ/이나 /j/로 끝나는 어간 혹은 '-이다, 아니다'의 어간, 그리고 선어말 어미 '-리-'의 뒤에서 /ㄱ/으로 시작하는 용언의 어미는 후두 유성 마찰음인 /ɦ/으로 교체된다.

(64) ㄱ. 다ᄉᆺ 곶 두 고지 空中에 머믈<u>어늘</u> 　　　　　[월천 기7]

ㄴ. 올ᄒᆫ 녁 피는 女子ㅣ ᄃᆞ외<u>어늘</u> 　　　　　　[월석 2:7]

ㄷ. 百姓이 하ᄂᆯ히<u>어늘</u> 時政이 不恤홀ᄊᆡ 　　　[용가 120]

ㄹ. 太子ㅣ ᄌᆞ걋 오ᄉᆞᆯ 보시니 出家ᄒᆞᆫ 오시 아니<u>어늘</u> 　[석상 3:30]

ㅂ. 그듸를 거스디 아니호리<u>어늘</u> 이제 엇뎨 怨讐를 니ᄌᆞ시ᄂ니 [석상 11:34]

ㅁ. 다시 묻노라 네 어드러 가ᄂ<u>니오</u> 　　　　　　[두언 8:6]

여기서는 /ㄱ/으로 시작하는 어미의 대표로서 '-거늘'을 선정하여 /ㄱ/이 /ɦ/로 교체되는 현상을 확인하기로 한다. (ㄱ)의 '머믈어늘'은 어간 /ㄹ/ 뒤에서, (ㄴ)의 'ᄃᆞ외어늘'은 어간 /j/ 뒤에서, (ㄷ)의 '하ᄂᆯ히어늘'은 서술격 조사인 '-이-' 뒤에서, (ㄹ)의 '아니어늘'은 '아니다'의 어간 뒤에서, (ㅂ)과 (ㅁ)의 '아니호리어늘, 가ᄂ니오'는 선어말 어미 '-리-'와 '-니-'의 뒤에서 어미의 /ㄱ/이 /ɦ/로 교체되었다.

1.3.3.2. 탈락

15세기 국어에서 일어나는 음운의 '탈락' 현상으로는 자음의 탈락과 모음의 탈락이 있다. 자음의 탈락으로는 '자음군 단순화'와 '/ㅎ/의 탈락'과 '/ㄹ/의 탈락'이 있으며, '모음의 탈락'으로는 '/·/의 탈락'과 '/—/의 탈락', '/ㅏ/와 /ㅓ/의 탈락'이 있다.

(가) 자음의 탈락

(가)-1. 자음군 단순화
15세기 국어에서는 음절의 종성의 자리에 일부 자음군(겹자음)이 실현될 수 있었다.

(65) ㄱ. <u>홁</u>과 [석상 20:37], <u>둛</u>과를 [구언 상10], <u>숧</u>과는 [두언 8:12]; <u>몱</u>고 [월석 서:1]

ㄴ. 스믈여<u>듧</u> [훈언 3]; <u>엷</u>디 [월석 4:47], <u>넗</u>디 [월석 21:119], <u>숣</u>거니 [용가 72장]

ㄷ. <u>옳</u>교미 [능언 1:3], <u>솖</u>기더니 [월석 23:81]

ㄹ. <u>믌</u>결 [능언 1:113], 바<u>룷</u>믈 [능언 9:34]

(66) ㄱ. 江漢애 <u>낛</u>줄 드리워 고기 <u>낛</u>ᄂ니 잇더라   [두언 21:13]

ㄴ. 내 모몰 ᄑᆞᄅ샤 내 <u>값</u>과 내 일훔과 가져다가 聖人ᄭᅴ   [월석 8:94]
받ᄌᆞᆸ쇼셔

(67) ㄱ. 뎌 주거미 무루피며 바리며 다 놀여 믄득 줏그리 <u>앉</u>거늘   [석상 6:30]

ㄴ. 므싀여운 화를 能히 시울 <u>엱</u>디 몯ᄒ니   [두언 22:32]

(65)에서는 /ㄺ/, /ㄼ/, /ㄻ/, /ㄽ/ 등의 'ㄹ'계 자음군(겹자음)이 음절의 종성에 실현되었다. (66)에서는 /ㄳ/, /ㅄ/의 자음군이 쓰였는데, /ㄳ/은 (ㄱ)의 '낛'처럼 체언이나 '낛–'처럼 용언의 어간에 다 실현된 반면에,[15] /ㅄ/은 (ㄴ)의 '값'처럼 체언에서만 종성으로 쓰였다. 그리고 (67)의 '앉–'이나 '엱–'처럼 어간에 자음군인 /ㄵ/이 쓰이기도 했다. 이렇게 15세기 국어에서 종성에서 자음군이 실현되는 현상은 현대 국어에서는 볼 수 없다.

그러나 (65~67)에 나타난 일부의 예를 제외하면, 15세기 국어에서도 자음군 단순화 현상이 일어났음을 확인할 수 있다.

〈/ㄽ/→/ㅅ/〉 관형격 조사인 'ㅅ'이나 사이시옷의 앞에서 체언의 종성인 /ㄹ/이 탈락

---

15) 단, /ㄳ/의 자음군을 가진 '셗슬 [용가 58장]'의 '셗'은 '우리 무리 믈 <u>셔</u> 잡고 [두언 8:27]'에서는 예외적으로 /ㅅ/이 탈락하였다.

하는 경우가 있다.

(68) ㄱ. 尾閭는 <u>바룴믈</u> 싸디는 싸히라   [능언 9:34]

      ㄴ. 쇽졀업시 새 <u>바룻믈</u> 몌우믈 ᄒᆞ놋다   [두언 20:15]

(69) ㄱ. 복셩고즌 ᄀᆞ노리 <u>버듨고즐</u> 조차 디고   [두언 11:21]

      ㄴ. <u>버듯고지</u> 눈 디듯 ᄒᆞ야 흰 말와매 두펫ᄂᆞ니 [두언 11:18]

(68)와 (69)에서 '바룰'과 '버들'은 그 뒤에 사잇소리가 실현되면, (ㄱ)처럼 '바룴믈'과 '버듨고즐'의 형태로 실현되는 것이 일반적이다. 하지만 이들 단어는 (ㄴ)처럼 체언의 끝 자음인 /ㄹ/이 탈락되어서 '바룻, 버듯'의 형태로 실현될 수도 있다. 이처럼 관형격 조사 'ㅅ'이나 사이시옷의 앞에서 /ㄹ/이 탈락하는 것은 수의적인 현상인데, '바룴(海), 버듨(柳), 섨(元旦), 믌(衆), 믌(水)' 등에서 /ㅅ/이 수의적으로 탈락한 예가 보인다.

　〈 /ㅺ/, /ㅼ/→/ㄱ/, /ㄷ/ 〉 /ㅅ/으로 시작하는 자음군인 /ㅺ/이나 /ㅼ/이 음절의 끝소리로 쓰일 때에는, 자음이나 휴지 앞에서 /ㄱ/과 /ㄷ/이 탈락하여 /ㅅ/만 실현된다.

(70) ㄱ. 太子ㅣ 門 <u>밧글</u> 보아지라 ᄒᆞ야시ᄂᆞᆯ 　　　[석상 3:16]

      ㄴ. 隍ᄋᆞᆫ 城 <u>밧</u> 모시라 　　　　　　　　　　[능언 1:34]

(71) ㄱ. 머리 <u>가까</u> 法服을 니브리도 보며 　　　　　[석상 13:20]

      ㄴ. 剃師는 ᄂᆞ미 머리 <u>갓는</u> 사ᄅᆞ미라 　　　　[월석 7:8]

(72) ㄱ. 麗運이 衰ᄒᆞ거든 나라ᄒᆞᆯ <u>맛드</u>시릴ᄊᆡ 　　　[용가 6장]

      ㄴ. 十身이 두려워 佛子ㅣ 두외야 부텻 이ᄅᆞᆯ <u>맛ᄂᆞ</u>니 [능언 8:28]

(70~72)에서 '밧, 갓-, 맛-'은 (ㄱ)처럼 그 뒤에 모음으로 시작하는 조사나 어미가 결합하면 /ㅺ/이 그대로 쓰였다. 반면에 '밧, 갓-, 맛-'이 (ㄴ)처럼 휴지나 자음으로 시작하는 어미의 앞에서는 /ㅺ/에서 /ㄱ/이 탈락하여 /ㅅ/으로만 실현되었다.

　〈 /ㅄ/→/ㅂ/ 〉 어간 끝 음절의 종성이 /ㅄ/일 때에 그 뒤에 자음으로 시작하는 어미가 붙어서 활용하면, /ㅄ/의 /ㅅ/이 탈락하여 /ㅂ/으로 실현된다.[16]

---

16) 다만, 체언에서는 앞의 (66ㄴ)에 제시된 '값'처럼 종성의 자리에 /ㅄ/의 자음군이 실현되었다.

(73) ㄱ. 討賊이 겨를 <u>업스샤딕</u> 션빅를 ᄃᆞᄉᆞ실씩   [용가 80장]

    ㄴ. <u>업던</u> 번게를 하ᄂᆞᆯ히 ᄇᆞᆯ기시니   [용가 30장]

(73)에서 '없-'은 (ㄱ)처럼 모음으로 시작하는 어미 '-으샤딕'가 붙어서 활용하면 변동이
일어나지 않아서 '업스샤딕'로 실현되었다. 그러나 '없-'에 (ㄴ)처럼 자음으로 시작하는
어미 '-던'이 붙어서 활용하면, /ㅄ/ 중에서 /ㅅ/이 탈락하여 '업던'으로 실현되었다.

  ⟨/ㅀ/→/ㄹ/⟩ 어간의 끝 음절의 종성이 /ㅀ/일 때에, 그 뒤에 /ㄴ/으로 시작하는 어미
가 붙어서 활용하면, /ㅀ/의 /ㅎ/이 탈락한다.

(74) ㄱ. 이 므리 엇던 緣으로 솟글흐며   [월석 21:25]

    ㄴ. 熱惱ᄂᆞᆫ 더버 셜ᄫᆞᆯ 씨니 罪人을 <u>글ᄂᆞᆫ</u> 가마애 드리티ᄂᆞ니라   [월석 1:29]

(75) ㄱ. 怨害鬼게 툐ᄆᆞᆯ 맛나 定에 나 머리 <u>알ᄒᆞ니</u>   [능언 5:74]

    ㄴ. 녜브터 <u>알ᄂᆞᆫ</u> 닛 病이 됴커든   [두언 9:16]

(74)와 (75)에서 '긇-'과 '앓-'은 (ㄱ)처럼 그 뒤에 모음으로 시작하는 어미가 오면 /ㅀ/이
그대로 유지되었다. 반면에 (ㄴ)처럼 '긇-'과 '앓-'의 뒤에 /ㄴ/으로 시작하는 어미가 결
합하여 활용하면, /ㅀ/에서 /ㅎ/이 탈락하여 '글-'과 '알-'로 실현되었다.

(가)-2. /ㅎ/의 탈락

  /ㅎ/으로 끝나는 체언에 /ㄱ/이나 /ㄷ/을 제외한 자음으로 시작하는 조사나 휴지가
실현될 때에는, 체언의 종성 /ㅎ/이 탈락한다.

(76) ㄱ. 劍은 <u>갈히라</u>   [월석 23:49]

    ㄴ. 져믄 나해 글 스기와 <u>갈</u> 쓰기와 비호니   [두언 7:15]

(77) ㄱ. 鼻ᄂᆞᆫ <u>고히라</u>   [석상 19:9]

    ㄴ. <u>고</u> 고ᄋᆞ고 니 글오 뷘 입 십고 방긔 니르리 ᄒᆞ며   [석상 3:25]

(78) ㄱ. 여슷 <u>길헤</u> 횟도녀 잢간도 머므디 몯ᄒᆞ며   [월석 서4]

    ㄴ. 四海를 平定ᄒᆞ샤 <u>길</u> 우희 糧食 니저니   [용가 53장]

(79) ㄱ. 내히 이러 바른래 가느니   [용가 2장]

     ㄴ. 못도 믈ᄀ며 냇믈도 아름답더니   [월천 기362]

(76~79)의 '갈ㅎ, 고ㅎ, 길ㅎ, 내ㅎ'은 (ㄱ)에서는 종성 /ㅎ/이 모음 앞에서 그대로 쓰였다.[17] 반면에 (ㄴ)처럼 /ㄱ/이나 /ㄷ/을 제외한 나머지 자음(사잇소리 표기의 '-ㅅ'을 포함)이나 휴지 앞에서는 이들 단어의 종성 /ㅎ/이 탈락했다.

(가)-3. /ㄹ/의 탈락

어간의 끝 음절에 실현된 종성이 /ㄹ/일 때에, 그 뒤에 /ㄷ, ㄴ, ㅿ/이나 /ㅈ/으로 시작하는 어미가 붙어서 활용하면 어간의 종성 /ㄹ/이 탈락한다.

(80) ㄱ. 智慧ㅅ 門이 <u>아로미</u> 어려ᄫ며   [석상 13:36]

     ㄴ. 활 쏘리 하건마른 武德을 <u>아르</u>시니   [용가 45장]

     ㄷ. 님금하 <u>아르</u>쇼셔   [용가 125장]

(81) ㄱ. 南塘ㅅ 길흘 <u>아디</u> 몯ᄒ다니 이제 第五橋를 알와라   [두언 15:7]

     ㄴ. 내 그듸를 <u>아노</u>니 빌먹는 것바시라   [월석 22:58]

     ㄷ. 空生이 果然 能히 부텻 ᄠᄃ들 <u>아ᅀᆸ</u>고   [금삼 2:66]

(82) ㄱ. 머리 셰ᄃ록 서르 ᄇ리디 <u>마져</u>   [두언 16:18]

     ㄴ. <u>사져</u> 죽져 ᄒ야   [두언 23:49]

'알다'는 (80)처럼 모음으로 시작하는 어미인 '-옴, -ᄋ시-, -ᄋ쇼셔'이 붙어 활용하면, '아로미, 아르시니, 아르쇼셔'처럼 어간의 끝 소리인 /ㄹ/이 그대로 쓰였다. 반면에 (81)처럼 어미 '-디, -ᄂ-, -ᅀᆸ-'이 붙어서 활용하면, 어간의 끝 소리 /ㄹ/이 탈락하여 '아디, 아노니, 아ᅀᆸ고'로 실현되었다. 그리고 '말다'와 '살다'는 (82)처럼 어간에 청유형 종결 어미인 '-져'가 붙어서 활용하면 어간의 끝 소리인 /ㄹ/이 탈락하여 '마져, 사져'로 실현되었다. 이처럼 어간의 끝소리 /ㄹ/이 /ㅈ/ 앞에서 탈락하는 것은 그 용례가 매우 드물다.

합성어나 파생어로 짜인 체언에서도, 앞 어근의 종성으로 실현된 /ㄹ/의 뒤에 /ㄴ/이나 /ㅅ/으로 시작하는 뒤 어근이나 파생 접미사가 올 때에는, 앞 어근의 /ㄹ/이 수의적으

---

17) 다만, 체언의 종성 /ㅎ/은 그 뒤에 /ㄱ/이나 /ㄷ/으로 시작하는 조사가 오면, /ㅎ/과 /ㄱ/, /ㄷ/이 한 /ㅋ, ㅌ/으로 축약된다(자음 축약).

로 탈락하는 수가 있다.

   (83) ㄱ. 아둘님이 나샤 나히 닐구비어늘   [월천 기238]
        ㄴ. 아바님 일후믄 淨飯이시고 아드님 일후믄 羅怙ㅣ시고   [월석 2:9]

   (84) ㄱ. 文殊普賢둘히 둘닚긔 구룸 몯둧더시니   [월천 기83]
        ㄴ. 金色 모야히 드닚 光 이러시다   [월석 2:51]

   (85) ㄱ. 甲 니브시고 활살 츠시고 槍 자ᄇ시고   [월석 10:27]
        ㄴ. 士卒이 화살 업슨 사ᄅᄆᆞᆫ 브레 드라드더니   [삼행 충28]

(83~85)의 (ㄱ)에서는 '아둘님, 둘님, 활살'으로 실현되었는데, (ㄴ)의 '아드님, 드님, 화살' 등에서는 앞 어근의 종성인 /ㄹ/이 뒤 어근의 초성인 /ㄴ/이나 /ㅅ/의 앞에서 탈락했다. 다만, (83~85)처럼 합성어나 파생어에서 일어나는 /ㄹ/ 탈락은 일부의 명사에서 수의적으로 일어나는 개별적 변동이다.

(나) 모음의 탈락

   체언이나 어간의 끝 모음이 특정한 음운 환경에서 탈락하는 경우가 있다.

(나)-1. /·/와 /ㅡ/의 탈락
'드, 스; 쁴(時)'와 '프다(鑿), 다ᄋ다(盡); 크다(大), 더으다(加)'처럼 끝 음절의 모음이 /·/나 /ㅡ/인 체언이나 어간에 모음으로 시작하는 조사나 어미와 결합하면, 체언이나 어간의 끝 모음인 /·/나 /ㅡ/가 탈락한다.[18]

   (86) ㄱ. 엇던 드로 法이 性이 다 업스뇨   [선언 상111]
        ㄴ. 첫소리를 어울워 뿛 디면 글바 쓰라   [훈언 12]

   (87) ㄱ. 盡은 다ᄋᆯ 씨라   [석상 서2]
        ㄴ. 福이 다아 衰ᄒ면 受苦ᄅᆞᄇ᷀요미 地獄두고 더으니   [월석 1:21]

---

18) 매개 모음인 /·/와 /ㅡ/도 모음과 /ㄹ/ 아래에서 탈락한다. 다만, '-ᄋ시-/-으시-'와 '-ᄋ쇼셔/-으쇼셔'의 매개 모음인 /·/와 /ㅡ/는 /ㄹ/ 아래에서 탈락되지 않는 것이 현대어와 다르다. (보기: 누르샤 [용가 1장], 사ᄅ샤 [용가 3장], 머르시니이다 [용가 81장], 닛디 마ᄅ쇼셔 [용가 110장])

(88) ㄱ. 밤낮 여슷 쁴로 하눓 曼陀羅花ㅣ 듣거든   [월석 7:65]

      ㄴ. 잢간도 브릴 쁴 업스니라   [금언 83]

(89) ㄱ. 加는 더을 씨라   [훈언 13]

      ㄴ. 새 밍ᄀ논 글워레 고텨 다시 더어   [월석 서19]

(86)과 (87)의 (ㄱ)에서 체언인 'ᄃ'와 어간인 '다ᄋ-'는 자음으로 시작하는 조사나 어미가 결합하면 끝 모음인 /·/가 그대로 실현되었다. 반면에 (ㄴ)처럼 모음로 시작하는 조사나 어미가 결합하면 '디면'이나 '다아'처럼 끝 모음인 /·/가 탈락하였다. 그리고 (88)과 (89)의 (ㄱ)에서 체언인 '쁴'와 어간인 '더으-'는 그 뒤에 자음으로 시작하는 조사나 어미가 결합하면 끝 모음인 /ㅡ/가 그대로 실현되었다. 반면에 (ㄴ)처럼 모음으로 시작하는 조사나 어미가 결합하면 '쁴'나 '더어'처럼 끝 모음인 /ㅡ/가 탈락하였다.

(나)-2. /ㅏ, ㅓ/와 /ㅗ, ㅜ/의 탈락

용언의 어간이 /ㅏ/, /ㅓ/, /ㅗ/, /ㅜ/로 끝나고 어미가 동일한 모음으로 시작할 때에, 어간이나 어미의 /ㅏ/, /ㅓ/, /ㅗ/, /ㅜ/가 탈락할 수 있다.

첫째로, /ㅏ/, /ㅓ/로 끝나는 어간에 동일한 모음으로 시작하는 어미가 붙어서 활용하면, 어간이나 어미의 /ㅏ/, /ㅓ/가 수의적으로 탈락할 수 있다.

(90) ㄱ. 天帝釋이 … 忉利天에 가아 塔 일어 供養ᄒᆞᅀᆞᆸ더라   [석상 3:14]

      ㄴ. 天道ᄂᆞᆫ 하늘해 가 나ᄂᆞᆫ 길히오   [석상 3:19]

(91) ㄱ. 門 밧긔 셔어 겨샤   [월석 8:84]

      ㄴ. 菩薩이 ᄃᆞ니시며 셔 겨시며 안ᄌᆞ시며   [월석 2:26]

(90)과 (91)에서 '가다'와 '셔다'의 어간은 각각 모음 /ㅏ/, /ㅓ/로 끝난다. 이러한 어간에 동일한 모음인 /ㅏ/, /ㅓ/로 시작하는 어미가 결합되면, (ㄱ)처럼 '가아', '셔어'로 실현될 수도 있고, (ㄴ)처럼 어간의 끝 모음이나 어미의 첫 모음이 탈락되어서 '가'와 '셔'로 실현될 수도 있었다.

둘째, /ㅏ/, /ㅗ/, /ㅓ/, /ㅜ/로 끝나는 용언의 어간에 /ㅗ/, /ㅜ/로 시작하는 어미가 결합하면, 어미의 /ㅗ/, /ㅜ/가 탈락할 수 있다.

(92) ㄱ. 世尊하 내 이제 娑婆世界예 <u>가미</u> 다 如來ㅅ 히미시며   [석상 20:37]

　　ㄴ. 므슴매 <u>두믈</u> 닐오딕 思ㅣ오   [능언 6:4]

　　ㄷ. 王이 놀라샤 讚嘆ᄒ야 <u>니ᄅ샤딕</u>   [석상 3:4]

　　ㄹ. 또 世間앳 衆生ᄋᆞᆯ 어엿비 너겨 護持홀 므슨믈 <u>내혀딕</u>   [월석 2:63]

(92)에서 (ㄱ)의 '가미(가-+-옴+-이)', (ㄴ)의 '두믈(두-+-움+-을)', (ㄷ)의 '니ᄅ샤딕(니ᄅ-+-시-+-오딕)', (ㄹ)의 '내혀딕(내혀-+-오딕)'에서는, 어간과 어미가 결합하는 과정에서 어미의 첫 모음인 /ㅗ/, /ㅜ/가 탈락하였다.[19]

(나)-3. /ㅣ/의 탈락

체언이 조사와 결합하거나 어간에 어미가 붙어서 활용할 때에는, 체언이나 어간의 끝모음인 /ㅣ/가 탈락하는 경우가 있다.

첫째, /ㅣ/로 끝나는 유정 체언에 관형격 조사인 '-익/-의'나 호격 조사인 '-아'가 결합하면, 체언의 끝 모음 /ㅣ/가 탈락한다.

(93) ㄱ. 수프렛 <u>곳고리</u>ᄂᆞᆫ 지즈로 놀애 브르디 아니ᄒᆞ놋다   [두언 10:3]

　　ㄴ. <u>곳고리</u> 놀애 더운 제 正히 하도다   [두언 8:46]

(94) ㄱ. 羅睺羅ㅣ…도라가ᄉᆞ <u>어미</u>를 濟渡ᄒᆞ야   [석상 6:1]

　　ㄴ. 子息이 ᄒᆞ다가 어믹 ᄉᆞ랑호딕 <u>어믜</u> 사랑홇 時節 ᄀᆞ티 ᄒᆞ면   [능언 5:85]

(95) ㄱ. 아뫼나 겨지비 <u>아기</u> 나홇 時節을 當ᄒᆞ야   [석상 9:25]

　　ㄴ. 비욘 <u>아기</u> 비디 ᄯᅩ 二千 斤ㅅ 金이니이다   [월석 8:81]

　　ㄷ. <u>아가</u> <u>아가</u> 긴 劫에 몯 볼까 ᄒᆞ다니   [월석 23:87]

(93~95)에서 (ㄱ)의 체언인 '곳고리, 어미, 아기'는 /ㅣ/로 끝났다. 이들 체언은 (ㄴ)이나 (ㄷ)처럼 그 뒤에 관형격 조사인 '-익/-의'나 호격 조사인 '-아'가 실현되면, 체언의 끝소리 /ㅣ/가 탈락하여서 '곳골, 엄, 악'으로 실현되었다. 이렇게 /ㅣ/가 탈락하는 현상은 '아비, 아기, 가히, 늘그니, 다ᄅ니, 行ᄒᆞ리'와 같은 유정 명사에만 적용되었고, 무정 명사에는 적용되지 않았다.

---

19) '니ᄅ샤딕'는 '-오딕'의 /ㅗ/가 탈락하면서 동시에 '-시-'에 /j/가 첨가되어 '-샤-'로 변동했다.

둘째, '이시다(有, 在)'에서 어간의 끝 모음인 /ㅣ/는 (매개) 모음으로 시작하는 어미 앞에서는 그대로 유지되지만, 자음으로 시작하는 어미 앞에서 탈락한다.

(96) ㄱ. 有情들히 病ᄒᆞ야 <u>이셔</u> 敎ᄒᆞ리 업고   [월석 9:18]

ㄴ. 가리라 ᄒᆞ리 <u>이시나</u> 長者ᄅᆞᆯ 브리시니   [용가 45장]

(97) ㄱ. 흔 仙人ᄋᆞᆫ 南녁 堀애 <u>잇고</u> 흔 仙人ᄋᆞᆫ 北녁 堀애 <u>잇거든</u>   [석상 11:25]

ㄴ. 그 대숩 ᄉᆞᅀᅵ예 林淨寺ㅣ <u>잇더니</u>   [월석 8:99]

(96)에서는 '이시-'가 모음으로 시작하는 어미인 '-어'나 매개 모음으로 시작하는 어미인 '-으나'와 결합하여서 '이셔'와 '이시나'로 실현되었다. 반면에 (97)에서는 '이시-'가 자음으로 시작하는 어미인 '-고, -거든, -더-'와 결합하였는데, 이때에는 어간의 끝소리인 /ㅣ/가 탈락하여서 각각 '잇고', '잇거든', '잇더니'로 실현되었다.

1.3.3.3. 첨가

음운의 첨가 현상에는 자음이 첨가되는 경우와 모음이 첨가되는 경우가 있다.

(가) /ㄹ/의 첨가

단음절의 대명사에 조사인 '-로, -와, -ᄃᆞ려' 등이 결합할 때에는 대명사에 /ㄹ/이 첨가되는 수가 있다.

(98) ㄱ. 그듸 날로 腹心 사마 뒷ᄂᆞ니   [삼행 충17]

ㄴ. 내 반ᄃᆞ기 發明ᄒᆞ야 널로 더 나ᅀᅡ가게 호리라   [능언 4:101]

ㄷ. 일로브터 아래ᄂᆞᆫ 다 우흘 견주어 사기라   [능언 4:110]

ㄹ. 鬚髮이 절로 ᄲᅥ러디니이다   [능언 5:63]

ㅁ. 내 눌로 다ᄆᆞᆺᄒᆞ야 노니려뇨   [두언 24:35]

(99) ㄱ. 하ᄂᆞᆶ 가온듸 ᄃᆞᆳ비치 됴ᄒᆞ니 눌와 보리오   [두언 6:15]

ㄴ. 너희 이 거슬 날와 달이 너기디 말라   [석상 4:60]

(100) ㄱ. 世宗이 날ᄃ려 니ᄅ샤ᄃᆡ   [월석 서11]

ㄴ. 네 엇뎨 날ᄃ려 아니 니ᄅᆫ다   [월석 20:67]

(98)처럼 단음절의 대명사인 '나, 너, 이, 저, 누'에 부사격 조사인 '-로'가 결합하면, 대명사에 /ㄹ/이 첨가되어 '날, 널, 일, 절, 눌'로 실현되었다. (99)처럼 대명사인 '누'와 '나'에 부사격 조사나 접속 조사인 '-와'가 결합할 때에는, '누'와 '나'에 /ㄹ/이 첨가되어 각각 '눌'과 '날'의 형태로 실현되기도 했다. (100)처럼 1인칭 대명사인 '나'에 부사격 조사인 '-ᄃ려'가 결합될 때에는, '나'에 /ㄹ/이 첨가되어서 '날'의 형태로 변동하였다.

(나) /j/의 첨가

체언과 조사, 어간과 어미, 어미와 어미 등이 결합할 때에, 모음과 모음이 이어서 나는 현상을 피하기 위하여 조사나 어미에 반모음인 /j/가 첨가될 수가 있다.

첫째, 체언이나 용언 어간의 끝 소리가 /ㅣ/나 반모음인 /j/일 때에, 그 뒤에 /ㅏ, ㅓ, ㅗ, ㅜ/로 시작하는 어미나 조사가 결합하면, 어미나 조사에 반모음 /j/가 첨가된다.

(1) ㄱ. ᄃ리예 ᄠᅥ딜 ᄆᆞᄅᆞᆯ 년즈시 치혀시니   [용가 87장]

ㄴ. 소고ᄆᆞᆯ 아기 낟ᄂᆞᆫ 어믜 빈예 ᄇᆞᄅᆞ면 즉재 나ᄒᆞ리라   [구간 7:47]

(2) ㄱ. 枝流ᄂᆞᆫ 므리 가리여 나 正流 아닌 거시라   [원언 상1-1:23]

ㄴ. 풍류 잘ᄒᆞᆯ 伎女 五百을 ᄀᆞᆯᄒᆡ야 서르 ᄀᆞ라 뫼ᅀᆞᆸ게 ᄒᆞ시니   [석상 3:5]

ㄷ. 識心이 뮈디 아니ᄒᆞ면 疑心ㅅ 흐리유미 절로 ᄆᆞᆰᄂᆞ니   [금삼 서二3]

ㄹ. 舅氏의 封侯호ᄆᆞᆫ 皇子王 ᄃ외요ᄆᆞ과 ᄀᆞᆮᄒᆞ니   [내훈 2:48]

(1)에서는 체언인 'ᄃ리'와 '빈'에 조사인 '-에'가 결합하였는데, 조사 '-에'에 반모음인 /j/가 첨가되어서 조사의 형태가 '-예'로 실현되었다. 그리고 (2)에서는 어간인 '가리-, ᄀᆞᆯᄒᆡ-, 흐리-, ᄃ외-'에 어미인 '-어, -아, -움, -옴'이 결합하였는데, 이때에도 어미에 /j/가 첨가되어서 어미의 형태가 '-여, -야, -윰, -욤'으로 실현되었다.[20]

둘째, 15세기 국어에서는 아주 드문 예이지만 상대 높임의 선어말인 '-이-'의 모음 /ㅣ/에 영향을 받아서, 앞의 형태소에 반모음인 /j/가 첨가될 수가 있다.[21]

---

20) 'ᄒᆞ다'의 어간 뒤에 어미인 '-아, -오'가 실현되면, 어미에 /j/가 첨가되어서 '-야'나 '-욤'으로 실현된다. (보기) 그 나라ᄃᆞᆯ히 다 降服ᄒᆞ야 오니라 [석상 3:6], 行ᄒᆞ욤과…動作ᄒᆞ욤과 [월석 1:17]

21) 17세기 말에는 동일한 음성적인 환경에서 '모음 동화 현상('ㅣ' 모음 역행 동화, 움라우트)'이 일어

(3) ㄱ. 阿難 大衆이 다 슬오딕 소리 잇ᄂᆡ이다   [능언 4:126]

    ㄴ. 이젯 陛下ㅅ 말ᄉᆞ미 곧 녯 사ᄅᆞ미 ᄆᆞᅀᆞ미로쇠이다   [내훈 2하44]

    ㄷ. 不求自得괘이다   [법언 2:181]

(4) ㄱ. 내 그런 ᄠᅳ들 몰라 ᄒᆞ댕다   [석상 24:32]

    ㄴ. 어제 그딧 마를 드로니 ᄆᆞᅀᆞ매 來往ᄒᆞ야 닛디 몯ᄒᆞ리로쇠다 [내훈 2하:37]

    ㄷ. 부텨와 즁과를 請ᄒᆞᅀᆞ보려 ᄒᆞ뇡다   [석상 6:16]

(5) 祥瑞도 하시며 光明도 하시나 ᄀᆞᆯ 업스실씨 오늘 몯 ᄉᆞᆲ뇌   [월천 기26]

(3)에서 (ㄱ)의 '-ᄂᆡ-', (ㄴ)의 '-쇠-', (ㄷ)의 '-괘-'는 각각 선어말 어미인 '-ᄂᆞ-', '-소-', '-과-'에 /j/가 첨가된 형태인데, 이는 그 뒤에 실현된 '-이-'의 모음 /ㅣ/에 역행 동화된 형태이다. 그리고 (4)에서 (ㄱ)의 '-대-', (ㄴ)의 '-쇠-', (ㄷ)의 '-뇌-'는 각각 상대 높임의 선어말 어미인 '-다-', '-소-', '-노-(←-ᄂᆞ-+-오-)'에 /j/가 첨가된 형태인데, 이처럼 /j/가 첨가된 뒤에 선어말 어미인 '-이-'에서 모음 /ㅣ/가 탈락하였다. (5)에서 '-뇌'는 '-노(←-ᄂᆞ-+-오-)'에 /j/가 첨가된 형태인데, 이는 /j/가 첨가된 뒤에 상대 높임의 선어말 어미와 평서형 종결 어미가 결합된 '-이다'가 생략된 형태이다.

1.3.3.4. 모음의 탈락과 자음의 첨가

체언과 조사, 용언의 활용에서 음운의 '탈락'과 '첨가'가 동시에 일어날 수 있는데, 이 변동은 일부의 한정적인 단어에서만 일어나는 개별적(한정적) 변동이다.

(가) 모음의 탈락과 /ㄱ/의 첨가

〈체언과 조사의 사이에서〉 체언 중에서 '나모, 구무, 불무, 녀느'는 그 뒤에 모음으로 시작하는 조사가 결합하면, 체언의 끝 모음인 /ㅗ/, /ㅜ/, /ㅡ/가 탈락하는 동시에 /ㄱ/이 첨가되어서 '났, 긂, 붊, 녂'의 형태로 실현된다.

(6) ㄱ. 나모 : 나모와, 나모 바ᄃᆞᆯ   [용가 89장, 두언 15:1]

    ㄴ. 났   : 이 남기 잇고, 남ᄀᆞᆫ, 남기, 남ᄀᆞᆯ [월석 1:24, 용가 2장, 용가 84장, 용가 86장]

나는데, 이때에는 동화된 앞 소리가 단모음으로 되는 것이 15세기 국어와 다르다.

(7) ㄱ. 구무 : 구무들해, 구무마다, 구뭇 안홀 　[월석 8:26, 월석 21:5, 두언 18:15]

　　ㄴ. 굼 　: 굼기, 굼긔, 굼글, 굼기라 　　[두언 6:36, 석상 13:10, 월석 서21]

(8) ㄱ. 불무 : 불무 야(= 冶), 불뭇질 　　　[훈몽자회 하:16, 두언 8:65]

　　ㄴ. 붊 　: 붊기라, 붊긔 　　　　　　[금삼 2:28, 두언 24:59]

(9) ㄱ. 녀느 : 녀느 아니라, 녀느 夫人, 녀늣 이룰 [능언 4:23, 월석 2:4, 내훈 1:53]

　　ㄴ. 녛 　: 년기, 년글 　　　　　　　[용가 48장, 용가 20장]

'나모(木), 구무(孔), 불무(冶), 녀느(他)'는 (6~9)의 (ㄱ)처럼 자음으로 시작하는 조사나 휴지 앞에서는 '나모, 구무, 불무, 녀느'의 형태가 그대로 유지되었다.[22) 반면에 이들 체언이 (6~9)의 (ㄴ)처럼 모음으로 시작하는 조사와 결합하면 체언의 끝 모음이 탈락하고 /ㄱ/이 첨가된다.

예를 들어서 (6ㄴ)처럼 '나모'가 모음으로 시작하는 조사인 '-이, -은, -의, -을'과 결합할 때에는, 체언의 끝 모음인 /ㅗ/가 탈락하고 /ㄱ/이 첨가되어서, '남기, 남근, 남기, 남골'의 형태로 실현되었다. (7ㄴ)처럼 '구무'가 조사인 '-이, -의, -을, -이다'와 결합하면, 체언의 끝 모음인 /ㅜ/가 탈락하고 /ㄱ/이 첨가되어서 '굼기, 굼긔, 굼글, 굼기라'로 실현되었다. (8ㄴ)처럼 '불무'가 조사인 '-이다, -의'와 결합하면, 체언의 끝 모음인 /ㅜ/가 탈락하고 /ㄱ/이 첨가되어서 '붊기라, 붊긔'로 실현되었다. (9ㄴ)처럼 '녀느'가 '-이, -을'과 결합하면, 체언의 끝 모음인 /ㅡ/가 탈락하고 /ㄱ/이 첨가되어서 '년기, 년글'로 실현되었다.

〈 어간과 어미의 사이에서 〉 '시므다/시므다(植)'와 '주므다(沈/浸, 閉)'는 어간에 모음으로 시작하는 어미가 붙어서 활용하면, 어간의 끝소리가 탈락하면서 동시에 /ㄱ/이 첨가된다.

(10) ㄱ. 여러 가짓 됴흔 根源을 시므고 　　　　　　　[석상 19:33]

　　ㄴ. 아마도 福이 조슥ᄅᆞᄫᆡ니 아니 심거 몯홀 꺼시라 　[석상 6:37]

(11) ㄱ. 王이 … 오시 주므기 우르시고 　　　　　　　[월석 8:101]

　　ㄴ. 청 믈 든 뵈 줌가 우러난 즙 서 되룰 머그라 　　[구간 6:36]

---

22) (6ㄱ)의 '나모와'는 원래는 '나모'의 뒤에 '-과'가 실현된 형태였는데, 이때에는 조사 '-과'의 /ㄱ/이 /ɦ/으로 교체된 형태이다. 따라서 '나모와'는 자음 앞에서 '나모'의 형태가 유지된 것으로 처리한다.

(10)에서 '시브다/시브다'는 (ㄱ)처럼 자음으로 시작하는 어미 앞에서 어간의 끝 모음인 /ㅡ/와 /ㆍ/가 그대로 유지되었다. 반면에 (ㄴ)에서는 모음으로 시작하는 어미 앞에서 어간의 끝소리인 /ㅡ/가 탈락하고 /ㄱ/이 첨가되어서 '심거'로 실현되었다. 그리고 (11)에서 'ᄌᆞᄆᆞ다(沈/浸)'와 'ᄌᆞᄆᆞ다(鎖)'는 (ㄱ)처럼 자음으로 시작하는 어미 앞에서 어간의 끝 모음 /ㆍ/가 그대로 유지되었다. 반면에 (ㄴ)처럼 모음으로 시작하는 어미 앞에서는 어간의 끝소리인 /ㆍ/가 탈락하고 /ㄱ/이 첨가되어서 'ᄌᆞᆷ가'로 실현되었다.

(나) 끝 모음의 탈락과 /ㄹ/의 첨가

〈체언과 조사의 사이에서〉 체언 중에서 'ᄆᆞᄅᆞ(棟)'와 'ᄒᆞᄅᆞ(一日)'는 그 뒤에 모음으로 시작하는 조사가 결합하면, 체언의 끝 모음인 /ㅗ/, /ㅜ/, /ㅡ/가 탈락한다. 동시에 /ㄱ/이 첨가되어서 'ᄆᆞᆯㄹ'과 'ᄒᆞᆯㄹ'로 실현된다.

(12) ㄱ. ᄆᆞᄅᆞ : <u>ᄆᆞ로</u>, <u>ᄆᆞ로와</u>, <u>ᄆᆞ롯</u>   [두언 3:10, 두언 24:10]
   ㄴ. ᄆᆞᆯㄹ : <u>ᄆᆞᆯ리</u>, <u>ᄆᆞᆯ롤</u>, <u>ᄆᆞᆯ리니</u>   [법언 2:103, 두언 24:17, 석상 19:8]

(13) ㄱ. ᄒᆞᄅᆞ : <u>ᄒᆞ롯</u> 內예, <u>ᄒᆞ로옴</u>, <u>ᄒᆞ로도</u>   [월석 서:16, 월석 1:37]
   ㄴ. ᄒᆞᆯ : <u>ᄒᆞᆯ롤</u>, <u>ᄒᆞᆯ론</u>, <u>ᄒᆞᆯ리어나</u>   [법언 5:88, 월석 2:51, 월석 7:60]

(12~13)의 (ㄱ)에서 'ᄆᆞᄅᆞ'와 'ᄒᆞᄅᆞ'는 그 뒤에 자음으로 시작하는 조사가 결합하였는데, 이때에는 원래의 형태대로 실현되었다.[23] 반면에 (12~13)의 (ㄴ)에서 'ᄆᆞᄅᆞ'와 'ᄒᆞᄅᆞ'는 그 뒤에 모음으로 시작하는 조사가 결합하였다. 이때에는 먼저 'ᄆᆞᄅᆞ'와 'ᄒᆞᄅᆞ'의 끝 모음인 /ㆍ/가 탈락하고, 홀로 남은 /ㄹ/이 앞 음절의 끝 소리로 이동하여 'ᄆᆞᆯ, ᄒᆞᆯ'의 형태가 되었다. 이와 동시에 /ㄹ/이 새롭게 첨가되어서 'ᄆᆞᆯㄹ'과 'ᄒᆞᆯㄹ'의 형태로 실현되었다.

〈어간과 어미의 사이에서〉 어간이 /ㆍ/, /ㅡ/로 끝나는 용언 중에서 'ᄆᆞᄅᆞ다(不知), ᄇᆞᄅᆞ다(粧), ᄲᆞᄅᆞ다(速), 부르다(演), 브르다(呼), 흐르다(流)' 등은, /ㅏ, ㅓ/나 /ㅗ, ㅜ/로 시작하는 어미 앞에서 어간의 /ㆍ, ㅡ/가 탈락된다. 그리고 동시에 어간의 끝 음절에 /ㄹ/이 첨가된다.

(14) ㄱ. 天命을 <u>ᄆᆞ로</u>실ᄊᆡ ᄭᅮ므로 알외시니   [용가 13장]
   ㄴ. 須達이 禮를 <u>몰라</u> ᄒᆞᆫ 번도 아니 도라늘   [월천 기151]
   ㄷ. 聲聞 緣覺이 <u>몰롤</u> 고디라   [월석 1:37]

---

23) 'ᄆᆞ로와'와 'ᄒᆞ로옴'은 모음으로 끝나는 체언 아래에서 조사의 첫소리 /ㄱ/이 먼저 탈락한 예이다.

(15) ㄱ. 山 우마다 <u>흐르는</u> 쉼과 못과 七寶行樹ㅣ 잇고   [석상 7:30]

  ㄴ. 時節이 올마 <u>흘러</u> 가면   [석상 19:11]

  ㄷ. ᄀᆞᄅ미 <u>흘루미</u> 氣運이 ᄠᅳ티 아니ᄒᆞ도다 [두언 7:12]

(14)의 'ᄆᆞᄅ다'는 (ㄱ)처럼 일반적인 음운 환경에서는 어간의 끝 모음 /ㆍ/가 그대로 쓰였다. 반면에 (ㄴ)과 (ㄷ)처럼 /ㅏ, ㅗ/로 시작하는 어미가 붙어서 활용하면, 어간의 끝 소리인 /ㆍ/가 탈락되고 홀로 남은 자음 /ㄹ/은 앞 음절의 종성이 되는 동시에 어미에 /ㄹ/이 첨가되어서 '몰라, 몰롬'으로 실현되었다. (15)의 '흐르다'는 (ㄱ)처럼 일반적 음운 환경에서는 어간의 끝 모음 /ㅡ/가 그대로 쓰였다. 반면에 (ㄴ)과 (ㄷ)처럼 /ㅓ, ㅜ/로 시작하는 어미가 붙어서 활용하면, 어간의 끝 소리 /ㅡ/가 탈락하고 홀로 남은 자음 /ㄹ/은 앞 음절의 종성이 되는 동시에 어미에 /ㄹ/이 첨가되어서 '흘러, 흘룸'으로 실현되었다.

(다) 모음의 탈락과 /ɦ/의 첨가

〈 체언과 조사의 사이에서 〉 체언과 조사가 결합할 때에, 체언의 끝 음절에 실현되는 모음이 탈락한 뒤에 유성 후두 마찰음인 /ɦ/가 첨가될 수도 있다. 곧, /ㄹ/나 /ㅿ/로 끝난 체언에 모음으로 시작하는 조사가 연결될 때에는, 체언의 끝 모음인 /ㆍ/가 탈락할 수 있다. 이때에 홀로 남은 자음 /ㄹ/, /ㅿ/은 앞 음절의 종성으로 옮아서 실현되며, 뒤 음절에는 /ɦ/가 첨가된다.

(16) ㄱ. 몰애 ᄀᆞᄂᆞ로미 <u>ᄀᆞᆯ</u> ᄀᆞᄂᆞ롬 ᄀᆞᆮ홀ᄭᅵ   [원언 상2-2:154]

  ㄴ. ᄯᅩ 무근 ᄇᆞᄅ맷 ᄒᆞᆰ <u>ᄀᆞᆯ</u>ᄋᆞ로 둡ᄂᆞ니라 [구언 상73]

(17) ㄱ. 導師ᄂᆞᆫ ᄂᆞᆯ <u>ᄀᆞᆯ</u>치ᄂᆞᆫ 사ᄅᆞ미니   [법언 3:173]

  ㄴ. 綿州ㅅ ᄀᆞᄅᆷ 믌 東녁 <u>ᄂᆞᆯ</u>이 魴魚ㅣ 뛰노니 [두언 16:62]

(18) ㄱ. 그 王이 즉자히 나라ᄒᆞᆯ <u>아ᅀᆞ</u> 맛디고   [석상 21:43]

  ㄴ. 江東애 갯ᄂᆞᆫ <u>아ᅀᆞ</u>ᄅᆞᆯ 보디 몯ᄒᆞ야   [두언 11:3]

(19) ㄱ. <u>여ᅀᆞ</u>ᄂᆞᆫ 疑心 하고   [법언 2:111]

  ㄴ. 狐ᄂᆞᆫ <u>엿</u>이니 疑心 한 거시라   [금삼 3:61]

(16~19)에서 (ㄱ)의 'ᄀᆞᄅ(粉), ᄂᆞᄅ(津), 아ᅀᆞ(弟), 여ᅀᆞ(狐)' 등의 체언은 끝 소리가 /ㆍ/로

끝났다. 이들 체언이 (ㄴ)처럼 모음으로 시작하는 조사와 결합하면 체언의 끝 모음인 /·/가 탈락하고, 동시에 조사의 첫 초성으로 유성 후두 마찰음인 /ɦ/가 첨가된다. 이에 따라서 체언의 끝 자음인 /ㄹ/과 /ㅿ/은 앞 음절의 끝 소리로 옮아서, '굴, 늘, 앗, 엿'의 형태로 실현되었다.

〈어간과 어미의 사이에서〉 어간이 /ᄅᆞ/, /르/로 끝나는 용언 중에서 '다ᄅᆞ다(異), ᄇᆞᅀᆞ다(破); 기르다(養), 비스다(粧)' 등은 /ㅏ/, /ㅓ/나 /ㅗ/, /ㅜ/로 시작하는 어미 앞에서, 어간의 끝 모음인 /·/, /ㅡ/가 탈락한다. 그리고 동시에 어간의 끝 음절에 유성 후두 마찰음인 /ɦ/이 첨가된다.

(20) ㄱ. ᄂᆞᄆᆞ 쁜 다ᄅᆞ거늘 님그믈 救ᄒᆞ시고　　　　　[용가 24장]

ㄴ. 나랏 말ᄊᆞ미 中國에 달아　　　　　　　　　　[훈언 1]

ㄷ. 隱居ᄒᆞ니와 달오라　　　　　　　　　　　　　[두언 20:26]

(21) ㄱ. 고ᄌᆞ로 비슨 각시 世間ㅅ 風流를 들이ᄉᆞᆸ더니　[월천 기51]

ㄴ. 夫人이 … ᄀᆞ장 빗어 됴흔 양 ᄒᆞ고　　　　　　[월석 2:5]

ㄷ. 오ᄉᆞ로 빗오믈 이룰ᄊᆞ 붓그리다니　　　　　　[월천 기121]

(20)의 '다ᄅᆞ다'와 (21)의 '비스다'는 (ㄱ)처럼 일반적인 음운 환경에서는 어간의 끝 모음인 /·/와 /ㅡ/가 그대로 쓰였다. 반면에 (ㄴ)과 (ㄷ)처럼 /ㅏ/, /ㅓ/나 /ㅗ/, /ㅜ/로 시작하는 어미가 붙어서 활용하면, 어간의 끝 소리인 /·/와 /ㅡ/가 탈락하고 홀로 남은 /ㄹ/과 /ㅿ/은 앞 음절의 종성이 되었다. 이와 동시에 어미에 유성 후두 마찰음인 /ɦ/가 첨가되어서 '달아, 달오라'와 '빗어, 빗오믈' 등으로 실현되었다.

1.3.3.5. 축약

'축약'은 두 음소가 하나의 음소로 줄어지는 변동인데, 자음과 모음의 축약이 있다.

(가) 자음의 축약

두 형태소가 결합하는 과정에서 /ㅎ/에 /ㄱ/, /ㄷ/, /ㅂ/, /ㅈ/의 예사소리 자음이 이어지면, 거센소리인 /ㅋ, ㅌ, ㅍ, ㅊ/으로 축약된다(자음 축약, 거센소리되기, 유기음화).

첫째, 용언의 어근에 파생 접미사가 결합하거나 어간에 어미가 결합할 때에, 예사소리와 /ㅎ/이 이어져서 하나의 거센소리로 축약된다.

(22) ㄱ. 說法을 마키디 아니ᄒᆞ샤ᄆᆞ로 妙音이시고 [능언 6:66]
ㄴ. 大聖이 ᄯᅩ 能히 悲願으로 구티시고 神力으로 일우실ᄊᆡ [월석 18:32]
ㄷ. 阿彌陁佛ㅅ 變化로 法音을 너피실ᄊᆡ [월석 7:59]
ㄹ. 比丘란 노피 안치시고 王ᄋᆞᆫ ᄂᆞᆺ가ᄫᅵ 안ᄌᆞ샤 [월석 8:91]

(23) ㄱ. ᄒᆞᆫ ᄯᆞ님 나코 그 아비 죽거늘 [석상 11:40]
ㄴ. 微塵과 自性이 서르 다티 아니ᄒᆞ며 [능언 5:68]

(22)에서 '마키디, 구티시고, 너피실ᄊᆡ, 안치시고'는 어근인 '막-, 굳-, 넙-, 앉-'에 파생 접미사인 '-히-'가 붙어서 파생어가 되었다. 이 과정에서 어근의 종성인 /ㄱ/, /ㄷ/, /ㅂ/, /ㅈ/과 접미사의 초성 /ㅎ/이 축약되어서 각각 /ㅋ/, /ㅌ/, /ㅍ/, /ㅊ/이 되었다. 그리고 (23)에서 '나코'와 '다티'는 어간인 '낳-'과 '닿-'에 '-고'와 '-디'가 결합하면서, 어간의 종성인 /ㅎ/과 어미의 초성인 /ㄱ/, /ㄷ/이 축약되어서 각각 /ㅋ/, /ㅌ/이 되었다.[24)]

둘째, 합성 명사에서 어근과 어근이 결합할 때에, 앞 어근의 종성인 /ㅎ/과 뒤 어근의 초성인 예사소리가 하나의 거센소리로 축약된다.

(24) ㄱ. 암ᄐᆞᆯ기 아ᄎᆞᄆᆡ 우러 ᄢᅧ 災禍ᄅᆞᆯ 닐위요미 업서ᅀᅡ ᄒᆞ리라 [내훈-초 2 상17]
ㄴ. ᄆᆞᅀᆞ미 ᄆᆞᆯ가 안팟기 훤ᄒᆞ야 虛空 ᄀᆞᆮ더니 [월석 2:64]

(24)에서 (ㄱ)의 '암ᄐᆞᆯ기'에서는 '암ㅎ'과 'ᄃᆞᆰ'이 결합하여 합성어가 되는 과정에서 /ㅎ/과 /ㄷ/이 /ㅌ/으로 축약되었다. (ㄴ)의 '안팟기'에서는 '안ㅎ'과 '밗'이 결합하여 합성어가 되는 과정에서 /ㅎ/과 /ㅂ/이 /ㅍ/으로 축약되었다.

셋째, 체언과 조사가 결합할 때에, 체언의 종성인 /ㅎ/과 조사의 초성인 예사소리가 하나의 거센소리로 축약된다.

(25) ㄱ. 눈과 귀와 고콰 혀와 몸과 ᄠᅳᆮ과 이 여슷 것과 어울워 [금삼 1:20]
ㄴ. 여듧 道士ㅣ 막다히 딥고 뫼토 나ᄆᆞ며 내토 건나 [월석 20:64]

(25)에서는 체언인 '고ㅎ, 뫼ㅎ, 내ㅎ, 안ㅎ'에 조사인 '-과, -도'가 결합하였는데, (ㄱ)의 '고콰'에서는 /ㅎ/과 /ㄱ/이 /ㅋ/으로 축약되었고, (ㄴ)의 '뫼토'와 '내토'에서는 /ㅎ/과

---

24) 이때에는 축약이 일어나기 전에 먼저 /ㅎ/ 끝소리와 예사소리가 서로 위치를 바꾼다. 곧, '/ㅎ/+/ㄱ, ㄷ/'에서 '/ㄱ, ㄷ/+/ㅎ/'으로 실현되는 위치가 바뀌고 난 뒤에, 축약 현상이 일어난다.

/ㄷ/이 /ㅌ/으로 축약되었다.

(나) 모음의 축약

모음으로 끝난 어간에 모음으로 시작하는 어미가 붙어서 활용할 때에, 어간의 끝 모음과 어미의 첫 모음이 하나의 이중 모음으로 축약되는 일이 있다.[25]

(26) ㄱ. 뉘 王子 ᄀᆞᄅᆞ쳐 날와 ᄃᆞ토게 ᄒᆞᄂᆢ뇨　　　　　　[월석 25:126]

　　　ㄴ. 翻生ᄋᆞᆫ 고텨 ᄃᆞ외야 날 씨라　　　　　　　　　[석상 3:23]

(27) ㄱ. 첫소리ᄅᆞᆯ 어울워 ᄡᅮ 디면 ᄀᆞᆯ바쓰라　　　　　　[훈언 12]

　　　ㄴ. 그 아비 … 堀애 드러 呪術을 외와 그 ᄰᆞᆯ 비ᄅᆞ딕　[석상 11:30]

(26)에서 'ᄀᆞᄅᆞ치다'와 '고티다'의 어간인 'ᄀᆞᄅᆞ치-'와 '고티-'에 연결 어미인 '-어'가 붙어서 활용하였는데, 어간의 끝 모음 /ㅣ/와 어미의 /ㅓ/가 합쳐져서 이중 모음인 /ㅕ/로 축약되어서 'ᄀᆞᄅᆞ쳐'와 '고텨'로 실현되었다. 그리고 (27)에서 '어울우다'와 '외오다'의 어간인 '어울우-'와 '외오-'에 연결 어미인 '-아/-어'가 붙어서 활용하였는데, 어간의 끝 모음인 /ㅜ/, /ㅗ/가 반모음인 /w/로 바뀐 뒤에 두 모음이 /ㅝ/, /ㅘ/로 축약되어서 '어울워'와 '외와'로 실현되었다.[26]

그런데 (26)과 (27)에 나타난 변동은 임의적인 변동이다. 이는 곧 (26~27)의 'ᄀᆞᄅᆞ쳐, 고텨'나 '어울워, 외와'와 동일한 음운 환경에서 활용하는데도 모음 축약이 일어나지 않는 예가 있기 때문이다.

(28) ㄱ. 모딘 길헤 ᄠᅥ러디여 그지업시 그우니ᄂᆞ니이다　　[석상 9:27]

　　　ㄴ. 世尊이 방석 주어 안치시니라　　　　　　　　　　[석상 6:20]

---

25) 이러한 현상을 '축약'으로 보지 않고 교체(대치)의 일종인 '반모음화'로 보는 견해도 있다. 이러한 견해에 따르면, 'ᄀᆞᄅᆞ치어/kʌɾʌtsʰiə/'가 'ᄀᆞᄅᆞ쳐/kʌɾʌtsʰjə/'로 변동한 현상은 단모음인 /ㅣ/가 반모음인 /j/로 교체된 것이다. 그리고 '어울우어/əuluə/'가 '어울워/əulwə/'로 변동한 현상은 단모음인 /ㅜ/가 반모음인 /w/로 교체된 것이다. 그러나 이 책에서는 현행의 『고등학교 독서와 문법, 2014』에 따라서, 이러한 변동을 '모음의 축약'으로 다룬다.

26) (26)과 (27)처럼 어간의 끝 모음이 반모음으로 바뀐 예는 다음과 같다. 구텨(구티- + -어) [월석 1:8], 구펴(구피- + -어) [석상 9:29], 디녀(디니- + -어) [석상 19:9], 사겨(사기- + -어) [석상 19:9]; 어울워(어울우- + -어) [훈언 12], ᄂᆞ리와(ᄂᆞ리오- + -아) [월석 2:39], 밧과(밧고- + -아) [두언 15:9], 외와(외오- + -아) [석상 19:8], 비화(비호- + -아) [두언 20:10], 뫼화(뫼호- + -아) [월천 기4]

(28)에서 '뻐러디다(落)'와 '주다(授)'는 'ᄀᆞ르쳐'와 '어월워'처럼 어간인 '뻐러디-'와 '주-'에 모음으로 시작하는 어미 '-어'가 붙어서 활용하였다. 하지만 앞의 (26)의 예와는 달리 (28ㄱ)의 '뻐러디여'는 어간의 형태는 변하지 않고 어미에 반모음인 /j/가 첨가되었다. 그리고 (28ㄴ)에서 '주어'는 어간과 어미의 형태가 변동 없이 그대로 유지되었다.27) 따라서 앞의 'ᄀᆞ르쳐, 고뎌'나 '어울워, 외와'에서 일어난 모음 축약은 임의적 변동이다.

1.3.3.6. 특수한 변동

(가) '~ᄒᆞ다' 형 용언의 활용
'~ᄒᆞ다'는 어간에 어미가 결합할 때에 아주 특이한 방식으로 변동한다.

(가)-1. 'ᄒᆞ다'의 활용
〈 ᄒᆞ- + /오/ → 호, ᄒᆞ요〉 'ᄒᆞ다'의 어간인 'ᄒᆞ-'에 /ㅗ/로 시작하는 어미가 결합될 때에는, 어간의 모음인 /ᆞ/가 탈락하거나 어미의 모음에 반모음 /j/가 첨가될 수 있다('모음 탈락'이나 '/j/의 첨가).

(29) ㄱ. 子息이 ᄒᆞ다가 어밀 <u>스랑호ᄃᆡ</u>   [능언 5:85]
     ㄴ. 天人 <u>濟渡호</u>ᄆᆞᆯ 썰ᄫᅵ <u>아니호미</u>   [월석 1:17]

(30) ㄱ. 내 처섬 道場애 안자 세 닐웻 스ᅀᅵᄅᆞᆯ <u>스랑ᄒᆞ요ᄃᆡ</u>   [석상 13:56]
     ㄴ. 六趣 衆生이 므슴맷 <u>行ᄒᆞ욤</u>과 므슴맷 <u>動作ᄒᆞ욤</u>과 므슴맷 [석상 19:24]
        戲論을 다 알리니

(29)에서 (ㄱ)의 '스랑호ᄃᆡ'와 (ㄴ)의 '濟渡호미', '아니호미' 등은 어간에 /ㅗ/로 시작하는 어미 '-오ᄃᆡ'와 '-옴'이 결합하는 과정에서, 어간의 끝 모음인 /ᆞ/가 탈락하였다. 반면에 (30)에서 (ㄱ)의 '스랑ᄒᆞ요ᄃᆡ'와 (ㄴ)의 '行ᄒᆞ욤', '動作ᄒᆞ욤'은 어간과 어미 사이에 반모음

---

27) 활용을 할 때에 어간과 어미의 모음이 축약되지 않은 예도 있는데, '두리여' 등은 반모음인 /j/가 첨가된 예이며, '모도아' 등은 변동이 일어나지 않은 예이다. (보기) 두리여(두리- + -어) [월석 7:36], 디여(디- + -어) [용가 3장], 이여(이- + -어) [월천 기34], 지여(지- + -어) [석상 9:17], 뻐러디여(뻐러디- + -어) [석상 9:27]; 모도아(모도- + -아) [석상 13:51], 보아(보- + -아) [석상 19:7], 소아(소- + -아) [두언 7:18], 싸호아(싸호- + -아) [용가 69장], 주어(주- + -어) [두언 7:23], ᄂᆞ호아(ᄂᆞ호- + -아) [석상 19:6], ᄃᆞ토아(ᄃᆞ토- + -아) [월석 2:6]

인 /j/가 첨가되어서 '行ᄒᆢ욤, ᄉᆞ랑ᄒᆞ요ᄃᆡ, 動作ᄒᆢ욤'으로 실현되었다.

〈 ᄒᆞ-+/ㄱ, ㄷ/→/ㅋ, ㅌ/ 〉 'ᄒᆞ다'는 /ㄱ, ㄷ/으로 시작되는 어미 앞에서 /ㆍ/가 탈락하고, 홀로 남은 /ㅎ/은 어미의 첫 소리인 /ㄱ, ㄷ/과 결합하여 거센소리로 축약될 수 있다 ('모음 탈락'과 '자음 축약').

(31) ㄱ. 滿朝히 두쇼셔 <u>커늘</u> 正臣을 올타 ᄒᆞ시니   [용가 107장]
　　 ㄴ. 滿國히 즐기거늘 聖性에 외다 <u>터시니</u>   [용가 107장]

(ㄱ)의 '커늘'은 어간인 'ᄒᆞ-'에 어미인 '-거늘'이 붙어서 활용한 형태이다. 곧, '커늘'은 활용의 과정에서 'ᄒᆞ-'의 끝소리인 /ㆍ/가 탈락되고, 홀로 남은 /ㅎ/과 연결 어미의 첫소리인 /ㄱ/이 축약되어서 '커늘'의 형태로 실현되었다. (ㄴ)의 'ᄒᆞ더시니'는 어간의 끝 소리인 /ㆍ/가 탈락하고, 홀로 남은 /ㅎ/은 그 뒤에 실현되는 회상의 선어말 어미 '-더-'의 첫소리인 /ㄷ/ 소리와 합쳐져서 '터시니'로 실현되었다.

〈 /ㄱ, ㄷ/ 사이에서 /ㅎ/의 탈락 〉 '어근+-ᄒᆞ다' 형 용언에서 어근이 /ㄱ, ㄷ/의 종성으로 끝날 때에, 이들 용언의 어간에 /ㄱ, ㄷ/으로 시작하는 어미가 결합하면 파생 접미사인 '-ᄒᆞ-'가 탈락할 수가 있다(파생 접미사 '-ᄒᆞ-'의 탈락).

(32) ㄱ. 歡呼之聲이 道上애 <u>ᄀᆞᄃᆞᆨᄒᆞ니</u>   [용가 41장]
　　 ㄴ. 無量化佛이 世界예 <u>ᄀᆞᄃᆞᆨ거시ᄂᆞᆯ</u>   [월석 7:52]
　　 ㄷ. 毗盧遮那ᄂᆞᆫ 一切 고대 <u>ᄀᆞᄃᆞᆨ다</u> ᄒᆞ논 마리라   [월석 2:53]

(33) ㄱ. 五年을 改過 <u>몯ᄒᆞ야</u> 虐政이 날로 더을ᄊᆡ   [용가 12장]
　　 ㄴ. 그제로 오신 디 순직 오라디 <u>몯거시든</u>   [법언 5:119]
　　 ㄷ. 다 올티 <u>몯도다</u>   [능언 3:41]

(32)에서 'ᄀᆞᄃᆞᆨᄒᆞ다'는 어근이 /ㄱ/으로 끝나는 '~ᄒᆞ다' 형 용언인데, (ㄱ)의 'ᄀᆞᄃᆞᆨᄒᆞ니'처럼 어간인 'ᄀᆞᄃᆞᆨᄒᆞ-'에 /ㄱ, ㄷ/ 이외의 소리로 시작하는 어미가 결합할 때에는, 어간의 끝 음절인 /ㅎ/가 그대로 쓰였다. 반면에 (ㄴ~ㄹ)처럼 'ᄀᆞᄃᆞᆨᄒᆞ-'에 /ㄱ/이나 /ㄷ/으로 시작하는 어미인 '-거시ᄂᆞᆯ, -다, ' 등이 붙어서 활용하면, 파생 접미사인 /ㅎ/가 탈락하여 'ᄀᆞᄃᆞᆨ거시ᄂᆞᆯ, ᄀᆞᄃᆞᆨ다'로 실현되었다. 그리고 (33)에서 '몯ᄒᆞ다'의 어근이 /ㄷ/으로 끝나는데, 어간인 '몯ᄒᆞ-'가 /ㄱ, ㄷ/으로 시작하는 어미인 '-거시든'과 '-도-'와 결합하는 과정에서 /ㅎ/가 탈락하여 '몯거시든'과 '몯도다'로 실현되었다.

(가)-2. '만ᄒᆞ다'의 활용

'만ᄒᆞ다'에서 어간의 끝 모음인 /·/가 탈락하여, '많다'의 형태로 수의적으로 변동할 수가 있다(모음 /·/의 탈락).

(34) ㄱ. 讒口ㅣ 만ᄒᆞ야   [용가 123장]

ㄴ. 煩惱ㅣ 만ᄒᆞ고   [석상 6:35]

(35) ㄱ. 모딘 이리 만코   [월석 21:121]

ㄴ. 두리븐 이리 만커든   [월석 21:170]

'만ᄒᆞ다'는 (34)처럼 '만ᄒᆞ야', '만ᄒᆞ고' 등으로 실현되는 것이 일반적이다. 그러나 (35)처럼 '만ᄒᆞ-'의 끝 모음인 /·/가 탈락하여서 어간이 '많-'의 형태로 변동하여, 연이어서 자음 축약에 의해서 '만코'와 '만커든'으로 실현될 수도 있다.(탈락과 축약)

(나) '뛰다, 글히다, 뷔다' 등의 활용

용언 어간의 끝 소리가 반모음인 /j/일 때에는, 이러한 어간에 붙어서 활용하는 어미 '-아/-어'는 일반적으로 '-야/-여'로 변동한다. 그리고 이러한 어간에 어미 '-오-/-우-' 가 붙어서 활용하면 '-오-/-우-'는 일반적으로 '-요-/-유-'로 바뀐다(반모음 /j/ 첨가).

그런데 '뛰다, 글히다, 뷔다'는 이러한 변동이 일어난 뒤에, 다시 어간의 끝 소리 /j/가 수의적으로 탈락하는 것이 특징이다(/j/의 탈락).

첫째, '뛰다'의 어간인 '뛰-'에 어미가 붙어서 활용하는 양상은 다음과 같다.

(36) ㄱ. 불휘 기픈 남ᄀᆞᆫ ᄇᆞᄅᆞ매 아니 뮐씨   [용가 2장]

ㄴ. 兵戈ᄂᆞᆫ 무여 니섯도다   [두언 20:20]

ㄷ. 어즈러이 무유미 勞ㅣ오   [능언 4:15]

(ㄱ)의 '뮐씨'는 '뛰다'의 어간에 어미 '-ㄹ씨'가 붙어서 실현되었는데, 이때는 어간과 어미의 형태가 변하지 않는다. 반면에 (ㄴ)의 '무여'는 '뛰다'의 어간에 결합된 연결 어미인 '-어'가 어간의 /j/에 동화되어서 '-여'로 바뀌고 난 다음에, 다시 어간의 /j/가 탈락하였다. 그리고 (ㄷ)의 '무유미'는 어간 '뛰-'에 명사형 어미 '-움'이 붙으면서, '-움'의 모음 /ㅜ/가 어간의 끝소리인 /j/에 동화되어서 '무윰'으로 실현되었다.

둘째, '글히다'의 어간인 '글히-'에 어미가 붙어서 활용하는 양상은 다음과 같다.

(37) ㄱ. 太子를 하늘히 굴히샤   [용가 8장]

ㄴ. 내 굴호야 닐오리라   [석상 13:46]

(ㄱ)의 '굴히샤'는 '굴히다'의 어간에 어미인 '-샤(←-시- + -아)'가 붙어서 실현되었는
데, 이때에는 어간과 어미의 형태가 변하지 않았다. 반면에 (ㄴ)의 '굴호야'는 '굴히다'의
어간에 결합된 연결 어미 '-아'가 어간의 끝소리 /j/에 동화되어서 '굴히야'로 바뀌고
난 다음에, 다시 어간의 끝 모음 /j/가 탈락하여서 '굴호야'로 실현되었다.

셋째, '뷔다'의 어간인 '뷔-'에 어미가 붙어서 활용하는 양상은 다음과 같다.

(38) ㄱ. 뷘 집 물린 그류 戈戟이 모댓고   [두언 6:17]

ㄴ. 네 ㅂㄹ미 부엿ᄂ니[28]   [두언 25:51]

(ㄱ)의 '뷘'은 '뷔다'의 어간에 어미 '-ㄴ' 붙어서 실현되었는데, 이때에는 어간과 어미의
형태가 변화하지 않았다. 반면에 (ㄴ)의 '부엿ᄂ니'는 '뷔다'의 어간에 결합된 연결 어미
인 '-어'가 어간의 끝 소리 /j/에 동화되어 '뷔여'로 바뀌고 난 다음에, 어간의 끝 모음인
/j/가 탈락하여서 '부여'로 실현되었다.

이처럼 '뮈어, 뮈움, 굴히아, 뷔어'가 '뮈여, 뮈윰, 굴히야, 뷔여'로 변동하는 것은 어미
인 '-어/-아'와 '-우-/-우-'가 어간의 끝 모음 /j/에 동화되었기 때문이다. 그리고 '뮈여,
뮈윰, 굴히야, 뷔여'는 어간의 끝 /j/와 어미의 첫 반모음인 /j/가 충돌하게 된다. 그러므
로 최종적으로 '뮈-, 굴히-, 뷔-'에서 어간의 끝 /j/가 수의적으로 탈락하여서 '무여, 무
윰, 굴호야, 부여'로 실현된 것이다.

(다) '말다'의 활용

용언의 어간이 /ㄹ/로 끝나고 그 뒤에 /ㄱ/으로 시작하는 어미가 붙으면, 어미의 첫소
리 /ㄱ/이 /ɦ/로 교체되는 것이 일반적이다(/ㄹ/의 탈락).

(39) ㄱ. 됴흔 고즈란 ᄑ디 말오 다 王의 가져오라   [월석 1:9]

ㄴ. 목숨 주쇼셔 願호ᄆ 橫邪애 夭關티 말오져 ㅂ랄 씨라   [월석 17:18]

---

28) '부엿ᄂ니'는 본용언과 보조 용언의 구성인 '부여 잇ᄂ니'가 축약된 형태이다. 곧, '뷔엿ᄂ니'에서
어간인 '뷔-'의 반모음 /j/가 탈락하여 '부엿ᄂ니'로 실현되었다.

곧, (39)에서 어간인 '말-'의 뒤에 어미인 '-고, -고져'가 결합하였을 때에, 어미의 /ㄱ/이 /ɦ/로 교체되어 '어울오도, 말오, 말오져'의 형태로 실현되었다.

그런데 부정의 뜻을 나타내는 '말다(勿)'가 활용할 때에는, 어미의 /ㄱ/만 /ɦ/로 교체되는 것이 아니라 어간의 끝소리인 /ㄹ/도 함께 탈락할 수 있다.

(40) ㄱ. 橫邪애 즐어디디 <u>마오져</u> ᄇ라미오   [법언 5:155]

ㄴ. (사ᄅ미) 魔說을 아라 제 ᄲ어디디 <u>마와뎌</u> ᄇ라노라   [능언 9:112]

(ㄱ)의 '마오져'는 '말다'의 어간에 연결 어미인 '-고져'가 결합한 것이고, (ㄴ)의 '마와뎌'는 '말다'의 어간에 연결 어미인 '-과뎌'가 결합한 것이다. 여기서 '마오져'와 '마와뎌'는 '말다'의 어간 끝소리인 /ㄹ/이 탈락하고, 동시에 어미인 '-고져'와 '-과뎌'의 첫소리 /ㄱ/이 /ɦ/로 교체된 것이 특징이다.

1.3.3.7. 체언의 성조 바뀜

15세기 국어에서는 성조(聲調, 말의 높낮이)에 따라서 단어의 뜻이 구분되는데, 인칭 대명사가 문장 속에서 어떤 조사와 결합하느냐에 따라서 성조가 바뀔 수 있다. 여기서는 인칭 대명사인 '나', '너', '저', '누'가 주격 조사와 관형격 조사와 결합하는 과정에서 일어나는 성조의 차이를 살펴본다.

첫째, 1인칭 대명사인 '나'가 조사와 결합하면서 일어나는 성조의 변화가 있다.

(41) ㄱ. 太子ᄂ 하ᄂᆞᆯ 스ᅀᅵ이어시니 ·<u>내</u> 어드리 ᄀᄅ치ᅀᆞᄫ리잇고   [석상 3:10]

ㄴ. 나ᄂ <u>내</u> 精神을 ᄀᆞᆺ고디 아니케 호리라 ᄒ시고   [석상 3:19]

ㄷ. 나옷 외면 아기와 <u>나와</u> ᄒᆞᄢᅴ 죽고   [석상 3:36]

(41)에서 1인칭 대명사인 '나'는 (ㄱ)처럼 주격 조사와 결합하면 '·내'와 같이 거성으로 실현되었다. 반면에 (ㄴ)의 '내'처럼 관형격 조사와 결합하거나, (ㄷ)의 '나와'처럼 부사격 조사와 결합하면 평성으로 실현되었다.

둘째, 2인칭 대명사인 '너'가 조사와 조사와 결합하면서 일어나는 성조의 변화가 있다.

(42) ㄱ. :<u>네</u> 가아 王ᄭᅴ ᄉᆞᆲᄫ라 [석상 3:31]

ㄴ. 王이 … 닐오ᄃᆡ <u>네</u> 스ᅀᆞ의 弟子ㅣ 엇뎨 아니 오ᄂᆞ뇨   [석상 6:29]

ㄷ. 王이 너를 禮로 待接ᄒ샿 딘댄 모로매 願이 이디 말오라   [석상 11:30]

(42)에서 2인칭 대명사인 '너'는 (ㄱ)처럼 주격 조사와 결합하면 ':네'처럼 상성으로 실현된다. 반면에 (ㄴ)의 '네'처럼 관형격 조사와 결합하거나, (ㄷ)의 '너를'처럼 목적격 조사와 결합하면 평성으로 실현되었다.

셋째, 재귀칭 대명사인 '저'가 조사와 결합하면서 일어나는 성조의 변화가 있다.

(43) ㄱ. 오ᄂᆞᆯ 모댓ᄂᆞᆫ 한 사ᄅᆞ미 … :제 노포라 ᄒᆞ야   [석상 6:28]
ㄴ. 아래 제 버디 주거 하ᄂᆞᆯ해 갯다가 ᄂᆞ려와   [석상 6:19]
ㄷ. 舍利弗이 四衆의 疑心도 알오 저도 몰라 부텻긔 ᄉᆞᆲ보디   [석상 13:42]

(43)에서 재귀칭 대명사인 '저'는 (ㄱ)처럼 주격 조사와 결합하면 ':제'처럼 상성으로 실현되었다. 반면에 (ㄴ)의 '제'처럼 관형격 조사와 결합하거나, (ㄷ)의 '저도'처럼 보조사와 결합하면 평성으로 실현되었다.

넷째, 미지칭 대명사인 '누'가 조사와 결합하면서 일어나는 성조의 변화가 있다.

(44) ㄱ. 太子ㅣ 져머 겨시니 ·뉘 기ᄅᆞᅀᆞᄫᆞ려뇨   [석상 3:3]
ㄴ. :뉘 ᄯᆞᆯ을 골ᄒᆡ야ᅀᅡ 며ᄂᆞᆯ이 ᄃᆞ외야 오리야   [월천 기14]
ㄷ. 帝釋이 무ᄅᆞ디 ·누·고 對答ᄒᆞ디 尸毗王이시니이다   [월석 11:3]

(44)에서 미지칭이나 부정칭의 인칭 대명사 '누'는 (ㄱ)처럼 주격 조사와 결합하면 '뉘'처럼 거성으로 실현되었다. (ㄴ)의 ':뉘'처럼 관형격 조사와 결합하면 상성으로 실현되었다. 그리고 (ㄷ)의 '·누·고'처럼 의문 보조사와 결합하면 거성으로 실현되었다.

대명사	주격	관형격	기타
나 (1인칭)	·내	내	나·와
너 (2인칭)	:네	네	너·를
저 (재귀칭)	:제	제	저·도
누 (미지칭)	·뉘	:뉘	·누·고

〈표 11〉 인칭 대명사의 성조 바뀜

지금까지 살펴본바 15세기 국어에서 일어나는 변동 현상의 종류를 요약하여 표로 보이면 다음과 같다.

변동의 결과	유형	변동의 내용
교체 (대치)	동화 교체	모음 조화
		비음화
	비동화 교체	평파열음화
		된소리되기(경음화)
		/ㄱ/이 /ɦ/으로 교체됨
탈락	자음의 탈락	종성의 자음군 단순화(종성의 겹받침 줄이기)
		/ㅎ/의 탈락
		/ㄹ/의 탈락
	모음의 탈락	/·/와 /—/의 탈락
		/ㅏ/, /ㅓ/, /ㅗ/, /ㅜ/의 탈락
		/ㅣ/의 탈락
첨가	자음의 첨가	/ㄹ/의 첨가
	모음의 첨가	반모음 /j/의 첨가
탈락과 첨가	모음의 탈락과 자음의 첨가	모음의 탈락과 /ㄱ/의 첨가
		모음의 탈락과 /ㄹ/의 첨가
		모음의 탈락과 /ɦ/의 첨가
축약	자음의 축약	거센소리되기(유기음화)
	모음의 축약	어간의 끝 모음과 어미의 첫 모음이 이중 모음으로 축약
특수 변동	'ㅎ다' 형 활용	'ㅎ다'와 '만ㅎ다'의 활용에서 나타나는 특수한 변동
	'뷔다' 형 활용	'뷔다, 글히다, 뷔다'의 활용에서 나타나는 특수한 변동
	'말다'의 활용	'말다'의 활용에서 나타나는 특수한 변동
성조의 변화	인칭 대명사의 성조 변화	인칭 대명사인 '나', '너', '저', '누'가 주격과 관형격에서 실현되는 성조의 변화

〈표 12〉 15세기 국어의 음운 변동 일람표

{ 16세기 국어의 문자와 표기법 }

16세기 국어는 국어사의 시대 구분으로는 중세 국어의 범주에 든다. 그러나 16세기 국어는 사용된 글자의 종류와 표기법상 몇 가지 점에서 근대 국어의 모습을 보인다.

1. 'ㆁ'과 'ㅿ'의 글자가 없어짐

15세기 말까지 쓰이던 'ㆁ'과 'ㅿ'의 글자가 16세기 초부터는 점차로 쓰이지 않게 되었는데, 16세기 말이 되면 이들 글자가 'ㅇ'으로 대체된다.

〈 'ㆁ' 글자가 없어짐 〉 15세기 말까지는 /ㆁ/이 초성이나 종성에 두루 쓰여서 'ㆁ' 글자도 초성이나 종성에 모두 쓰였다. 그러다가 16세기에 들어서는 /ㆁ/이 종성에만 쓰이게 되어서 초성의 자리에 'ㆁ' 글자가 쓰이는 예가 사라졌다. 이어서 16세기 초기가 되면 종성의 /ㆁ/까지 'ㅇ'으로 적는 예가 나타났다. 예를 들어서 1518년에 간행된 『번역소학』에서는 종성의 /ㆁ/이 'ㅇ'으로 표기되거나, 종성의 'ㆁ'이 'ㅇ'과 혼기된 예가 더러 나타났다.

(1) ㄱ. 공효〉공효(功效), 스양〉스양(辭讓), 듕ᄒᆞ며〉듕ᄒᆞ며(重), 엄졍〉엄졍(嚴正)

ㄴ. 션싱/션싱(先生), 셩신/셩인(聖人), 덕힝(德行)/힝뎍(行蹟)

(1)에서 (ㄱ)의 예들은 종성의 /ㆁ/이 'ㅇ'으로 표기된 예이며, (ㄴ)은 종성의 /ㆁ/이 'ㆁ'과 'ㅇ'으로 혼기된 예이다. 이처럼 종성의 /ㆁ/을 'ㅇ'으로 적는 경향이 점차로 일반화되어서 16세기 말이 되면 일부의 예를 제외하면 대부분 'ㅇ'으로 적었다. 결과적으로 'ㅇ'이 초성의 자리에서 음가가 없는 글자로 쓰이고, 종성의 자리에서는 /ㆁ/의 음가를 가지게 되어서, 'ㅇ'이 실현되는 위치에 따라서 각각 다른 소리를 나타내게 되었다.

〈 'ㅿ' 글자가 없어짐 〉 15세기와 16세기의 교체기부터 일부 문헌에서 'ㅿ'이 쓰이지 않게 되었다. 그리고 16세기 말이 되면 'ㅿ'이 일부의 예를 제외하고는 대체로 문헌에서 거의 사라졌다. 1518년에 간행된 『정속언해』와 『이륜행실도』에는 'ㅿ'의 글자가 많이 쓰이고는 있으나, 다음과 같은 예에서는 'ㅿ'이 'ㅇ'이나 'ㅅ'으로 대체된 예가 나타난다.

(2) ㄱ. 셩ᅀᆞᆫ〉셩인[1, 9], 어버ᅀᅵ〉어버이[2, 8], 스ᅀᅵ〉스이[2, 3], 어버ᅀᅵᆯ〉어버일[17], 녀름지ᅀᅵ고〉녀름지이고[8], 녀름지ᅀᅵ〉녀름지이[20]   [정속언해]

ㄴ. 어버ᅀᅵ〉어버이[3], 스ᅀᅵ〉스이[8, 15], 명ᅀᅵᆯ〉명일[31], 미ᅀᅣᆼ〉미양[31], 셩ᅀᅵᆫ〉셩인[7], 스ᅀᅵᆺ말〉스싯말[32]   [이륜행실도]

(ㄱ)에서 '셩ᅀᆞᆫ'에서는 'ㅿ'이 'ㅇ'으로 교체되었고, (ㄴ)의 '어버ᅀᅵ'에서는 'ㅿ'이 'ㅅ'으로 교체

되었다. 이처럼 'ㅿ'의 글자가 없어지는 것은 '셩싄〉셩인'이나 '어버싀〉어버이'처럼 /ㅣ/의 앞에서 일어나는 것이 특징이다. 이와 같이 'ㅿ'이 'ㅇ'이나 'ㅅ'으로 교체되는 경향은 16세기 말이 되면 더욱 심해져서 1587년에 간행된 『소학언해』나 1589년에 간행된 『효경언해』에서는 'ㅿ'이 대부분 'ㅇ'으로 바뀌었다.

'ㅿ'과 'ㆁ'이 없어진 시기는 거의 비슷했으나 대략 보아서 'ㅿ'이 없어진 시기가 'ㆁ'이 없어진 시기보다 약간 빠른 것 같다. 곧 'ㅿ'은 『소학언해』와 『효경언해』 등에 잘 쓰이지 않았으나, 'ㆁ'은 이들 문헌에서 제법 많이 쓰였다.

2. '끊어적기'와 '거듭적기'와 7종성의 표기

15세기에는 체언과 조사를 표기할 때나 어간과 어미를 표기할 때에 일반적으로 이어적기 (連綴)로 표기하였다. 그러나 16세기 초기부터는 '체언과 조사'나 '어간과 어미'의 형태소 경계를 구분하여 적는 '끊어적기(分綴)'와 체언이나 어간(어미)의 종성 글자를 두 음절에 걸쳐서 적는 '거듭적기(重綴)'의 표기 방법이 등장하였다. 그리고 16세기 중엽에 7종성의 음운 체계가 확립됨으로써, 15세기에 종성의 자리에서 'ㅅ'과 'ㄷ'의 글자가 구분되어서 쓰이던 것이 16세기 말이 되면 종성의 자리에서 이러한 구분이 없어지기 시작하였다.

〈 끊어적기 〉 15세기 국어에서는 체언과 조사를 이어 적는 것이 일반적이었지만, 체언과 조사를 구분하여 적는 방법도 『월인천강지곡』이나 『남명집언해』(南明集諺解) 등에서 아주 드물게 쓰였다. 그러나 16세기 초부터는 특히 체언과 조사를 구분하여서 적는 끊어적기로 표기한 예가 좀더 빈번하게 나타난다.

다음은 1518년에 간행된 『번역소학』에 나타난 끊어적기 표기의 예이다.

(3) ㄱ. 도죽이[9:66], 니욕을[6:31], 죽을[9:79], 칙을[9:102]

ㄴ. 눈이[9:36], 스면이[6:12], 손이[10:32], 두서힛만애[9:36]

ㄷ. 벋에[7:3], 벋이[8:24], 뜯에[9:10], 뜯을[9:39], 몯이[9:66]

ㄹ. 석돌이[9:40], 글월을[8:22], 일이[9:46], 눈믈을[9:34], 벼슬을[9:34], 겨슬에도 [9:32]

ㅁ. 사룸의[9:9], 겸어슈되[9:61], 한샴이[9:62], 사룸이[9:63], 마슴올[9:31], 담이며 ㅂ룸이[6:12], 어림이여[9:39], 쁘룸이니라[6:24], ㅂ룸앳[6:24]

ㅂ. 겨집은[7:31], 겨집이[7:38], 밥을[8:21], 집의[8:22], 집의셔[9:60], 아홉이오[9:66]

(3)의 예는 각각 그 순서대로 종성이 'ㄱ, ㄴ, ㄷ, ㄹ, ㅁ, ㅂ'인 체언에 모음으로 시작하는 조사가 결합하면서, 체언과 조사의 경계를 밝혀서 적은 예이다.

반면에 16세기 초에는 용언의 활용형을 적을 때에는 끊어적기의 표기가 매우 드물게 나타나는데(보기 : 죽은[8:20]), 16세기 말부터 점차 늘어나다가 17세기 이후의 문헌에서 본격적으로 나타난다.

〈 거듭적기 〉 16세기 초에 간행되었던 『번역노걸대』와 『번역박통사』를 비롯하여, 『번역소학』, 『여씨향약』, 『이륜행실도』, 『정속언해』 등에서 이러한 표기가 나타나기 시작하였다. 다음은 『정속언해』에 나타난 거듭적기 표기의 예이다.

    (4) ㄱ. ᄌᆞ식긔(ᄌᆞ식ㄱ +-의 : 2장), 음식글(음식ㄱ +-을 : 15장), 약글(약ㄱ +-을 : 3장)
        ㄴ. 직분네(직분ㄴ +-에 : 2장), 가난늘(가난ㄴ +-을 : 25장)
        ㄷ. 벋디(벋ㄷ +-이 : 14장)
        ㄹ. 허믈리(허믈ㄹ +-이 : 2장), 말리(말ㄹ +-이 : 20장), 손발롤(손발ㄹ +-올 : 4장)
        ㅁ. ᄆᆞ슴미(ᄆᆞ슴ㅁ +-이 : 3장), 몸매(몸ㅁ +-애 : 2장), 품믈(품ㅁ +-을 : 1장)
        ㅂ. 집븨셔(집ㅂ +-의셔 : 4장), 겨집븐(겨집ㅂ +-은 : 5장)
        ㅅ. 항것시(항것ㅅ +-이 : 15장)

    (5) ㄱ. 잇ᄂᆞ니(잇(有)-+-ᄂᆞ+-ㄴ니 : 6장)
        ㄴ. ᄀᆞᆮᄐᆞ신니(ᄀᆞᆮᄐᆞ(如)-+-시-+-ㄴ니 : 14장)
        ㄷ. ᄒᆞᆫ니(ᄒᆞ(爲)-+-ㄴ니 : 27장)

(4)는 체언과 조사가 결합하는 과정에서 체언의 종성을 거듭적기로 표기한 예인데, 체언의 종성 'ㄱ, ㄴ, ㄷ, ㄹ, ㅁ, ㅂ, ㅅ'이 두 음절에 나누어서 거듭적기로 표기된 것이다. 그리고 (5)는 용언의 어간과 어미가 결합하는 과정에서 어미의 '-니'의 초성이 'ㄴ'을 '-ㄴ니'처럼 두 음절에 나누어서 거듭적기로 표기된 것이다. (4)처럼 체언과 조사의 결합에서 일어나는 거듭적기는 용례가 많고 거듭적는 글자의 종류도 다양하다. 반면에 (5)의 용언의 어간과 어미의 결합에서 일어나는 거듭적기는 연결 어미 '-니'의 표기에 한정되어서 예가 극히 적다. 그리고 어간의 종성 글자가 아니라 어미의 초성 글자를 거듭적었다는 점에서 체언의 경우와는 거듭적는 방식이 다르다.

〈 종성 글자 'ㅅ'이 'ㄷ'으로 바뀜 〉 15세기 국어에서 'ㅅ' 종성 글자로 쓰이던 것이 16세기 말이 되면 'ㄷ'으로 표기된 예가 나타난다. 특히 『소학언해』(1587)와 『효경언해』(1589)에서는 15세기에 'ㅅ' 종성으로 표기되었던 것이 'ㄷ'으로 표기된 예가 많이 나타나므로, 이 시기에 /ㅅ/ 종성이 /ㄷ/ 종성에 완전히 합류된 것으로 보인다.

    (6) 자밧ᄂᆞᆫ〉자받ᄂᆞᆫ[辭:1], 듯ᄂᆞᆫ〉듣ᄂᆞᆫ[2:9], 듯노라〉듣노라[4:18], ᄀᆞᆺ〉ᄀᆞᆮ[1:2], 되옛ᄂᆞ니〉
        되옏ᄂᆞ니[1:9], 읻ᄂᆞ니[2:9], 녯것[2:14]   [소학언해]

    (7) 못ᄂᆞ니라〉몯ᄂᆞ니라[2, 26], ᄀᆞ잣ᄂᆞᄃᆡ〉ᄀᆞ잗ᄂᆞᄃᆡ[22]   [효경언해]

(6)의 『소학언해』와 (7)의 『효경언해』에 나타난 예들은 16세기 중반 이후에 종성의 자리에서 /ㅅ/이 /ㄷ/으로 합류됨에 따라서(7종성 체계), 이들 단어를 적는 데에 쓰는 글자도 'ㅅ'에서

'ㄷ'으로 바뀐 것이다.

3. 방점 사용법의 변화

방점(傍點)도 16세기 말까지는 유지되기는 하였는데, 16세기 말의 성조 체계는 15세기의 성조 체계와 많이 달라졌다. 16세기 말에 일어난 성조 체계의 변화와 그에 따라서 방점의 사용을 변경한 사실은 『소학언해』의 일권 첫머리에 있는 '범례(凡例)'에서 확인할 수 있다.

> (8) 믈읫 字ㅅ 音의 놉ᄂᆺ가이를 다 겨틧 點으로 뻐 법을 삼을디니 點 업슨 이ᄂᆫ 편히 ᄂᆺ가이 ᄒᆞ고 두 點은 기리 혀 들고 혼 點은 바ᄅᆞ 노피 홀 거시니라 訓蒙字會예 平聲은 點이 업고 上聲은 두 點이오 去聲 入聲은 혼 點이로ᄃᆡ 요ᄉᆞ이 時俗애 音이 上去셩이 서르 섯기여 뻐 과글리 고티기 어려온디라 만일 다 本音을 쓰면 시쇽 듣기예 히괴홈이 이실 故로 戊寅년 칙에 上去 두 聲을 시쇽을 조차 點을 ᄒᆞ야실ᄉᆡ 이제 이 법녜를 의지ᄒᆞ야 뻐 닐그리를 便케 ᄒᆞ니라29) [소학언해 범례]

(8)의 설명의 요지는 다음과 같다. 최세진이 지은 『훈몽자회』(1527)에는 15세기의 방점 사용법에 따라서 상성은 두 점으로, 거성과 입성은 모두 한 점으로 나타내었다. 그러나 『소학언해』 (1587)를 편찬할 당시의 실제 발음으로는 거성을 상성과 동일하게 발음하고 있으므로, 『훈몽자회』처럼 방점을 찍으면 요즈음 사람들은 해괴한 소리를 듣게 된다고 하였다. 이러한 이유로 이미 무인년(1518년)에 간행한 책(= 번역소학)에서도 시속(時俗)에 따라서 상성과 거성을 모두 두 점으로 표기하였는데, 이 책(= 소학언해)에서도 『번역소학』의 예를 따라서 방점을 표기하여 책을 읽는 사람을 편하게 한다는 것이다.

이 기록의 내용으로 미루어 보면 『번역소학』이 간행된 16세기 초기에도 이미 성조 체계와 방점을 찍는 법이 15세기의 그것과 달랐음을 알 수 있다. 그리고 『소학언해』가 간행된 16세기 말에는 성조 체계가 남아 있기는 하였으나, 『훈몽자회』에서처럼 15세기의 방식으로 방점을 찍으면 일반 사람들이 듣기에 해괴할 정도로 그 차이가 많이 생긴 것으로 짐작된다.

---

29) 무릇 자(字)의 음(音)의 높낮이를 다 곁에 있는 점(點)으로써 법을 삼을 것이니, 점(點) 없는 것은 편히 낮게 하고 두 점(點)은 길게 끌어서 들고 한 점(點)은 바로 높이 할 것이니라. 훈몽자회(訓蒙字會)에 평성(平聲)은 점(點)이 없고, 상성(上聲)은 두 점(點)이요, 거성(去聲)과 입성(入聲)은 한 점(點)이되, 요사이 시속(時俗)에 음(音)이 상성(上聲)과 거성(去聲)이 서로 섞이여, 그로써 급하게 고치기 어려운 것이다. 만일 다 본음(本音)을 쓰면 시속(時俗)의 듣기에 해괴(駭怪)함이 있을 고(故)로, 무인(戊寅)년의 책(= 번역소학)에 상거(上去) 두 성(聲)을 시속을 좇아 점(點)을 하여 있으므로, 이제 이 법례(法例)를 의지하여 그로써 읽을 이를 편(便)하게 하였느니라.

제2장 형태론

2.1. 품사

2.1.1. 품사의 분류

〈 **품사 분류의 기준** 〉 '품사(品詞)'는 한 언어에 존재하는 수많은 단어를 문법적 성질의 공통성에 따라 몇 갈래로 묶어 놓은 것이다. 이러한 품사는 일반적으로 '기능, 형태, 의미'의 세 가지 기준으로 분류하되, 주로 기능과 형태를 중심으로 품사를 분류하며, 의미는 보조적인 기준으로 적용할 때가 많다.

〈 **품사 분류의 대강** 〉 고등학교 문법(2010: 90)에서는 현대 국어의 품사를 체언(명사, 대명사, 수사), 용언(동사, 형용사), 수식언(관형사, 부사), 독립언(감탄사)의 9품사로 설정하고 있다.

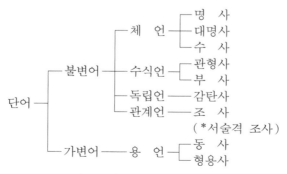

〈그림 1〉 국어의 품사 체계

중세 국어의 품사도 현대 국어의 품사 분류 체계와 동일하게 설정한다. 여기서 〈국어과 교육 과정 해설〉(2009: 159)에 제시된 품사 분류 체계를 제시하면 앞의 〈그림 1〉과 같다.

첫째, '체언(體言)'은 조사와 결합하여 여러 가지 문장 성분으로 쓰이면서, 어떠한 대상의 이름이나 수량(순서)을 나타내거나, 명사를 대신하여 쓰이는 말이다. 체언은 '명사, 대명사, 수사'로 나뉜다.

(1) ㄱ. 世尊이 象頭山애 가샤   [석상 6:1]
    ㄴ. 나도 이 곧ᄒᆞ야   [석상 6:1]
    ㄷ. 王子 기르ᅀᆞ온 어미 ᄒᆞ나 아닐씨   [법언 3:97]

(ㄱ)의 '世尊, 象頭山'은 사물의 이름을 나타내는 명사이며, (ㄴ)의 '나'는 사람의 이름을 대신하는 대명사이며, (ㄷ)의 'ᄒᆞ나(ᄒᆞ)'는 수량이나 순서를 나타내는 수사이다.

둘째, '용언(用言)'은 주어의 움직임이나 상태를 풀이하는 말인데, 용언은 동사와 형용사로 나뉜다.

(2) ㄱ. 두 히 돋다가 세 히 도ᄃᆞ면   [월석 1:48]
    ㄴ. 고히 길오 놉고 고ᄃᆞ며   [석상 19:7]

(ㄱ)의 '돋다'는 동사로서 주어인 '히'의 움직임을 풀이하며, (ㄴ)의 '길다, 놉다(높다), 곧다'는 형용사로서 주어인 '고ᄒᆞ'의 상태를 풀이한다.

셋째, '수식언(修飾言)'은 그 뒤에 실현되는 중심어의 의미를 한정하면서 수식하는 말인데, 수식언은 관형사와 부사로 나뉜다.

(3) ㄱ. 眞金은 진딧 金이라   [월석 7:29]
    ㄴ. 蓮모새 ᄀᆞᆺ 다ᄃᆞᄅᆞ면   [월석 7:61]

(ㄱ)의 '진딧'은 관형사로서 '진짜의'라는 뜻으로 그 뒤의 체언 '金'의 의미를 한정하면서 수식하며, (ㄴ)의 'ᄀᆞᆺ'은 '이제 막'이라는 뜻으로 그 뒤의 용언 '다ᄃᆞᄅᆞ면'의 의미를 한정하면서 수식한다.

넷째, '관계언(關係言)'은 자립성이 있는 말(체언)에 붙어서, 그 말과 다른 말과의 관계를 나타내거나 특별한 뜻을 덧붙이는 말이다.

(4) ㄱ. 여슷 히를 苦行ᄒᆞ샤   [석상 6:4]

ㄴ. 입시울와 혀와 엄과 니왜 다 됴ᄒᆞ며   [석상 19:7]

ㄷ. 나ᄂᆞᆫ 어버ᅀᅵ 여희오   [석상 6:5]

(ㄱ)의 '-를'은 앞의 체언에 붙어서 그것이 특정한 문장 성분(목적어)으로 쓰임을 나타낸다. (ㄴ)의 '-과/-와'는 앞의 체언과 뒤의 체언을 이어서 명사구를 만들며, (ㄷ)의 '-ᄂᆞᆫ'은 앞의 체언에 '특별한 뜻(말거리, 화제, 주제)'을 더한다.

다섯째, '독립언(獨立言)'은 문장 속의 다른 성분과 통사적인 관련을 맺지 않고, 독립적으로 쓰이는 말이다.

(5) ㄱ. 익 男子아 엇던 이를 爲ᄒᆞ야 이 길헤 든다   [월석 21:118]

ㄴ. 舍利佛이 ᄉᆞᆲ보ᄃᆡ 엥 올ᄒᆞ시이다   [석상 13:47]

(ㄱ)의 '익'와 (ㄴ)의 '엥'은 감탄사로서 각각 화자의 감정(느낌)이나 대답을 직접적으로 나타내면서, 그 뒤에 실현되는 문장 속의 다른 성분과는 독립적으로 쓰이고 있다.

2.1.2. 체언

'체언(體言)'은 어떠한 대상의 이름이나 수량(순서)을 나타내거나 명사를 대신하는 단어들의 부류들이다. 이들 체언은 '명사, 대명사, 수사'로 나뉘는데, 문장에서 격조사와 함께 쓰여서 '서술어, 주어, 목적어, 보어, 관형어, 부사어, 독립어' 등 여러 가지 문장 성분으로 쓰일 수 있다.

(1) ㄱ. 사ᄅᆞᆷ 사ᄂᆞᆫ 싸ᄒᆞᆯ 다 뫼호아   [월석 1:8]

ㄴ. 眷屬을 여희오 어딘 사ᄅᆞᄆᆞᆯ 갓가ᄫᅵ ᄒᆞ야   [석상 13:22]

ㄷ. 緊那羅ᄂᆞᆫ … 사ᄅᆞᆷ ᄀᆞ토ᄃᆡ ᄲᅳ리 이실ᄊᆡ   [월석 1:15]

ㄹ. 九變之國이 사ᄅᆞᆷ ᄠᅳ디리잇가   [용가 15장]

ㅁ. 사ᄅᆞ민가 사ᄅᆞᆷ 아닌가 ᄒᆞ야   [월석 1:15]

예를 들어서 (1)에서 '사ᄅᆞᆷ'은 체언의 일종인 명사인데, 명사는 (ㄱ)의 주어, (ㄴ)의 목적어, (ㄷ)의 부사어, (ㄹ)의 관형어, (ㅁ)의 서술어와 보어 등 여러 가지 문장 성분으로 쓰일 수 있다. 그리고 체언에는 형태의 변화(꼴바꿈)가 없으며 체언 뒤에는 격조사가 붙을 수 있다는 특징이 있다.

2.1.2.1. 명사

명사는 어떠한 대상의 이름을 나타내는 말인데, 체언 가운데 수가 가장 많고 보편적으로 사용된다.

(가) 명사의 개념

'명사(名詞)'는 어떠한 '대상, 일, 상황' 등의 구체적인 이름을 나타내는 단어이다.

명사는 격조사와 결합하여 여러 가지 문장 성분으로 쓰일 수 있으며, 형태의 변화가 일어나지 않는다. 그리고 명사는 관형어의 수식을 받아서 명사구의 중심어(머리말, head)로 쓰일 수 있다.

(나) 명사의 유형

명사는 그 분류 기준에 따라서 '보통 명사'와 '고유 명사', '자립 명사'와 '의존 명사' 등으로 나눌 수 있다.

(나)-1. 보통 명사와 고유 명사

명사는 그것이 지시하는 범위에 따라서 '보통 명사'와 '고유 명사'로 나눌 수 있다.

〈 보통 명사 〉 '보통 명사(普通名詞)'는 같은 속성을 가진 대상에 대하여 두루 붙일 수 있는 명사이다.

    (2) <u>불휘</u> 기픈 <u>남군</u> <u>ᄇᆞᄅᆞ매</u> 아니 뮐씨　　　　　　　　　　　[용가 2장]

(2)에서 '불휘, 나모, ᄇᆞ름' 등은 보통 명사인데, 이들 명사는 동일한 속성을 가진 여러 가지의 대상을 두루 지시할 수 있다.

〈 고유 명사 〉 '고유 명사(固有名詞)'는 동일한 속성을 가진 대상들 가운데서 어느 하나를 다른 것과 특별히 구별하여 붙이는 명사이다.

    (3) ㄱ. <u>徐卿</u>의 두 아ᄃᆞ리 나　　　　　　　　　　　　　[두언 8:24]
       ㄴ. 나랏 말ᄊᆞ미 <u>中國</u>에 달아　　　　　　　　　　　[훈언 2]

고유 명사는 (3)의 '徐卿, 中國' 등과 같이 특정한 사람이나 사물, 지역에만 붙는 명사이다. 고유 명사는 일반적으로 유일한 것으로 여기는 대상에 붙이는 이름이므로, 그 뒤에 복수 접미사인 '-둘ㅎ'이 결합할 수 없으며 관형사의 수식을 받을 수도 없다.

(나)-2. 자립 명사와 의존 명사

명사는 문장 속에서 홀로 설 수 있느냐 없느냐에 따라서, '자립 명사'와 '의존 명사'로 나눌 수 있다.

〈 자립 명사 〉 '자립 명사(自立名詞)'는 문장 내에서 관형어의 도움 없이 홀로 쓰일 수 있는 명사이다.

(4) ㄱ. 싀미 기픈 므른   [용가 2장]
    ㄴ. 블근 새 그를 므러   [용가 7장]

(4)에서 '�??, 믈, 새, 글' 등은 모두 자립 명사로서 관형어 없이 홀로 쓰일 수 있으며, 실질적인 의미를 나타내고 있다.

〈 의존 명사 〉 '의존 명사(依存名詞)'는 홀로 쓰일 수 없어서 반드시 관형어와 함께 쓰이는 명사이다. 의존 명사는 자립성이 없을 뿐만 아니라 그것이 나타내는 의미도 형식적인 의미이다.

(5) ㄱ. 니르고져 홇 배 이셔도   [훈언 2]
    ㄴ. 당다이 이 싸해 橫死홀 주리 업스며   [석상 9:22]
    ㄷ. 믈 톤 자히 건너시니이다   [용가 34장]

(5)에서 '바, 줄, 자히' 등은 단독으로는 쓰이지 못하고, '니르고져 홇', '당다이 이 싸해 橫死홇', '믈 톤' 등의 관형어 뒤에 매여서만 쓰인다.

의존 명사는 문장 속에서 쓰이는 기능에 따라서 '보편성 의존 명사, 주어성 의존 명사, 부사어성 의존 명사, 단위성 의존 명사'로 나누어진다.

ⓐ **보편성 의존 명사** : '보편성 의존 명사'는 관형어나 조사와 통합하는 데에 제약을 받지 않아서, 여러 가지 문장 성분으로 두루 쓰이는 의존 명사이다.[1]

---

1) 15세기 국어의 '보편성 의존 명사'는 '것(것), 곧(곳, 것, 줄), ᄀᆞ장(끝, 끝까지), 녁(녘), 놈(놈, 사람), 닷(탓), ᄃᆞ(것, 까닭), 듸(데), 덛(사이, 동안), 바(바), 분(분), 만(뿐, 만, 만큼, 동안), ᄉᆞ(것), ᄯᆞ름(따름), ᄲᅡᆫ(뿐), 앛(바, 까닭), 양(양), 이(사람), 적(때), 즈슴(즈음, 사이), 줄(줄, 것, 수)' 등이 있다.

(6) ㄱ. 天下애 앗가볼 <u>거시</u> 몸 ㄱ트니 업스니이다   [석상 11:19]

   ㄴ. 佛子ㅣ 得홀 <u>꺼슬</u> 다 ㅎ마 得과이다   [법언 2:232]

   ㄷ. 또 阿難의 아롫 <u>거시</u> 아니니   [능언 4:104]

   ㄹ. 魔ㅣ ㄱ리는 <u>거실씬</u> 그므리라 ᄒ니라   [석상 9:8]

   ㅁ. 네 得혼 <u>거슨</u> 滅이 아니니   [법언 3:198]

(6)의 '것'은 (ㄱ)에서는 주격 조사인 '-이'와, (ㄴ)에서는 목적격 조사인 '-을'과, (ㄷ)에서는 보격 조사인 '-이'와, (ㄹ)에서는 서술격 조사인 '-이다'와, (ㄹ)에서는 보조사인 '-은'과 결합하였다. 이처럼 '것'은 여러 가지 조사에 두루 통합될 수 있으므로 자립 명사와 동일하게 쓰이는 의존 명사이다.

  ⓑ **주어성 의존 명사** : '주어성 의존 명사'는 관형어(관형절)를 포함한 전체 구성을 주어로만 쓰이게 하는 의존 명사이다.

(7) ㄱ. 妻眷 ᄃ외얀 <u>디</u> 三年이 몯 차 이셔 世間 ᄇ리시고   [석상 6:4]

   ㄴ. 南北東西예 그츤 <u>스치</u> 업거늘   [영남 상13-14]

(ㄱ)에서 '디'는 '시간의 경과(＝동안)'를 나타내고 (ㄴ)에서 '슺'은 '사이'나 '틈'을 나타낸다. 여기서 '디'와 '슺'은 그 앞에 실현되는 관형어를 포함한 전체 구성이 반드시 주어로만 쓰이는 특징이 있다.

  ⓒ **부사어성 의존 명사** : '부사어성 의존 명사'는 관형어(관형절)를 포함한 전체 구성을 부사어로만 기능하게 하는 의존 명사이다.[2]

(8) ㄱ. 이ᄂᆞᆫ 서르 섯근 <u>둧</u> 疑心ᄃ외도다   [능언 2:98]

   ㄴ. 믈 톤 <u>자히</u> 건너시니이다   [용가 34장]

(9) ㄱ. 佛法이사 내 <u>이어긔</u>도 죠고마치 잇다 ᄒ야시ᄂᆞᆯ   [영남 상14]

   ㄴ. 佛禪力의 <u>뎌에</u> 通力 빌이샤ᄆᆞᆯ 因ᄒ니   [월석 18:7]

(8ㄱ)에서 관형절인 '서르 섯근'과 의존 명사인 '둧'이 부사구를 이루고 있는데, 이때 부

---

2) 15세기 국어에 쓰인 '부사어성 의존 명사'로는 '둧(둧), 둧시(둧이), 이어긔(여기에), 거긔(거기에), 게(거기에, 데에), 그에(거기에, 데에), 뎌에(저기에), 손ᄃᆡ(-에게), 다비(대로, 같이), 다히(대로), 동(줄), 디(지), 자히(채로)' 등이 있다.

사구인 '서르 섯근 닷'이 서술어인 '疑心두외도다'를 직접 수식하였다. 마찬가지로 (8ㄴ)에서 관형절인 '믈 톤'과 의존 명사인 '자히'가 부사구를 이루면서 서술어인 '건너시니이다'를 직접 수식하였다. 그리고 (9ㄱ)의 '이어긔'는 의존 명사로서 관형어인 '내'와 함께 명사구를 형성하여, '내 이어긔' 전체가 서술어인 '잇다'를 수식하였다. (9ㄴ)의 '뎌에'도 의존 명사로서 관형어인 '佛禪力의'와 함께 명사구를 형성하여, '佛禪力의 뎌에'의 전체 구성이 서술어인 '빌이샤몰'을 수식하였다. 결국 (8)의 '닷'과 '자히', 그리고 (9)의 '이어긔'와 '뎌에'는 관형절이나 관형어를 포함한 전체 구성을 부사어처럼 기능하게 하므로 '부사어성 의존 명사'로 처리한다.

　ⓓ **단위성 의존 명사**: '단위성 의존 명사'는 선행하는 명사의 수량을 나타내는 단위를 표현하는 의존 명사이다.[3]

　　(10) ㄱ. 이 經을 마슨아홉 <u>디위</u> 닑고　　　　　　　　　　[석상 9:32]

　　　　ㄴ. 술 훈 <u>셔믈</u> 다못 주리라　　　　　　　　　　　[두언 25:4]

(ㄱ)의 '디위'와 (ㄴ)의 '셤'은 각각 수 관형사인 '아홉'과 '훈' 뒤에서 수량의 단위를 나타내는 의존 명사이다. 이들 단위성 의존 명사는 반드시 그 앞에 '아홉'이나 '훈'과 같은 수량을 나타내는 관형사가 앞서며, 또한 보편성 의존 명사처럼 조사와 결합하는 데에 제약이 심하지 않다는 특징이 있다.

　그리고 단위성 의존 명사 가운데 '디위, 번, 치, 리, 량, 셜, 낱/낯, 볼, 홉' 등은 원래부터 수 단위를 나타내는 의존 명사이므로, 이들이 자립 명사로 쓰이는 경우는 없다. 반면에 '돈, 셤, 말(斗), 되, 즈록(柄), 자히, 가지, 히(年), 돌(月), 날(日)' 등은 원래는 자립 명사인데, 수 관형사 뒤에서는 단위성 의존 명사로 전용되어서 쓰인다.

2.1.2.2. 대명사

(가) 대명사의 개념

　'대명사(代名詞)'는 특정한 대상의 이름(명사)을 대신하여, 그것을 직접적으로 가리키거나 대용(代用)하는 체언이다.

---

3) 15세기 국어에 쓰인 '단위성 의존 명사'로는 '디위(번, 番), 번(번, 番), 치/츠(치, 寸), 리(리, 里), 셜(살, 歲), 낱/낯(낱, 個), 볼(벌, 겹, 번), 량(냥, 兩), 돈(돈, 錢), 셤(셤, 斛), 되(되, 升), 홉(홉, 合), 가지(가지, 類), 자히(자, 尺)' 등이 있다.

(11) ㄱ. <u>너희</u> 디마니 혼 이리 잇ᄂ니 셜리 나가라   [월석 2:6]

     ㄴ. 어린 百姓이 니르고져 홇 배 이셔도 ᄆᆞᄎᆞᆷ내 제 ᄠᅳ들 시러   [훈언 2]

     펴디 몯홇 노미 하니라 내 <u>이</u>ᄅᆞᆯ 爲ᄒᆞ야 어엿비 너겨

(11)에서 (ㄱ)의 '너희'는 '鼓摩王'이 자신의 아들을 발화 현장에서 직접 가리키는 말이며, (ㄴ)의 '이'는 바로 앞의 문장을 대신하는 말이다.

대명사에는 '직시(지시)'와 '대용'의 두 가지 기능이 있다. 첫째로 '직시(直示, deixis)'는 화자가 자기가 위치한 시간·공간적 입장을 기준점으로 하여 발화 현장에서 대상을 직접 가리키는 기능이다. 곧 (11ㄱ)에서 '너희'는 '鼓摩王'이 자신의 말을 듣고 있는 '네 아들'을 발화 현장에서 직접적으로 가리켜서 부르는 말인데, 이러한 직시 기능을 가진 말을 '직시어(=直示語)'라고 한다. 둘째로 담화 속의 앞선 문맥에서 이미 언급한 말을 되돌아 가리키는 기능을 '대용(代用, anaphora)'이라고 하고, 대용의 기능을 가진 말을 '대용어(代用語, anaphor)'라고 한다. 곧, (11ㄴ)에서 '이'는 앞서서 발화한 문맥인 '어린 百姓이 니르고져 홇 배 이셔도 ᄆᆞᄎᆞᆷ내 제 ᄠᅳ들 시러 펴디 몯홇 노미 하니라'를 가리킨다.

대명사의 기능 ┬ 직시: 발화 현장에서 어떠한 대상을 직접 가리킴.
              └ 대용: 담화 속의 앞선 문맥에서 이미 언급한 말을 가리킴.

〈그림 2〉 대명사의 기능

(나) 대명사의 종류

대명사는 직접 가리키거나 대용하는 대상이 사람이냐 혹은 사람 이외의 것이냐에 따라서 '인칭 대명사'와 '지시 대명사'로 구분한다.

(나)-1. 인칭 대명사

'인칭 대명사(人稱代名詞)'는 사람을 직시하거나 대용하는 대명사인데, 가리킴의 기능에 따라서 '정칭·미지칭·부정칭·재귀칭의 인칭 대명사'로 나뉜다.

	정칭			미지칭	부정칭	재귀칭
	1인칭	2인칭	3인칭			
단수	나	너, 그듸/그ᄃᆡ/그디	뎌	누	아모	저, ᄌᆞ갸
복수	우리	너희	–			저희

〈표 1〉 인칭 대명사의 종류

〈정칭의 인칭 대명사〉 정칭(定稱)의 인칭 대명사는 '나·너·그'처럼 발화 상황이나 문맥에서 정해진 대상을 가리키거나 대용하는 인칭 대명사이다.

첫째, '1인칭의 정칭(定稱) 대명사'는 화자가 발화 현장에서 자신을 직접 가리키는 대명사이다.

(12) ㄱ. 내 太子를 셤기ᅀᆞᆸ보딕   [석상 6:4]

ㄴ. 우리 어ᅀᅵ아ᄃᆞ리 외롭고 입게 ᄃᆞ외야   [석상 6:5]

1인칭 대명사의 가장 일반적인 형태는 '나'인데, '나'의 복수 형태가 '우리'이다. (ㄱ)의 '내'는 1인칭 대명사인 '나'에 주격 조사 '-ㅣ'가 결합된 형태이며, (ㄴ)의 '우리'는 '나'의 복수형이다.

둘째, '2인칭의 정칭(定稱) 대명사'는 화자가 청자를 발화 현장에서 직접 가리키는 대명사이다.

(13) ㄱ. 이제 너를 노하 보내면 내 모미 長者ㅣ 怒를 맛나리라   [월석 8:98]

ㄴ. 그딋 아바니미 잇ᄂᆞ닛가   [석상 6:14]

ㄷ. 너희 디마니 혼 이리 잇ᄂᆞ니 ᄲᆞᆯ리 나가라   [월석 2:6]

2인칭 대명사의 일반적인 형태는 (ㄱ)의 '너'이다. (ㄴ)의 '그듸/그딕/그디'는 지시 대명사인 '그'에 높임의 접미사인 '-듸/-딕/-디'가 붙어서 된 2인칭의 대명사로서, '너'를 예사로 높여서 이르는 말이다. (ㄷ)의 '너희'는 '너'에 복수 접미사 '-희'가 붙어서 된 말이다.

셋째, '3인칭의 정칭(定稱) 대명사'는 화자가 특정한 제삼자를 발화 현장에서 직접 가리키는 대명사이다.

(14) 우리 모다 진조를 겻고아 뎌옷 이긔면 (精舍를) 짓게 ᄒᆞ고   [석상 6:26]

3인칭 대명사는 '뎌(=저)'가 쓰이는데, '뎌'는 대부분 사물 지시의 대명사로 쓰이는 것이 일반적이고 (14)처럼 인칭 대명사로 쓰이는 예는 드물다.

〈미지칭의 인칭 대명사〉 '미지칭(未知稱)의 대명사'는 가리킴을 받는 사람의 이름이나 신분을 물을 때에 쓰는 대명사이다.

(15) ㄱ. 七代之王을 뉘 마マ리잇가   [용가 15장]

　　 ㄴ. 世間앳 이른 눌와 다못 議論ᄒᆞᄂᆞ뇨   [두언 21:23]

미지칭의 인칭 대명사는 누구인지 모르는 사람을 가리키는 대명사로서 '누(=누구)'의
형태로 실현되는 것이 일반적이다. (ㄱ)에서 '뉘'는 대명사인 '누'에 주격 조사 '-ㅣ'가
결합되었으며, (ㄹ)의 '눌'은 '누'가 부사격 조사인 '-와'의 앞에서 실현될 때에 나타나는
형태론적 변이 형태이다.

〈부정칭의 인칭 대명사〉 '부정칭(不定稱)의 대명사'는 어떤 사람을 특별히 정하지 않고
두루 가리키는 인칭 대명사이다.

(16) 아뫼어나 와 내 머릿바기며 … 도라 ᄒᆞ야도   [월석 1:13]

부정칭의 대명사는 '아모(=아무, 某)'로 나타나는데, 정해지지 않는 사람을 가리킬 때에
쓰는 대명사이다.

〈재귀칭의 인칭 대명사〉 '재귀칭(再歸稱)의 대명사'는 주어로 표현된 3인칭의 명사가 같
은 문장 속에 되풀이하여 쓰이는 과정에서 대명사로 바뀐 것이다.

(17) ㄱ. 어린 百姓이 … ᄆᆞᄎᆞᆷ내 제 ᄠᅳ들 시러 펴디 몯ᄒᆞᆯ 노미 하니라   [훈언 2]

　　 ㄴ. 淨班王이 깃그샤 부텻 소늘 손소 자ᄇᆞ샤 ᄌᆞ걋 가ᄉᆞ매 다히시고 [월석 10:9]

(ㄱ)에서 3인칭 주어인 '어린 百姓'은 동일한 문장 속에서 관형어(=어린 百姓의)로 되풀이
하여 쓰였는데, 이 과정에서 재귀 대명사인 '저'의 형태로 바뀌어서 실현되었다. (ㄴ)에
서는 주어인 '淨班王'이 동일한 문장에서 재귀 대명사인 'ᄌᆞ갸(=자기)'로 바뀌어서 실현
되었는데, 이때 'ᄌᆞ갸'는 '저'의 예사 높임말로 사용되었다. 이처럼 재귀칭의 인칭 대명사
는 문장에서 3인칭의 주어로 실현된 체언을 같은 문장 안에서 다른 문장 성분으로 대용
(代用)하는 대명사이다.

(나)-2. 지시 대명사

'지시 대명사(指示 代名詞)'는 사물이나 장소 등의 명사를 직접 가리키거나 대용하는
말인데, 이들 지시 대명사는 관형사와 명사의 합성으로 이루어진 것이 많다.

지시 대명사의 유형은 그 기능에 따라서 정칭, 미지칭, 부정칭의 대명사로 구분할 수
있는데, 이를 정리하면 다음의 〈표 2〉와 같다.

	정칭			미지칭	부정칭
	화자에 가까울 때	청자에 가까울 때	둘 다에 멀 때		
사물	이	그	뎌	어느/어ᄂᆞ; 므스/므슥/므슴, 므스것; 현마, 언마/언머; 엇뎨	아모것
처소	이어긔, 이에, 예	그어긔, 그에, 게	뎌어긔, 뎌에	어듸/어듸, 어드메	아모듸

〈표 2〉 지시 대명사의 종류

사물 대명사나 처소 대명사는 화자를 기준으로 해서 청자와의 심리적인 거리에 따라서 '이, 그, 뎌'로 다르게 표현한다. 곧 화자에 가까운 것은 '이(근칭, 近稱)'로, 청자에 가까운 것은 '그(중칭, 中稱)'로, 화자와 청자 둘 다에게 먼 것은 '뎌(원칭, 遠稱)'로 표현한다.

〈 **사물 지시 대명사** 〉 '사물 지시 대명사(事物 代名詞)'는 사물을 가리키거나 대용하는 지시 대명사인데, 그 종류로는 다음과 같은 것이 있다.

첫째, '정칭의 사물 지시 대명사'는 이미 정해진 사물을 가리키는 지시 대명사인데, 이러한 대명사로는 '이, 그, 뎌'가 있다.

(18) ㄱ. 내 이를 爲ᄒᆞ야 어엿비 너겨   [훈언 2]

ㄴ. 님금 말ᄊᆞ미 <u>그</u> 아니 올ᄒᆞ시니   [용가 39장]

ㄷ. 與는 <u>이</u>와 <u>뎌</u>와 ᄒᆞᄂᆞᆫ 겨체 ᄡᅳᄂᆞᆫ 字ㅣ라   [훈언 1]

'이, 그, 뎌'는 특정한 사물에 대하여 화자와 청자가 느끼는 심리적인 거리에 따라서 구분하여 사용한다. 곧 (ㄱ)과 (ㄷ)의 '이(=이것)'는 앞선 문맥의 내용을 근칭으로 가리키거나 대용하였고, (ㄴ)의 '그(=그것)'는 중칭으로, (ㄷ)의 '뎌(=저것)'는 원칭으로 대상을 가리키거나 대용하였다.

둘째, '미지칭의 사물 지시 대명사'는 어떠한 사물에 대하여 물을 때에 사용하는데, 이러한 대명사로는 '어느/어ᄂᆞ, 므스/므슥/므슴, 므스것, 현마/언마, 엇뎨'가 있다.

(19) ㄱ. 이 두 말을 <u>어늘</u> 從ᄒᆞ시려뇨   [월석 7:26]

ㄴ. 이 일후미 <u>므스고</u>   [능언 5:18]

ㄷ. 阿難이 묻ᄌᆞᄫᅩᄃᆡ 아홉 橫死ᄂᆞᆫ <u>므스기</u>잇고   [석상 9:35]

ㄹ. 부텻긔 받ᄌᆞᄫᅡ <u>므슴</u> 호려 ᄒᆞ시ᄂᆞ니   [월석 1:10]

ㅁ. 죵과 ᄆᆞᆯ와를 <u>현맨</u> 둘 알리오   [월천 기52]

ㅂ. <u>언맛</u> 福을 得ᄒᆞ리잇고   [월석 17:44]

ㅅ. 그 마리 <u>엇뎨</u>오   [법언 2:27]

(ㄱ)의 '어느(=어느 것)', (ㄴ)의 '므스(=무엇)', (ㄷ)의 '므슥(=무엇)', (ㄹ)의 '므슴(=무엇)', (ㅁ)의 '현마(=얼마)', (ㅂ)의 '언마(=얼마)', (ㅅ)의 '엇뎨(=어째서)' 등은 모두 화자가 어떠한 사물을 모를 때에 쓰는 미지칭의 사물 지시 대명사이다.

셋째, '부정칭의 사물 지시 대명사'는 어떠한 사물을 특별히 지정하지 않으면서 가리키는 지시 대명사인데, 이러한 대명사로는 '아모것'이 있다.

　(20) ᄒᆞ다가 빋낸 사ᄅᆞ미 <u>아모것</u>도 마가 줄 것 업거든　　　　　[번역박통사 상61]

'아모것(=아무것)'은 부정칭의 인칭 대명사인 '아모'에 의존 명사 '것'이 결합하여 된 합성 대명사인데, 어떠한 사물을 특별히 지정하지 않으면서 가리킨다.

〈 처소 지시 대명사 〉'처소 지시 대명사(處所 代名詞)'는 공간적인 위치를 가리키는 대명사인데, 그 종류로는 다음과 같은 것이 있다.

첫째, '정칭의 처소 지시 대명사'는 이미 정해진 장소를 가리키는 지시 대명사인데, 이러한 대명사로는 '이어긔, 이에, 예; 그어긔, 그에, 게; 뎡어긔, 뎌에' 등이 있다.

　(21) ㄱ. 이 經 디닐 싸ᄅᆞ미 <u>이어긔</u> 이셔도 다 能히 글히며　　　　[석상 19:17]
　　　ㄴ. <u>이에</u> 여희여 <u>뎌에</u> 날 씨라　　　　　　　　　　　　　　[능언 4:28]
　　　ㄷ. 이 經 디닗 사ᄅᆞ미 비록 <u>예</u> 이셔도　　　　　　　　　　　[석상 19:18]
　　　ㄹ. <u>그어긔</u> 쇠 하아 쇼로 쳔량 사마 흥졍ᄒᆞᄂᆞ니라　　　　　[월석 1:24]
　　　ㅁ. 싸히 훤ᄒᆞ고 됴ᄒᆞᆫ 고지 하거늘 <u>그에</u>셔 사니　　　　　　[월석 2:6~7]
　　　ㅂ. 此ᄩᅥ樹國은 擧動이 妄量ᄃᆞ빙오 셩시기 麤率ᄒᆞ니　　　　[월석 2:11]
　　　　　<u>게</u> 가 몯 나시리라
　　　ㅅ. 가며 머므럿ᄂᆞᆫ <u>뎡어긔</u>와 <u>이어긔</u> 消息이 업도다　　　　[두언 11:16]
　　　ㅇ. 뎌 如來ㅅ 일후믈 잠깐 싱각ᄒᆞ면 즉자히 <u>뎌에</u>셔 업서　　[석상 9:12]
　　　　　도로 人間애 나아

(ㄱ)의 '이어긔'와 (ㄴ)의 '이에'와 (ㄷ)의 '예'는 화자에게 가까운 장소(=여기)를, (ㄹ)의 '그어긔'와 (ㅁ)의 '그에', (ㅂ)의 '게'는 청자에게 가까운 장소(=거기)를 가리킨다. 그리고 (ㅅ)의 '뎡어긔'와 (ㅇ)의 '뎌에'는 화자와 청자 모두에게 먼 장소(=거기)를 가리킨다.

둘째, '미지칭의 처소 지시 대명사'는 어떤 장소를 물을 때에 쓰는 지시 대명사인데, 이러한 대명사로는 '어듸/어ᄃᆡ, 어드메'가 있다.

(22) ㄱ. <u>어듸</u> 머러 威不及ㅎ리잇고   [용가 47장]

　　ㄴ. 齊州ᄂᆞᆫ <u>어드메</u> 잇ᄂᆞ니오   [두언 8:37]

(ㄱ)의 '어듸(=어디)'와 (ㄴ)의 '어드메(=어디쯤, 어디께)'는 모두 화자가 특정한 장소를
몰라서 묻는 지시 대명사이다.

　셋째, 부정칭의 처소 지시 대명사는 어떠한 장소를 가리지 않음을 나타내는 대명사인
데, 이러한 대명사로는 '아모듸'가 있다.

(23) 王ㅅ ᄆᆞᅀᆞ매 <u>아모듸</u>나 가고져 ᄒᆞ시면   [월석 1:26]

'아모듸(=아무데)'는 인칭 대명사인 '아모(=아무, 某)'와 의존 명사인 '듸(=데)'가 결합하
여 이루어진 합성 대명사이다. 이들 대명사는 어떠한 장소를 가리지 않음을 나타내는
지시 대명사이다.

2.1.2.3. 수사

(가) 수사의 개념
　'수사(數詞, numeral)'는 사람이나 사물의 수량이나 차례를 나타내는 체언이다.

(24) ㄱ. ᄒᆞ나ㅎ, 둘ㅎ, 세ㅎ, 네ㅎ, 다ᄉᆞᆺ, …, 몇, 여러ㅎ

　　ㄴ. ᄒᆞ나차히, 둘차히, 세차히, 네차히, 다ᄉᆞᆺ차히, …

(ㄱ)의 'ᄒᆞ나ㅎ, 둘ㅎ, 세ㅎ' 등은 사람이나 사물의 수량을 나타내며, (ㄴ)의 'ᄒᆞ나차히,
둘차히, 세차히' 등은 순서를 나타낸다.

(나) 수사의 유형
　수사는 사물의 수량을 나타내느냐 순서를 나타내느냐에 따라서, '양수사'와 '서수사'
로 구분된다.
　〈양수사〉 '양수사(量數詞, 基數詞)'는 어떠한 대상의 수량을 가리키는 수사인데, 이는
순우리말로 된 것과 한자말로 된 것이 있다.

(25) ㄱ. ᄒᆞ나ᄒᆞ, 둘ᄒᆞ, 세ᄒᆞ, 네ᄒᆞ, 다ᄉᆞᆺ, 여슷, 닐굽, 여듧, 아홉, 열ᄒᆞ, 스믈ᄒᆞ, 셜흔, 마ᅀᆞᆫ,
　　　쉰, 여쉰, 닐흔, 여든, 아흔, 온, 즈믄, …, 몇, 여러ᄒᆞ

　　ㄴ. 一, 二, 三, 四, 五, 六 …, 百, 千, 萬, 億, …

(ㄱ)은 순우리말로 된 양수사인데, 주로 작은 수를 나타낼 때에 쓰인다. 순우리말로 된
양수사 중에서 '몇'은 어떤 대상의 수량을 모를 때에 쓰는 미지칭의 양수사이다. (ㄴ)은
한자말로 된 양수사인데, 순우리말의 수사와는 달리 '百, 千, 萬, 億' 등 아주 큰 수를
나타낼 때에도 쓰일 수 있다.

〈 서수사 〉 대상의 순서를 가리키는 수사를 '서수사(序數詞)'라고 하는데, '서수사'도 순
우리말로 이루어진 것과 한자어로 이루어진 것이 있다.

(26) ᄒᆞ나차히, 둘차히/둘차/둘짜/둘채, 세차히/세차, 네차히/네차, 다ᄉᆞᆺ차히, 여슷차히/여슷
　　　차, 닐굽차히/닐굽차, 여듧차히/여듧차, 아홉차히/아홉차, 열차히, 열ᄒᆞ나차히, 열둘차
　　　히, …, 스믈차히, 스물ᄒᆞ나차히, …, 셜흔차히, …, 쉰차히, …, 여쉰차히, …, 닐흔차히,
　　　…, 여든차히, …

(27) 第一, 第二, 第三, 第四, …

순우리말로 된 서수사는 (26)처럼 양수사에 현대어의 '–째'에 해당하는 '–차히/–자히'나
'–차/–채/–재/–짜' 등의 접미사가 붙어서 이루어진 파생어이다. 그리고 (27)의 한자말로
된 서수사는 '一, 二, 三, 四' 등의 양수사에 순서를 나타내는 접두사 '第–'가 붙어서 이루
어진 파생어이다.

2.1.2.4. 복수 표현

　체언이 지시하는 대상의 수효가 하나인 것을 '단수(單數)'라고 하고, 체언이 지시하는
대상의 수효가 둘 이상인 것을 '복수(複數)'라고 한다.

(28) ㄱ. 사ᄅᆞᆷ, 아히, 鬼神; 어마님, 그듸; 나, 너, 저
　　ㄴ. 사ᄅᆞᆷ<u>ᄃᆞᆶ</u>, 아히<u>ᄃᆞᆶ</u>, 鬼神<u>ᄃᆞᆶ</u>; 어마님<u>내</u>, 그듸<u>내</u> : 우리(ᄃᆞᆶ), 너희(ᄃᆞᆶ), 저희(ᄃᆞᆶ)

(ㄱ)의 예는 단수 표현인 데에 반하여 (ㄴ)의 예는 대상의 수효가 둘 이상임을 나타내는

복수 표현이다. 15세기 국어에서는 명사의 복수 표현과 대명사의 복수 표현이 형태가 각각 다르게 실현된다.

〈 명사의 복수 표현 〉 명사의 복수 표현은 명사에 접미사인 '-ᄃᆞᆯㅎ'과 '-내'를 붙여서 표현한다.

（29) ㄱ. 이 사ᄅᆞᆷᄃᆞᆯ히 다 神足이 自在ᄒᆞ야   [석상 6:18]
　　　ㄴ. 즉자히 나랏 어비ᄆᆞᆮ내ᄅᆞᆯ 모도아 니ᄅᆞ샤ᄃᆡ   [석상 6:9]

（ㄱ)에서는 체언인 '사ᄅᆞᆷ'에 접미사 '-ᄃᆞᆯㅎ'을 붙여서 복수를 표현하고 있다. 그리고 (ㄴ)에서는 체언인 '어비ᄆᆞᆮ'에 접미사 '-내'를 붙여서 복수를 표현하고 있는데, '-내'는 '-ᄃᆞᆯㅎ'과는 달리 높임의 대상이 되는 체언에만 붙는다.

〈 대명사의 복수 표현 〉 대명사의 복수는 복수 대명사인 '우리'로 표현하거나, '너'와 '저'에 복수 접미사인 '-희, -ᄃᆞᆯㅎ'이나 '-내'를 붙여서 표현한다.

첫째, 복수 대명사인 '우리'로써 어휘적으로 복수를 표현하거나, 대명사에 복수 접미사인 '-ᄃᆞᆯㅎ, -희'를 붙여서 복수를 표현할 수 있다.

（30) ㄱ. 우리 어ᄉᆡ아ᄃᆞ리 외롭고 입게 ᄃᆞ외야   [석상 6:5]
　　　ㄴ. 우리ᄃᆞᆯ히 다 ᄒᆞᆫ ᄆᆞᅀᆞᄆᆞ로 죽ᄃᆞ록 三寶애 歸依ᄒᆞᅀᆞᄫᅡ   [월석 9:61]

（31) ㄱ. 舍利佛아 너희 부텻 마ᄅᆞᆯ 고디드르라   [석상 13:47]
　　　ㄴ. 너희ᄃᆞᆯ히 ᄒᆞᆫ ᄆᆞᅀᆞᄆᆞ로 信解ᄒᆞ야 부텻 마ᄅᆞᆯ 바다 디니라 [석상 13:62]

（32) 그 ᄢᅴ 五百 太子ㅣ 漸漸 ᄌᆞ라니 … 이웃 나라히 背叛ᄒᆞ거든   [석상 11:35]
　　　저희 가 티고

(30)에서는 1인칭 대명사의 복수 표현이 쓰였는데, (ㄱ)에서는 복수 형태로서 대명사인 '우리'가 쓰였으며, (ㄴ)에서는 '우리'에 다시 복수 접미사인 '-ᄃᆞᆯㅎ'이 붙어서 된 '우리ᄃᆞᆯㅎ'이 쓰였다. (31)에서는 2인칭 대명사의 복수 표현이 쓰였다. 곧, (ㄱ)에서는 2인칭 대명사인 '너'에 복수 접미사 '-희'가 붙었으며, (ㄴ)에서는 대명사인 '너'에 복수 접미사 '-희'가 붙은 다음에 또다시 복수 접미사 '-ᄃᆞᆯㅎ'이 실현되었다. (32)에서는 3인칭 대명사인 '저'에 복수 접미사인 '-희'가 붙어서 복수 표현을 나타내었다.

둘째, 체언에 높임의 뜻을 나타내는 복수 접미사인 '-내'를 붙여서 복수를 표현할 수도 있다.

(33) ㄱ. 네 아ᄃ리 各各 어마님내 뫼ᅌᅵᆸ고 [월석 2:6]

　　 ㄴ. 自中은 ᄌᆞ걋냇 中이라 [월석 1:40]

　　 ㄷ. 그ᄃᆡ내 各各 ᄒᆞᆫ 아ᄃ올ᄋᆞᆷ 내야 내 孫子 조차 가게 ᄒᆞ라 [석상 6:9]

(ㄱ)에서는 명사인 '어마님'에 복수 접미사인 '-내'가 붙어서, (ㄴ)과 (ㄷ)에서는 대명사인 '자걔'와 '그ᄃᆡ'에 각각 '-내'가 붙어서 복수를 표현하고 있다.

2.1.3. 관계언

〈 조사의 개념 〉 '조사(助詞)'는 주로 체언에 결합하여, 그 체언이 문장 속의 다른 단어와 맺는 문법적 관계를 나타내거나, 특별한 뜻을 더해 주는 단어이다. 조사는 일반적인 단어와는 달리 자립성이 없어서 반드시 체언이나 부사, 용언의 연결형과 같은 다른 말에 붙어서 쓰인다. 그리고 조사는 실질적인 의미를 나타내지 못하며 문법적인 의미나 기능을 나타낸다.

(1) ㄱ. 衆生의 거즛 일로 沙門이 ᄃᆞ외야 [월석 21:40]

　　 ㄴ. 입시울와 혀와 엄과 니왜 다 됴ᄒᆞ며 [석상 19:7]

　　 ㄷ. 어미도 아ᄃᆞᆯ를 모ᄅᆞ며 아ᄃᆞᆯ도 어미를 모ᄅᆞ리니 [석상 6:3]

(ㄱ)에서 '-이, -로, -이' 등은 앞 체언에 붙어서 그 체언이 주어, 부사어, 보어로 쓰임을 나타낸다. (ㄴ)에서 '-와'는 앞 체언과 뒤 체언을 이어서 하나의 명사구로 기능하게 한다. (ㄷ)에서 '-도'는 앞 체언에 '마찬가지(同一)'라는 뜻을 더해 준다. 조사는 기능에 따라서 '격조사, 접속 조사, 보조사'로 나뉜다. (ㄱ)의 '-이, -로, -이'는 격조사, (ㄴ)의 '-와'는 접속 조사, (ㄷ)의 '-도'는 보조사이다.

2.1.3.1. 격조사

'격조사(格助詞)'는 그 앞에 오는 말이 문장 안에서 특정한 문장 성분으로서의 쓰이는 것을 나타내는 조사이다. 격조사에는 '주격 조사, 서술격 조사, 목적격 조사, 보격 조사, 관형격 조사, 부사격 조사, 호격 조사' 등이 있다.

〈주격 조사〉 '주격 조사(主格助詞)'는 그 앞말이 문장에서 주어로 쓰임을 나타내는 조사이다. 주격 조사는 앞 체언의 끝소리에 따라서 {-이 / -ㅣ / -∅ }의 변이 형태로 실현된다.

(2) ㄱ. 부텻 모미 여러 가짓 相이 フ즈샤   [석상 6:41]
    ㄴ. 내 가리이다   [용가 94장]
    ㄷ. 變化ㅣ 無窮ᄒ실ᄊᆡ   [용가 60장]
    ㄹ. 녯 가히 내 도라오ᄆᆯ 깃거   [두언 6:39]

(ㄱ)의 '몸'처럼 자음으로 끝나는 체언 다음에는 주격 조사가 '-이'의 형태로 실현된다. 반면에 (ㄴ)의 '나'와 (ㄷ)의 '變化'처럼 /ㅣ/나 반모음인 /j/를 제외한 모음으로 끝나는 체언 다음에는 주격 조사가 반모음인 '-ㅣ'의 형태로 실현된다. 끝으로 (ㄹ)의 '가히'와 같이 /ㅣ/나 반모음 /j/로 끝나는 체언 다음에는 주격 조사의 형태가 드러나지 않는다.[4]
　〈서술격 조사〉 '서술격 조사(敍述格助詞)'는 그 앞말이 문장에서 서술어로 쓰임을 나타내는 조사로서, 주어의 내용을 지정(指定)하면서 풀이한다. 서술격 조사는 앞 체언의 끝소리에 따라서 {-이라 / -ㅣ라 / -∅라}의 변이 형태로 실현된다.

(3) ㄱ. 國은 나라히라   [훈언 1]
    ㄴ. 形은 양ᄌᆡ라   [월석 8:21]
    ㄷ. 頭는 머리라   [훈언 14]

서술격 조사 '-이다'의 어간은 (ㄱ)의 '나라ㅎ'처럼 자음으로 끝나는 체언 뒤에서는 '-이-'의 형태로 실현된다. 반면에 (ㄴ)의 '양ᄌᆞ'처럼 /ㅣ/나 반모음 /j/를 제외한 일반적인 모음으로 끝나는 체언 뒤에서는 '-ㅣ'의 형태로 실현되며, (ㄷ)의 '머리'처럼 /ㅣ/나 반모음 /j/로 끝나는 체언 뒤에서는 서술격 조사의 형태가 드러나지 않는다.
　〈목적격 조사〉 '목적격 조사(目的格助詞)'는 그 앞말이 문장에서 목적어로 쓰임을 나타내는 조사이다. 목적격 조사는 앞 체언의 끝소리에 따라서 {-ᄅᆞᆯ / -를 / -ᄋᆞᆯ / -을 / -ㄹ }의 변이 형태로 실현된다.

(4) ㄱ. 太子ᄅᆞᆯ 하ᄂᆞᆯ히 ᄀᆞᆯᄒᆡ샤   [용가 8장]
    ㄴ. 長壽를 求ᄒ면 長壽를 得ᄒ고   [석상 9:23]

_____

4) (2ㄹ)처럼 주격 조사가 형태 없이 실현되는 것은 주격 조사의 '무형의 변이 형태'로 처리한다.

(5) ㄱ. 麗運이 衰ᄒᆞ거든 나라ᄒᆞᆯ 맛ᄃᆞ시릴ᄊᆡ　　　　　　　[용가 6장]

ㄴ. 耶輸는…法을 모ᄅᆞᆯᄊᆡ　　　　　　　　　　　　　　[석상 6:6]

(6) ᄇᆞ야미 가칠 므러 즘겟가재 연ᄌᆞ니　　　　　　　　　[용가 7장]

목적격 조사는 (4ㄱ)의 '太子'처럼 양성 모음으로 끝나는 체언 다음에서는 '-ᄅᆞᆯ'로 실현
되며, (4ㄴ)의 '長壽'처럼 음성 모음으로 끝나는 체언 다음에서는 '-를'로 실현된다. 다만,
중성 모음인 / ㅣ/ 뒤에서는 '-ᄅᆞᆯ'과 '-를'이 모두 쓰일 수 있다. 그리고 (5ㄱ)의 '나라ᄒᆞ'처
럼 끝음절의 모음이 양성이면서 자음으로 끝나는 체언 다음에는 목적격 조사가 '-ᄋᆞᆯ'로
실현되며, (5ㄴ)의 '法'처럼 끝음절의 모음이 음성이면서 자음으로 끝나는 체언 다음에는
'-을'로 실현된다. 끝으로 (6)의 '가치'처럼 모음으로 끝난 체언 다음에는 '-ᄅᆞᆯ, -를' 대신
에 준말인 '-ㄹ'이 쓰이기도 한다.

〈보격 조사〉 보어는 서술어로 쓰이는 'ᄃᆞ빅다/ᄃᆞ외다'나 '아니다'가 주어 이외에 반드
시 필요로 하는 문장 성분이다. '보격 조사(補格助詞)'는 그 앞말이 문장에서 보어로 쓰임
을 나타내는 조사로서, {-이/ -ㅣ/ -∅}의 변이 형태로 실현된다.

(7) ㄱ. 色界 諸天도 ᄂᆞ려 仙人이 ᄃᆞ외더라　　　　　　　[월석 2:24]

ㄴ. 山익 草木이 軍馬ㅣ ᄃᆞ빅니이다　　　　　　　　　[용가 98장]

ㄷ. 四衆의 힝뎌기 ᄒᆞᆫ 가지 아니어늘　　　　　　　　[월석 17:83]

(ㄱ)과 (ㄴ)에서 서술어 'ᄃᆞ외더라'와 'ᄃᆞ빅니이다'는 주어인 '色界 諸天도'과 '山익 草木
이' 이외에도 '仙人이'와 '軍馬ㅣ'를 필수적으로 요구한다. 그리고 (ㄷ)에서 '아니어늘'은
주어인 '四衆의 힝뎌기'뿐만 아니라 'ᄒᆞᆫ 가지'를 필수적으로 요구한다. 이처럼 'ᄃᆞ빅다/
ᄃᆞ외다' 혹은 '아니다'가 주어 외에 필수적으로 요구하는 성분을 보어라고 하고, 체언에
보어의 자격을 부여하는 {-이/ -ㅣ/ -∅}를 보격 조사라고 한다. 보격 조사의 변이 형
태는 주격 조사와 동일하게 실현된다.

〈관형격 조사〉 '관형격 조사(冠形格助詞)'는 그 앞말이 문장에서 관형어로 쓰임을 나타
내는 조사인데, {-익/ -의, -ㅣ; -ㅅ}의 변이 형태로 실현된다.

첫째, '-익/-의'는 주로 자음으로 끝나는 유정 체언 뒤에 실현되며, '-ㅣ'는 / ㅣ/를
제외한 일반적인 모음으로 끝나는 체언 뒤에 실현된다.

먼저, 자음으로 끝나는 유정 체언의 뒤에는 관형격 조사로서 '-익, -의'가 쓰인다.

(8) ㄱ. 네 性이 … 죵이 서리예 淸淨ᄒ도다   [두언 25:7]

    ㄴ. 徐卿의 두 아ᄃ리 나   [두언 8:24]

    ㄷ. 할믜 ᄆᅀᆞᄆᆞᆯ 오히려 웃ᄂ다   [영남 상8]

(ㄱ)처럼 끝음절이 양성 모음인 체언 뒤에서는 '-ᄋᆡ'로, (ㄴ)처럼 끝음절이 음성 모음인 체언 뒤에는 '-의'로 실현된다. 만일 (ㄷ)의 '할미'처럼 /ㅣ/로 끝나는 유정 체언의 뒤에 관형격 조사가 실현되면, 체언의 끝소리 /ㅣ/가 탈락하여 '할ᄆ'로 된 다음에 관형격 조사 '-ᄋᆡ'가 붙었다.

반면에 앞 체언의 끝소리가 /ㅣ/를 제외한 모음일 때는, '-ㅣ'가 관형격 조사로 쓰였다.

(9) ㄱ. 長者ㅣ 지븨 세 分이 나ᅀᅡ가샤   [월석 8:81]

    ㄴ. 내 님금 그리샤   [용가 50장]

(9)에서는 모음으로 끝나는 체언인 '長者, 나'에 관형격 조사 '-ㅣ'가 붙어서 '長者ㅣ, 내'의 형태로 관형어로 쓰였다.5)

둘째, 관형격 조사로 '-ㅅ'이 쓰이기도 한다. 관형격 조사 '-ㅅ'은 그 앞의 체언이 무정 명사이거나 높임의 대상인 유정 명사일 때에 쓰이는데, 대체로 앞 체언의 끝소리가 유성음일 때에 실현되는 특징이 있다.

(10) ㄱ. 나랏 말ᄊᆞ미 中國에 달아   [훈언 1]

    ㄴ. 부텻 모미 여러 가짓 相이 ᄀᆞᄌᆞ샤   [석상 6:41]

관형격 조사 '-ㅅ'은 (ㄱ)의 '나라'와 (ㄴ)의 '가지'와 같은 무정 명사나, (ㄴ)의 '부텨'처럼 유정 명사 중에서 높임의 대상으로 쓰인 명사 뒤에만 쓰이는 특징이 있다.

〈 부사격 조사 〉 '부사격 조사(副詞格助詞)'는 그 앞말이 문장에서 부사어로 쓰임을 나타내는 조사이다. 부사격 조사는 종류가 대단히 많으며, 특정한 부사가 다양한 의미를 나타낼 수도 있다.

ⓐ { -애/ -에/ -예 } '-애/-에/-예'는 문맥에 따라서 '위치(장소, 시간), 원인, 비교' 등 다양한 뜻을 나타낸다. '-애'는 앞선 체언의 끝음절이 양성 모음일 때에, '-에'는 음성

---

5) '-ㅣ'는 앞 체언이 모음으로 끝날 때에 실현되므로, '-ᄋᆡ/-의/-ㅣ'는 음운론적 변이 형태로 처리된다. 곧, '-ㅣ'은 '-ᄋᆡ/-의'에서 /ㆍ/나 /ㅡ/가 탈락된 형태로 처리할 수 있다.

모음일 때에, '-예'는 / ㅣ /나 반모음 /j/일 때에 실현된다.

(11) ㄱ. 世尊이 象頭山애 가샤   [석상 6:1]

　　　東녀그로 萬里예 녀 가   [두언 7:2]

　　ㄴ. 첫나래 讒訴를 드러   [용가 12장]

　　ㄷ. 불휘 기픈 남ᄀᆞᆫ ᄇᆞᄅᆞ매 아니 뮐씨   [용가 2장]

　　ㄹ. 나랏 말ᄊᆞ미 中國에 달아   [훈언 2]

'-애/-에/-예'는 (ㄱ)에서는 '공간적인 위치'의 뜻을 나타내고, (ㄴ)에서는 '시간적인 위
치'의 뜻을 나타낸다. 그리고 (ㄷ)에서는 '원인'을 나타내며, (ㄹ)에서는 '비교'의 뜻을
나타낸다. 그리고 '象頭山, 첫날, ᄇᆞ름'처럼 끝음절에 양성 모음이 실현된 체언 다음에는
'-애'가 쓰였으며, '中國'처럼 끝음절에 음성 모음이 실현된 체언 다음에는 '-에'가 쓰였
으며, '萬里'처럼 / ㅣ /로 끝난 체언 다음에는 '-예'가 쓰였다.

　　ⓑ { -ᄋᆡ/-의 } '-ᄋᆡ/-의'는 공간이나 시간적인 '위치'의 뜻을 나타낸다. '-ᄋᆡ'는 앞선
체언의 끝음절이 양성 모음일 때에 실현되고, '-의'는 음성 모음일 때에 실현된다.

(12) ㄱ. (小瞿曇이) 남ᄀᆡ ᄲᅦ여 性命을 ᄆᆞᄎᆞ시니   [월천 기4]

　　ㄴ. ᄇᆡ 달홀 사ᄅᆞ미 처서믜 ᄒᆞᆫ 번 ᄇᆞ리니   [두언 15:3]

(ㄱ)에서 끝음절에 양성 모음이 실현된 체언 '낡'에는 '-ᄋᆡ'가 쓰였으며, (ㄴ)에서 끝음절
이 음성 모음인 실현된 체언 '처섬'에는 '-의'가 쓰였다.

　　그런데 '-애/-에/-예'와 '-ᄋᆡ/-의'에 보조사 '-셔'가 결합해서, 각각 '-애셔/-에셔/-
예셔'와 '-ᄋᆡ셔/-의셔'의 형태로 실현되어서 '위치나 출발점'의 뜻을 나타내는 경우가
있다.

(13) ㄱ. 일후미 救脫이라 ᄒᆞ샤리 座애셔 니르샤   [월석 9:29]

　　ㄴ. 살 든 굼긔셔 ᄉᆡ미 나아 우므리 ᄃᆞ외니   [석상 3:14]

(ㄱ)에서는 '座'처럼 끝음절이 양성 모음으로 실현된 체언에 '-애셔'가 쓰였으며, (ㄴ)에
서는 '굼'처럼 끝음절이 음성 모음으로 실현된 체언에 '-의셔'가 실현되었다.

　　ⓒ { -라셔 } '-라셔'는 원래 '출발점'을 나타내는 부사격 조사인데, 주로 유정 명사의
뒤에 붙어서 주격 조사처럼 쓰일 수 있다.

(14) ㄱ. 하ᄂᆞᆯ해셔 飮食이 自然히 오나ᄃᆞᆫ 婦人이 좌시고　　　　　[월석 2:25]

　　　　 아모 ᄃᆡ라셔 온 동 모ᄅᆞ더시니

　　　ㄴ. 有蘇氏라셔 妲己로 紂의 게 드려늘　　　　　　　　　　　 [내훈 서3]

(ㄱ)에서 '-라셔'는 장소를 나타내는 의존 명사인 'ᄃᆡ'에 붙어서 출발점을 나타내었다. 반면에 (ㄴ)에서는 '-라셔'가 유정 명사인 '有蘇氏'에 붙어서 주격 조사처럼 전용되어 쓰였는데, 이때의 '-라셔'에는 아직 '출발점'을 나타내는 뜻이 남아 있으므로 부사격 조사로 처리한다(허웅, 1975: 347).

　　ⓓ { -ᄃᆞ려, -ᄭᅴ } '-ᄃᆞ려, -ᄭᅴ'는 '상대'의 뜻을 나타내는데, 일반적인 유정의 체언에는 '-ᄃᆞ려'가 쓰이고 높임의 대상이 되는 유정 체언에는 '-ᄭᅴ'가 쓰인다.

(15) ㄱ. 世尊이 ᄯᅩ 文殊師利ᄃᆞ려 니ᄅᆞ샤ᄃᆡ　　　　　　　　　 [석상 9:11]

　　　ㄴ. 阿難과 모ᄃᆞᆫ 大衆이 … 부텨ᄭᅴ 禮數ᄒᆞᅀᆞ와　　　　　 [능언 2:1]

(ㄱ)에서는 유정 체언인 '文殊師利'에 '-ᄃᆞ려(=-에게)'를 실현하여 행위의 상대를 나타내었다. 이때 '文殊師利'는 주체로 쓰이는 '世尊'에 비해서 존귀하지 않으므로 상대를 나타내는 부사격 조사로서 '-ᄃᆞ려'가 쓰였다. 반면에 (ㄴ)의 '부텨'는 주어인 '阿難'과 '모ᄃᆞᆫ 大衆'에 비해서 존귀한 대상이므로 부사격 조사로서 '-ᄭᅴ'가 실현되었다.

　　ⓔ { -ᄋᆞ로/ -으로/ -로 } '-ᄋᆞ로/-으로/-로'는 '방향' 또는 '변성(變成)'을 나타낸다. '-ᄋᆞ로'와 '-으로'는 /ㄹ/ 이외의 자음으로 끝나는 체언 다음에 실현되고, '-로'는 모음이나 /ㄹ/로 끝나는 체언 다음에 실현된다.

(16) ㄱ. 須達이 … 제 나라ㅎ로 갈 쩌긔 부텨ᄭᅴ 와 ᄉᆞᆯ보ᄃᆡ　　 [석상 6:22]

　　　ㄴ. 하ᄂᆞᆯ로셔 셜흔 두 가짓 祥瑞 ᄂᆞ리며　　　　　　　　 [석상 6:17]

　　　ㄷ. 實로 히로 變ᄒᆞ며 … ᄯᅩ 兼ᄒᆞ야 돌로 化ᄒᆞ며 …　　　 [능언 2:7]

(ㄱ)에는 끝음절이 자음으로 끝나면서 양성 모음이 실현된 체언인 '나라ㅎ'에 '-ᄋᆞ로'가 쓰였는데, 이때에는 '-ᄋᆞ로'는 '방향'의 뜻을 나타내었다. (ㄴ)에는 체언인 '하ᄂᆞᆯ'에 부사격 조사인 '-로'와 보조사인 '-셔'가 쓰였는데, 이때에 '-로셔'는 '출발점으로서의 방향'의 뜻을 나타내었다. (ㄷ)에서는 모음으로 끝난 체언인 '히'와, /ㄹ/로 끝나는 체언인 '돌'에 부사격 조사인 '-로'가 실현되어서 '변성'의 뜻을 나타내었다.

　　ⓕ { -ᄋᆞ로/ -으로/ -로/ -ᄋᆞ록/ -으록 } '-ᄋᆞ로/-으로/-로/-ᄋᆞ록/-으록'은 '재료, 수단,

원인' 등의 여러 가지 뜻으로 쓰일 수 있다. 매개 모음을 실현하고 있는 '-으로/-으로'는 /ㄹ/ 이외의 자음으로 끝나는 체언 다음에 실현되고, '-로'는 모음이나 /ㄹ/로 끝나는 체언 다음에 실현된다.

(17) ㄱ. 그의 能히 マ는 돌ㅎ로 거를 밍マᄂ니   [두언 7:17]

     ㄴ. 이 迷人아 오늘록 後에 이 길흘 넓디 말라   [월석 21:119]

(ㄱ)에는 자음으로 끝나는 체언인 '돌ㅎ'에 부사격 조사 '-으로'가 쓰여서 '수단'이나 '재료'의 뜻을 나타내었다. (ㄴ)에는 체언인 '오늘'의 뒤에 부사격 조사 '-록'이 붙었는데, 이때의 '-록'은 '-로'의 강세형이다.

   ⑨ { -과/ -와, -과로/ -와로 } '-과/-와, -과로/-와로'는 '공동' 혹은 '비교'의 뜻을 나타낸다. /ㄹ/을 제외한 자음으로 끝나는 체언 뒤에서는 '-과'나 '-과로'로 실현되고, 모음이나 /ㄹ/로 끝나는 체언 다음에서는 '-와'나 '-와로'로 실현된다.

(18) ㄱ. 이 모든 法 드른 사르미 … 샹녜 스승과 흔딕 나ᄂ니   [법언 3:191]

     ㄴ. 곳다오ᄆ 歲時와로 다ᄋ 놋다   [두언 16:74]

(19) ㄱ. 길 넗 사름과 マ티 너기시니   [석상 6:5]

     ㄴ. 文字와로 서르 스뭇디 아니홀씨   [훈언 1]

(18)에서 (ㄱ)의 '스승과'는 자음으로 끝나는 체언인 '스승'에 부사격 조사 '-과'가 실현되어서, (ㄴ)의 '歲時와로'에서는 모음으로 끝나는 체언인 歲時'에 부사격 조사 '-와로'가 실현되어서 '공동'의 뜻을 나타내었다. 그리고 (19)에서 (ㄱ)의 '사름과'는 '사름'에 '-과'가 쓰여서, (ㄴ)의 '文字와로'는 文字'에 '-와로'가 쓰여서 '비교'의 뜻을 나타내었다.

   ⓗ { -이/ -ㅣ /-∅, -두고, -라와, -으론/ -으론 } '-이/-ㅣ/-∅, -두고, -라와, -으론/-으론'은 앞의 체언에 붙어서 '비교'의 뜻을 나타낸다.

(20) ㄱ. 드리 즈믄 マ른매 비취요미 근흐니라   [월석 1:1]

     ㄴ. 비치 히오 븕구미 뭀 頭腦ㅣ マ트니라   [월석 1:23]

     ㄷ. 香이 須彌山 근고 고지 술위삐 근다 혼 말도 잇ᄂ니   [월석 1:37]

(21) ㄱ. 光明이 히둘두고 더으니   [월석 1:26]

     ㄴ. 貪慾앳 브리 이 블라와 더으니라   [월석 10:14]

ㄷ. 오히려 各別히 *勞心호ᄆ론* 더으니라   [금삼 4:30]

(20)에서 (ㄱ)의 '비취요미'는 각각 동사의 명사형인 '비취욤'에 부사격 조사 '-이'가 실현
되어서, (ㄴ)의 '頭腦ㅣ'는 체언인 '頭腦'에 '-ㅣ'가 실현되어서 '동등 비교'의 뜻을 나타내
었다. 그리고 (ㄷ)의 '술위띠'는 무형의 변이 형태인 '-∅'로써 '동등 비교'의 뜻을 나타내
었다. '비교'를 나타내는 '-이/-ㅣ/-∅'는 문장의 서술어가 'ᄀᆞᆮ다/ᄀᆞᆮᄒᆞ다'나 'ᄒᆞᆫ가지라'일
때에만 실현되는 특징이 있다. 그리고 (21)에서 (ㄱ)의 '히ᄃᆞᆯ두고', (ㄴ)의 '블라와', (ㄷ)의
'*勞心호ᄆ론*'은 각각 '히ᄃᆞᆯ, 블, *勞心홈*'에 부사격 조사인 '-두고, -라와, -ᄋᆞ론'이 실현되
어서 '차등 비교'의 뜻을 나타내었다.

〈**호격 조사**〉 '호격 조사(呼格助詞)'는 그 앞말이 문장에서 독립어로 쓰임을 나타내면서,
청자를 부르는 뜻(기능)을 더하는 조사이다. 호격 조사로 쓰이는 형태로는 '-아/-야, -이여
/-ㅣ여/-여/, -하' 등이 있는데, 이들은 높임의 등분에 따라서 달리 쓰인다.

첫째, '-아/-야'는 아주 낮춤의 등분(ᄒᆞ라체)으로 쓰이는데, 유정 명사 뒤에만 실현된
다. '-아'는 자음과 모음으로 끝나는 체언 뒤에 두루 실현되는 반면에, '-야'는 모음으로
끝나는 체언에만 실현된다.

(22) ㄱ. 彌勒아 아라라   [석상 13:26]
ㄴ. 阿逸多아 그…功德을 내 닐오리니   [석상 19:2]
ㄷ. 長者야 네 이제 未來 現在 一切 衆生 爲ᄒᆞ야   [월석 21:107]

'-아'는 (ㄱ)의 '彌勒'처럼 자음으로 끝나는 체언이나 (ㄴ)의 '阿逸多'처럼 모음으로 끝나
는 체언의 뒤에 두루 쓰인다. 이에 반하여 (ㄷ)의 '-야'는 '長者'처럼 모음으로 끝나는
체언 뒤에만 쓰인다.

둘째, '-이여/-ㅣ여/-여'는 예사 높임의 등분(ᄒᆞ야쎠체)으로 쓰이는데, 이들은 유정 명
사나 무정 명사에 두루 쓰인다. 이들은 '부름'의 기능 이외에도 '영탄적 높임'의 뜻를
나타내는 것이 특징이다.

(23) ㄱ. 어딜쎠 觀世音이여   [능언 6:65]
ㄴ. 우는 聖女ㅣ여 슬허 말라   [월석 23:82]
ㄷ. 막대여 막대여 네의 나미 甚히 正直ᄒᆞ니   [두언 16:58]

'-이여/-ㅣ여/-여'는 예사 높임의 등분으로 청자를 부를 때 쓰인다. 먼저 (ㄱ)에서는 자

음으로 끝난 유정 명사 뒤에 '-이여'가 쓰였으며, (ㄴ)에서는 모음으로 끝나는 유정 명사 뒤에 '-ㅣ여'가 쓰였다. 끝으로 (ㄷ)처럼 /ㅣ/나 /j/로 끝난 무정 명사 뒤에서는 '-여'로 실현되었다.

셋째, '-하'는 아주 높임의 등분(ᄒᆞ쇼셔체)으로 쓰이는데, 대체로 유정 명사 뒤에 쓰이는 것이 원칙이지만 의인화된 무정 명사 뒤에 쓰이는 경우도 있다.

(24) ㄱ. 님금하 아ᄅᆞ쇼셔   [용가 125장]

      ㄴ. ᄃᆞᆯ하 노피곰 도ᄃᆞ샤   [악궤 5:10 정읍사]

'-하'는 (ㄱ)의 '님금'처럼 유정 명사 뒤에 쓰이는 것이 원칙이다. 그러나 (ㄴ)의 'ᄃᆞᆯ'처럼 의인화된 무정 명사에는 호격 조사 '-하'가 실현될 수 있다.

2.1.3.2. 접속 조사

'접속 조사(接續助詞)'는 둘 이상의 체언을 같은 자격(문장 성분)으로 이어서 하나의 명사구를 만들어 주는 조사이다. 15세기 국어에서 쓰이는 접속 조사로는 '-과/-와, -ᄒᆞ고, -이며, -이여' 등이 있는데, 이들 접속 조사는 그것이 이어 주는 앞 체언과 뒤 체언 모두에 붙을 수 있는 것이 특징이다.

① {-과/-와} '-과'는 /ㄹ/을 제외한 자음 아래에서 실현되며, '-와'는 모음이나 /ㄹ/ 뒤에서 실현된다.

(25) ㄱ. 입시울와 혀와 엄과 니왜 다 됴ᄒᆞ며   [석상 19:7]

      ㄴ. 三寶ᄂᆞᆫ 佛와 法과 僧괘라   [석상 서6]

(26) ㄱ. 諸王과 靑衣와 長者ㅣ 아ᄃᆞᆯ 나ᄒᆞ며   [월석 2:44]

      ㄴ. 뫼콰 ᄀᆞᄅᆞ매 사호맷 吹角ㅅ 소리 슬프도다   [두언 8:47]

(25)의 (ㄱ)에서 체언인 '입시울, 혀, 엄, 니'가 접속 조사 '-과/-와'에 의해서 이어져서 '입시울와 혀와 엄과 니와'가 하나의 명사구가 되었다. (25)의 (ㄴ)에서는 '佛, 法, 僧'이 '-과/-와'에 의해서 이어져서 명사구가 되었다. 이처럼 접속 조사 '-과/-와'에 의해서 형성된 명사구들은 하나의 문장 성분으로 쓰인다. 곧, (ㄱ)에서 '입시울와 혀와 엄과 니와'는 주어로 쓰였고 (ㄴ)에서 '佛와 法과 僧과'는 서술어로 쓰였다. 15세기 국어에서

접속 조사는 (25)처럼 앞 체언과 뒤 체언에 모두 실현되는 것이 일반적이다. 그런데 (26)의 '諸王과 靑衣와 長者ㅣ'나 '뫼콰 ᄀ름'처럼 접속 조사 '-과/-와'가 앞 체언에만 붙고 뒤 체언에는 실현되지 않는 경우도 있다.

② {-ᄒ고, -이며, -이여} '-ᄒ고, -이며, -이여' 등이 접속 조사로 쓰일 수 있다.

(27) ㄱ. 夫人도 목수미 열 둘ᄒ고 닐웨 기터 겨샷다　　　　　[월석 2:13]

　　　ㄴ. 天人師ᄂᆞᆫ 하늘히며 사ᄅᆞ미 스스이시다 ᄒᆞ논 마리라　[석상 9:3]

　　　ㄷ. 닐굽 히 도ᄃᆞ면 뫼히여 돌히여 다 노가 디여　　　　[월석 1:48]

(ㄱ)에서 '-ᄒ고'는 체언인 '열둘'과 '닐웨'를 이어서 하나의 명사구를 형성하면서 '그 위에 더하여(첨가)'라는 의미를 나타낸다. (ㄴ)에서 '-이며'는 '하늘ᄒ'과 '사ᄅᆞᆷ'을, (ㄷ)에서 '-이여'는 '뫼ᄒ'과 '돌ᄒ'을 이어서 '열거'의 뜻을 나타내면서 명사구를 형성하였다.

2.1.3.3. 보조사

'보조사(補助詞)'는 앞의 체언에 특별한 뜻을 보태어 주는 조사이다. 보조사는 보통 체언에 붙지만, 다음과 같이 부사나 용언의 연결형에 실현될 수도 있다.

(28) ㄱ. 이리곰 火災ᄒ오ᄆᆞᆯ 여듧 번 ᄒᆞ면　　　　　　　　[월석 1:49]

　　　ㄴ. 四衆을 머리셔 보고도 ᄯᅩ 부러 가 절ᄒ고　　　　　[석상 19:30]

(ㄱ)과 (ㄴ)의 '이리곰'과 '머리셔'는 부사 '이리'와 '머리'에 보조사 '-곰'과 '-셔'가 실현되었고, (ㄴ)의 '보고도'는 동사 '보다'의 연결형인 '보고'에 보조사 '-도'가 실현되었다.

이러한 보조사는 그것이 실현되는 분포에 따른 특징에 따라서 세 가지 유형으로 구분할 수 있다. 곧, '체언, 부사, 용언의 활용형'에 두루 붙는 보조사, 체언에만 붙는 보조사, 체언에는 직접 붙지 않는 보조사가 있다. 그리고 문장의 끝에 실현되는 체언에 붙어서 그 문장을 의문문으로 만들어 주는 의문 보조사가 있다.

(가) 체언, 부사, 용언에 두루 붙는 보조사

보조사 중에 '-ᄂᆞᆫ, -도, -셔, -ᅀᅡ, -곳/-옷, -이나, -이어나, -이ᄃᆞ록, -브터, -잇ᄃᆞᆫ' 등은 체언뿐만 아니라 부사나 용언의 연결형에도 붙을 수 있다.

①{ -눈/ -는/ -운/ -은/ -ㄴ } '-눈/ -는/ -운/ -은/ -ㄴ'은 모두 음운론적 변이 형태들인데, 주로 주어나 목적어로 쓰여서 '화제(주제)'나 '대조'의 뜻을 나타낸다.

(29) ㄱ. 나눈 어버싀 여희오   [석상 6:5]

       ㄴ. 이브터 무촘매 니르리눈 일후미 無色界라   [능언 9:32]

       ㄷ. 나히 조라매 니르런 血氣 フ득ᄒ더니   [능언 2:5]

②{ -도 } '-도'는 이것이 저것과 '한가지'임을 나타내는데, 때로는 '양보'나 '강조' 등의 뜻을 나타내기도 한다.

(30) ㄱ. 어미도 아드를 모르며 아들도 어미를 모르리니   [석상 6:3]

       ㄴ. 잢간도 슳지디 아니ᄒ니   [능언 2:10]

       ㄷ. 有情이 비록 如來ᄭ 道理 빈호다가도 尸羅를 헐며   [석상 9:13]

③{ -셔 } '-셔(=-서)'는 '장소, 출발점, 비교'를 나타내는 체언이나 부사에 붙어서 강조하거나, 용언의 연결형에 붙어서 '상태나 동작의 결과가 유지됨'의 뜻을 나타낸다.

(31) ㄱ. 東녃 フ올셔 時로 브르매 글 스고   [두언 20:7]

       ㄴ. 머리셔 보니 뫼히 비치 잇고 갓가이셔 드르니 므리   [금삼 3:18]

          소리 업도다

       ㄷ. 우리 무른 브ᅀᅡ차 밥 비브르 먹고셔 ᄃ니노니   [두언 25:11]

④{ -ᅀᅡ } '-ᅀᅡ(=-야)'는 특정한 체언이나 부사에 붙어서 '국한(局限), 강조(强調)'의 뜻을 나타내거나, 때로는 용언의 연결형에 붙어서 '필연'이나 '당위'의 뜻을 나타낸다.

(32) ㄱ. 어누 藏ㅅ 金이ᅀᅡ 마치 실이려뇨   [석상 6:25]

       ㄴ. 그듸내 ᄀᆺ비ᅀᅡ 오도다마른   [석상 23:53]

       ㄷ. 瓶의 므를 기러 두고ᅀᅡ 가리라   [월석 7:9]

⑤{ -곳 / -옷 } '-곳/-옷(=-만)'은 '꼭 지적하여 다짐하는 뜻'을 나타낸다. /ㄹ/을 제외한 자음 뒤에는 '-곳'의 형태로 실현되며, 모음이나 /ㄹ/ 뒤에는 /ㄱ/이 탈락하여 '-옷'의 형태로 실현된다.

(33) ㄱ. 녯 이를 ᄉᆞ랑ᄒᆞ논 ᄠᅳᆮ곳 쇽졀업시 잇도다 　　　　　[두언 8:64]

　　ㄴ. 아니옷 머그면 네 머리를 버효리라 　　　　　　　　　[월석 10:25]

　　ㄷ. 福을 니펴 내 難ᄋᆞᆯ 求티옷 아니ᄒᆞ면 　　　　　　　[월석 21:56]

⑥{ -이나 / -이어나 } '-이나(=-이나)'와 '-이어나(=-이거나)'는 '마음에 차지 않는 선택', 또는 '최소한 허용되어야 할 선택'이라는 뜻을 나타낸다. 그리고 문맥에 따라서는 '여러 가지 중에서 어느 것을 선택해도 상관없음'의 뜻을 나타내기도 한다.

(34) ㄱ. 아뫼어나 와 내 머릿바기며 … 子息이며 도라 ᄒᆞ야도 　[월석 1:13]

　　ㄴ. ᄒᆞ다가 잢간이나 디닐 ᄊᆞᄅᆞ미면 내 歡喜ᄒᆞ며 　　　　[법언 4:147]

⑦{ -이ᄃᆞ록/ -이도록 } '-이ᄃᆞ록/-이도록(=-까지)'는 '동작이나 상태가 미침(到及)'의 뜻을 나타낸다.

(35) ㄱ. 將士를 도와 주샤 밠둥이ᄃᆞ록 자디 아니ᄒᆞ시며 　　　[내훈 2 하38]

　　ㄴ. 涅槃애 드로려 ᄒᆞ시니 이리도록 셜ᄫᅥᆯ쎠 　　　　　　[월석 21:201]

⑧{ -브터 } '-브터(=-부터)'는 '출발점'의 뜻을 나타낸다.

(36) ㄱ. 一萬 八千 ᄯᅡ히 다 金色이 ᄀᆞᆮᄒᆞ야 阿鼻地獄브터 有頂天에 　[석상 13:16]

　　　니르시니

　　ㄴ. 如來 ᄇᆞ리고브터 능히 그 言論辯을 다ᄒᆞ리 업스니라 　[법언 4:8]

⑨{ -잇ᄃᆞᆫ/ -이ᄯᅪᆫ } '-잇ᄃᆞᆫ / -이ᄯᅪᆫ(=-이야)'은 '국한하여 강조함'의 뜻을 나타낸다.

(37) ㄱ. 슬히 여위신ᄃᆞᆯ 金色잇ᄃᆞᆫ 가시시리여 　　　　　　　[월천 기62]

　　ㄴ. ᄒᆞ다가 아로미 업술 딘댄 ᄆᆞ츠매 草木 ᄀᆞᆮ거니ᄯᅪᆫ 　[능언 3:41]

　　ㄷ. 莊子도 오히려 그러콘 ᄒᆞ믈며 道人이ᄯᅪ녀 　　　　　[선언 하122]

(나) 체언에만 붙는 보조사

보조사 '-으란, -마다, -곰, -나마, -뭇/-붓/-봇, -만뎡, -인ᄃᆞᆯ' 등은 체언에만 붙고 부사나 용언의 연결형에는 붙지 않는다.

①{ -으란/-으라논 } '-으란(=-은/-는)'은 주로 목적어나 부사어 자리에 쓰여서 '대조, 지적, 강조'의 뜻을 나타낸다.

(38) ㄱ. 臣下란 忠貞을 勸ᄒ시고 子息으란 孝道ᄅ 勸ᄒ시고　　　　　[월석 8:29]

　　　ㄴ. 죵으란 흰 바ᄇᆯ 주고 ᄆᆞᆯ란 프른 쇼를 호리라　　　　　　[두언 8:23]

②{ -마다 } '-마다(=-마다)'는 체언 뒤에 붙어서 '각자'의 뜻을 나타낸다.

(39) ㄱ. 날마다 세 ᄢᅵ로 十方諸佛이 드러와 安否ᄒ시고　　　　　[월석 2:26]

　　　ㄴ. 五百 도ᄌ기 저마다 ᄒᆞᆫ 살옴 마자　　　　　　　　　[월석 10:29]

③{ -곰/-옴 } '-곰/-옴(=-씩)'은 체언 뒤에 붙어서 '각자 ~씩'의 뜻을 나타낸다.

(40) ㄱ. ᄒᆞᆫ 나라해 ᄒᆞᆫ 須彌山곰 이쇼ᄃᆡ　　　　　　　　　　　[월석 1:22]

　　　ㄴ. 八千里象은 ᄒᆞ로 八千里옴 녀는 象이라　　　　　　　　[월석 7:52]

④{ -나마 } '-나마(=넘어)'는 체언의 뒤에 붙어서 '얼마 더 있음'의 뜻을 나타낸다.

(41) ㄱ. 門人이 一千나마 잇ᄂᆞ니　　　　　　　　　　　　　　[육언 상5]

　　　ㄴ. 머리 조사 一千 디위나마 절ᄒ고　　　　　　　　　　[월석 23:82]

⑤{ -ᄆᆞᆺ/-붓/-봇 } '-ᄆᆞᆺ/-붓/-봇(=-만)'은 체언 뒤에 실현되어서 '국한(局限)하여 강조함'의 뜻을 나타낸다.

(42) ㄱ. ᄭᅮᆷᄆᆞᆺ 아니면 어느 길헤 다시 보ᅀᆞᄫᆞ리　　　　　　[월석 8:82]

　　　ㄴ. 오늘 여희ᅀᆞᄫᆞᆯ 後에 ᄭᅮᆷ붓 아니면 서르 보ᅀᆞᄫᆞᆯ 길히 업건마ᄅᆞᆫ [월석 8:95]

　　　ㄷ. ᄒᆞ다가 ᄆᆞᅀᆞ맷 벋봇 아니면　　　　　　　　　　　[선언 하128]

⑥{ -만뎡 } '-만뎡(=-이라도)'은 체언 뒤에 실현되어서 '양보'의 뜻을 나타낸다.

(43) 밥 머긇 덛만뎡 長常 이를 싱각ᄒ라　　　　　　　　　　[월석 8:8]

⑦ { -인돌 } '-인돌(=-인들)'은 체언 뒤에 실현되어서 '양보'의 뜻을 나타낸다.

(44) ㄱ. 白象<u>인돌</u> 그에 아니 들리잇가   [월석 20:67]

      ㄴ. 엇뎨 잢간<u>인돌</u> 놀라 저ᄒ리오   [금삼 3:25]

(다) 체언에 직접 붙지 않는 보조사

'-곰'과 '-다가'는 용언의 연결형, 부사, 격조사 등에만 붙고 체언에는 붙지 않는다.
① { -곰 } '-곰'은 부사나 용언의 연결형에 붙어서 '강조'나 '여운감'을 나타낸다.

(45) ㄱ. 이리<u>곰</u> 火災호ᄆᆞᆯ 여듧 번 ᄒ며   [월석 1:49]

      ㄴ. 엇뎨 시러<u>곰</u> ᄠᅳᆫ 일후믈 崇尙ᄒ리오   [두언 7:7]

      ㄷ. 눌 보리라 우러<u>곰</u> 온다   [월석 8:87]

② { -다가 } '-다가'는 부사, 격조사, 용언의 연결형의 뒤에 실현되어서 '강조'나 '어떠한 상태나 동작을 유지하는 뜻'을 나타낸다.

(46) ㄱ. 樂羊子ㅣ ᄀᆞ장 붓그려 金을 ᄆᆡ<u>해다가</u> ᄃᆞ리고   [삼행 열8]

      ㄴ. 다른 사ᄅᆞ미 우리<u>를다가</u> 므슴 사ᄅᆞᄆᆞᆯ 사마 보리오   [번역노걸대 상:5]

      ㄷ. 爲頭 도ᄌᆞ기 나ᄅᆞᆯ 자바<u>다가</u> 겨집 사마 사더니   [월석 10:25]

(라) 의문문을 만드는 보조사

일반적인 의문형 종결 어미는 체언에 바로 붙는 경우가 없고 체언 뒤에 반드시 서술격 조사 '-이다'를 개입시켜서 실현된다. 그런데 이와는 달리 '-고/-오'와 '-가/-아'가 서술격 조사 '-이다'를 개입시키지 않고, 서술어로 쓰이는 체언에 바로 붙어서 의문문을 형성하는 경우가 있다. 이처럼 체언 다음에 바로 붙어서 의문문을 형성하는 '-고/-오'와 '-가/-아'를 의문문을 만드는 보조사로 처리한다.

(47) ㄱ. 얻논 藥이 므스것<u>고</u>   [월석 21:215]

      ㄴ. 그듸 子息 업더니 므슷 罪<u>오</u>   [월석 1:7]

(48) ㄱ. 이 두 사ᄅᆞ미 眞實로 네 항것<u>가</u>   [월석 8:94]

      ㄴ. 이ᄂᆞᆫ 賞<u>가</u> 罰<u>아</u> ᄒ가지<u>아</u> 아니<u>아</u>   [능언 3:99]

(47)에서 '-고/-오'는 '므스것, 므슷' 등의 의문사(疑問詞, 물음말)가 실현된 설명 의문문에 쓰이는데, '므스것, 罪'의 체언에 바로 붙는다. 반면에 (48)에서 '-가/-아'는 의문사가 없는 판정 의문문에 실현되는데, '항것, 賞/罰, 가지/아니' 뒤에 직접 붙는다. 그리고 '-고'와 '-가'는 /ㄹ/을 제외한 자음으로 끝난 체언 뒤에서 실현되며, /ㄹ/ 혹은 모음으로 끝나는 체언 다음에는 /ㄱ/이 /ɦ/로 교체되어 '-오'와 '-아'의 형태로 실현된다.

2.1.3.4. 조사의 생략과 겹침

(가) 조사의 생략

격조사와 접속 조사가 문맥에 실현되지 않을 수도 있는데, 이러한 현상을 '조사의 생략'이라고 한다.

〈 격조사의 생략 〉 문장에 표현된 체언의 격 관계를 문맥을 통하여 알 수 있을 때에는, 체언 다음에 실현되어야 할 격조사를 실현하지 않을 수 있다.

(49) ㄱ. 곶∅ 됴코 여름∅ 하느니   [용가 2장]
ㄴ. 右手左手로 天地∅ ᄀᆞᄅᆞ치샤   [월석 2:34]
ㄷ. 느믹 겨집∅ ᄃᆞ외노니 출히 뎌 고마∅ ᄃᆞ외아 지라   [법언 2:28]
ㄹ. 님금∅ 位   [월천 기3]
ㅁ. 德源∅ 올ᄆᆞ샴도   [용가 4장]

(ㄱ)의 '곶'과 '여름' 뒤에는 주격 조사 '-이'가 생략되었으며, (ㄴ)의 '天地' 뒤에는 목적격 조사인 '-를'이 생략되었다. 그리고 (ㄷ)의 '겨집'과 '고마'에는 보격 조사인 '-이'와 '-ㅣ'가, (ㄹ)의 '님금'에는 관형격 조사인 '-의'나 '-ㅅ'이, (ㅁ)의 '德源'에서는 부사격 조사인 '-으로'나 '-에'가 생략되었다.

〈 접속 조사의 생략 〉 격조사뿐만 아니라 체언과 체언을 이어 주는 접속 조사도 생략될 수 있다.

(50) 아비∅ 어미∅ 날 기를 저긔   [두언 8:67]

위의 문장에서 '아비'와 '어미'는 하나의 명사구를 형성하는데, 이때 두 체언을 이어주는 접속 조사인 '-와'가 생략되었다.

(나) 조사의 겹침

조사는 둘 또는 셋이 겹쳐서 실현될 수 있다. 이렇게 조사가 겹쳐서 실현될 때에는 같은 종류의 조사가 겹칠 수도 있고 다른 종류의 조사가 겹쳐서 실현될 수도 있다.

〈 같은 종류의 조사가 겹침 〉 격조사와 격조사가 겹치거나, 보조사와 보조사가 겹쳐서 실현될 수 있다.

(51) ㄱ. 一千 化佛이 … 摩耶ᄭᅴ로 向ᄒᆞ야 슬ᄫᅥ 샤ᄃᆡ   [석상 23:29]

    ㄴ. 아바님 爲ᄒᆞ야 病엣 藥을 지수려 ᄒᆞ노니   [월석 21:217]

(52) ㄱ. 집마다셔 사ᄅᆞ믈 ᄒᆞ놀이놋다   [두언 15:6]

    ㄴ. 舍利 供養브터셔 잇 ᄀᆞ자ᄂᆞᆫ 人天行을 니르시니라   [석상 13:14]

(51)에서 (ㄱ)의 '摩耶ᄭᅴ로'에는 부사격 조사인 '-ᄭᅴ'와 '-로'가 겹쳐서 실현되었으며, (ㄴ)의 '病엣'에는 부사격 조사인 '-에'와 관형격 조사인 '-ㅅ'이 겹쳐서 표현되었다. 그리고 (52)에서 (ㄱ)의 '집마다셔'에는 보조사인 '-마다'와 '-셔'가 겹쳐서 실현되었으며, (ㄴ)의 '供養브터셔'에는 보조사인 '-브터'와 '-셔'가 겹쳐서 실현되었다.

〈 다른 종류의 조사가 겹침 〉 다른 종류의 조사가 겹쳐서 실현되는 경우가 있는데, 이때에는 대체로 '접속 조사—격조사—보조사'의 순서로 실현된다.

첫째, 서로 다른 두 종류의 조사가 겹쳐서 실현된 예가 있다.

(53) ㄱ. 威嚴과 德괘 自在ᄒᆞ야   [석상 9:19]

    ㄴ. 가지와 닙과ᄂᆞᆫ 사오나ᄫᆞᆯ 사ᄅᆞ믈 가ᄌᆞᆯ비시고   [석상 13:2]

    ㄷ. 오직 부톄ᅀᅡ 能히 아ᄅᆞ시니   [법언 4:63]

    ㄹ. 모미 겨ᅀᅳ렌 덥고 녀르멘 ᄎᆞ고   [월석 1:26]

(ㄱ)의 '德괘'에서는 접속 조사와 격조사가, (ㄴ)의 '닙과ᄂᆞᆫ'에서는 접속 조사와 보조사가 겹쳐서 실현되었다. 그리고 (ㄷ)의 '부톄ᅀᅡ'와 (ㄹ)의 '겨ᅀᅳ렌'과 '녀르멘'에서는 격조사와 보조사가 겹쳐서 실현되었다.

둘째, 서로 다른 세 가지 종류의 조사가 겹쳐서 실현된 예가 있다.

(54) ㄱ. 오직 부텨와 부텨왜ᅀᅡ 能히 諸法實相을 다 아ᄂᆞ니라   [법언 1:145]

    ㄴ. 生과 滅와로셔 이쇼ᇝ 디 아니며 (非生滅로셔 有ㅣ며)   [능언 3:17]

(54)에서 (ㄱ)의 '부텨왜사'에는 접속 조사 '-와'에 주격 조사인 '-ㅣ'와 보조사인 '-사'가 겹쳐서 실현되었으며, (ㄴ)의 '滅와로셔'에는 접속 조사 '-와'에 부사격 조사인 '-로'와 보조사인 '-셔'가 겹쳐서 실현되었다.

2.1.4. 용언

2.1.4.1. 용언의 개념

'용언(用言)'은 문장 속에서 서술어로 쓰여서 주어로 표현되는 대상(주체)의 움직임이나 상태, 혹은 존재의 유무(有無)를 풀이한다. 용언은 다음과 같은 일반적인 특징이 있다.
첫째, 용언은 주어로 표현되는 대상(주체)의 움직임, 속성, 상태, 존재의 유무를 풀이한다.

(1) ㄱ. 녜는 죠히 업서 대를 <u>엿거</u> 그를 <u>쓰더니라</u> [월석 8:96]

ㄴ. 고히 <u>길오</u> <u>놉고</u> <u>고ㄷ며</u> [석상 19:7]

ㄷ. 가리라 ㅎ리 <u>이시나</u> 長者를 브리시니 [용가 45장]

(ㄱ)에서 '엿다'와 '쓰다'는 주체의 움직임을 표현하고, (ㄴ)에서 '길다, 놉다(높다), 곧다' 등은 속성이나 상태를 표현하고, (ㄷ)에서 '이시다'는 존재를 표현했다.
둘째, 용언은 실질적인 의미를 나타내는 어간에 다양한 어미가 붙어서 여러 가지 문법적인 기능을 나타낸다(활용).

(2) ㄱ. 겨지비 아기 <u>나흟</u> 時節을 當ㅎ야 [석상 9:25]

ㄴ. 아기 나ㅎ리 다 아ᄃᆞ를 <u>나ㅎ며</u> [월석 2:33]

ㄷ. 父母 <u>나ㅎ샨</u> 누니 三千界를 다 보리라 [석상 19:10]

ㄹ. 第一 夫人이 太子를 <u>나쓰ᄫᅵ시니</u> [월석 21:211]

ㅁ. 내 아기 <u>낟노라</u> ㅎ야 [월석 10:25]

동사인 '낳다(生)'는 (ㄱ)에서는 '나흟', (ㄴ)에서는 '나ㅎ며', (ㄷ)에서는 '나ㅎ샨', (ㄹ)에서는 '나쓰ᄫᅵ시니', (ㅁ)에서는 '낟노라'로 꼴바꿈을 하였다. 이처럼 용언의 어간에 어미가 붙어서 꼴바꿈을 하는 현상을 활용(活用)이라고 하는데, 용언은 활용을 통해서 다양한 문법적인 기능을 발휘한다.

2.1.4.2. 용언의 종류

용언은 의미와 활용하는 방식의 차이에 따라서 동사와 형용사로 구분된다.

(가) 동사와 형용사

　(가)-1. 동사

'동사(動詞)'는 주어로 쓰인 대상(= 주체)의 움직임을 표현하는 단어이다.

　　(3) ㄱ. 두 히 <u>돋다가</u> 세 히 <u>도드면</u>　　　　　　　　　[월석 1:48]

　　　　ㄴ. 이 男子아 엇던 이를 爲ᄒᆞ야 이 길헤 <u>든다</u>　　　[월석 21:118]

(ㄱ)의 '돋다'와 (ㄴ)의 '들다'는 각각 주어로 쓰인 '두 히'와 '男子'의 움직임을 표현하고 있는데, 이러한 의미적인 특징을 가진 단어들을 '동사'라고 한다. 동사는 문장에 쓰일 때에 목적어를 요구하느냐 아니하느냐에 따라서 '자동사'와 '타동사'로 구분한다.

　〈 자동사 〉 '자동사(自動詞)'는 목적어를 취하지 않아서, 그 움직임이 주어에만 미치는 동사이다.

　　(4) ㄱ. 아비 <u>죽다</u>　　　　　　　　　　　　　　　　　　[월석 17:21]

　　　　ㄴ. 衆生이 福이 <u>다ᄋᆞ거다</u>　　　　　　　　　　　　[석상 23:28]

(ㄱ)의 '죽다'와 (ㄴ)의 '다ᄋᆞ다'처럼 문장 속에서 목적어를 취하지 않아서, 그 움직임이 주어에만 미치는 동사를 자동사라고 한다. 이러한 자동사는 (ㄴ)의 '다ᄋᆞ거다'에서처럼 확인 표현의 선어말 어미가 '-거-'의 형태를 취하는 것이 특징이다.

　〈 타동사 〉 '타동사(他動詞)'는 목적어를 취하여서, 그것이 표현하는 움직임이 주어뿐만 아니라 목적어에도 미치는 동사이다.

　　(5) ㄱ. 大臣이 이 藥 <u>밍ᄀᆞ라</u> 大王ᄭᅴ 받ᄌᆞᄫᆞᆯ대　　　　[석상 11:21]

　　　　ㄴ. 셜ᄫᅥ쎠 衆生이 正ᄒᆞᆫ 길흘 <u>일허다</u>　　　　　　　[석상 23:19]

(ㄱ)의 '밍ᄀᆞᆯ다'는 '이 藥'을, (ㄴ)의 '잃다'는 '正ᄒᆞᆫ 길흘'을 목적어로 취하므로, 그 움직임이 주어뿐만 아니라 목적어에도 미친다. 이러한 타동사는 (ㄴ)의 '일허다'에서처럼 확인

표현의 선어말 어미로서 '-아-/-어-'의 형태를 취하는 것이 특징이다.

{ 능격 동사 }

'능격 동사(能格動詞, 中立動詞)'는 동일한 형태의 동사가 유사한 의미를 나타내면서 자동사와 타동사로 두루 쓰이는 동사이다.

(1) ㄱ. 재 ᄂᆞ려 티샤 두 갈히 것그니   [용가 36장]
     ㄴ. 허리 것구메 뿔 器具ㅣ 아니로다   [두언 21:39]

(2) ㄱ. 天上애 구룸 흐터사 ᄃᆞᆯ 나ᄃᆞᆺ ᄒᆞ며   [원언 상 1-1:56]
     ㄴ. 번게 구루믈 흐터 ᄒᆞ야ᄇᆞ릴 씨라   [월석 10:81]

(3) ㄱ. 됴ᄒᆞᆫ 고지 해 대예 비취옛고   [두언 15:6]
     ㄴ. 하ᄂᆞᆯᄒᆞᆯ 비취며 ᄯᅡᄒᆞᆯ 비취여 萬像ᄋᆞᆯ 머구므니   [금삼 2:45]

(1)의 '겺다'는 (ㄱ)에서는 목적어를 취하지 않아서 자동사(=꺾이다)로 쓰인 반면에, (ㄴ)에서는 '허리'를 목적어를 취하므로 타동사(=꺾다)로 쓰였다. 그리고 (2)의 '흩다'도 (ㄱ)에서는 자동사(=흩어지다)로 쓰였고, (ㄴ)에서는 타동사(=흩다)로 쓰였으며, (3)의 '비취다'도 (ㄱ)에서는 자동사(=비치다)로, (ㄴ)에서는 타동사(=비추다)로 쓰였다.

15세기 국어에 쓰인 능격 동사로는 '겺다(折), 긏다(斷), ᄀᆞᆯ다(替), 닛다(連), 닫다(閉), 비취다(照), ᄢᅦ다(貫), ᄢᅵ다(孵化), ᄡᅢ디다(落), 열다(開), ᄌᆞᆷ다(潛, 浸), 흩다(散)' 등이 있다.

(가)-2. 형용사

'형용사(形容詞)'는 주어로 표현되는 대상의 성질이나 상태를 풀이하는 용언이다.

(6) ㄱ. 이 東山ᄋᆞᆫ 남기 됴ᄒᆞᆯᄊᆡ   [석상 6:24]
     ㄴ. 窮子ㅣ ᄠᅳ디 ᄂᆞᆺ갑고 사오나올ᄊᆡ   [금삼 3:25]

(ㄱ)의 '됴다'와 (ㄴ)의 'ᄂᆞᆺ다, 사오납다'는 각각 주체의 성질이나 상태를 나타내므로 형용사이다. 그런데 형용사가 서술어로 쓰이면 이중 주어(겹주어)를 취하는 일이 있다. 곧 (ㄱ)에서는 '東山ᄋᆞᆫ'과 '남기'를 이중 주어로 취하였으며, (ㄴ)에서는 '窮子ㅣ'와 'ᄠᅳ디'를 이중 주어로 취하였다. 이러한 형용사는 실질적인 의미의 실현 여부에 따라서, '성상

형용사'와 '지시 형용사'로 구분된다.

〈 성상 형용사 〉 '성상 형용사(性狀形容詞)'는 전형적인 형용사로서, 어떠한 대상의 성질이나 상태에 대한 실질적인 의미를 나타낸다.

(7) ㄱ. 골프다, 그립다, 깃브다, 둏다, 슬프다, 슳다, 알프다

ㄴ. 길다, 높다, 눗갑다, 븕다, 히다; 고요ᄒᆞ다; 거츨다, 츠다; 둘다, 밉다, 쓰다

ㄷ. 낟ᄇᆞ다, 모딜다, 착ᄒᆞ다, 아름답다, 좋다, 밉다

ㄹ. ᄀᆞᆮᄒᆞ다, 이셧ᄒᆞ다; 다ᄅᆞ다, 몯ᄒᆞ다, 낫다

(ㄱ)의 '골프다, 그립다, 깃브다' 등은 '심리 상태'를 나타내며, (ㄴ)의 '길다, 고요하다, 거츨다, 둘다' 등은 '감각'을 나타내며, (ㄷ)의 '낟ᄇᆞ다, 착ᄒᆞ다, 밉다' 등은 '평가'를, (ㄹ)의 'ᄀᆞᆮᄒᆞ다, 이셧ᄒᆞ다; 다ᄅᆞ다, 몯ᄒᆞ다, 낫다' 등은 '비교'의 뜻을 나타낸다.

〈 지시 형용사 〉 '지시 형용사(指示形容詞)'는 어떠한 대상의 성질이나 상태를 지시하거나 대용하는 기능을 한다.

첫째, '이러ᄒᆞ다/이렇다, 그러ᄒᆞ다/그렇다, 뎌러ᄒᆞ다/뎌렇다' 등은 특정한 대상을 직접 가리키는 '정칭의 지시 형용사(定稱 指示形容詞)'이다.

(8) ㄱ. 赤島 안행 움흘 至今에 보습ᄂᆞ니 王業艱難이 <u>이러ᄒᆞ시니</u>　　[용가 5장]

ㄴ. 畜生이 나혼 거실씨 <u>그러ᄒᆞ도다</u>　　　　　　　　　[석상 11:21]

ㄷ. 漆沮 ᄀᆞᆺ샛 움흘 後聖이 니ᄅᆞ시니 帝業憂勤이 <u>뎌러ᄒᆞ시니</u>　[용가 5장]

(ㄱ)의 '이러ᄒᆞ다/이렇다', (ㄴ)의 '그러ᄒᆞ다/그렇다', (ㄷ)의 '뎌러ᄒᆞ다/뎌렇다'는 발화 현장이나 문맥에서 어떠한 대상의 성질이나 상태를 지시하거나 대용하고 있다.

둘째, '엇더ᄒᆞ다/엇덯다'는 '미지칭의 지시 형용사(未知稱 指示形容詞)'이다.

(9) 늘근 션비ᄅᆞᆯ 보시고 禮貌로 ᄭᅮ르시니 右文之德이 <u>엇더ᄒᆞ시니</u>　　[용가 81장]

'엇더ᄒᆞ다/엇덯다'는 어떠한 대상의 성질이나 상태가 어떠한지를 물을 때에 사용하는 미지칭의 지시 형용사이다.

셋째, '아ᄆᆞ랗다'는 '부정칭의 지시 형용사(不定稱 指示形容詞)'이다.

(10) 夫人이 <u>아ᄆᆞ라토</u> 아니ᄒᆞ더시니　　　　　　　　　[월석 2:26]

'아무랗다'는 어떤 대상의 성질이나 상태를 가리지 않는다는 뜻으로 쓰이는 부정칭의
지시 형용사이다.

(나) 보조 용언

〈보조 용언의 개념〉 용언은 자립성이 있으므로 문장 속에서 홀로 쓰일 수가 있다. 하지
만 일부 용언은 문장 안에서 홀로 설 수 없어서 반드시 그 앞의 다른 용언에 붙어서
문법적인 뜻을 더해 주는데, 이러한 용언을 '보조 용언(補助用言)'이라고 한다.

(11) ㄱ. 고히 길오 높고 고두며   [석상 19:7]

ㄴ. 고히 길다; 고히 높다; 고히 곧다

(12) ㄱ. 目連이 耶輸ㅅ 宮의 가 보니   [석상 6:2]

ㄴ. *目連이 耶輸ㅅ 宮의 보니

(11)에서 (ㄱ)의 '길다, 높다, 곧다'는 자립성과 실질적인 뜻이 있는 일반적인 용언이다.
이에 반해서 (12)에서 (ㄱ)의 '보다'는 자립성이 없어서 (ㄴ)처럼 단독으로는 서술어로
쓰이지 못한다. 그리고 (ㄱ)의 '보다'는 '눈으로 사물을 응시하다'라는 실질적인 뜻이 없
는 대신에, '경험'이나 '시도'와 같은 문법적인 뜻으로 쓰인다. 이와 같은 용언을 '보조
용언'이라고 하고, (12ㄱ)의 '가다'처럼 보조 용언의 앞에서 실현되는 자립적인 용언을
'본용언(本用言)'이라고 한다.

본용언과 보조 용언은 두 단어이지만 이들은 하나의 문법적 단위(서술어)로 쓰인다.
따라서 본용언과 보조 용언이 사이에는 다른 성분이 끼어들 수 없다.

(13) ㄱ. 如來 … 아랫 恩惠를 니저 브리샤   [석상 6:4]

ㄴ. 如來 … 아랫 恩惠를 니저 ?모다 브리샤

(ㄱ)의 '니저'는 본용언이며 '브리샤'는 보조 용언인데, 이들 두 단어는 하나의 서술어로
쓰인다. 그런데 (ㄴ)처럼 본용언인 '니저'와 보조 용언인 '브리샤' 사이에 '모다'와 같은
다른 말(부사)을 넣으면 그 뒤의 '브리샤'는 보조 용언이 아니라 본용언으로 해석된다.
이러한 현상을 보면 본용언과 보조 용언은 하나의 서술어로 쓰이는 문법적인 단위로서
서로 분리하기 어렵다는 것을 확인할 수 있다.

〈 보조 용언의 종류 〉 보조 용언은 문법적인 특성에 따라서 '보조 동사(補助動詞)'와 '보조 형용사(補助形容詞)'로 나뉜다.

첫째, 보조 용언 중에서 '보다, ᄇ리다, 디다, 두다, 나다, 내다, ᄃ외다, 말다, ᄒ다, 이시다/잇다, 겨시다' 등은 동사의 문법적인 특징을 보이므로, 보조 동사로 처리한다.

보조동사	현대어	의 미	용 례	
보다	보다	시도	일로 혜여 <u>보건뎬</u> 므슴 慈悲 겨시거뇨	[석상 6:6]
ᄇ리다	버리다	완료	恩惠를 니저 <u>ᄇ리샤</u> 길 넗 사ᄅ과 ᄀ티 너기시니	[석상 6:4]
디다	지다	저절로 어떤 경지에 도달함	뫼히여 돌히여 다 노가 <u>디어</u>	[월석 1:48]
두다	두다	완결된 동작을 보존함	왼녁 피 닫 담고 올ᄒ녁 피 닫 담아 <u>두고</u> 닐오ᄃ	[월석 1:7]
나다	나다	어떤 상태에서 탈피함	뎌 如來를 슌ᄒ야 恭敬ᄒ슨ᄫ면 다 버서 <u>나리라</u>	[석상 9:24]
내다	내다	끝까지 완수함	勞度差ㅣ 또 ᄒ 쇼를 지서 <u>내니</u>	[석상 6:32]
ᄃ외다	되다	변성	우리 어ᄉ이아ᄃ리 외롭고 입게 <u>ᄃ외야</u>	[석상 6:5]
말다	말다	금지	너희 브즈러니 지서 게으르디 <u>말라</u>	[법언 2:209]
이시다/ 잇다	있다	완료 지속	須彌山 밧긔 닐굽 山이 둘어 <u>잇ᄂ니</u>	[월석 1:23]
		진행	내 풍류바지 ᄃ리고 됴ᄒ 차반 먹고 <u>이쇼ᄃ</u>	[석상 24:28]
겨시다	계시다	완료 지속	(太子ㅣ)… 미친 사ᄅ ᄀ티 묏고래 수머 <u>겨샤</u>	[석상 6:4]
ᄒ다	하다	당위	善男子 善女人이 뎌 부텻 世界예 나고져 發願ᄒ야 사 <u>ᄒ리라</u>	[석상 9:11]

〈표 3〉 보조 동사의 종류와 의미

둘째, 보조 용언 가운데 '식브다, 지다' 등은 형용사의 문법적인 특징을 보이므로, 보조 형용사로 처리한다.

보조형용사	현대어	의 미	용 례	
식브다	싶다	희망, 추측	하 貴ᄒ실ᄊ 하ᄂ로셔 나신가 <u>식브건마ᄅ</u>	[월석 4:33]
지다	싶다	바람, 원망	東山 구경ᄒ야 <u>지이다</u>	[월석 2:27]

〈표 4〉 보조 형용사의 종류와 의미

셋째, '아니ᄒ다'와 '몯ᄒ다'는 보조 동사로도 쓰이고 보조 형용사로도 쓰인다. 곧 본용

언이 동사이면 그 뒤에 실현되는 '아니ᄒ다'는 보조 동사로 처리되고, 본용언이 형용사
이면 '아니ᄒ다'는 보조 형용사로 처리된다.

보조용언	현대어	의미		용례	
아니ᄒ다	아니하다	부정	동	菩提 일우믈 得ᄒ디 <u>아니ᄒ리</u> 업ᄂ니	[원언 하 2-2:43]
			형	슬후미 널디 <u>아니ᄒ니</u>	[두언 6:29]
몯ᄒ다	못하다	부정	동	사ᄅ미 목수미 흐를 믈 ᄀᆮᄒ야 머므디 <u>몯ᄒᄂ다</u>	[석상 3:17]
			형	우리 乃終내 便安티 <u>몯ᄒ리라</u>	[석상 11:19]

〈표 5〉 보조 동사와 보조 형용사로 두루 쓰이는 보조 용언

{ '-아 이시다/잇다'의 축약형 }

보조적 연결 어미인 '-아'의 변이 형태 뒤에 보조 용언인 '이시다/잇다'가 실현될 때에는,
모음 충돌을 회피하기 위하여 음운이 줄어진다. 이 경우에는 '-아 이시다'와 '-아 잇다'가
각각 다른 형태로 줄어지며, 특히 '두다'에 '-어 이시다'나 '-어 잇다'가 실현될 때에는 아주
특이한 형태로 줄어진다.

〈 '-아 이시다'의 축약 〉 보조적 연결 어미인 '-아/-어/-야/-여'와 보조 용언인 '이시다'가
줄어질 때에는, '이시-'의 첫 모음 /ㅣ/가 탈락하고 동시에 축약이 되어서 '-아시-/-어시-/-
야시-/-여시-'의 형태로 실현된다.

> (1) ㄱ. 네 어미 <u>사라실</u> 제 엇던 行業을 ᄒ더뇨   [월석 21:53]
>   ㄴ. 내 ᄒ오ᅀᅡ 씨<u>야쇼라</u>   [두언 8:31]

(ㄱ)의 '사라실'과 (ㄴ)의 '씨야쇼라'는 각각 '살다', '씨다'에 '-아/-야 이시-'가 붙어서 활용하
였다. 그런데 '-아/-어/-야/-여'와 '이시-'는 '-애시-/-에시-/-얘시-/-예시-' 등의 형태로
줄어지는 것이 아니라, '이시-'의 첫 모음 /ㅣ/가 탈락하여 '-아시-/-어시-/-야시-/-여시-'
의 형태로 실현되는 것이 특징이다. 이러한 현상은 모음 충돌을 회피하는 수단이다.

〈 '-아 잇다'의 축약 〉 보조적 연결 어미인 '-아/-어/-야/-여'와 보조 용언인 '잇다'가 축약
되면, '-앳-, -엣-, -얫-, -옛-'의 형태로 실현된다(허웅, 1975: 422). 이처럼 보조적 연결
어미와 보조 용언이 한 음절로 줄어져서 실현되면, '-아 잇다' 등이 나타내는 '완료 지속'의
의미에서 '지속'의 의미가 약해진다.

> (2) ㄱ. 내 니마해 볼론 香이 몯 ᄆᆯ<u>랫</u>거든 도로 오나라   [월석 7:7]
>   ㄴ. 須達이 病ᄒ<u>얫</u>거늘 부톄 가아 보시고   [석상 6:44]

(ㄱ)의 '몰랫거든'은 '몰라 잇거든'이 줄어진 형태이며, (ㄴ)의 '病ᄒᆞ얫거늘'은 '病ᄒᆞ야 잇거늘'이 줄어진 형태이다. 15세기 중엽에는 '-어 잇다'가 축약된 형태와 축약되지 않은 형태가 함께 쓰이고 있었다.

그런데 15세기 말이 되면 '-얫-, -엣-, -얫-, -옛-'에서 이중 모음의 끝 반모음 /j/ 소리가 탈락되어서 '-앗-, -엇-, -얏-, -엿-'의 형태로 실현되는 경우가 있다. 이처럼 '-얫-, -엣-, -얫-, -옛-'에서 반모음 /j/가 탈락하여 '-앗-, -엇-, -얏-, -엿-'의 형태로 실현되면, '지속'의 의미는 거의 사라지고 '완료'의 의미만 남게 된다.

> (3) ㄱ. 亡者이 神識이 ᄂᆞ랏다가 ᄠᅥ러디여   [능언 8:96]
>   ㄴ. 비는 고기 났는 그르시 ᄃᆞ외얏고   [금삼 3:60]

(ㄱ)의 'ᄂᆞ랏다가'는 'ᄂᆞ라 잇다가'가 'ᄂᆞ랫다가'로 줄어진 다음에 다시 반모음 /j/가 탈락된 형태이다. 마찬가지로 (ㄴ)의 'ᄃᆞ외얏고'는 'ᄃᆞ외야 잇고'가 'ᄃᆞ외얫고'로 줄어진 다음에 /j/가 탈락한 형태이다. 이렇게 형성된 '-앗-, -엇-, -얏-, -엿-'은 현대 국어에서는 과거 시제의 선어말 어미인 '-았-, -었-, -였-'으로 바뀐다.

15세기 국어의 '-아/-어/-야/-여 잇다'가 통시적으로 변천하여 현대 국어에서 과거 시제나 완료상을 표현하는 선어말 어미인 '-았-, -었-, -였-'의 형태로 변하는 과정을 보이면 다음과 같다(나진석, 1971: 282. 이하, 허웅, 1975: 426).

> (4) ㄱ. 몰라 잇다 〉 몰랫다 〉 몰랏다 〉 말랐다
>   ㄴ. 머거 잇다 〉 머겟다 〉 머것다 〉 먹었다
>   ㄷ. 뷔여 잇다 〉 뷔옛다 〉 뷔엿다 〉 비었다
>   ㄹ. ᄒᆞ야 잇다 〉 ᄒᆞ얫다 〉 ᄒᆞ얏다 〉 하였다

〈 '두어 이시다'와 '두어 잇다'의 축약 〉 본용언 '두다'의 활용형인 '두어'에 보조 용언 '이시다/잇다'가 연결되어 축약되면, 본용언에 실현되어야 할 보조적 연결 어미 '-어'가 탈락하여 '뒤시다'나 '뒷다'로 실현된다.

> (5) ㄱ. 내 혼 匹ㅅ 됴ᄒᆞᆫ 東녁 기블 <u>뒤쇼ᄃᆡ</u>   [두언 16:34]
>   ㄴ. 내 혼 法을 <u>뒷</u>노니 너희들히 能히 ᄀᆞ초 行ᄒᆞ면   [월석 10:69]

(5)에서 '뒤쇼ᄃᆡ'는 '두어 이쇼ᄃᆡ'에서 보조적 연결 어미인 '-어'가 탈락한 뒤에, 본용언의 어간인 '두-'와 보조 용언인 '이시-'가 줄어진 형태이다. 그리고 (5)에서 (ㄱ)의 '뒷노니'는 '두어 잇노니'에서 '-어'가 탈락되고 줄어진 형태이며, (ㄴ)의 '뒷다'는 '두어 잇다'에서 '-어'가 탈락되고 줄어진 형태이다.

그런데 '두어 잇-'이 줄어서 형성된 '뒷-'에서 또다시 반모음 /j/가 탈락하여서 '둣-'으로 실현되는 경우도 있다.

(6) ㄱ. 衆生과 부텨왜 흔가지로 두쇼딕   [능언 1:97]
    ㄴ. 先生의 <u>듯논</u> 道理ᄂ 義皇ㅅ 우희 나고   [두언 15:37]

(ㄱ)에서는 '두어 이쇼딕'가 줄어서 '뒤쇼딕'가 된 다음에, 또다시 '뒤'의 반모음 /j/가 탈락되어서 '두쇼딕'로 실현되었다. (ㄴ)에서는 '두어 잇논'이 줄어서 '뒷논'으로 된 다음에 다시 '뒷'의 반모음 /j/가 탈락되어 '듯논'으로 실현되었다.

2.1.4.3. 활용

(가) 활용과 어미

〈활용의 개념〉 용언은 실질 형태소인 어간에 다양한 형태의 어미가 실현되어서 문법적인 기능을 나타내는데, 이러한 현상을 '활용(活用)'이라고 한다.

(14) ㄱ. 길헤 ᄀᆞᄅ미 잇더니⋯ 건나디 몯ᄒᆞ야 ᄀᆞ쇄셔 <u>자</u>다니   [월석 10:23]
    ㄴ. 那律ᄋᆞᆫ⋯처섬 出家ᄒᆞ샤 줌 잘 <u>자</u>거시늘   [영남 상25]
    ㄷ. 이트를 <u>자</u>딕 노로믈 아니 ᄒᆞ야 잇다니   [두언 7:23]
    ㄹ. 셤 안해 <u>자</u>싫 제 한비 사ᄋᆞ리로딕   [용가 67장]

위의 문장에서 동사 '자다'는 실질적인 뜻을 나타내는 어간 '자-'에 여러 가지 어미가 붙어서 활용하였다. 곧 (ㄱ)의 '자다니'에서는 어미 '-다니'가, (ㄴ)의 '자거시늘'에서는 '-거시늘'이, (ㄷ)의 '자딕'에서는 '-오딕'가, (ㄹ)의 '자싫'에서는 -싫 등이 붙어서 여러 가지 문법적인 기능을 나타낸다.

〈어미의 유형〉 어미는 그것이 실현되는 위치에 따라서 '어말 어미'와 '선어말 어미'로 나눌 수 있다. 여기서 '어말 어미(final ending)'는 용언의 끝에 실현되는 어미이며, '선어말 어미(pre-final ending)'는 어간과 어말 어미 사이에 실현되는 어미이다.

(15) 활용어＝어간＋어미[(선어말 어미)＋어말 어미]

용언의 활용은 (15)와 같이 실현된다. 곧 용언이 문장 속에서 실현될 때에 어말 어미는 반드시 실현되지만, 선어말 어미는 실현될 수도 있고 실현되지 않을 수도 있다. 그리고 때에 따라서는 둘 이상의 선어말 어미가 실현될 수도 있다.

(16) ㄱ. 모딘 길헤 ᄠᅥ러디면 恩愛ᄅᆞᆯ 머리 여희여 [석상 6:3]

ㄴ. ᄀᆞᄌᆞᆫ 道ᄅᆞᆯ 듣ᄌᆞᆸ고져 ᄒᆞᅀᆞᆸᄂᆞ이다 [법언 1:165]

ㄷ. 使者ᄂᆞᆫ ᄇᆞ리신 사ᄅᆞ미라 [석상 6:2]

(ㄱ)에서 'ᄠᅥ러디면'은 어간인 'ᄠᅥ러디-'에 어미 '-면'이 붙어서 활용하였다. (ㄴ)의 '듣ᄌᆞᆸ고져'에서는 어간인 '듣-'에 '-ᄌᆞᆸ고져'가 붙어서, 'ᄒᆞᅀᆞᆸᄂᆞ이다'에서는 어간인 'ᄒᆞ-'에 어미 '-ᅀᆞᆸᄂᆞ이다'가 붙어서 활용하였다. (ㄷ)의 'ᄇᆞ리신'은 어간인 'ᄇᆞ리-'에 어미 '-신'이 붙어서, '-이라'는 어간인 '-이-'에 어미인 '-라'가 붙어서 활용하였다. 이들 어미 가운데서 '-면, -고져, -다, -ㄴ, -라'은 용언의 맨 끝의 자리에 실현되는 어말 어미이며, '-ᄌᆞᆸ-, -ᅀᆞᆸ-, -ᄂᆞ-, -이-, -시-'는 어간과 어말 어미 사이에 실현되는 선어말 어미이다.

어말 어미와 선어말 어미의 유형을 일람표로 보이면 다음과 같다.

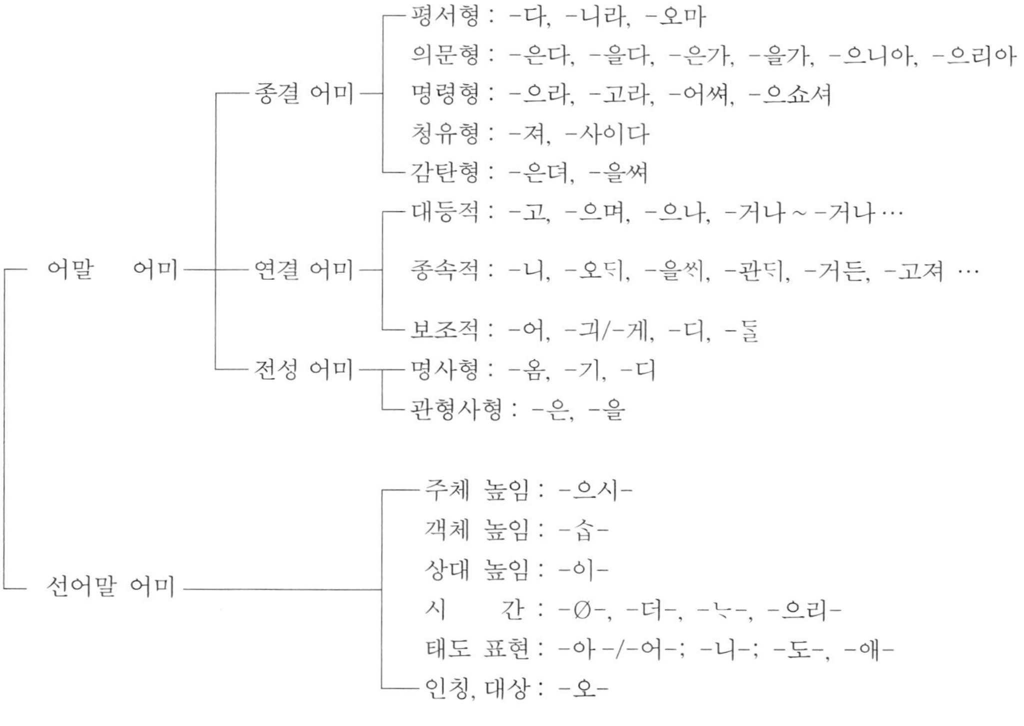

〈그림 3〉 어미의 유형

(나) 어미의 유형

(나)-1. 어말 어미

어말 어미는 용언의 끝자리에 실현되는 어미인데, 그 기능에 따라서 '종결 어미, 연결 어미, 전성 어미'로 나누어진다.

〈 종결 어미 〉 '종결 어미(終結語尾)'는 문장을 끝맺는 어말 어미이다. 종결 어미는 문장을 끝맺는 방식에 따라서 '평서형 종결 어미, 의문형 종결 어미, 명령형 종결 어미, 청유형 종결 어미, 감탄형 종결 어미'로 구분된다.

ⓐ **평서형 종결 어미**: '평서형 종결 어미(平敍形 終結語尾)'는 화자가 자신의 생각을 청자에게 단순하게 진술하는 평서문에 실현된다. 평서형 종결 어미로는 '-다, -니라, -(오/우)마' 등이 있다.

(17) ㄱ. 이 道를 이젯 사ᄅᆞ미 ᄇᆞ료믈 홁 ᄀᆞ티 ᄒᆞᄂᆞ**다**   [두언 25:56]

ㄴ. 네 아비 ᄒᆞ마 **주그니라**   [월석 17:21]

ㄷ. 그리 **호마** 혼 이리 分明히 아니ᄒᆞ면   [내훈 3:21]

(ㄱ)의 'ᄒᆞᄂᆞ다'에서 '-다'와 (ㄴ)의 '주그니라'에서 '-니라'는 평서형 어미인데, '-니라'는 '-다'에 비해서 보수적(保守的)인 느낌이 있다. 그리고 '-다'가 서술격 조사 '-이다'나 선어말 어미 '-더-, -리-, -과-, -니-, -오-' 등에 실현되면, '-이라, -더라, -리라, -과라, -니라, -오라'처럼 형태가 '-라'로 바뀐다. (ㄷ)의 '-마'는 화자가 청자에게 '약속함'을 나타내면서 문장을 끝맺는다. '-마'가 실현되는 문장은 주어가 반드시 1인칭이므로, '-마' 앞에서는 화자 표현의 선어말 어미인 '-오-/-우-'가 항상 실현된다.

ⓑ **의문형 종결 어미**: '의문형 종결 어미(疑問形 終結語尾)'는 화자가 청자에게 대답을 요구하는 의문문에 실현된다. 의문형 어미는 그 형태와 기능에 따라서, 다음의 〈표 6〉처럼 두 유형으로 구분된다.

(A) '은/읋' 형의 의문형 종결 어미: 주어의 인칭에 따른 구분이 있음.

　가. -은다, -읋다　　　　　　　　　(2인칭의 주어가 실현된 의문문)

　나. -은가, -은고; -읋가, -읋고　　(1·3인칭의 주어가 실현된 의문문)

(B) '으니/으리' 형의 의문형 종결 어미: 주어의 인칭에 따른 구분이 없음.

　가. -으니아/-으니야/-으니여/-으녀, -으니오/-으뇨

　나. -으리아/-으랴/-으려, -으리오/-으료

〈표 6〉 의문형 종결 어미의 종류와 기능

먼저 '-은'이나 '-읧'을 앞세우는 (A)의 의문형 어미는 의문문에 실현된 주어의 인칭이 2인칭이냐 1·3인칭이냐에 따라서 (가)와 (나)로 구분되어 쓰인다. 반면에 '-으니'나 '-으리'를 앞세우는 (B)의 의문형 어미는 의문문에 실현된 주어의 인칭과 관계없이 쓰인다 (허웅, 1975: 495·505).

첫째, '은/읧' 형의 의문형 어미인 '-은다, -읧다'와 '-은가/-은고, -읧가/-읧고'는 주어의 인칭에 따라 구분되어서 쓰인다. 곧, '-은다/-읧다'는 주어가 2인칭인 의문문에서만 실현되며, '-은가/-은고, -읧가/-읧고'는 주어가 1·3인칭인 의문문에 실현된다.

(18) ㄱ. 이 男子아 (네) 엇던 이를 爲ᄒ야 이 길헤 든다   [월석 21:118]
    ㄴ. 네 信ᄒᄂ다 아니 信ᄒᄂ다   [석상 9:26]
    ㄷ. 네 내 마를 다 드를따 ᄒ야늘   [석상 6:8]

(19) ㄱ. 내 … 엇뎨 자보ᄆᆯ 보ᄂ고   [법언 2:200]
    ㄴ. 두 사ᄅᆞᄆᆫ 시러곰 님긊 겨틔 둘가 몯ᄒᆞᆯ가   [두언 25:10]

(18)과 (19)의 의문형 어미는 주어의 인칭에 따라서 달리 실현되었다. 곧 주어가 2인칭일 때는 (18)처럼 '-은다' 혹은 '-읧다'로 실현되고, 주어가 1인칭이거나 3인칭일 때에는 (19)처럼 '-은고/-은가' 혹은 '-읧고/-읧가'로 실현되었다.[6] 이들 의문형 어미 앞에는 상대 높임의 선어말 어미 '-이-'가 실현되지 않는다.

둘째, '으니/으리' 형의 의문형 어미인 '-으니아/-으니오, -으리아/-으리오' 등은 주어의 인칭과는 상관없이, 1·3인칭과 2인칭의 주어가 쓰인 의문문에 두루 실현된다.

(20) ㄱ. 슬후미 이어긔 잇디 아니ᄒ니아   [두언 7:14]
    ㄴ. 다시 묻노라 네 어드러 가ᄂ니오 (重問子何之)   [두언 8:6]

(21) ㄱ. 大施主의 功德이 하녀 져그녀   [석상 19:4]
    ㄴ. 이 智慧 업슨 比丘ㅣ 어드러셔 오뇨   [석상 19:30]

_____

6) 1·3인칭의 의문형 어미인 '-은가/-은고'나 '-읧가/-읧고'는 청자가 직접적으로 상정되지 않은 발화 상황에서도 쓰일 수 있다. 이러한 의문형 어미를 '간접 의문형 어미'이라고 하는데, 주로 화자의 독백(獨白)이나 상념(想念)을 표현한다(고등학교 문법, 2010: 294).

(22) ㄱ. 세 술위예 글 시루믈 肯許ᄒ리아   [두언 22:14]

     ㄴ. 엇뎨 겨르리 업스리오   [월석 서17]

(23) ㄱ. 이 사ᄅᆞ미 得혼 福德이 하려 몯 하려   [금삼 45]

     ㄴ. 그듸ᄂᆞᆫ 엇뎨 精誠을 니즈료 (公豈忘精誠)   [두언 23:4]

(20~23)에는 의문형 어미 '-으니오/-으니아, -으리오/-으리아' 등이 주어의 인칭과 상관없이 쓰였다. (20)에서는 의문형 어미 '-으니아/-으니오'가 쓰였는데, 이들 어미는 축약되어서 (21)처럼 '-녀/-뇨'로 실현될 수 있다. 그리고 (22)에서는 의문형 어미가 '-아/-오'의 형태로 쓰였는데, 이들 어미도 '-리-'와 축약되어서 (23)처럼 '-려/-료'로 실현될 수 있다.

그리고 '으니/으리' 형의 의문형 어미인 '-으니아/-으니오, -으리아/-으리오' 등에는 상대 높임의 선어말 어미인 '-잇-'이나 '-ㅅ-'이 실현될 수 있다.

(24) ㄱ. 나라 니ᅀᅳ리를 긋게 ᄒ시ᄂᆞ니 엇더ᄒ니잇고   [석상 6:7]

     ㄴ. 사로미 이러커늘ᅀᅡ 아ᄃᆞᆯ을 여희리잇가   [월천 기143]

     ㄷ. 엇뎨 부톄라 ᄒᆞᄂᆞ닛가   [석상 6:18]

(ㄱ)과 (ㄴ)의 '엇더ᄒ니잇고'와 '여희리잇가'에는 아주 높임의 선어말 어미(ᄒ쇼셔체)인 '-잇-'이 실현되어서, (ㄷ)의 'ᄒᆞᄂᆞ닛가'에는 예사 높임의 선어말 어미(ᄒ야쎠체)인 '-ㅅ-'이 실현되어서 청자를 높여서 표현하였다.[7]

{ 질문의 방식에 따른 의문문의 유형 }

의문문은 질문하는 방식에 따라서 '설명 의문문'과 '판정 의문문'으로 나누어진다.

〈 판정 의문문 〉 '판정 의문문(判定疑問文, pro or con question)'은 화자가 자신이 발화한 질문의 전체적인 내용에 대하여, 청자에게 긍정이나 부정의 답을 요구하는 의문문이다. 판정 의문문에서는 '의문사(疑問詞, 물음말)'가 실현되지 않으며, 이때 의문문에 실현되는 의문형 어미나 의문 보조사는 '-가' 혹은 '-아/-어'의 형태로 실현된다.

---

7) '엇더ᄒ니잇고'는 '엇더ᄒ-+-잇-+-니…고'로 분석되는데, 상대 높임의 선어말 어미 '-잇-'이 의문형 어미인 '-니고'의 형태 속에 끼어들어서 실현되었다. '-니…고'처럼 다른 형태소가 끼어들어서 형태가 분리되는 어미를 '불연속 형태'라고 한다.

(1) ㄱ. 西京은 편안혼가 몯혼가   [두언 18:5]

   ㄴ. 大施主의 功德이 하녀 져그녀   [석상 19:4]

   ㄷ. 이 두 사르미 眞實로 네 항것가   [월석 8:94]

(1)의 문장에는 의문사가 실현되지 않았으므로 이들 문장은 모두 판정 의문문이다. (ㄱ)의 '편안혼가'와 '몯혼가'에서는 의문형 어미가 '-ㄴ가'로 실현되었으며, (ㄴ)의 '하녀'와 '져그녀'에서는 '-(으)녀'로 실현되었다. 그리고 (ㄷ)의 '항것가'에서는 의문의 뜻을 나타내는 보조사인 '-가'가 실현되었다.

  〈 **설명 의문문** 〉'설명 의문문(說明疑問文, Wh-question)'은 의문문에 나타난 '물음의 초점'에 대하여, 화자가 청자에게 구체적인 설명을 요구하는 의문문이다. 설명 의문문은 그 속에 '물음의 초점'을 나타내는 '의문사'를 반드시 취하며, 의문문에 실현되는 의문형 어미나 의문 보조사는 '-고'나 '-오'의 형태로 실현된다.

(2) ㄱ. 사호맷 무른 이제 어느 짜해 잇는고   [두언 15:51]

   ㄴ. 그 體 어듸 잇느뇨   [능언 2:36]

   ㄷ. 그디 子息 업더니 므슷 罪오   [월석 1:7]

(2)의 문장에는 의문사인 '누, 어듸, 므슷' 등이 실현되어 있으므로 이들 문장은 모두 설명 의문문이다. (ㄱ)의 '잇는고'에는 의문형 어미의 형태가 '-ㄴ고'로 실현되었으며, (ㄴ)의 '잇느뇨'에는 '-뇨'로 실현되었다. 그리고 (ㄷ)의 '罪오'에는 '-고'에서 /ㄱ/이 /ɦ/로 교체된 형태인 '-오'가 실현되었다.

  그런데 '수사 의문문'에서는 의문사가 실현되었더라도 화자가 청자에게 의문사에 대한 설명을 직접적으로 요구하지 않는 경우가 있다. 이러한 수사 의문문에는 '-고' 형 대신에 '-가' 형의 의문형 어미가 실현될 수 있다.

(3) ㄱ. 揚子江南을 쩌리샤 使者를 보내신들 七代之王을 뉘 마ᄀ리잇가 [용가 15장]

   ㄴ. 이 長者ㅣ 發心 너버 어느 劫에 功德이 져긇가   [월천 기169]

(3)에서는 (ㄱ)과 (ㄴ)에 각각 의문 대명사인 '누'와 '어느'가 쓰였다. 그러나 이들 문장의 실제의 내용을 보면 (ㄱ)은 '아무도 막을 수 없다'는 뜻으로 쓰였고 (ㄴ)은 '어떠한 劫이 지나더라도 功德이 적지는 않을 것이다.'라는 뜻으로 쓰였다. 따라서 화자는 청자에게 '누'와 '어느'에 대한 설명을 요구하는 것이 아니기 때문에 의문형 어미로 '-고' 형이 쓰이지 않고 '-가' 형이 쓰인 것이다.

  요약하면, 15세기 국어의 판정 의문문에서는 의문을 나타내는 조사나 어미의 끝 모음이 /아/나 /어/의 형태로 실현되고, 설명 의문문에서는 /오/의 형태로 실현된다.

ⓒ **명령형 종결 어미**: '명령형 종결 어미(命令形 終結語尾)'는 화자가 청자에게 어떠한 행동을 하도록 요구하는 명령문에 실현된다. 명령형 종결 어미로는 '-으라, -고라/-오라, -아쎠/-어쎠, -으쇼셔' 등이 있다.

첫째, '-으라'는 청자를 낮추어서 명령하는 종결 어미이다(ᄒ라체).

(25) ㄱ. 너희들히 … 부텻 마를 바다 디니<u>라</u>　　　　　　　[석상 13:62]
　　 ㄴ. 文殊아 아라<u>라</u>　　　　　　　　　　　　　　　[석상 13:26]

(25)의 문장에는 낮춤의 명령형 어미가 쓰였다. (ㄱ)의 '디니라'와 (ㄴ)의 '아라라'에는 동사인 '디니다'와 '알다'에 아주 낮춤의 명령형 어미인 '-으라'가 실현되었다.

둘째, '-고라/-오라'는 반말의 명령형 어미이다. /ㄹ/과 반모음 /j/ 뒤에서는 '-고라'의 /ㄱ/이 줄어져서 '-오라'의 형태로 실현된다(반말).

(26) ㄱ. 내사 주거도 므던커니와 이 아ᄃᆞᆯ 사ᄅᆞ<u>고라</u>　　　[삼강 효20]
　　 ㄴ. 모로매 願이 이디 말<u>오라</u> ᄒ더니　　　　　　　　[석상 11:30]

(ㄱ)의 '사ᄅᆞ고라'에서는 '사ᄅᆞ다'의 어간에 명령형 어미인 '-고라'가 실현되었으며, (ㄴ)의 '말오라'에서는 '말다'의 어간에 '-고라'가 실현되면서 /ㄱ/이 /ɦ/로 교체되었다.

셋째, '-아쎠/-어쎠, -으쇼셔'는 청자를 높여서 명령하는 종결 어미이다.

(27) ㄱ. 엇뎨 부톄라 ᄒᄂᆞ닛가 그 ᄠᆞ들 닐<u>어쎠</u>　　　　[석상 6:16]
　　 ㄴ. 이 ᄠᆞ들 닛디 마ᄅᆞ<u>쇼셔</u>　　　　　　　　　　[용가 110장]

(ㄱ)의 '닐어쎠'에는 '니ᄅᆞ다'의 어간에 예사 높임(ᄒ야쎠체)의 명령형 어미인 '-어쎠'가, (ㄴ)의 '마ᄅᆞ쇼셔'에는 '말다'의 어간에 아주 높임(ᄒ쇼셔체)의 명령형 어미 '-ᄋᆞ쇼셔'가 실현되었다.

ⓓ **청유형 종결 어미**: '청유형 종결 어미(請誘形 終結語尾)'는 화자가 청자에게 어떠한 행동을 함께 하도록 요구하는 청유문에 실현된다. 청유형 종결 어미로는 '-져/-져라, -사이다' 등이 있는데, '-져'는 청자를 낮추어서 표현하는 청유형 어미(ᄒ라체)이고, '-사이다'는 청자를 높여서 표현하는 청유형 어미(ᄒ쇼셔체)이다.

(28) ㄱ. 네 發願을 호딕 世世예 妻眷이 두외져 ᄒᆞ거늘   [석상 6:8]

    ㄴ. 父王이 病ᄒᆞ야 겨시니 우리 미처 가 보ᅀᆞᄫᅡ 모ᅀᆞ믈 훤히   [월석 10:6]

        너기시게 ᄒᆞ<u>져라</u>

    ㄷ. 淨土애 ᄒᆞᆫ딕 가 <u>나사이다</u>   [월석 8:100]

(ㄱ)의 '두외져'에는 '두외다'의 어간에 청유형 어미 '-져'가 붙어서, (ㄴ)의 'ᄒᆞ져라'에는 'ᄒᆞ다'의 어간에 '-져라'가 붙어서 청자에게 어떠한 행위를 함께 할 것을 요구하였다. 그리고 (ㄷ)의 '나사이다'는 '나다'의 어간에 청유형 어미 '-사이다'가 붙어서 청자를 높이면서 '나다'로 표현되는 행위를 함께 할 것을 요구한다.

  ⓔ **감탄형 종결 어미**: '감탄형 종결 어미(感歎形 終結語尾)'는 화자가 청자를 의식하지 않고 자신의 감정을 표출하는 감탄문에 실현된다. 감탄형 어미로는 '-은뎌'와 '-을쎠/-을셔'가 있는데, 이들은 모두 청자를 낮추어서 표현한다(ᄒᆞ라체).

(29) ㄱ. 義ᄂᆞᆫ 그 <u>큰뎌</u>   [내훈 3:54]

    ㄴ. 슬프다 녯 사ᄅᆞ미 마ᄅᆞᆯ 아디 몯ᄒᆞ<u>논뎌</u>   [영남 하30]

(30) ㄱ. 됴ᄒᆞᆯ쎠 오ᄂᆞᆳ날 果報ㅣ여   [월석 23:82]

    ㄴ. 摩耶ㅣ 如來ᄅᆞᆯ 나ᄊᆞᄫ<u>실쎠</u>   [석상 11:24]

(29)에서 (ㄱ)과 (ㄴ)의 '큰뎌'와 '몯ᄒᆞ논뎌'에는 '크다'와 '몯ᄒᆞ다'에 감탄형 어미인 '-은뎌'가 실현되었다. 그리고 (30)에서 (ㄱ)과 (ㄴ)의 '됴ᄒᆞᆯ쎠'와 '나ᄊᆞᄫ실쎠'에는 '둏다'와 '낳다'에 감탄형 어미인 '-을쎠'가 실현되었다.

  〈 **연결 어미** 〉'연결 어미(連結語尾)'는 이어진 문장의 앞절과 뒷절을 잇거나, 본용언과 보조 용언을 잇는 어미이다. 연결 어미에는 '대등적 연결 어미, 종속적 연결 어미, 보조적 연결 어미'가 있다.

  ⓐ **대등적 연결 어미**: '대등적 연결 어미(對等的 連結語尾)'는 앞절과 뒷절을 대등한 관계로 잇는 연결 어미이다. 대등적 연결 어미로는 '나열'의 의미를 나타내는 '-고, -곡, -으며'와 '대조'의 의미를 나타내는 '-으나, -거니와', 그리고 '선택'의 의미를 나타내는 '-거나 ~ -거나, -으나 ~ -으나, -으니 ~ -으니' 등이 있다.

  첫째, 연결 어미인 '-고, -곡, -으며'는 '나열'의 의미를 나타낸다.

(31) ㄱ. 子는 아ᄃᆞ리오 孫은 孫子ㅣ니 　　　　　　　　　　　[월석 1:7]

　　ㄴ. 쏘 善커든 通콕 惡거든 마가사 어려ᄫᅮ미 업스리라 　　[월석 14:76]

　　ㄷ. 쏘 玉女ᄃᆞᆯ히 虛空애셔 온가짓 풍류 ᄒᆞ며 굴근 江이 ᄆᆞᆰ고 　[월석 2:32]

(ㄱ)의 '아ᄃᆞ리오'에는 '-이다'의 어간에 '-오(←-고)'가 붙어서, (ㄴ)의 '通콕'에는 '通ᄒᆞ
다'의 어간에 '-곡'이 붙어서 앞절과 뒷절이 이어졌다. 그리고 (ㄷ)의 'ᄒᆞ며'에는 'ᄒᆞ다'의
어간에 '-며'가 붙어서 앞절과 뒷절이 '나열'의 관계로 이어졌다.

　둘째, 연결 어미인 '-으나'와 '-거니와/-어니와'는 '대조'의 의미를 나타낸다.

(32) ㄱ. ᄒᆞᆫ 願을 일우면 져그나 기튼 즐거ᄫᅮ미 이시려니와 　　　[월석 2:5]

　　ㄴ. 구루멧 ᄒᆡ ᄇᆞᆯ 근ᄒᆞ나 더운 하ᄂᆞᆯ히 서늘ᄒᆞ도다 　　　　[두언 6:35]

(ㄱ)과 (ㄴ)의 '져그나'와 '근ᄒᆞ나'는 '근ᄒᆞ다'와 '젹다'의 어간에 '-으나'가 붙어서, (ㄱ)의
'이시려니와'에서는 '이시다'의 어간에 '-어니와'가 붙어서 앞절과 뒷절이 '대조'의 관계
로 이어졌다.

　셋째, 동일한 형태가 반복해서 실현되는 연결 어미인 '-거나~-거나, -으나~-으나,
-으니~-으니'는 '선택'의 의미를 나타낸다.

(33) ㄱ. 제 쓰거나 ᄂᆞᆷ 히여 쓰거나 ᄒᆞ고 　　　　　　　　　　　[석상 9:21]

　　ㄴ. 오나 가나 다 새지비 兼ᄒᆞ얫도소니 　　　　　　　　　　[두언 7:16]

　　ㄷ. 외니 올ᄒᆞ니 ᄒᆞ야 是非예 ᄠᅥ러디면 了義ᄅᆞᆯ 모ᄅᆞ릴ᄊᆡ 　[영남 상39]

(ㄱ)의 '쓰거나~쓰거나'에는 '쓰다'의 어간에 '-거나'가 붙어서, (ㄴ)의 '오나 가나'에는
'오다'와 '가다'의 어간에 '-으나'가 붙어서, (ㄷ)의 '외니 올ᄒᆞ니'에는 '외다'와 '옳다'의
어간에 '-으니'가 붙어서 앞절과 뒷절이 '선택'의 관계로 이어졌다.

　ⓑ **종속적 연결 어미**: '종속적 연결 어미(從屬的 連結語尾)'는 앞절을 뒷절에 이끌리는 관
계로 잇는 연결 어미이다. 종속적 연결 어미로는 '-으면, -을ᄊᆡ, -거든, -어, -은들, -고
져, -으라' 등이 있는데, 그 수가 대단히 많고 뜻도 매우 다양하다.[8]

---

8) 15세기 국어에서 쓰인 종속적 연결 어미는 다음과 같다(허웅, 1975: 521). ① 제약 관계(-으니, -아,
-으면, -아사, -은대, -관ᄃᆡ, -거늘, -을ᄊᆡ, -라, -을시언뎡), ② 양보 관계(-아도, -거니와, -건마
ᄅᆞᆫ, -은들, -디빙, -란ᄃᆡ만뎡, -거뎡, -을ᄲᅢᆼ뎡), ③ 의도 관계(-고져, -과뎌, -겟고, -옷, -오려,
-으라, -노라), ④ 이름 관계(-ᄃᆞ록, -게), ⑤ 전환 관계(-다가, -으라), ⑥ 비교 관계(-곤, -노니),

(34) ㄱ. 모딘 길헤 뻐러디면 恩愛를 머리 여희여　　　　　[석상 6:3]

ㄴ. 불휘 기픈 남근 ᄇᆞᄅᆞ매 아니 뮐씨 곶 됴코 여름 하ᄂᆞ니　[용가 2장]

ㄷ. 아뫼나 와 가지리 잇거든 주노라　　　　　　　　　[월석 7:3]

ㄹ. 믈읫 字ㅣ 모로매 어우러ᅀᅡ 소리 이ᄂᆞ니　　　　　[훈언 13]

ㅁ. 현 번 뛰운ᄃᆞᆯ ᄂᆞ미 오ᄅᆞ리잇가　　　　　　　[용가 48장]

ㅂ. 善男子 善女人이 뎌 부텻 世界예 나고져 發願ᄒᆞ야ᅀᅡ ᄒᆞ리라 [석상 9:11]

ㅅ. ᄒᆞᆫ 菩薩이 … 나라해 빌머그라 오시니　　　　　[월석 1:5]

(ㄱ)의 '-으면'은 '가정'이나 '조건'의 뜻으로, (ㄴ)의 '-을씨'는 '이유'나 '원인'의 뜻으로, (ㄷ)의 '-거든'은 '조건'의 뜻으로, (ㄹ)의 '-어'는 '조건'이나 '수단'의 뜻으로, (ㅁ)의 '-은 ᄃᆞᆯ'은 '양보'의 뜻으로, (ㅂ)의 '-고져'는 '의도'의 뜻으로, (ㅅ)의 '-으라'는 '목적'의 뜻으로 쓰이면서 앞절과 뒷절을 종속적인 관계로 이었다.

　ⓒ **보조적 연결 어미**: '보조적 연결 어미(補助的 連結語尾)'는 본용언과 보조 용언을 잇는 연결 어미이다. 15세기 국어에 쓰인 보조적 연결 어미로는 '-아/-어, -게, -거/-가, -고; -디, -ᄃᆞᆯ/-들, -드란' 등이 있다.

　첫째, 보조적 연결 어미인 '-아/-어, -고, -게/-긔, -거/-가'는 긍정문에 쓰여서 본용언과 보조 용언을 잇는다.

(35) ㄱ. 赤眞珠ㅣ ᄃᆞ외야 잇ᄂᆞ니라　　　　　　　　　[월석 1:23]

ㄴ. 沙門이 … 됴흔 香 퓌우고 잇거니　　　　　　　[석상 24:26]

ㄷ. 慈悲ᄂᆞᆫ 衆生ᄋᆞᆯ 便安케 ᄒᆞ시ᄂᆞᆫ 거시어늘　　[석상 6:5]

ㄹ. 아비 보라 니거 지라　　　　　　　　　　　　　[월석 8:101]

(ㄱ)의 '-아/-어'는 본용언 뒤에 실현되어서 여러 가지 보조 용언을 잇는다. 여기서는 본용언인 'ᄃᆞ외다'와 보조 용언인 '잇다'를 이으면서 본용언의 동작이 완료된 뒤에 그 상태가 지속됨을 나타낸다. (ㄴ)의 '-고'는 본용언에 실현되어서 보조 용언인 '잇다'와 결합하여 본용언의 동작이 진행됨을 나타낸다. (ㄷ)의 '-게'는 본용언 뒤에 붙어서 보조 용언인 'ᄃᆞ외다, ᄒᆞ다, 말다' 등을 잇는데, 여기서는 본용언인 '便安ᄒᆞ다'와 보조 용언인 'ᄒᆞ다'를 이었다. (ㄹ)의 '-거/-가'는 '희망'을 나타내는 보조 용언인 '지라, 지이다'를 이

---

　⑦ 동시 관계(-다가며), ⑧ 설명 관계(-오ᄃᆡ), ⑨ 비례 관계(-디옷, -을ᄉᆞ록), ⑩ 흡사 관계(-ᄃᆞᆺ/-듯/-덧/-ᄃᆞ시/-드시), ⑪ 강조 관계(-나, -도), ⑫ 반복 관계(-곰, -암), ⑬ 가치 관계(-암직, -아만)

어 주는데, 여기서는 본용언인 '니다'와 보조 용언인 '지다'를 이었다.

둘째, 보조적 연결 어미인 '-디, -둘/-들, -드란'은 본용언에 붙어서 '부정'을 나타내는 보조 용언인 '아니ᄒ다, 몯ᄒ다, 말다' 등을 잇는다.

(36) ㄱ. 너희 브즈러니 지서 게으르디 말라 [법언 2:209]

　　ㄴ. 나는 난 後로 눔 더브러 드토들 아니ᄒ노이다 [석상 11:34]

　　ㄷ. 치마옛 아기를 쌔디오 소ᄂ로 얻다가 얻드란 몯고 [월석 10:24]
　　　　어분 아기를 조쳐 디오

(ㄱ)의 '-디(=-지)'는 본용언인 '게으르다'와 보조 용언 '말다'를 이었으며, (ㄴ)의 '-둘(=-지를)'은 본용언인 '드토다'와 보조 용언 '아니ᄒ다'를 이었으며, (ㄷ)의 '-드란(=-지는)'은 본용언인 '얻다'와 보조 용언인 '몯ᄒ다'를 이었다.

〈 전성 어미 〉 '전성 어미(轉成語尾)'는 용언이 본래의 서술 기능을 유지하면서도 다른 품사처럼 쓰이도록 문법적인 기능을 바꾸는 어미이다. 15세기 국어에서 쓰인 전성 어미로는 '명사형 전성 어미'와 '관형사형 전성 어미'가 있다.

ⓐ **명사형 전성 어미**: '명사형 전성 어미(名詞形 轉成語尾)'는 특정한 절 속의 서술어에 실현되어서, 그 절을 명사처럼 쓰이게 하는 어미이다. 명사형 전성 어미로는 '-옴/-움, -기, -디' 등이 있다.

첫째, '-옴/-움'은 가장 널리 쓰이는 명사형 전성 어미이다. '-옴/-움'은 반모음 /j/로 끝나는 어간 다음에는 '-욤/-윰'으로 변동하고, '-이다'나 '아니다'의 어간 뒤에서는 '-롬'으로 변동한다. 그리고 주체 높임의 선어말 어미인 '-시-'나 특정한 용언의 어간 뒤에서는 '-옴/-움'의 모음 /오/와 /우/가 탈락하여 '-ㅁ'의 형태로 실현된다.

(37) ㄱ. 됴흔 法 닷고ᄆᆯ 몯ᄒ야 [석상 9:14]

　　ㄴ. 사ᄅ미 몸 드외요미 어렵고 [석상 9:28]

　　ㄷ. 工夫ㅣ 흔가지로ᄆᆯ 니르니라 [몽언 19]

　　ㄹ. 둣 그림제 眞實ㅅ 둘 아니로미 굳ᄒ니라 [월석 2:55]

　　ㅁ. 우리 부텨 … 正覺 일우샤ᄆᆯ 뵈샤 [월석 서6]

　　ㅂ. 부텨 맛:나미 어려ᄫᅳ며 [석상 6:11]

(ㄱ)의 '닷고ᄆᆯ'에서 명사형 어미 '-옴'은 '닭다'의 어간 '닭-'에 붙어서 '됴흔 法 닭(다)'를 명사절로 만든다. 명사형 어미인 '-옴/-움'은 (ㄴ)의 '드외욤'처럼 용언의 어간이 반모음

/j/로 끝날 경우에는 '-욤/-윰'으로 바뀌며, (ㄷ)과 (ㄹ)처럼 '-이다'와 '아니다'의 어간 다음에서는 '-롬'으로 바뀐다. 그리고 (ㅁ)의 '일우샤몰'처럼 주체 높임의 선어말 어미 '-시-' 다음에 '-옴/-움'이 실현되면, '-시-'는 '-샤-'로 변동하고 '-옴/-움'에 붙어 있는 모음 /오/, /우/는 탈락한다. 끝으로 (ㅂ)의 '맛나다'와 같은 일부 용언들은 어간에 '-옴/-움'과 결합하면, '-옴/-움'의 첫 모음 /ㅗ/, /ㅜ/가 줄면서 어간 끝음절의 성조가 평성이나 거성에서 상성으로 바뀐다.9) 이처럼 (ㄴ)~(ㅂ)에서 나타나는 불규칙한 변동 현상은 형태소와 형태소 사이에 일어나는 모음 충돌을 회피하려는 현상으로 볼 수 있다.

둘째, 15세기 국어에서도 '-기'가 명사형 전성 어미로 쓰였는데, '-옴/-움'에 비해서 널리 쓰이지는 않았다.

(38) ㄱ. 比丘ㅣ … 오직 절ᄒ기를 ᄒ야   [석상 19:30]
　　　ㄴ. 그림 그리기에 늘구미 將次 오몰 아디 몯ᄒᄂ니   [두언 16:25]

(ㄱ)의 '절ᄒ기'와 (ㄴ)의 '그리기'에 실현된 명사형 어미 '-기'는 용언의 어간에 붙어서 '比丘ㅣ … 오직 절ᄒ다'와 '(Xㅣ) 그림 그리다'를 명사절로 만들었다.10)

셋째, 15세기 국어에서는 '-디'가 명사형 어미로 쓰였다. 이처럼 '-디'가 명사형 전성 어미로 쓰일 때에는 '어렵다, 슬ᄒ다, 둏다' 등의 '평가 형용사'가 안은 문장의 서술어로 쓰이는 것이 특징이다.

(39) ㄱ. 내 겨지비라 가져가디 어려ᄫᆯ씨   [월석 1:13]
　　　ㄴ. ᄆ수히 멀면 乞食ᄒ디 어렵고   [석상 6:23]
　　　ㄷ. 나리 져믈씨 나가디 슬ᄒ야 커늘   [삼행 열16]
　　　ㄹ. 므스거시 가져가디 됴ᄒ고   [번역박통사 하66]

(39)에서는 '-디'가 '어렵다, 乞食ᄒ다, 나가다, 가져가다'의 어간에 붙어서, '(내 그 고즐) 가져가다, (Xㅣ) 乞食ᄒ다, (Xㅣ) 나가디, (내 그를) 가져가디'를 명사절로 만들었다.

ⓑ **관형사형 전성 어미**: '관형사형 전성 어미(冠形詞形 轉成語尾)'는 특정한 절 속의 용언에 실현되어서, 그 절을 관형사처럼 쓰이게 하는 어미이다. 관형사형 전성 어미로는 '-

---

9) 이와 같은 방식으로 변동하는 용언으로는 '가다, 나다, 자다, 하다; 녀다; 오다, 보다; 두다, 주다'나, 이 말에 다른 말이 붙어서 된 합성어인 '맛나다, ᄯᅥ나다, 빛나다' 등이 있다.
10) 15세기 국어에는 현대어와는 달리 '-옴/-움'은 용례가 아주 풍부하나 '-기'는 용례가 매우 적다.

은, -을/-읋'이 있는데, 관형사형 전성 어미 '-은'에 시간 표현의 선어말 어미인 '-∅-, -ᄂ-, -더-'가 결합하여서 '-은, -ᄂ, -던'으로 쓰이기도 한다.

(40) ㄱ. 어미 주근 後에 부텨씌 와 묻ᄌᆞᄫᆞ면　　　　　　　　　[월석 21:21]

ㄴ. 이 지븨 사ᄂ 얼우니며 아히며　　　　　　　　　　　　[월석 21:99]

ㄷ. 모딘 일 짓던 중싱이 새 주근 사ᄅᆞᆷ들히니　　　　　　[월석 21:25]

ㄹ. 찻믈 기릃 媒女를 비러 오라 ᄒᆞ야시ᄂᆞᆯ　　　　　　　[월석 8:90]

(ㄱ)의 '주근'은 동사 '죽다'의 어간에 '-∅-'가 실현되어서 과거 시제를 나타내었으며, (ㄴ)의 '사ᄂ'은 '살다'의 어간에 '-ᄂ-'가 실현되어서 현재 시제를 나타내었다. (ㄷ)의 '짓던'은 '짓다'의 어간에 '-더-'가 실현되어서 화자가 과거에 직접 경험했던 일을 회상 (回想)함을 나타내었으며, (ㄹ)의 '기릃'은 '긷다'의 어간에 '-읋'이 실현되어서 미래 시제를 나타내었다. 이처럼 '-은, -ᄂ, -던, -읋' 등은 그것이 이끄는 절을 관형절로 만들면서, 동시에 '과거, 현재, 회상, 미래' 등의 시제를 표현한다.

그런데 관형사형 전성 어미가 명사적으로 쓰이는 특수한 경우가 있다(고등학교 문법, 2010: 294). 곧 관형절의 뒤에 중심어(=체언)가 실현되지 않은 상태로, 관형절 자체가 명사절과 같은 기능을 하는 특수한 예가 있다.

(41) ㄱ. 德이여 福이라 호ᄂᆞᆯ 나ᅀᆞ라 오소이다　　　　　　　[악궤 동동]

ㄴ. 威化振旅ᄒᆞ시ᄂ로 興望이 다 몯ᄌᆞᄫᆞ나　　　　　　　[용가 11장]

(42) ㄱ. 다ᇙ 업슨 긴 ᄀᆞᄅᆞᆷ 니섬 니서 오놋다　　　　　　　　[두언 10:35]

ㄴ. 놀애를 노외야 슬픐 업시 브르ᄂᆞ니　　　　　　　　　　[두언 25:53]

(41)에서 (ㄱ)의 '혼'과 (ㄴ)의 'ᄒᆞ신'은 'ᄒᆞ다'에 관형사형 어미 '-ㄴ'이 실현되었는데, 이 때의 관형사형 어미 '-ㄴ'은 명사적인 용법으로 쓰였다. 곧 관형절인 '德이여 福이라 혼' 과 '威化振旅ᄒᆞ신'에 격조사 '-올'과 '-ᄋᆞ로'가 바로 붙어서 마치 명사절처럼 기능한 것 이다. 그리고 (42)에서 (ㄱ)의 '다ᇙ'은 동사인 '다ᄋᆞ다'의 어간에, (ㄴ)의 '슬픐'은 형용사 인 '슬프다'의 어간에 관형사형 어미인 '-ᄚ'이 실현되었는데, 이 경우에도 관형사형 어 미 '-ᄚ'은 명사적인 용법으로 쓰였다.

(나)-2. 선어말 어미

'선어말 어미(先語末語尾)'는 용언의 끝에 실현되지 못하고, 어간과 어말 어미 사이에 실현되는 어미이다.

〈 **높임 표현의 선어말 어미** 〉 '높임 표현의 선어말 어미'는 발화 현장이나 문장 속에 등장하는 어떠한 대상을 높여서 표현하는 선어말 어미이다. 이러한 높임 표현의 선어말 어미에는 '상대(相對) 높임의 선어말 어미', '주체(主體) 높임의 선어말 어미', '객체(客體) 높임의 선어말 어미'가 있다.

ⓐ **상대 높임의 선어말 어미**: 상대 높임의 선어말 어미는 말을 듣는 '상대(相對)'를 높여서 표현하는 선어말 어미이다. 상대 높임의 선어말 어미는 아주 높임의 등분에서는 '-이-/-잇-'의 형태(ᄒᆞ쇼셔체)로, 예사 높임의 등분에서는 '-ᇰ-/-ㅅ-'의 형태(ᄒᆞ야쎠체)로 실현된다.

(43) ㄱ. 世尊하…이런 고디 업스이다 [능언 1:50]

ㄴ. 내 이제 엇뎨 ᄒᆞ야사 地獄 잇ᄂᆞ 짜해 가리잇고 [월석 21:25]

ㄷ. 三世옛 이를 아르실ᄊᆡ 부톄시다 ᄒᆞᄂᆞᆼ다 [석상 6:16]

ㄹ. 엇뎨 부톄라 ᄒᆞᄂᆞ닛가 [석상 6:18]

(ㄱ)의 '-이-'는 평서형 종결 어미인 '-다' 앞에서, (ㄴ)의 '-잇-'은 의문형 어미인 '-가, -고' 앞에서 아주 높임의 등분으로 쓰이는 상대 높임 선어말 어미이다. 그리고 (ㄷ)의 '-ᇰ-'은 평서형 어미인 '-다' 앞에서, (ㄹ)의 '-ㅅ-'은 의문형 어미인 '-가' 앞에서 예사 높임의 등분으로 쓰이는 상대 높임의 선어말 어미이다.

ⓑ **주체 높임의 선어말 어미**: '주체 높임의 선어말 어미'는 문장에서 주어로 실현되는 대상인 '주체(主體)'를 높여서 표현하는 어미인데, '-으시-/-으샤-'로 실현된다.

(44) ㄱ. 王이…그 蓮花를 ᄇᆞ리라 ᄒᆞ시다 [석상 11:31]

ㄴ. 부톄 百億 世界예 化身ᄒᆞ야 敎化ᄒᆞ샤미 [월석 1:1]

(ㄱ)의 'ᄒᆞ시다'에서 '-시-'는 문장의 주체인 '王'을 높였으며, (ㄴ)의 'ᄒᆞ샤미'에서 '-샤-'는 문장의 주체인 '부텨'를 높여서 표현하였다.

ⓒ **객체 높임의 선어말 어미**: '객체 높임의 선어말 어미'는 문장에서 목적어나 부사어로 표현되는 대상인 '객체(客體)'를 높여서 표현하는 선어말 어미인데, '-ᄉᆞᆸ-/-ᄌᆞᆸ-/-ᅀᆞᆸ-'이나 '-ᄉᆞᆸ-, -ᄌᆞ-, -ᅀᆞ-'의 형태로 실현된다.

(45) ㄱ. 벼슬 노폰 臣下ㅣ 님그믈 돕ᄉᄫᅡ   [석상 9:34]

      ㄴ. 내 아래브터 부텻긔 이런 마를 몯 듣ᄌᆞᄫᅥ며   [석상 13:44]

      ㄷ. 須達이 世尊 뵈ᅀᆞᆸ고져 너겨   [석상 6:45]

첫째로 '-ᄉᆞᆸ-'은 /ㄱ, ㅂ, ㅅ, (ㅎ)/의 뒤에 실현되는데 (ㄱ)에서는 목적어인 '님금'을 높였다. 둘째로 '-ᄌᆞᆸ-'은 /ㄷ/의 뒤에 실현되는데 (ㄴ)에서는 부사어인 '부텨'를 높였다. 셋째로 '-ᅀᆞᆸ-'은 유성음 뒤에서 실현되는데 (ㄷ)에서는 목적어인 '世尊'을 높였다. 그리고 (ㄱ)과 (ㄴ)에서처럼 '-ᄉᆞᆸ-/-ᄌᆞᆸ-/-ᅀᆞᆸ-'의 뒤에 모음으로 시작되는 어미가 실현되면, '-ᄉᆞᆸ-/-ᄌᆞᆸ-/-ᅀᆞᆸ-'의 종성 /ㅂ/이 /ᄫ/으로 변하여 '-ᄉᆞᄫ-/-ᄌᆞᄫ-/-ᅀᆞᄫ-'의 형태로 바뀐다.

〈 시간 표현의 선어말 어미 〉 시간을 표현하는 선어말 어미로는 '-ᄂᆞ-, -으리-; -더-' 등이 있으며, 형태가 없이 쓰이는 부정법(不定法)의 선어말 어미 '-∅-'도 현재나 과거의 시제를 표현한다.

ⓐ 발화시 기준의 시간 표현 선어말 어미: '-ᄂᆞ-'와 '-으리-', '-∅-'는 화자가 발화하는 때(발화시)를 기준으로 사건이 일어나는 시간을 표현한다.

첫째, '-ᄂᆞ-'는 발화시에 어떠한 일이 일어나고 있음을 나타내는 '현재 시제의 선어말 어미'이다.

(46) ㄱ. 네 이제 ᄯᅩ 묻ᄂᆞ다   [월석 23:97]

      ㄴ. 내 이제 大衆과 여희노라   [월석 21:217]

(ㄱ)의 '묻ᄂᆞ다'에서 현재 시제 선어말 어미는 '-ᄂᆞ-'로 실현되었다. 그런데 (ㄴ)의 '여희노라'처럼 '-ᄂᆞ-' 뒤에 선어말 어미 '-오-'가 실현되면 '-ᄂᆞ-'의 /ᆞ/가 탈락하여 '-노-'의 형태로 바뀐다.

둘째, '-으리-'는 발화시 이후에 어떠한 일이 일어날 것임을 나타내는 '미래 시제의 선어말 어미'이다.

(47) ㄱ. 아들ᄯᆞᄅᆞᆯ 求ᄒᆞ면 아들ᄯᆞᄅᆞᆯ 得ᄒᆞ리라   [석상 9:23]

      ㄴ. 말ᄊᆞᄆᆞᆯ 安定히 ᄒᆞ면 百姓을 便安케 ᄒᆞ린뎌   [내훈 1:7]

(ㄱ)의 '得ᄒᆞ리라'에서 '-리-'는 발화시 이후에 '아들ᄯᆞᄅᆞᆯ 得ᄒᆞ다'라는 일이 일어날 것을 추측함을 나타내었다. 그리고 (ㄴ)의 '하린뎌'에서 '-리-'는 '百姓을 便安케 ᄒᆞ다'라는 일에 대한 '추정'이나 '가능성'을 나타내었다.

셋째, 형태가 없이 실현되는 무형의 선어말 어미 '-∅-'도 현재나 과거 시제를 나타낸 다. 곧 무형의 시제 선어말 어미 '-∅-'는 형용사나 서술격 조사에 실현될 때에는 현재 시제를 나타내며, 동사에 실현될 때에는 과거 시제를 나타낸다.

(48) ㄱ. 너도 ᄯᅩ 이 ᄀᆞᆮᄒᆞ다   [능언 2:23]
　　ㄴ. 眞金은 진딧 金이라   [월석 7:29]

(49) ㄱ. 이 ᄢᅴ 아ᄃᆞᆯᄃᆞᆯ히 아비 죽다 듣고   [월석 17:21]
　　ㄴ. 菩提ᄅᆞᆯ 得ᄒᆞ시다 드르시고   [석상 13:30]

(48)에서는 형용사 'ᄀᆞᆮᄒᆞ다'와 '-이라'의 어간 뒤에 무형의 시제 표현 선어말 어미 '-∅-' 가 실현되어 현재 시제를 나타내었다. 그리고 (49)에서는 동사인 '죽다'와 '得ᄒᆞ시다'의 어간 뒤에 무형의 시제 선어말 어미 '-∅-'가 실현되어 과거 시제를 나타내었다.

ⓑ **경험시 기준의 시간 표현 선어말 어미**: '-더-'는 화자가 발화시 이전에 직접 경험한 어떤 때(경험시)로 자신의 생각을 돌이켜서, 그때를 기준으로 해서 일이 일어난 시간을 나타내는 '회상(回想)의 선어말 어미'이다.

(50) ㄱ. ᄠᅳ데 몯 마즌 이리 다 願 ᄀᆞ티 ᄃᆞ외더라   [월석 10:30]
　　ㄴ. 六師이 무리 三億萬이러라   [석상 6:28]
　　ㄷ. 功德이 이러 당다이 부톄 ᄃᆞ외리러라   [석상 19:34]
　　ㄹ. 내 지븨 이싫 저긔 受苦ㅣ 만타라   [월석 23:74]

회상의 선어말 어미는 (ㄱ)의 'ᄃᆞ외더라'처럼 일반적인 음운적 환경에는 '-더-'로 실현 된다. 그러나 (ㄴ)의 '三億萬이러라'와 (ㄷ)의 'ᄃᆞ외리러라'처럼 서술격 조사의 어간 '-이 -'나 선어말 어미 '-으리-' 뒤에서는 '-더-'가 '-러-'로 바뀐다. 그리고 (ㄹ)의 '만타라'처 럼 '-더-' 뒤에 선어말 어미 '-오-/-우-'가 오면 '-더-'와 '-오-'가 결합하여 '-다-'로 바뀐다.

〈 태도 표현의 선어말 어미 〉 선어말 어미 중에는 문장의 내용에 대하여 화자의 태도를 표현하는 것들이 있다. 이들 중에서 선어말 어미 '-아-/-어-, -거-, -나-; -니-' 등은 믿음의 태도를 나타내며, '-돗- / -도-' 등은 느낌(감동)의 태도를 나타낸다.

ⓐ **확인 표현의 선어말 어미**: 선어말 어미 '-아-/-어-, -거-, -나-'는 심증(心證)과 같은 화자의 주관적인 믿음에 근거하여, 어떠한 일을 확정적으로 판단함을 나타내는 선어말

어미이다.

(51) ㄱ. 崔九의 집 알픽 몃 디윌 드러뇨 [두언 16:52]

　　 ㄴ. 셜볼쎠 衆生이 正흔 길훌 일허다 [석상 23:19]

(52) ㄱ. 安樂國이는 … 어미도 몯 보아 시르미 더욱 깁거다 [월석 8:101]

　　 ㄴ. 衆生이 福이 다ᄋ거다 [석상 23:28]

　　 ㄷ. 내 니마해 블론 香이 몯 몰랫거든 도로 오나라 [월석 7:7]

(51)과 (52)에 쓰인 '-아-/-어-, -거-, -나-'는 서술어로 쓰인 용언의 종류에 따라서 달리 실현된다. 곧 (51)에서 (ㄱ)의 '듣다'나 (ㄴ)의 '잃다'와 같은 타동사에는 '-아-/-어-'가 실현되었는데, 여기서 '-어-'와 '-아-'의 선택은 모음 조화에 따라서 결정된다. 반면에 비타동사인 자동사와 형용사 그리고 '-이다'에는 확인 표현의 선어말 어미로서 불규칙하게 '-거-'나 '-나-'가 실현된다. 곧 (52)에서 (ㄱ)의 '깊다'와 같은 형용사나 (ㄴ)의 '다ᄋ다'와 같은 자동사에는 '-거-'가 실현되었다. 그리고 (ㄷ)의 '오다'에는 확인 표현의 선어말 어미로서 '-나-'가 불규칙하게 실현되는 것이 특징이다.

　ⓑ **원칙 표현의 선어말 어미**: '-으니-'는 화자가 객관적인 믿음을 근거로 사태를 확정적인 것으로 판단하여 말함을 나타내는 선어말 어미이다.

(53) ㄱ. 사ᄅ미 살면 주그미 이실씨 모로매 늙ᄂ니라 [석상 11:36]

　　 ㄴ. ㄱ는 엄쏘리니 君ㄷ字 처섬 펴아 나는 소리 ᄀ티니라 [훈언 4]

　　 ㄷ. 녜는 죠희 업서 대롤 엿거 그를 쓰더니라 [월석 8:98]

(ㄱ)의 '늙ᄂ니라'에서 '-니-'는 현재 시제의 선어말 어미 '-ᄂ-' 뒤에 실현되어서, '사람이 반드시 늙는다'는 것을 객관적인 사실로 인식하면서 이를 기정적(旣定的)으로 표현하였다. 그리고 (ㄴ)의 'ᄀ티니라'에서 '-ᄋ니-'는 무형의 형태소로 현재 시제를 나타내는 형용사에 실현되어서, 'ㄱ은 어금닛소리이고 그것이 '君'의 글자에서 초성으로 발음되는 소리와 같다'는 사실을 기정적인 것으로 표현하였다. (ㄷ)의 '쓰더니라'에서는 '-니-'가 회상의 선어말 어미 '-더-' 뒤에 실현되어서 '예전에는 종이가 없어서 대나무를 엮어 글을 썼다는 것'을 객관적인 사실로 인식하여 그것을 기정적으로 표현하였다. 선어말 어미 '-니-'는 평서형의 종결 어미 앞에서만 실현되는 특징이 있다.

　ⓒ **감동 표현의 선어말 어미**: '-도-/-돗-'과 '-애-/-에-/-게-/-얘-'는 화자의 '느낌(감

동, 영탄)'의 뜻을 나타내는 태도 표현의 선어말 어미이다.

첫째, '-도-/-돗-'은 느낌(영탄, 감동)을 표현하는 선어말 어미인데, '-이다'와 '아니다'의 어간이나 '-으리-' 뒤에서는 각각 '-로-/-롯-'으로 실현된다.

(54) ㄱ. 쁘디 기프시도다 [금삼 5:21]

ㄴ. 녜 업던 이리로다 [월석 1:14]

ㄷ. 새 그를 어제 브텨 보내돗더라 [두언 23:29]

ㄹ. 天龍鬼神을 네 數를 알리로소니여 모르리로소니여 [석상 11:4]

(ㄱ)의 '기프시도다'에는 느낌을 나타내는 선어말 어미인 '-도-'가 실현되어서, '쁘디 깊다'라는 사실에 감동의 의미를 더했다. 그리고 (ㄴ)의 '이리로다'에는 서술격 조사인 '-이다'의 어간 뒤에서 느낌의 선어말 어미 '-도-'가 '-로-'로 바뀌어서 실현되었다. (ㄷ)의 '보내돗더라'에서는 감동 표현의 선어말 어미인 '-돗-'을 실현하여 '새 그를 어제 브텨 보내다'라는 사실에 감동의 의미를 더했다. 그리고 (ㄹ)의 '알리로소니'와 '모르리로소니여'에서는 '-돗-'이 선어말 어미인 '-리-'의 뒤에서 '-롯-'으로 바뀌었다.

둘째, '-애-/-에-/-게-/-얘-'도 화자의 '느낌'을 표현하는 선어말 어미이다.

(55) ㄱ. 目連이 닐오듸 몰라보애라 [월석 23:86]

ㄴ. 뿔 니고미 오라듸 오히려 굴히리 업세이다 [육언 상27]

ㄷ. 아디 몯게이다 和尙은 므슷 이를 ᄒ라 ᄒ시ᄂ니잇가 [육언 상8]

ㄹ. 먼 ᄀ새 窮ᄒ 시르미 훤ᄒ얘라 [두언 23:16]

(ㄱ)의 '몰라보애라'에는 양성 모음의 어간인 '몰라보-'에 '-애-'가 실현되어서, (ㄴ)의 '업세이다'에는 음성 모음의 어간인 '없-'에 '-에-'가 실현되었다. 그리고 (ㄷ)의 '몯게이다'에는 '몯(ᄒ)다'의 어간인 '몯-'에 '-게-'가, (ㄹ)의 '훤ᄒ얘라'에는 '훤ᄒ다'의 어간인 '훤ᄒ-'에 '-얘-'가 실현되었다. '-애-/-에-/-게-/-얘-' 중에서 '-애-'와 '-에-'는 음운론적 변이 형태이며, '-게-'와 '-얘-'는 각각 '몯(ᄒ)-'와 '~ᄒ-'에 붙은 형태론적 변이 형태이다. 그리고 이들 선어말 어미 뒤에 실현되는 평서형의 종결 어미 '-다'는 '-라'로 변동한다.

〈 '화자 표현'과 '대상 표현'의 선어말 어미 〉 선어말 어미 '-오-/-우-'는 종결형이나 연결형에서 실현되는 것과 관형사형에서 실현되는 것이 있다.

첫째, 화자 표현의 선어말 어미 '-오-/-우-'는 주로 종결형이나 연결형에서 나타나는데, 이는 문장의 주어가 말하는 사람(화자, 話者)임을 나타낸다.

(56) ㄱ. ㅎ오사 내 尊호라   [월석 2:34]

ㄴ. 나ᄂᆞ 弟子 大目健連이로라   [월석 23:82]

ㄷ. 世尊ㅅ 일 ᄉᆞᆲ오리니 ··· 눈에 보논가 너기ᅀᆞᇦ쇼셔   [월석 1:1]

(ㄱ)의 '尊호라'와 (ㄴ)의 '大目健連이로라'는 종결형으로 표현되었는데, 이들 단어에 실현된 선어말 어미 '-오-'는 문장의 주어가 1인칭(=나)임을 나타낸다. 그리고 (ㄷ)의 'ᄉᆞᆲ오리니'는 연결형인데, 이때에도 '-오-'는 문장의 주어가 화자임을 나타낸다.

둘째, 대상 표현의 선어말 어미 '-오-/-우-'는 관형사형에 실현된다. 이때의 '-오-/-우-'는 관형절이 수식하는 체언(피한정어)이, 관형절의 서술어로 표현되는 용언에 대하여 의미상으로 객체(목적어나 부사어로 쓰인 대상)일 때에 실현된다.

(57) ㄱ. (世尊이) 須達이 지순 精舍마다 드르시며   [석상 6:38]

ㄴ. 須達이 精舍를 짓다

(58) ㄱ. 王이 ··· 누봃 자리예 겨샤   [월석 10:9]

ㄴ. 王이 ··· 자리예 눕다

(59) ㄱ. 出家ᄒᆞᆯ 사ᄅᆞ미 쇼히 ᄀᆞᆮ디 아니ᄒᆞ니   [석상 6:22]

ㄴ. 사ᄅᆞ미 出家ᄒᆞ다

(57ㄱ)의 '정사(精舍)'는 '수달(須達)'이 짓는 대상(목적어)으로 쓰였고, (58ㄱ)의 '자리'는 왕(王)이 눕는 위치(부사어)로 쓰였다. 이처럼 관형절이 수식하는 체언이 관형절 속에서 객체(목적어나 부사어로 쓰이는 대상)로 쓰이는 관계에 있을 때는, 관형절의 서술어로 쓰인 용언에 선어말 어미 '-오/우-'가 실현된다. 반면에 (59ㄱ)에서 관형절이 수식하는 '사름'은, 관형절 속에서 주체(주어로 쓰이는 대상)로 쓰이는 관계에 있는데, 이때에는 관형절의 서술어로 쓰인 용언에 선어말 어미 '-오-/-우-'가 실현되지 않는다.

그리고 관형절과 피한정 체언이 '동격'의 관계에 있을 때에도 대상 표현의 선어말 어미가 실현될 수 있다.

(60) 부텻 出現ᄒᆞ샤 說法ᄒᆞ시논 ᄠᅳ들 아ᅀᆞ와   [법언 2:156]

(60)에서 '부텻 出現ᄒᆞ샤 說法하시논'은 동격 관형절인데, 경우에는 관형절의 서술어에

대상 표현의 선어말 어미인 '-오-/-우-'가 수의적으로 실현되었다.

(다) 활용의 규칙성과 불규칙성

(다)-1. 규칙 활용

용언은 활용할 때에 어간이나 어미의 기본 형태가 그대로 유지되는 경우가 있고, 어간이나 어미가 기본 형태와는 다르게 바뀌는 경우도 있다. 이때 기본 형태가 그대로 유지되는 활용을 '규칙 활용(規則活用)'이라고 하며, 이러한 방식으로 활용하는 용언을 '규칙 용언(規則用言)'이라고 한다.

그리고 어간이나 어미가 다른 형태로 바뀌어도 그 현상을 일정한 규칙으로 설명할 수 있으면, 이들 활용은 규칙 활용으로 처리한다. 이렇게 규칙적으로 활용하는 용언의 어간과 어미가 변하는 모습은 다음과 같은 유형으로 나눌 수 있다.

첫째, 용언이 활용할 때 어간이나 어미의 특정한 형태가 다른 형태로 바뀔 수 있다.

(61) ㄱ. 슬후미 넏디 아니ᄒ니   [두언 6:29]
     ㄴ. 새 그를 고툐믈 못고   [두언 16:14]

(ㄱ)에서 '넡다'의 어간인 '넡-'에 자음으로 시작하는 어미인 '-디'가 붙으면서 어간의 형태가 '넏-'으로 변동하였다.[11] (ㄴ)에서 '고티다'의 어간인 '고티-'에 모음으로 시작하는 어미 '-옴'이 결합하면서 /ㅣ/가 반모음인 /j/로 바뀌어서 '고툠'으로 변동하였다.[12]

둘째, 용언이 활용할 때 어간이나 어미의 특정한 소리가 탈락할 수가 있다.

(62) ㄱ. 업던 번게를 하ᄂᆞᆯ히 ᄇᆞᆯ기시니   [용가 30장]
     ㄴ. 고기 낫글 낙술 밍ᄀᆞᄂᆞ다   [두언 7:4]

(63) ㄱ. 피 무든 홀ᄀᆞᆯ 파 가져   [월석 1:7]
     ㄴ. 새 밍ᄀᆞ논 글워레 고텨 다시 더어   [월석 서19]

---

11) 평파열음화: 어간의 끝 자음(종성)이 /ㄱ, ㄴ, ㄷ, ㄹ, ㅁ, ㅂ, ㅅ, ㅇ/ 이외의 종성일 때에 그 뒤에 자음으로 시작하는 어미가 실현되면, 어간의 종성은 /ㄱ, ㄴ, ㄷ, ㄹ, ㅁ, ㅂ, ㅅ, ㅇ/ 중의 하나로 바뀐다.

12) 음운의 축약: 모음으로 끝난 어간에 모음으로 시작하는 어미가 연결될 때, 어간의 끝 모음이 반모음으로 바뀐다.

(62)는 활용할 때에 어간이나 어미의 특정한 자음이 탈락하는 경우이다. (ㄱ)에서는 '없다'의 어간 '없-'에 자음으로 시작하는 어미 '-던'이 붙으면서 어간의 끝 자음인 /ㅅ/이 탈락하여 '업-'으로 바뀌었다.13) (ㄴ)에서는 '밍굴다'의 어간인 '밍굴-'이 /ㄴ/으로 시작하는 어미 앞에서 어간의 끝 자음 /ㄹ/이 탈락하여 '밍ㄱ-'로 바뀌었다.14) 그리고 (62)에서는 활용할 때 어간이나 어미의 특정한 모음이 탈락한 경우이다. (ㄱ)에서는 '프다'의 어간인 '프-'에 모음으로 시작하는 어미인 '-아'가 붙어서 활용할 때에, 어간의 끝 모음인 /ᄋ/가 탈락하였다. (ㄴ)에서도 '더으다'의 어간의 끝소리인 /으/가 탈락하였다.15)

셋째, '다ᄅ다(異), ᄇᄉ다(破); 기르다(養), 비스다(粧)' 등은, /ㅏ, ㅓ/나 /ㅗ, ㅜ/로 시작하는 어미 앞에서 어간의 끝 모음인 /ᆞ, ㅡ/가 탈락하고, 홀로 남은 자음이 앞 음절의 종성의 자리로 이동한다.

> (64) ㄱ. ᄂᆞᄆᆞᆫ 뜬 다ᄅ거늘 님그믈 救ᄒ시고   [용가 24장]
>
> ㄴ. 나랏 말ᄊᆞ미 中國에 달아   [훈언 1]
>
> ㄷ. 내의 수머슈믄 隱居ᄒ니와 달오라   [두언 20:26]
>
> (65) ㄱ. 名利를 ᄉᆞ랑ᄒᆞ야 모믈 비스고   [선언 상26]
>
> ㄴ. 夫人이 … ᄀᆞ장 빗어 됴혼 양 ᄒ고   [월석 2:5]
>
> ㄷ. 오ᄉᆞ로 빗오믈 이롤ᄊᆞ 붓그리다니   [월천 기121]

(64)의 '다ᄅ다'와 (65)의 '비스다'는 (ㄱ)처럼 일반적인 음운 환경에서는 어간의 끝 모음인 /ᆞ/와 /ㅡ/가 그대로 쓰였다. 반면에 (ㄴ)과 (ㄷ)처럼 /ㅏ, ㅓ/나 /ㅗ, ㅜ/로 시작하는 어미가 붙어서 활용하면, 어간의 끝소리인 /ᆞ/와 /ㅡ/가 탈락하고 홀로 남은 /ㄹ/과 /ㅿ/는 앞 음절의 종성의 자리로 가서 '달아, 달오라'와 '빗어, 빗옴'으로 실현되었다.16)

넷째, '모ᄅ다(不知), ᄇ르다(粧), ᄲᄅ다(速); 부르다(演), 브르다(呼), 흐르다(流)' 등은 어

---

13) 자음군 단순화: 어간의 끝음절의 받침 소리가 /ㅄ, ㅺ, ㅼ/일 때 그 뒤에 자음으로 시작하는 어미가 붙어서 활용하면, 겹받침 중의 하나가 탈락되어서 /ㅂ, ㅅ, ㅅ/으로 실현된다.

14) /ㄹ/ 탈락: 어간의 끝음절의 종성이 /ㄹ/일 때 그 뒤에 /ㄴ, ㄷ, ㄹ, ㅿ/으로 시작하는 어미가 붙어서 활용하면, /ㄹ/이 줄어진다. 그런데 15세기 국어에서는 현대어와는 달리 선어말 어미 '-으시-/-ᄋ시-' 앞에서도 '아ᄅ시니, 아ᄅ쇼셔' 등과 같이 어간의 끝 /ㄹ/이 그대로 유지되는 것이 특징이다.

15) '/ᆞ/ 탈락'과 '/ㅡ/ 탈락': 어간의 끝음절의 모음인 /ᆞ/, /ㅡ/는 모음 충돌을 피하기 위하여 /ㅗ, ㅜ/나 /ㅏ, ㅓ/로 시작하는 어미 앞에서 줄어진다.

16) '달아, 달오라'와 '빗어, 빗옴'에서 '아', '오', '옴'의 'ㅇ' 글자는 유성 후두 마찰음인 [ɦ]의 음가를 가진다.

간에 /ㅏ, ㅓ/나 /ㅗ, ㅜ/로 시작하는 어미가 붙으면, 어간의 /ㆍ, ㅡ/가 탈락하고, 홀로
남은 자음은 앞 음절의 종성의 자리로 이동하고 동시에 /ㄹ/이 덧붙는다.

(66) ㄱ. 天命을 <u>모ᄅ</u>실씩 꾸므로 알외시니　　　　　　　　　[용가 13장]

　　　ㄴ. 須達이 … 부텨 뵈ᅀᆞᆸᄂᆞᆫ 禮數를 <u>몰라</u>　　　　　　　[석상 6:20]

　　　ㄷ. 聖은 通達ᄒᆞ야 <u>몰롤</u> 이리 업슬 씨라　　　　　　　　[월석 1:19]

(67) ㄱ. 帝釋이 그 눐믈로 ᄀᆞᄅᆞ미 드외야 <u>흐르게</u> ᄒᆞ니라　　[석상 23:28]

　　　ㄴ. 時節이 … <u>흘러</u> 가면　　　　　　　　　　　　　　　[석상 19:11]

　　　ㄷ. ᄀᆞᄅᆞ미 <u>홀루미</u> 氣運이 푸티 아니ᄒᆞ도다　　　　　[두언 7:12]

(66)의 '모ᄅᆞ다'와 (67)의 '흐르다'는 (ㄱ)처럼 일반적인 음운 환경에서는 어간의 끝 모음
인 /ㆍ/와 /ㅡ/가 그대로 쓰였다. 반면에 (ㄴ)과 (ㄷ)처럼 /ㅏ, ㅓ/나 /ㅗ, ㅜ/로 시작하는
어미가 붙어서 활용하면, 어간의 끝소리인 /ㆍ/와 /ㅡ/가 탈락하고 홀로 남은 자음 /ㄹ/은
앞 음절의 종성으로 이동하였다. 그와 동시에 어미에 /ㄹ/이 덧붙어서 '몰라, 몰롤'과
'흘러, 홀룸'으로 실현되었다.

　다섯째, 어미가 모음 조화 규칙에 의하여 교체되는 경우가 있다.

(68) ㄱ. 자바, ᄂᆞ라; 슬ᄫᅩ딕, 노포라

　　　ㄴ. 주거, 버서; 업수딕, 어두라

(69) ㄱ. 자ᄇᆞᆫ, 자ᄇᆞ며, 자ᄇᆞ이다

　　　ㄴ. 업슨, 업스며, 업스이다

(68)의 (ㄱ)에서는 어간과 어미의 모음이 양성 모음끼리 어울려서 실현되었으며, (ㄴ)에
서는 음성 모음끼리 어울려서 실현되었다. 그리고 (69)의 (ㄱ)에서는 양성 모음으로 끝나
는 어간 뒤에 양성의 매개 모음인 /ᄋᆞ/로 시작하는 어미가 실현되었고, (ㄴ)에서는 음성
모음으로 끝나는 어간 뒤에 음성의 매개 모음 /으/로 시작하는 어미가 실현되었다.

(다)-2. 불규칙 활용

　용언의 활용에는 어간이나 어미가 불규칙적으로 바뀌어서(개별적으로 교체되어) 일반
적인 변동 규칙으로는 설명할 수 없는 것이 있다. 이러한 활용을 '불규칙 활용(不規則

活用)'이라고 하고, 불규칙하게 활용하는 용언을 '불규칙 용언(不規則用言)'이라고 한다.

　규칙 활용과 불규칙 활용의 예로서, 어간이 /ㅅ/으로 끝나는 용언이 활용하는 모습을 살펴본다.

　　(70) ㄱ. 흐르는 므리 쇽졀업시 믌겨리 <u>솟놋다</u>　　　　　　　　　[두언 14:33]

　　　　 ㄴ. 佉羅騫馱는 … 바롨므를 <u>소사</u> 오르게 ᄒᆞᄂᆞ니라　　　　　[석상 13:9]

　　(71) ㄱ. 오직 <u>낫고</u> 믈룸 업수미 일후미 不退心이라　　　　　　[능언 8:18]

　　　　 ㄴ. 부텻 알ᄑᆡ <u>나ᅀᅡ</u> 드르샤　　　　　　　　　　　　　[석상 11:17]

(70)에서 '솟다(噴)'의 어간인 '솟-'은 (ㄱ)처럼 어미 '-놋다'와 결합하거나 (ㄴ)처럼 어미 '-아'와 결합하더라도 어간의 형태가 변하지 않았다. 이에 반해서 (71)에서 '낫다(進)'의 어간인 '낫-'은 (ㄱ)처럼 자음으로 시작하는 어미 '-고'와 결합할 때에는 어간의 형태가 바뀌지 않았지만, (ㄴ)처럼 모음으로 시작하는 어미 '-아'와 결합할 때는 어간의 형태가 '나ᅀ-'으로 바뀌었다. 여기서 '소사'와 '나ᅀᅡ'의 활용은 동일한 음운적인 환경에서 이루어졌다. 그런데 '솟다'가 '소사'로 활용할 때에는 어간의 형태가 변하지 않았지만, '낫다'가 '나ᅀᅡ'로 활용할 때에는 어간의 끝소리 /ㅅ/이 /ᅀ/으로 변했다. 이러한 차이점 때문에 '솟다'는 규칙 용언으로 처리하고, '낫다'는 불규칙 용언으로 처리한다.

　불규칙 용언은 그것이 활용하는 모습에 따라서 '어간이 불규칙하게 바뀌는 용언'과 '어미가 불규칙하게 바뀌는 용언'으로 나뉜다.

〈 **어간의 불규칙 활용** 〉 활용할 때에 어간이 불규칙하게 바뀌는 용언으로는 'ㅅ' 불규칙 용언, 'ㅂ' 불규칙 용언, 'ㄷ' 불규칙 용언, 불규칙하게 활용하는 개별 용언 등이 있다.

　ⓐ **'ㅅ' 불규칙 활용** : 어간이 /ㅅ/으로 끝나는 용언 중에는, 어간에 모음으로 시작하는 어미가 붙어서 활용할 때에, 어간의 끝 소리 /ㅅ/이 /ᅀ/으로 바뀌는 것이 있다.

　　(72) ㄱ. 武王이 곳갈 쁴롤 <u>밧디</u> 아니ᄒᆞ샤　　　　　　　　　　[내훈 1:36]

　　　　 ㄴ. 薩遮尼乾은 … 머리 뽑고 옷 <u>바사</u> ᄃᆞ니ᄂᆞ니라　　　　[월석 20:14]

　　(73) ㄱ. 利益ᄒᆞ논 ᄆᆞᅀᆞᆷ <u>짓디</u> 아니호미　　　　　　　　　[금언 84]

　　　　 ㄴ. (道士들히) … 表 <u>지ᅀᅥ</u> 엳ᄌᆞᄫᆞ니　　　　　　　　　[월석 2:69]

(72)의 '벗다(脫)'에서 어간의 끝소리 /ㅅ/은, (ㄱ)처럼 자음으로 시작하는 어미나 (ㄴ)처럼

모음으로 시작하는 어미 앞에서는 변동이 일어나지 않았다. 그런데 (73)에서 '짓다(作)'의 어간 끝소리 /ㅅ/은, (ㄱ)처럼 자음으로 시작하는 어미 앞에서는 형태가 바뀌지 않았지만, (ㄴ)처럼 모음으로 시작하는 어미 앞에서는 /ㅿ/으로 바뀌었다. 이러한 활용 모습의 차이 때문에 (71)의 '밧다'는 규칙 용언으로, (72)의 '짓다'는 'ㅅ' 불규칙 용언으로 처리한다.17)

ⓑ **'ㅂ' 불규칙 활용** : 어간이 /ㅂ/으로 끝나는 용언 중에는, 어간에 모음으로 시작하는 어미가 붙어서 활용할 때에, 어간의 끝 소리 /ㅂ/이 /ㅸ/으로 바뀌는 것이 있다.18)

(74) ㄱ. 그 東山애 열 가짓 祥瑞 나니 <u>좁던</u> 東山이 어위며   [월석 2:28]

     ㄴ. 八十種好ᄂᆞᆫ 손토비 <u>조보</u>시고   [법언 2:14]

(75) ㄱ. 江漢앤 둜비치 <u>곱도다</u>   [두언 20:8]

     ㄴ. 太子ㅣ 性 <u>고ᄫᆞ</u>샤   [월석 21:211]

(74)에서 '좁다(陜)'의 어간 끝소리 /ㅂ/은, (ㄱ)처럼 자음으로 시작하는 어미의 앞과 (ㄴ)처럼 모음으로 시작하는 어미의 앞에서는 형태가 변하지 않았다. 그런데 (75)에서 '곱다(麗)'의 어간 끝소리 /ㅂ/은 (ㄱ)처럼 자음으로 시작하는 어미 앞에서는 형태가 변하지 않았지만, (ㄴ)처럼 모음으로 시작하는 어미 앞에서는 /ㅸ/으로 바뀌었다. 이러한 활용 모습의 차이에 때문에 (74)의 '좁다'는 규칙 용언으로, (75)의 '곱다'는 'ㅂ' 불규칙 용언으로 처리한다.19)

ⓒ **'ㄷ' 불규칙 활용** : 어간이 /ㄷ/으로 끝나는 용언 중에는, 어간에 모음으로 시작하는 어미가 붙어서 활용할 때에, 어간의 끝 소리 /ㄷ/이 /ㄹ/로 바뀌는 것이 있다.

(76) ㄱ. 弟子들히 다 神力으로 諸方애 가 옷 밥 <u>얻더니</u>   [월석 22:71]

     ㄴ. 사ᄅᆞ미 모딘 ᄭᅮ믈 <u>어더</u> 구즌 相ᄋᆞᆯ 보거나   [월석 9:43]

---

17) 'ㅅ' 불규칙 용언으로는 '긋다(劃), 낫다(進), 닛다(承), 둣다(愛), 웃다(笑), 젓다(搖), 줏다(拾)' 등이 있고, 'ㅅ' 규칙 용언으로는 '밧다(脫), 벗다(脫), 빗다(梳), 솟다(迸), 싯다(洗)' 등이 있다.

18) 'ㅂ' 불규칙 용언의 어간 끝 자음인 /ㅂ/은 『월인석보』(1459)가 간행된 시기까지 /ㅸ/으로 변했고, 그 이후의 문헌에서는 /오/나 /우/로 변했다.

19) 'ㅂ' 불규칙 용언으로는 '갓갑다(近), 곱다(麗), 굽다(曲, 燒), 눕다(臥), 덥다(暑), 돕다(助), 쉽다(易), 어렵다(難), 입다(迷), 칩다(寒); 굶다(竝), 셟다(難), 떫다(澁), ᄇᆞᆲ다(履), ᄉᆞᆲ다(曰), 셟다(哀, 셟다), 엷다(薄)' 등이 있고, 'ㅂ' 규칙 용언으로는 '곱다(曲, 倍), 굽다(屈), 넙다(廣), 닙다(着), 잡다(執), 좁다(狹)' 등이 있다.

(77) ㄱ. 難陁ㅣ… 흔 빼 계도록 (므를) <u>긷다가</u> 몯ᄒᆞ야   [월석 7:9]

       ㄴ. 甁의 므를 <u>기러</u> 두고사 가리라   [월석 7:9]

(76)에서 '얻다(得)'의 어간 끝소리 /ㄷ/은, (ㄱ)처럼 자음으로 시작하는 어미나 (ㄴ)처럼 모음으로 시작하는 어미 앞에서는 형태의 변화가 없다. 그런데 (77)에서 '긷다(汲)'의 어간 끝소리 /ㄷ/은 (ㄱ)처럼 자음으로 시작하는 어미 앞에서는 형태의 변화가 없지만, (ㄴ)처럼 모음으로 시작하는 어미 앞에서는 /ㄹ/로 바뀌었다. 이러한 활용 모습의 차이 때문에 (76)의 '얻다'는 규칙 용언으로, (77)의 '긷다'는 'ㄷ' 불규칙 용언으로 처리한다.[20]

   ⓓ **개별 용언의 불규칙 활용** : '시므다, ᄌᆞᄆᆞ다'와 '녀다', '이시다'에만 나타나는 특수한 형태의 불규칙 활용이 있는데, 이는 개별 용언이 불규칙하게 바뀌는 활용이다.

   첫째, '시므다(植)'와 'ᄌᆞᄆᆞ다(沈, 閉)'에 모음으로 시작하는 어미가 붙어서 활용할 때에는, 어간의 끝소리가 탈락하면서 동시에 /ㄱ/이 첨가된다.

   일반적으로는 끝소리가 /ㅡ/나 /·/인 용언의 어간에 모음으로 시작하는 어미가 결합하여 활용하면, 어간의 끝소리 /ㅡ/와 /·/가 탈락한다.

(78) ㄱ. 大瞿曇이 피 무든 ᄒᆞᆰ굴 <u>파</u> 가져   [월석 1:7]

       ㄴ. 안 ᄆᆞᅀᆞ미 量이 <u>커사</u>   [금언 61]

(ㄱ)에서 '파다'의 어간에 모음으로 시작하는 어미 '-아'가 결합하였는데, 어간의 끝소리 /·/가 탈락하여 '파'의 형태로 실현되었다. 그리고 (ㄴ)에서는 '크다'의 어간에 모음으로 시작하는 어미인 '-어사'가 결합하면서, 어간의 끝소리 /ㅡ/가 탈락하여 '커사'로 실현되었다. 이 변동은 동일한 음운적인 환경에서는 보편적으로 일어나므로, 이들 용언의 활용은 규칙 활용으로 처리한다.

   그런데 '시므다/시ᄆᆞ다(植)'와 'ᄌᆞᄆᆞ다(沈/浸, 閉)'는 어간에 모음으로 시작하는 어미가 붙어서 활용하면, 위와 같은 일반적인 활용 방식과는 달리, 어간의 끝소리가 탈락하면서 동시에 /ㄱ/이 첨가된다.

(79) ㄱ. 여러 가짓 됴흔 根源을 <u>시므고</u>   [석상 19:33]

       ㄴ. 아마도 福이 조ᅀᆞᆯ뷔니 아니 <u>심거</u> 몯ᄒᆞᆯ 꺼시라   [석상 6:37]

---

20) 'ㄷ' 불규칙 용언으로는 '걷다(步), ᄭᆡᄃᆞᆮ다(覺), 다ᄃᆞᆮ다(到着), 일ᄏᆞᆮ다(曰), 흗다(散)' 등이 있고, 'ㄷ' 규칙 용언으로는 '갇다(收), 굳다(堅), 돋다(出), 믿다(信), 얻다(得)' 등이 있다.

(ㄱ)에서 '시므다'는 자음으로 시작하는 어미 앞에서 어간의 끝 모음인 /ㅡ/가 그대로 유지되었다. 반면에 (ㄴ)에서는 모음으로 시작하는 어미 앞에서 어간의 끝소리인 /ㅡ/가 탈락하면서 동시에 /ㄱ/이 첨가되어 '심거'로 실현되었다.

(80) ㄱ. 王이 … 오시 즈므기 우르시고   [월석 8:101]

      ㄴ. 청 물 든 뵈 즘가 우러난 즙 서 되를 머그라   [구간 6:36]

그리고 '즈므다(沈/浸)'와 '즈므다(鎖)'는 (ㄱ)에서는 자음으로 시작하는 어미 앞에서 어간의 끝 모음 /·/가 그대로 유지되었다. 그러나 (ㄴ)에서 '즈므다'는 모음으로 시작하는 어미 앞에서 어간의 끝소리인 /·/가 탈락하면서 동시에 /ㄱ/이 첨가되어 '즘가'로 실현되었다.

앞에서 살펴본 '시므다'와 '즈므다'의 특수한 활용 형태를 정리하면 다음과 같다.

시므- + -어 → 심ㄱ- + -어 → 심거
즈므- + -옴 → 즘ㄱ- + -옴 → 즘곰

둘째, '녀다(行)'의 어간인 '녀-'는 선어말 어미 '-거-'와 어말 어미 '-거' 앞에서 '니-'로 불규칙하게 바뀐다.

(81) ㄱ. 이 道를 조차 발 뒷ᄂ니 모다 녀게 ᄒ니라   [월석 12:13]

      ㄴ. 法이 펴디여 가미 믈 흘러 녀미 ᄀ툴씨   [석상 9:21]

(82) ㄱ. 어셔 도라 니거라   [월석 8:101]

      ㄴ. 내 니거 지이다   [용가 58장]

(81)에서 '녀다'의 어간 '녀-'는 /ㄱ, ㅁ, ㄹ, ㅅ/과 같은 일반적인 음운론적 환경에서는 형태가 바뀌지 않고 '녀-'로 실현되었다. 이에 반해서 (82)에서 '녀-'는 선어말 어미 '-거-'와 연결 어미 '-거' 앞에서 '니-'로 바뀌어서 실현되었다. 곧 어간에 /ㄱ/으로 시작하는 어미 '-게'와 '-거-, -거' 등이 두루 실현되었는데, '-거-, -거'의 앞에서만 '녀-'가 '니-'로 실현되는 것을 알 수 있다. 따라서 '녀다'의 어간 '녀-'가 선어말 어미인 '-거-'나 어말 어미 '-거' 앞에서 '니-'로 변하는 현상을 불규칙 활용으로 처리한다.

셋째, '이시다(存, 有)'의 어간인 '이시-'는 자음으로 시작하는 어미 앞에서는 '잇-'으로 불규칙하게 바뀐다.

(83) ㄱ. 山行 가 이셔 하나빌 미드니잇가   [용가 125장]

  ㄴ. 가리라 ᄒᆞ리 이시나 長子를 브리시니   [용가 45장]

(84) ㄱ. 셔볼 賊臣이 잇고 ᄒᆞᆫ 부니 天命이실씨   [용가 37장]

  ㄴ. 善慧⋯곳 잇ᄂᆞᆫ 짜홀 ᄀᆞᆯ가 가시다가   [월석 1:9]

(83)에서 (ㄱ)의 '이셔'처럼 어간인 '이시-'에 일반적인 모음('-어', '-오-' 등)이 결합하거나, (ㄴ)처럼 매개 모음으로 시작하는 어미('-으나/-ᄋᆞ나', '-으니/-ᄋᆞ니', '-으며/-ᄋᆞ며' 등)가 결합하여 활용할 때에는, 어간의 형태가 바뀌지 않았다. 반면에 (84)의 '잇고, 잇ᄂᆞᆫ'처럼 매개 모음을 수반하지 않는 자음으로 시작하는 어미와 결합하여서 활용하면, '이시다'의 어간이 '잇-'으로 바뀌게 된다.

(85) ㄱ. 神人이 ⋯ ᄇᆞᄅᆞᆷ과 이슬와 마시고   [법언 2:28]

  ㄴ. 郞中과 評事를 待接ᄒᆞ야셔 술 마시노니 [두언 7:13]

그런데 '이시다'와 동일한 음운론적인 조건을 갖추고 있는 '마시다(飮)'의 어간인 '마시-'는, (85)처럼 그 뒤에 '-고'나 '-ᄂᆞ-'처럼 자음으로 시작하는 어미가 오더라도 형태가 '*맛-'으로 바뀌지 않았다. 따라서 (84)처럼 '이시다'의 어간인 '이시-'가 자음으로 시작하는 어미와 결합하여 '잇-'의 형태로 실현되는 현상을 불규칙 활용으로 처리한다.

〈 **어미의 불규칙 활용** 〉 활용할 때에 어간이 불규칙하게 바뀌는 용언으로는 다음과 같은 불규칙 활용이 있다.

ⓐ **/ㄷ/으로 시작하는 어미의 /ㄷ/이 /ㄹ/로 바뀜** : /ㄷ/으로 시작하는 어미인 '-다, -다가, -더-, -도-' 등이, 서술격 조사와 '아니다'의 어간, 그리고 선어말 어미 '-리-, -니-' 뒤에 실현될 때에는 각각 '-라, -라가, -러-, -로-'로 불규칙하게 변동한다.

(86) ㄱ. 世尊이 ⋯ 舍利佛을 須達이 조차가라 ᄒᆞ시다 [석상 6:22]

  ㄴ. 져믄 저그란 안죽 ᄆᆞᅀᆞᆷ신장 노다가 ᄌᆞ라면 어루 法을 [석상 6:11]

   비호ᅀᆞᄫᅩ리이다

  ㄷ. ᄠᅳ데 몯 마즌 이리 다 願 ᄀᆞ티 ᄃᆞ외더라 [월석 10:30]

  ㄹ. ᄒᆞ오ᅀᅡ 平床이 뷔엿도다   [두언 18:6]

(87) ㄱ. 七寶塔 셰여 供養ᄒ더시니<u>라</u>　　　　　　　　　[월석 21:220]

　　　ㄴ. 네 得혼 거슨 聲聞의 慧眼이<u>라가</u> 이제 니르러사　[금삼 73]

　　　　　비르서 부텻 ᄠ들 아ᅀᆞᆯ씨

　　　ㄷ. 功德이 이러 당다이 부톄 ᄃ외리<u>러</u>라　　　　　　[석상 19:34]

　　　ㄹ. 녜 업던 이리<u>로</u>다　　　　　　　　　　　　　　　[월석 1:14]

(86)의 'ᄒ시다, 노다가, ᄃ외더라, 뵈엿도다'에 실현된 '-다, -다가, -더-, -도-'의 /ㄷ/
이 (87)에서는 '-라, -라가, -러-, -로-'와 같이 /ㄹ/로 바뀌었다. 곧 (87)에서 (ㄱ)의
'供養ᄒ더시니라'에서는 평서형 종결 어미인 '-다'가 '-라'로 바뀌었으며, (ㄴ)의 '慧眼이
라가'에서는 연결 어미인 '-다가'가 '-라가'로 바뀌었다. 그리고 (ㄷ)의 'ᄃ외리러라'에서
는 회상의 선어말 어미인 '-더-'가 '-러-'로 바뀌었으며, (ㄹ)의 '이리로다'에서는 감동
표현의 선어말 어미인 '-도-'가 '-로-'로 바뀌었다.

　그런데 '-다, -다가, -더-, -도-' 등의 어미는 서술격 조사와 '아니다'의 어간이나 선
어말 어미 '-리-, -니-' 뒤에서만 '-라, -라가, -러-, -로-'로 변할 뿐이지, /ㅣ/로 끝나
는 모든 어간이나 어미 뒤에서 보편적으로 '-라, -라가, -러-, -로-'로 변하는 것은 아니
다. 따라서 '-다, -다가, -더-, -도-' 등이 서술격 조사인 '-이-'나 선어말 어미인 '-리-,
-니-' 뒤에서 '-라, -라가, -러-, -로-'로 실현되는 현상은 불규칙 활용으로 처리한다.

　ⓑ **/ㄱ/으로 시작하는 어미의 /ㄱ/이 /ɦ/로 교체됨** : /ㄱ/으로 시작하는 어미 '-거늘, -거
니, -거니와, -거든; -고, -고져' 등은, /ㄹ/ 받침이나 반모음 /j/로 끝나는 용언의 어간,
서술격 조사와 '아니다', 그리고 선어말 어미 '-리-'의 뒤에서 /ㄱ/이 /ɦ/로 교체되어
'-어늘, -어니, -어니와, -어든; -오, -오져' 등으로 불규칙하게 변동한다.

(88) ㄱ. 蓮花ㅅ 고지 나<u>거늘</u> 世尊이 드듸샤　　　　　　　[월석 2:34]

　　　ㄴ. 耶輸ㅣ … 羅睺羅 더브러 노ᄑᆞᆫ 樓 우희 오ᄅᆞ시<u>고</u>　[석상 6:2]

　　　ㄷ. 惡趣를 듣<u>고져</u> 願ᄒ노이다　　　　　　　　　　　[석상 21:37]

　　　ㄹ. 아뫼나 와 가지리 잇<u>거든</u> 주노라　　　　　　　　[월석 7:3]

(89) ㄱ. 西征에 功이 일<u>어늘</u> 所獲을 다 도로 주샤　　　　[용가 41장]

　　　ㄴ. 子ᄂᆞᆫ 아ᄃᆞ리<u>오</u> 孫은 孫子ㅣ니　　　　　　　　[월석 1:7]

　　　ㄷ. 諸佛들히 … 부텻 知見으로 衆生을 뵈<u>오져</u> ᄒ시며　[석상 13:55]

　　　ㄹ. 禮 아니<u>어든</u> 뮈디 아니ᄒᆞᆯ씨　　　　　　　　　[내훈 3:69]

(88)의 '나거늘, 오르시고, 듣고져, 잇거든'에서 /ㄱ/을 첫 소리로 가진 어미인 '-거늘, -고, -고져, -거든' 등이, (89)에서는 첫소리 /ㄱ/이 탈락하여 각각 '-어늘, -오, -오져, -어든'으로 바뀌어서 불규칙하게 실현되었다. 곧, (ㄱ)의 '일어늘'에서는 '-거늘'이 '-어늘'로, (ㄴ)의 '뵈오져'에서는 '-고져'가 '-오져'로 실현되었다. (ㄷ)의 '아두리오'에서는 '-고'가 '-오'로 (ㄹ)의 '아니어든'에서는 '-거든'이 '-어든'으로 바뀌어서 실현되었다.

ⓒ **/ㅗ, ㅜ/로 시작하는 어미의 /ㅗ/, /ㅜ/가 /로/로 바뀜** : /ㅗ, ㅜ/로 시작하는 어미의 /ㅗ, ㅜ/는 서술격 조사와 '아니다'의 어간 뒤에서는 /로/로 불규칙하게 변동한다.

(90) ㄱ. 됴흔 法 닷고믈 몯ᄒᆞ야　　　　　　　　　[석상 9:14]

　　 ㄴ. 그 나랏 法에 붑 텨 사르믈 모도오ᄃᆡ　　　[석상 6:28]

　　 ㄷ. 우리는 다 부텻 아들 ᄀᆞᆮ호니　　　　　　 [월석 13:32]

　　 ㄹ. 鹿母婦人이 나혼 고즐 어듸 ᄇᆞ린다　　　　[석상 11:32]

(91) ㄱ. 工夫ㅣ ᄒᆞᆫ가지로믈 니르니라　　　　　　[몽언 19]

　　 ㄴ. 모든 愛ᄒᆞ나히 아니로ᄃᆡ　　　　　　　　[능언 8:69]

　　 ㄷ. 내 네 어미로니 오래 어드튼 ᄃᆡ 잇다니　　[월석 21:55]

　　 ㄹ. 셴 머리 보ᄆᆞᆺ 일 아니론 고ᄃᆞᆯ 내 알언마ᄅᆞᆫ [두언 11:22]

(90)의 '닷고믈, 모도오ᄃᆡ, ᄀᆞᆮ호니, 나혼'에서 /ㅗ/나 /ㅜ/로 시작하는 어미인 '-옴, -오ᄃᆡ, -오-'가 (91)의 'ᄒᆞᆫ가지로믈, 아니로ᄃᆡ, 어미로니, 아니론'에서는 '-롬, -로ᄃᆡ, -로-'로 바뀌었다. 곧, '-이다'와 '아니다'의 어간 뒤에서 (ㄱ)의 명사형 전성 어미인 '-옴'은 '-롬'으로, (ㄴ)의 연결 어미인 '-오ᄃᆡ'는 '-로ᄃᆡ'로, (ㄷ)의 화자 표현과 (ㄹ)의 대상 표현의 선어말 어미인 '-오-'는 '-로-'로 바뀌었다. 이러한 변동은 /ㅣ/로 끝나는 어간 뒤에서 보편적으로 일어나는 변동이 아니라, '-이다'와 '아니다'의 어간 뒤에서만 일어나는 예외적인 변동이므로 불규칙 활용으로 처리한다.

ⓓ **선어말 어미 '-아-/-어-'가 '-거-'와 '-나-'로 바뀜** : 화자의 '주관적인 믿음'을 표현하는 확인 표현의 선어말 어미는 타동사의 어간 다음에서 '-아-/-어-'로 실현된다. 그런데 확인 표현의 선어말 어미인 '-아-/-어-'가 형용사나 자동사 다음에는 '-거-'로, '오다'의 어간 뒤에서는 '-나-'로 불규칙하게 변동한다.

(92) ㄱ. 셜볼쎠 衆生이 正흔 길흘 일허다　　　　　　[석상 23:19]

　　 ㄴ. 네 … 耆闍崛山 中에 가 道理 닷가라　　　　[월석 23:77]

(93) ㄱ. 安樂國이는 … 어미도 몯 보아 시름이 더욱 깁<u>거</u>다   [월석 8:101]

　　 ㄴ. 衆生이 福이 다♀<u>거</u>다   [월석 8:101]

　　 ㄷ. 내 니마해 블론 香이 몯 몰랫<u>거</u>든 도로 오<u>나</u>라   [월석 7:7]

먼저 타동사에서는 (92)의 '일허다, 닷가라'처럼 확인 표현의 선어말 어미가 '-아-/-어-'
의 형태로 실현되었다. 이에 반하여 형용사나 자동사에서는 (93)의 (ㄱ)과 (ㄴ)의 '깁거
다, 다♀거다'처럼 확인 표현의 선어말 어미가 '-거-'의 형태로 불규칙하게 실현되었다.
특히 자동사인 '오다'에서는 (ㄷ)의 '오나라'처럼 확인 표현의 선어말 어미가 '-나-'의
형태로 실현되는 것이 특징이다.

　ⓔ **'ᄒ-' 뒤에 실현되는 어미의 /아/가 /야/로 바뀜** : /ㅏ/로 시작하는 연결 어미 '-아, -아
셔, -아도'나 확인 표현의 선어말 어미인 '-아-' 등은, 'ᄒ-'로 끝나는 용언의 어간에
결합하면 각각 '-야, -야셔, -야도'와 '-야-'로 불규칙하게 변동한다.

(94) ㄱ. 眷屬 ᄃ외ᅀᆞ<u>바셔</u> 셜본 일도 이러훌써   [석상 6:5]

　　 ㄴ. 彌勒아 <u>아라</u>라   [월석 11:44]

(95) ㄱ. 어버ᅀᅵ며 … 아로리며 두루 에ᄒ<u>야</u>셔 울어든   [능언 2:4]

　　 ㄴ. 길헤 어려본 이리 잇거든 兄弟 ᄒ듸 둔니며 서르 救ᄒ<u>야</u>라 [월석 22:37]

(94)의 'ᄃ외ᅀᆞ바셔, 아라라' 등과 같이 일반적인 어간에는 어미가 '-아(셔); -아-'의 형
태로 실현되었다. 반면에 (95)의 'ᄒ다'형 용언의 어간 다음에는 동일한 어미인 '-아(셔);
-아-'가 각각 '-야(셔); -야-'로 불규칙하게 바뀌었다.

2.1.5. 수식언

　체언이나 용언 등을 수식(修飾)하면서 그 의미를 한정(限定)하는 단어를 '수식언(修飾
言)'이라고 하는데, 이러한 수식언으로는 '관형사'와 '부사'가 있다.

2.1.5.1. 관형사

(가) 관형사의 개념
'관형사(冠形詞)'는 체언을 수식하면서 체언의 의미를 한정하는 말이다.

(1) ㄱ. 孤島 외 셤　　　　　　　　　　　　　　　　　　[용가 5:42 37장]

　　ㄴ. 아래로 첫 하ᄂ리라　　　　　　　　　　　　　　[월석 1:19]

(ㄱ)의 '외'와 (ㄴ)의 '첫'은 각각 체언인 '셤'과 '하ᄂ'을 수식하면서 그 의미를 한정하였다. 관형사는 형태의 변화가 없으며 그 뒤에 조사가 붙지 않는다. 또한 관형사는 체언만을 수식하며 그 뒤의 체언과 더불어서 체언구(명사구)를 형성한다.

(나) 관형사의 유형

관형사는 의미·기능에 따라서 '성상 관형사, 지시 관형사, 수 관형사'로 나뉜다.

〈 **성상 관형사** 〉 '성상 관형사(性狀冠形詞)'는 성질이나 상태의 의미로 체언을 수식하는 관형사이다.

(2) ㄱ. 여스슨 외 바랫 두 머린 觀이니　　　　　　　　[원언 하2-2:21]

　　ㄴ. 眞金은 진딧 金이라　　　　　　　　　　　　　[월석 7:29]

　　ㄷ. 이 ᄲᅟᅮᆫ 아니라 녀나ᄆᆞᆫ 祥瑞도 하며　　　　　[월석 2:46]

　　ㄹ. 녯 대예 새 竹筍이 나며　　　　　　　　　　　[금삼 3:23]

　　ㅁ. 大愛道ㅣ … 헌 옷 닙고 발 밧고　　　　　　　　[월석 10:17]

'외(孤, 오직, 하나의), 진딧(진짜의), 녀나ᄆᆞᆫ(餘他), 새(新), 헌(弊)'은 성상 관형사로서, 그 뒤에 실현되는 체언 '발, 金, 祥瑞, 竹筍, 옷'을 성질이나 상태의 의미로 수식한다.

〈 **지시 관형사** 〉 '지시 관형사(指示冠形詞)'는 발화 현장이나 문맥 속에 있는 대상을 가리키면서 체언을 수식하는 관형사이다. 지시 관형사로는 '이, 그, 뎌(=저); 어느, 어누(=어느), 므슷(=무슨), 므슴(=무슨); 아모(=아무)' 등이 있다.

첫째, '이, 그, 뎌'는 어떤 대상을 직접적으로 가리키는 정칭(定稱)의 지시 관형사이다. '이, 그, 뎌' 중에서 '이'는 화자에게 가까운 대상을, '그'는 청자에게 가까운 대상을, '뎌'는 화자와 청자 모두에게 먼 대상을 가리키면서 체언을 수식한다.

(3) ㄱ. 비홀 사ᄅᆞᆫ 모로매 몬져 이 트렛 이ᄅᆞᆯ 더러 ᄇ리고　　[내훈 3:56]

　　ㄴ. 그 일후미 阿若憍陳如와 摩訶迦葉과…　　　　　　[석상 13:1]

　　ㄷ. 調達이 몸이 뎌 넉시러니　　　　　　　　　　　　[월천 기136]

(3)에서 '이, 그, 뎌'는 발화 현장에 있는 특정한 대상(체언)을 가리키면서 수식하였다.

곧 (ㄱ)의 '이'는 '틀(=따위, 부류)'을 수식하였고, (ㄴ)의 '그'는 '일훔'을 수식하였으며, (ㄷ)의 '뎌'는 '넋'을 수식하였다.

둘째, '어느/어누'와 '므슷/므슴'은 그것이 수식하는 대상이 어떠한 것인지 물을 때에 쓰는 미지칭(未知稱)의 지시 관형사이다.

　(4) ㄱ. 그디 子息 업더니 <u>므슷</u> 罪오　　　　　　　　　　　[월석 1:7]

　　　ㄴ. 片雲은 <u>므슴</u> 뜨드로 琴臺를 바랫누니오　　　　　　[두언 7:3]

　　　ㄷ. (菩薩이) <u>어누</u> 나라해 가샤 나시리잇고　　　　　　　[월석 2:11]

(ㄱ)과 (ㄴ)의 '므슷'과 '므슴'은 그것이 수식하는 '罪'와 '뜯'이 어떠한 것인지를 물을 때에 쓰는 지시 관형사이다. 그리고 (ㄷ)에서 '어누/어느'는 여러 '나라ㅎ' 가운데서 지시 대상이 되는 '나라ㅎ'이 어떤 '나라ㅎ'인지 물을 때에 쓰는 지시 관형사다.

셋째, '아모(=某)'는 사람이나 사물을 특별히 정하지 않고 두루 가리켜서 말할 때에 쓰는 부정칭(不定稱)의 지시 관형사이다.

　(5) <u>아모</u> 사르미나 ㅎ오사 滅度를 得디 아니케 ㅎ야　　　　[월석 12:48]

(ㄱ)의 '아모'는 특정한 '사람'을, (ㄴ)의 '아모'는 특정한 '부텨'를 정하지 아니하고 두루 가리켜서 말할 때에 쓰는 지시 관형사이다.

〈 수 관형사 〉'수 관형사(數冠形詞)'는 수량 혹은 순서의 의미를 나타내면서, 그 뒤에 실현되는 체언을 수식하는 관형사이다.

첫째, '흔, 두, 세/석/서, 네/넉/너, 다숫/닷, 여슷/엿, 닐굽, 여듧, 아홉, 열, 열흔, 열둘/열두… 스믈/스므, 셜혼 … 온(百), 즈믄(千)' 등은 특정한 수량을 나타내면서 그 뒤에 실현되는 체언을 수식한다.

　(6) ㄱ. 黑龍이 <u>흔</u> 사래 주거　　　　　　　　　　　　　　[용가 22장]

　　　ㄴ. 鈞은 <u>셜혼</u> 斤이라　　　　　　　　　　　　　　　[원언 하2-1:49]

　　　ㄷ. <u>온</u> 사룸 드리샤 기른말 밧기시니　　　　　　　　　[용가 58장]

　　　ㄹ. 무슨매 <u>온</u> 혜아룜과 또 <u>즈믄</u> 혜아료를 머겟도다　[두언 11:4]

(6)에서 '흔, 셜혼, 온, 즈믄' 등은 수량의 의미를 나타내면서 그 뒤에 실현되는 체언인 '살, 斤, 사룸, 혜아룜' 등을 각각 수식하였다. 이 밖에 부정수(否定數)를 나타내는 '흔두,

두서(2, 3), 서너, 너덧, 다엿, 여닐굽, 엳아홉(8, 9), 두서열(數十)'도 쓰였다.

둘째, '현(=몇), 온갓(=온갖), 믈읫(=모든), 여러' 등은 수량과 관련하여 특별한 뜻을 나타내면서 명사를 수식한다.

(7) ㄱ. 현 고둘 올마시뇨   [용가 110장]
    ㄴ. 몃 間ㄷ 지븨 사ᄅ시리잇고   [용가 110장]
    ㄷ. 봄이 오나든 온갓 고지 프며   [영남 상63]
    ㄹ. 믈읫 字ㅣ 모로매 어우러ᅀᅡ 소리 이ᄂ니   [훈언 13]
    ㅁ. 伎女는 풍류며 여러 가짓 지조 잘ᄒᄂ 겨지비라   [석상 3:5]

'현'은 (ㄱ)의 '현 곧'처럼 의문문에서 뒤에 오는 말과 관련된 수를 물을 때에 쓰는 말이다. (ㄴ)의 '몃(← 몇)'은 '현'과 동일한 의미로 쓰이는데, 명사 앞에서 관형사로 쓰일 때에는 반드시 '몃'의 형태로만 실현된다. (ㄷ)의 '온갓(← 온갖)'은 '이런저런 여러 가지'의 뜻으로 쓰이며, (ㄹ)의 '믈읫'은 '모든'의 뜻으로 쓰인다. (ㅁ)의 '여러'는 그것이 수식하는 명사의 수효가 많다는 뜻으로 쓰인다.

셋째, '첫/첫'은 제일(第一)의 뜻을 나타내면서 그 뒤에 실현되는 명사를 수식한다.

(8) ㄱ. 아래로 첫 하ᄂ리라   [월석 1:19]
    ㄴ. 첫 盟誓 일우리라   [월천 기114]

'첫/첫'은 (ㄱ)과 같은 일반적인 환경에서는 '첫'의 형태로 쓰이지만, (ㄴ)처럼 유성음으로 시작하는 명사 앞에서는 '첫'의 형태로 실현된다.

2.1.5.2. 부사

(가) 부사의 개념

'부사(副詞)'는 특정한 용언이나 문장(절)을 수식하여 그 용언이나 문장의 의미를 한정하거나, 특정한 말을 다른 말에 이어 준다.

(9) ㄱ. 그르 알면 外道ㅣ오   [월석 1:51]
    ㄴ. 去聲은 ᄆᆞᆺ 노ᄑᆞᆫ 소리라   [훈언 13]
    ㄷ. 비록 사ᄅᄆᆡ 무레 사니고도 즁ᄉᆡᆼ 마도 몯호이다   [석상 6:5]
    ㄹ. 道國王과 밋 舒國王은 實로 親ᄒᆞᆫ 兄弟니라   [두언 8:5]

(ㄱ)의 '그르'는 동사 '알다'를, (ㄴ)의 '맛'은 형용사 '높다'를, (ㄷ)의 '비록'은 이어진 문장의 앞절인 '사ᄅᆞ미 무례 사니고도'를 수식하였다. 그리고 (ㄹ)의 '밋'은 체언인 '道國王'과 '舒國王'을 이어서 명사구를 형성하였다.

부사는 형태의 변화가 없고, 격조사와 결합하지 않으며, 그 뒤에 실현되는 용언, 부사, 문장 등 여러 가지 문법적인 단위를 수식하거나 이어 주며, 부사어로 기능한다.

(나) 부사의 유형

부사는 특정한 문장 성분을 수식하는 '성분 부사'와 문장이나 절을 수식하는 '문장 부사'로 구분한다.

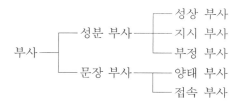

(나)-1. 성분 부사

'성분 부사(成分副詞)'는 문장 속에서 특정한 문장 성분만을 수식하는 부사이다. 성분 부사는 의미와 기능에 따라서 '성상 부사, 지시 부사, 부정 부사'로 구분된다.

〈성상 부사〉 '성상 부사(性狀副詞)'는 주로 그 뒤에 실현되는 용언을 성질이나 상태의 뜻으로 수식하는 부사이다.

(10) ㄱ. 蓮모새 <u>ᄀᆞᆺ</u> 다ᄃᆞ르면   [월석 7:61]

ㄴ. 눌와 <u>다뭇</u> 議論ᄒᆞ리오   [두언 8:46]

(11) ㄱ. 活潑潑은 <u>설설</u> 흐르는 믌겨레 비췬 ᄃᆞᆺ비츨 닐온 마리니   [몽언 43]

ㄴ. 그 도기 슬해 이셔 <u>구믈구믈</u> 알ᄑᆞ고 ᄇᆞ랍거든   [구간 6:55]

(10)과 (11)에 제시된 부사는 성상 부사인데, 그 뒤에 실현되는 용언을 성질이나 상태의 실질적인 의미로 수식하고 있다. (10)에서 (ㄱ)의 'ᄀᆞᆺ'과 (ㄴ)의 '다뭇'은 각각 서술어로 쓰인 '다ᄃᆞ르면'과 '議論ᄒᆞ리오'을 수식한다. 그리고 (11)에서 '설설'과 '구믈구믈'은 '의성 부사'와 '의태 부사'인데, 각각 서술어로 쓰인 '흐르는'과 '알ᄑᆞ고'를 수식한다. 15세기 국어에 쓰였던 성상 부사의 예를 보이면 다음의 (12)와 같다.

(12) 그르(잘못), ᄀ장(한껏, 가장), ᄀ(이제 막), 난겻(다투어), 다뭇(함께, 더불어, 견주어),
달(따로, 별도로), 더듸(천천히), 뭇(가장), ᄯ로/ᄶ로(따로), 새(새로), ᄯ(또), 어루(가히,
넉넉히, 능히), 일(일찍, 이르게), 잘(잘), 절로(저절로), ᄒ마(이미, 머지않아); 설설(절절),
구믈구믈(구물구물), ᄲᅮᆨ(툭), 듥긔동(덜커덩)

〈지시 부사〉 '지시 부사(指示副詞)'는 발화 현장에서 특정한 장소나 방향, 방법 등을
직접 가리키거나(直示), 앞선 문맥에서 이미 표현된 말을 대용(代用)하는 부사이다.

(13) ㄱ. 菩薩이 前生애 지순 罪로 <u>이리</u> 受苦ᄒ시니라   [월석 1:6]
ㄴ. 다시 묻노라 네 <u>어드러</u> 가ᄂ니오   [두언 8:6]
ㄷ. 프레 드러 사ᄅᆷ 求호ᄆᆯ <u>아ᄆ리</u> 호ᄆᆯ 몯ᄒ야 늘카온   [금삼 3:8]
갈ᄒ로 버히고

직시나 대용의 기능을 하는 부사는 그것이 가리키는 대상이나 의미에 따라서 세 가지
유형으로 나뉜다. 먼저 (ㄱ)의 '이리'는 정칭(定稱)의 지시 부사로서 그 뒤에 실현된 특정
한 용언을 수식하였다. 반면에 (ㄴ)의 '어드러'는 미지칭(未知稱)의 지시 부사로서, 그리고
(ㄷ)의 '아ᄆ리'는 부정칭(不定稱)의 지시 부사로서, 각각 그 뒤에 실현된 특정한 용언을
수식했다. 15세기 국어에 쓰인 지시 부사의 예를 보이면 다음과 같다.

(14) ㄱ. 이리(=이렇게), 그리(=그렇게), 뎌리(=저렇게)
ㄴ. 어드러(=어디로), 어드리(=어찌), 엇뎨(=어찌), 어느(=어찌), 므슴(=어찌)
ㄷ. 아ᄆ리(=아무렇게)

〈부정 부사〉 '부정 부사(否定副詞)'는 긍정문을 부정문으로 바꾸어 주는 부사인데, 이에
는 '아니'와 '몯'이 있다.

(15) ㄱ. 向ᄋᆫ <u>아니</u> 오란 요ᄉᆞ시라   [월석 서26]
ㄴ. 부텻긔 받ᄌ바늘 부톄 <u>아니</u> 바ᄃ신대   [월석 7:8]

(16) 四祖ㅣ 便安히 <u>몯</u> 겨샤   [용가 110장]

(15)의 '아니'는 문장으로 표현된 내용을 단순하게 부정하거나, 주체의 의지로써 문장의

내용을 부정하는 뜻을 나타낸다. (ㄱ)처럼 형용사인 '오라다'를 서술어로 하는 문장에서는 '아니'를 실현하여 '오라다'의 내용을 단순하게 부정하였으며, (ㄴ)처럼 동사인 '받다'를 서술어로 하는 문장에서는 주체의 의지로써 '받다'의 내용을 부정하였다. 반면에 (15)의 '몯'은 '할 수 없음' 혹은 '불가능성'의 뜻을 더하면서 문장의 내용을 부정한다(서정수, 1996: 961). 곧 (16)의 문장은 '四祖'가 '외적인 조건 때문에 어찌할 수 없이 편안(便安)히 계시지 못함'을 나타내었다.

(나)-2. 문장 부사

'문장 부사(文章副詞)'는 문장이나 절 전체를 수식하는 부사인데, 이에는 '양태 부사'와 '접속 부사'가 있다.

〈 **양태 부사** 〉 '양태 부사(樣態 副詞, 말재 어찌씨)'는 문장이나 절의 전체 내용에 대하여, '추측, 필연, 가정, 양보, 기원, 부정, 의혹, 당위'와 같은, 화자의 태도나 주관적인 판단을 표현하는 부사이다.

> (17) ㄱ. 그 나랏 法에 布施호딕 <u>모로매</u> 童女로 내야 주더니   [석상 6:14]
>
> ㄴ. <u>모딕</u> 세 가지로 닐어사 ᄀᆞᄌᆞ리라   [월석 2:14]
>
> ㄷ. <u>반드기</u> 甘雨ㅣ ᄂᆞ리리라   [월석 10:122]
>
> ㄹ. <u>아마도</u> 福이 조ᅀᆞᆯ뷔니 아니 심거 몯홀 꺼시라   [석상 6:37]
>
> ㅁ. <u>믈읫</u> 有情이 貪ᄒᆞ고 새옴ᄇᆞᆯ라 제 모믈 기리고 ᄂᆞ믈 허러   [석상 9:15]
>
> ㅂ. <u>ᄒᆞ다가</u> 술옷 몯 먹거든 너덧 번에 ᄂᆞ화 머기라   [구언 1:4]
>
> ㅅ. <u>비록</u> 사ᄅᆞ미 무레 사니고도 즁ᅀᅵᇰ 마도 몯ᄒᆞ이다   [석상 6:5]

(17)에서 (ㄱ~ㄷ)의 '모로매, 모딕, 반드기'는 화자가 문장의 내용을 당위적이거나 필연적인 사실로 인식함을 나타낸다. (ㄹ)의 '아마도'는 문장의 내용에 대한 일반적인 추측을 나타내며, (ㅁ)의 '믈읫'은 대략적인 추측을 나타낸다. (ㅂ)의 'ᄒᆞ다가'는 이어진 문장의 앞절의 내용에 대한 가정을 나타내며, (ㅅ)의 '비록'은 양보를 나타낸다. 이처럼 '모로매, 모딕, 반드기, 아마도, 믈읫, ᄒᆞ다가, 비록' 등은 문장이나 절의 전체 내용에 대한 화자의 태도나 주관적인 판단을 나타낸다. 지시 부사의 예를 보이면 다음과 같다.

> (18) 모로매(＝모름지기), 모딕(＝반드시), 반드기(＝반드시); 아마도(＝아마도), 믈읫(＝무릇, 대체로 헤아려 생각하건대); ᄒᆞ다가(＝만일), 비록(＝비록)…

〈 접속 부사 〉 '접속 부사(接續副詞)'는 단어와 단어를 이어서 명사구를 형성하거나, 앞의 문장과 뒤의 문장을 이어 주는 부사이다.

    (19) ㄱ. 믯(＝및), 쏘(＝또), 쏘흔(＝또한), 혹(＝혹은)

        ㄴ. 그러나(＝그러나), 그러면(＝그러면), 그럴씨(＝그러므로), 그런두로(＝그러므로), 이 런두로(＝이러므로)

접속 부사는 접속 기능만 있는 것과, 접속 기능과 함께 대용 기능이 있는 것이 있다. (ㄱ)의 '믯, 쏘, 쏘흔, 혹' 등은 대용 기능은 없고 접속 기능만 있다. 반면에 (ㄴ)의 '그러나, 그러면, 그럴씨, 그런두로, 이런두로' 등과 같이 '그, 이' 등이 붙어서 형성된 접속 부사는 접속 기능뿐만 아니라, 앞의 문장을 대용하는 기능도 갖추고 있다.

    접속 부사는 그것이 이어 주는 말의 단위에 따라서 '단어 접속 부사'와 '문장 접속 부사'로 나눌 수 있다.

    첫째, '단어 접속 부사'는 단어와 단어를 이어서 명사구를 형성하는 기능을 한다.

    (20) 道國王과 믯 舒國王은 實로 親흔 兄弟니라   [두언 8:5]

(20)에서 '믯'은 명사인 '道國王'과 '舒國王'을 이어 줌으로써 이들 단어들을 명사구로 만들었다.

    둘째, '문장 접속 부사'는 앞의 문장과 뒤의 문장을 특정한 의미적인 관계로 이어 주는 기능을 한다.

    (21) ㄱ. 됴타 目連아 네 어루 모딘 龍을 降伏히리라   [월석 25:106]

        그러나 目連아 心意를 구디 가져 어즈러븐 想을 니르왇디 말라

        ㄴ. 쏘 이 數에 더으디 아니홀 똘 엇뎨 알리오   [법언 3:165]

        그러면 니르샨 아롬 어려우미 佛智의 어려우미 아니라

(ㄱ)에서 접속 부사인 '그러나'는 앞 문장과 뒤 문장의 사이에 실현되어서 '대조'의 의미 관계로 앞의 문장과 뒤의 문장을 이었으며, (ㄴ)에서 '그러면'은 '조건'의 의미 관계로 앞의 문장과 뒤의 문장을 이었다.

    그런데 15세기 국어에서는 접속 부사가 이어진 문장 속의 앞절과 뒷절 사이에 실현되어서, 연결 어미의 접속 기능을 강화하는 경우가 있다.

(22) ㄱ. 그 믈 미틔 金 몰애 잇ᄂᆞ니 일후미 閻浮檀金이니 [월석 1:24]
그럴ᄊᆡ 일후믈 閻浮提라 ᄒᆞᄂᆞ니라
ㄴ. 聲聞이 히미 비록 몯 미츠나 그러나 信으로 드로ᄆᆞᆯ 許ᄒᆞ실ᄊᆡ [법언 2:159]

(23) ㄱ. 아자바님내ᄭᅴ 다 安否ᄒᆞᅀᆞᆸ고 ᄯᅩ 耶輸陀羅ᄅᆞᆯ 달애야 [석상 6:1]
ㄴ. 나며 드르실 저기어든 혹 앏셔며 혹 뒤셔 [소학언해 2:3]

(22)에서 접속 부사인 '그럴ᄊᆡ'와 '그러나'는 이어진 문장의 앞절 뒤에 실현된 연결 어미인 '-니, -나'의 의미를 되풀이하여 표현하였다. 그리고 (23)에서 'ᄯᅩ'와 '혹'도 앞절의 끝에 실현된 연결 어미인 '-고'와 '-며'의 의미를 되풀이하여 표현하였다. 이 경우의 접속 조사는 연결 어미의 접속 기능을 강화하는 기능을 한다.

2.1.6. 독립언

(가) 독립언의 개념

독립언(獨立言)은 문장 속의 다른 말과 문법적인 관계를 맺지 않고 독립적으로 쓰이는 단어이다. 독립언으로는 '감탄사(感歎詞)'가 있는데, 감탄사는 화자가 '기쁨, 슬픔, 놀람, 불만' 등과 같은 감정이나, '대답, 다짐, 부름, 시킴' 등의 의지를 직접적으로 표출하는 말이다.

(1) ㄱ. ᄋᆡ 슬프다 [선언 서15]
ㄴ. 아소 님하 어마님 ᄀᆞ티 괴시리 업세라 [악가, 가사 상6, 사모곡]

'ᄋᆡ'나 '아소'와 같은 감탄사는 형태의 변화가 없으며 조사와도 결합하지 않는다. 그리고 활용하지 않는다는 점에서는 용언과 구분되며, 조사와 결합하지 않는다는 점에서는 체언과 구분된다.

(나) 독립언의 유형

감탄사는 그 기능에 따라서 '감정 감탄사'와 '의지 감탄사'로 분류할 수 있다(최현배, 1980: 608 참조).

〈 감정 감탄사 〉 '감정 감탄사(感情 感歎詞)'는 화자가 청자를 의식하지 않고 자신의 감정을 표출하는 데에 그치는 감탄사이다.

(2) ㄱ. 읫 丈夫ㅣ여 엇뎨 衣食 爲ㅎ야 이 곧호매 니르뇨   [법언 4:39]

　　ㄴ. 아으 動動다리   [악궤 동동]

(ㄱ)에서 '읫'는 현대어의 감탄사 '아'와 비슷한 뜻으로 쓰였으며, (ㄴ)에서 '아으'는 현대어의 '아이구'나 '아아' 등의 뜻으로 쓰였다. 이들 감탄사는 화자가 자신의 감정을 직접적으로 표현하는 말이라는 점이 특징이다.

　〈 의지 감탄사 〉 '의지 감탄사(意志 感歎詞)'는 화자가 자기의 요구나 판단을 청자에게 적극적으로 표현하는 감탄사이다.

(3) ㄱ. 舍利佛이 술보딕 엥 올ㅎ시이다   [석상 13:47]

　　ㄴ. 아소 님하 어마님 ㄱ티 괴시리 업세라   [악가, 가사 상6, 사모곡]

(ㄱ)의 '엥'은 긍정의 대답말로서 현대어의 '예'와 같은 뜻으로 쓰였다. 반면에 (ㄴ)의 '아소'는 현대어의 '마소서'나 '앗으시오'와 같이 '금지'의 뜻을 나타내었다.

2.2. 단어의 형성

단어는 하나의 어근으로 이루어진 것도 있지만, 어근과 어근이 결합하거나 어근에 파생 접사가 붙어서 형성된 것도 있다.

2.2.1. 단어의 짜임새

〈 어근과 접사 〉 특정한 단어를 짜 이루는 요소를 어근과 접사로 구분할 수 있다.

(1) ㄱ. 니쁠 : 니-+쁠　　　　　(2) ㄱ. ㅂ룺매 : 부룸-+-애

　　ㄴ. 불무질 : 불무+-질　　　　　ㄴ. 뭘씨 : 뭐-+-ㄹ씨

　　ㄷ. 검듸영 : 검-+-듸영　　　　　ㄷ. 됴코 : 둏-+-고

'어근(語根)'은 단어 속에서 의미의 중심을 이루는 실질 형태소이다. 곧 어근은 단어 속에서 중심적이면서 실질적인 의미를 나타내는 형태소이다. (1)에서 '쁠, 불무, 검-'과 (2)에서 'ㅂ룸, 뭐-, 둏-'은 단어 속에서 실질적인 의미를 나타내면서 의미의 중심을 이루므로 어근이다.

어근을 제외한 나머지 부분은 실질적인 의미가 없는 형식 형태소이다. 이처럼 어근에 붙어서 단어를 짜 이루는 요소로 작용하되, 실질적인 뜻을 나타내지 못하는 형식 형태소를 '접사(接詞)'라고 한다. (1)과 (2)에서 '니-, -질, -듸영, -애, -ㄹ씨, -고' 등은 모두 접사이다.

접사 중에서 어근에 새로운 의미를 더하거나 단어의 품사를 바꿈으로써, 새로운 단어를 만들어 주는 것을 '파생 접사(派生 接詞)'라고 한다. (1)에서 '니-, -질, -듸영'은 파생 접사이다. 파생 접사는 그것이 실현되는 위치에 따라서 '파생 접두사'와 '파생 접미사'로 구분하기도 한다. '파생 접두사'는 어근의 앞에 실현되는 파생 접사이며, '파생 접미사'는 어근의 뒤에 실현되는 파생 접사이다. (1)에서 '니-'는 파생 접두사이며 '-질'과 '-듸영'은 파생 접미사이다.

그리고 접사 중에서 문법적인 기능을 나타내는 것을 '굴절 접사(屈折 接詞)'라고 하는데, (2)에서 조사인 '-애'와 용언의 어미인 '-ㄹ씨, -고'는 굴절 접사이다.

〈 **단일어와 복합어** 〉 단어는 짜임새에 따라서 단일어와 복합어로 나뉘고, 복합어는 다시 합성어와 파생어로 나뉜다.

(3) ㄱ. 쇼, 나모; 새, 다시
ㄴ. 밍굴다, 하다

(4) ㄱ. 무덤, 놀개
ㄴ. 굴가마괴, 싀어미

(5) ㄱ. 밤낮, 쌀밥, 불뭇골
ㄴ. 검븕다, 오르노리다, 도라오다

(3)에서 '쇼, 새; 밍굴다' 등은 하나의 어근으로 이루어진 단어인데, 이와 같은 단어를 '단일어(單一語)'라고 한다. 이와 달리 (4)의 '무덤, 굴가마괴'처럼 어근에 접사가 붙어서 이루어진 단어를 '파생어(派生語)'라고 하고, (5)의 '밤낮, 검븕다'처럼 둘 이상의 어근이 결합하여서 이루어진 단어를 '합성어(合成語)'라고 한다. 그리고 (4)와 (5)의 단어처럼 둘 이상의 어근이 결합하거나 어근에 파생 접사가 붙어서 된 단어를 아울러서 '복합어(複合語)'라고 한다.

〈 **합성법과 파성법** 〉 합성어나 파생어는 특정한 어근에 접사나 다른 어근이 결합하여 생겨난 말이다.

단어 형성법 ┬ 합성법(어근+어근): 밤-낮, 검-붉다
         └ 파생법 ┬ 접두 파생법(접두사+어근): 갈-가마괴
                  └ 접미 파생법(어근+접미사): 쇠-어미

어근과 어근이 결합하여 새로운 단어(합성어)를 만드는 문법적 방법을 '합성법(合成法)'이라고 하고, 어근에 파생 접사가 결합하여 새로운 단어(파생어)를 만드는 문법적인 방법을 '파생법(派生法)'이라고 한다. 그리고 합성법과 파생법을 아울러서 '단어 형성법(單語 形成法, 造語法)'이라고 한다.

2.2.2. 합성어

어근과 어근을 합해서 새로운 단어를 형성하는 문법적인 절차를 '합성법'이라고 하는데, 여기서는 합성법의 유형에 대하여 알아본다.

2.2.2.1. 어근의 결합 방식에 따른 합성어

합성법은 합성어를 짜 이루는 어근들이 결합하는 방식에 따라서, '통사적 합성법'과 '비통사적 합성법'으로 구분된다.

〈 통사적 합성어 〉'통사적 합성어(統辭的 合成語)'는 합성어를 구성하는 어근들이 결합되는 방식이 국어의 통사적인 짜임새가 형성되는 방식과 같은 합성어이다. 곧 통사적 합성법은 합성어를 구성하는 방식이, 문장 속에서 문장 성분들이 결합하는 일반적인 방식(통사적 규칙)과 동일한 합성어이다.

(6) 어싀아들, 히들; 요수싀, 늘그니; 도라가다, 업시너기다; 값없다, 맛보다(嘗)

'어싀아들'과 '히들'은 체언과 체언이 결합되어서, '요수싀'와 '늘그니'는 각각 관형사나 용언의 관형사형 뒤에 체언이 결합하여서 이루어진 합성어이다. '도라가다'는 앞의 용언과 뒤의 용언이 연결 어미에 의해서 결합되었으며, '업시너기다'는 부사에 용언이 결합되어서 형성된 합성어이다. '값없다'는 체언과 용언이 결합하여 [주어+서술어]의 통사적인 관계로 짜여진 합성어이고, '맛보다'는 [목적어+서술어]의 통사적인 관계로 짜인 합성어이다. (6)에 제시된 합성어는 모두 국어의 일반적인 통사 규칙에 맞게 짜였으므로 '통사적 합성어'라고 한다.

〈비통사적 합성어〉'비통사적 합성어(非統辭的 合成語)'는 어근들이 결합되는 방식이 국어의 통사적인 짜임새가 형성되는 방식과 다른 합성어이다. 곧 비통사적 합성법은 어근들의 결합 방식이 문장 속에서 문장 성분들이 결합하는 일반적인 방식(통사적 규칙)과는 다른 합성어이다.

    (7) 죽살다, 뛰놀다; 감ᄑᆞᆯ다, 됴쿶다

용언과 용언이 이어질 때에는 앞 용언의 어간에 연결 어미가 실현되어야 통사적 규칙에 맞는다. 그런데 합성 동사인 '죽살다, 뛰놀다'와 합성 형용사인 '감ᄑᆞᆯ다, 됴쿶다'는 앞 용언(어근)의 어간에 연결 어미가 실현되지 않은 상태로 뒤의 용언(어근)이 결합되어 형성된 합성어이다. 이러한 합성어를 '비통사적 합성어'라고 하는데, 15세기 국어에서는 대부분 동사와 형용사에서만 비통사적 합성어의 예가 발견된다.

2.2.2.2. 합성어의 품사에 따른 합성법의 유형

    합성어는 '체언 합성어, 용언 합성어, 수식언 합성어' 등과 같이 합성어의 품사에 따라서 유형을 나눌 수 있다.

(가) 체언 합성어

〈명사 합성어〉명사 합성어는 어근과 어근이 결합하여 형성된 명사이다.

    (8) ᄠᅩᆼ오좀, 암ᄆᆞᆯ; 곳믈, 들기ᄠᅩᆼ, 쇠졎; 요즈슴, 외ᄣᅡᆨ; 져므니, 늘그니

'ᄠᅩᆼ오좀'과 '암ᄆᆞᆯ'은 명사 어근에 명사가 결합해서, '곳믈, 들기ᄠᅩᆼ, 쇠졎'은 각각 명사 어근에 관형격 조사인 '-ㅅ, -의, -ㅣ'가 붙은 다음에 뒤의 명사 어근과 결합해서 합성 명사가 되었다. '요즈슴'과 '외ᄣᅡᆨ'은 관형사에 명사가 결합해서 합성 명사가 되었다. '져므니'는 형용사의 관형사형에 명사가 결합해서, '늘그니'는 동사의 관형사형에 명사가 붙어서 합성 명사가 되었다. 이처럼 명사 합성법으로 형성된 단어들은 대부분 통사적 합성어이다.

(나) 용언 합성어

〈동사 합성어〉동사 합성어는 어근과 어근이 결합하여 형성된 동사이다.

(9) ㄱ. 녀름짓다, 믈들다, 빛나다/빗나다, 슬지다, 법받다, 앞셔다, 벋삼다

　　　ㄴ. ᄀᆞᄅ디르다, 업시너기다

　　　ㄷ. 나ᅀᅡ가다, 도라오다, ᄃᆞ라들다

(10) 듣보다, 딕먹다, 빌먹다, 뛰놀다, 사ᄅᆞ잡다, 오ᄅᆞᄂᆞ리다, 여위ᄆᆞᄅᆞ다, 죽살다

(9)의 단어들은 통사적 합성법으로 이루어진 합성 동사이다. (ㄱ)의 '녀름짓다'와 '믈들다'는 명사에 동사가 결합해서, (ㄴ)의 'ᄀᆞᄅ디르다'와 '업시너기다'는 부사에 동사가 결합해서, (ㄷ)의 '나ᅀᅡ가다'와 '도라오다'는 동사의 연결형에 동사가 결합하여서 합성 동사가 되었다. 이에 반해서 (10)의 '듣보다'와 '딕먹다' 등은 앞 어근에 연결 어미가 실현되지 않은 채로 뒤 어근이 결합하여 이루어진 비통사적 합성어이다.

〈 형용사 합성어 〉 형용사 합성어는 어근과 어근이 결합하여 형성된 형용사이다.

(11) 슬지다, 그지없다, 힘세다; 됴쿳다, 검븕다, 감ᄑᆞᄅ다, 어위크다

'슬지다'와 '그지없다' 등은 명사에 형용사가 붙어서 형성된 통사적 합성 형용사이다. 반면에 '됴쿳다'와 '검븕다' 등은 형용사의 어간에 형용사의 어간이 붙어서 형성된 비통사적 합성 형용사이다.

(다) 수식언 합성어

〈 관형사 합성어 〉 관형사 합성어는 어근과 어근이 결합하여 형성된 관형사인데, 이처럼 관형사 합성어의 수는 그리 많지 않다.

(12) 흔두, 두서, 서너, 너덧, 다엿, 여닐곱, 닐여듧, 열아홉, 두서열(數十); 온갖

'흔두'는 관형사 '흔'에 관형사 '두'가 붙어서, '온갖'은 관형사 '온'에 명사 '갖(← 갓 : 가지)'이 붙어서 관형사가 되었다.

〈 부사 합성어 〉 부사 합성어는 어근과 어근이 결합하여 형성된 부사이다.

(13) 몯다, 다폴다폴, 너운너운; 나날, ᄆᆞ듸ᄆᆞ듸, 가지가지; 외ᄠᆞ로

'몯다' 등은 부사에 부사가 붙어서, '나날' 등은 명사에 명사가 붙어서, '외ᄠᆞ로' 등은

관형사에 부사가 붙어서 부사가 되었다. 여기서 '몯다, 다폴다폴, 너운너운, 나날, ㅁ듸ㅁ 듸, 가지가지'는 통사적 합성어이며, '외ᄡ로'는 비통사적 합성어이다.

2.2.3. 파생어

파생어는 어근의 앞이나 뒤에 파생 접사가 붙어서 형성된 새로운 단어이다.

2.2.3.1. 한정적 접사와 지배적 접사

파생 접사는 의미와 문법적인 기능에 따라서 '한정적 접사'와 '통사적 접사'로 구분하기도 한다.

〈 한정적 접사 〉 파생어를 형성하는 과정에서 원래의 말(어근)에 특정한 의미만을 덧붙이는 접사를 '한정적 접사' 혹은 '어휘적 접사'라고 한다.

(14) 핟옷, 횟돌다; 아기씨, 열티다, 몯내

'핟옷'은 명사 어근인 '옷'에 파생 접두사인 '핟-'이 붙어서 명사가 되었고, '횟돌다'는 동사 어근인 '돌-'에 '횟-'이 붙어서 동사가 되었다. 반면에 '아기씨'는 명사 어근인 '아기'에 파생 접미사인 '-씨'가 붙어서 명사가 되었고, '열티다'는 동사 어근인 '열-'에 '-티-'가 붙어서 동사가 되었다. 그리고 '몯내'는 부사 어근인 '몯'에 파생 접미사인 '-내'가 붙어서 부사가 되었다. 이러한 한정적 접사는 어근에 특정한 의미만 덧붙일 뿐이지 문장의 통사적 구조나 어근의 품사를 바꾸는 일은 없기 때문에, 그것에 붙는 어근의 문법적인 성격을 바꾸지 않는다.

〈 지배적 접사 〉 파생 접사 중에는 어근에 특정한 의미만 덧붙이는 것이 아니라, 문장의 통사적 구조를 바꾸거나 어근의 품사를 바꾸는 기능을 하는 것도 있다. 이러한 파생 접사를 '지배적 접사' 혹은 '통사적 접사'라고 한다.

첫째, 파생 접사 중에는 어근의 품사는 그대로 유지시키지만, 어근의 문법적인 성격을 바꿈으로써 문장의 구조를 바꾸는 것이 있다.

(15) ㄱ. ᄉ미 기픈 므른 ᄀᄆ래 아니 <u>그츨ᄊ</u>ᆡ   [용가 2장]
　　 ㄴ. 한비ᄅᆞᆯ 아니 <u>그치샤</u>   [용가 68장]

예를 들어서 '긏다'는 자동사이므로 이것이 쓰인 문장은 (ㄱ)처럼 '주어+서술어'의 짜임새로 실현된다. 이에 반해서 '긏다'에 사동 접사가 결합되어서 파생된 '그치다'는 타동사이므로, 이것이 문장 속에서 서술어로 쓰이면 문장의 구조가 (ㄴ)처럼 '주어+목적어+서술어'의 짜임새로 실현된다.

> (16) ㄱ. 블근 새 그를 므러   [용가 7장]
> ㄴ. 有情들히 … 모딘 즁싱 믈여 橫死홀 씨오   [월석 9:58]

'믈다'는 타동사이므로 그것이 실현된 문장은 (ㄱ)처럼 '주어+목적어+서술어'의 짜임새로 실현된다. 반면에 '믈다'에 피동 접미사 '-이-'가 붙어서 파생된 '믈이다'는 자동사이므로, '믈이다'가 서술어로 실현된 문장은 (ㄴ)처럼 '주어+부사어+서술어'의 짜임새로 실현된다. 이처럼 사동사나 피동사를 파생하는 접사는 어근의 통사적 성질을 변화시켜서 문장의 구조를 바꾸므로 지배적 접사이다.

둘째, 지배적 접사 중에는 어근의 품사까지 바꾸어서 어근의 문법적인 성질을 완전히 변화시키는 것도 있다.

> (17) 艱難ᄒ다(형용사), 그림(명사), 기피다(동사), 새룹다(형용사)

'艱難ᄒ다'에서 '-ᄒ-'는 명사 어근인 '艱難'을 형용사로 파생시켰으며, '그림(畵)'에서 '-ㅁ'은 동사 어근인 '그리-'를 명사로 파생시켰다. 그리고 '기피다(深)'에서 '-이-'는 형용사 어근인 '깊-'을 동사로 파생시켰으며, '새룹다(新)'에서 '-룹-'은 명사 어근인 '새(新)'를 형용사로 파생시켰다. 이들 파생 접사 '-ᄒ-, -ㅁ, -이-, -룹-' 등은 어근에 특별한 의미를 더해 줄 뿐만 아니라, 어근의 품사까지 바꾸므로 지배적 접사이다.

2.2.3.2. 접두 파생어

어근의 앞에 붙어서 새로운 단어를 만드는 접사를 '접두사(接頭辭)'라고 하고, 어근에 접두사를 붙여서 파생어를 만드는 문법적인 방법을 '접두 파생법'이라고 한다. 접두 파생법과 접미 파생법을 서로 비교해 보면, 접두 파생법에는 다음과 같은 특징이 나타난다.

첫째, 접두 파생법은 접미 파생법에 비해서 파생어를 형성하는 힘(파생력)이 약한데, 이는 접두사와 결합하는 어근이 매우 한정되어 있기 때문이다. 둘째, 접두 파생법에서 접두사에는 일반적으로 어근의 품사를 바꾸거나 통사 구조를 바꾸는 '지배적 기능'은 없고, 어근의 의미를 제한하는 '한정적 기능'만 있다. 셋째, 접미 파생법과는 달리 접두 파생법으로 파생되는 단어는 체언과 용언(대부분 동사)에 한정된다.

(가) 체언 파생어

다음의 단어들은 체언에 접두사가 붙어서 파생된 단어이므로, 어근의 품사인 체언을 그대로 유지한다(허웅, 1975: 142).

형태	의미	예
가-	못생긴	갓나히
갈-	무늬가 있는	갈웜, 갈지게, 갈외
굴-	배가 흰	굴가마괴, 굴거믜
납-	넓다(廣)	납거믜
니-	잡곡에 대립되는 의미로 '보통의 쌀'	니쌀
댓-	크고 억센	댓무수, 댓빗리
들-	야생의	들기름, 들깨
뇌-	찰기가 없이 메진	뇌쌀
새-	희고 밝은	새별, 새매, 새삼
소-	맨-	소밥
솟-	작고 둥근	솟무수
스-	새로 된	스フ뷀
싀-	새로 된, 媤	싀아비, 싀어미
ᄠᅳ-	곡식 가루, 흰	ᄠᅳ믈
아ᄎᆞᆫ-	작은	아ᄎᆞᆫ아들, 아ᄎᆞᆫ쏠, 아ᄎᆞᆫ설
이듬-	그 다음	이듬히
읻-	둘(二)	읻히
젼-	군것을 섞지 않은	젼술, 젼국, 청국(← 젼국)
초-	초(初)-	초ᄒᆞᄅᆞ
출-	끈기가 있는	출콩, ᄎᆞᆯ쌀
춤-	인공을 잘 들인, 진짜의, 품질이 좋은	춤기름, 춤깨, 춤빗, 춤먹
한-	집밖의	한듸
핟-	솜을 넣은	핟옷
항-	큰(← 한)	항것

〈표 7〉 체언을 파생하는 접두사

(나) 용언 파생어

다음의 단어들은 용언에 파생 접두사가 붙어서 파생된 단어이므로, 어근의 품사인

용언을 그대로 유지한다(허웅, 1975: 136).

형태	의미	예
걸-	걸다(掛)	걸앉다
것므르-	가짜(假)	것므르죽다
넙-	넘나들다	넙놀다
답-	한 군데 첩첩이	답샇다
더위-	손을 높이 올려 당기다.	더위잡다
덧-	강조	덧궂다
데-	감정적인 색채를 더함.	데쁘다
마-	수척(瘦瘠), 야위다	마ㅁ르다
믇(븓)-	힘주어 꽉	믇둥기다 / 븓둥기다
박-	힘주어 세게	박츳다
브르-	솟아나게	브르돋다, 브르쁘다
비-	멸시하여	비웃다
아ㅅ-	처음	아ㅅ쁴다
에-	옳지 않으면서 세기만 한	에굳다
엇-	어긋나게	엇막다
져-	기대에 어긋나게	져ㅂ리다
줓-	바로 밑바닥까지	주잖다
즏-	함부로 마구	즏넓다
춫-	강조	춫듣다
치-	힘줌	치잡다, 치혀다
티-	위로, 세게, 힘주어	티츳다, 티소다, 티디르다, 티받다
횟-	돌아가는 모양	횟돌다, 횟도니다
흥-	남을 못살게	흥놀이다

〈표 8〉 용언을 파생하는 접두사

2.2.3.3. 접미 파생어

어근에 '파생 접미사(接尾辭)'가 붙어서 형성된 새로운 단어를 '접미 파생어'라고 한다. 접미 파생어의 유형을 파생어의 품사를 기준으로 설정해 보면 다음과 같다.

(가) 체언 파생어

체언 파생어는 어근에 접미사가 붙어서 형성된 체언이다. 체언 파생어는 어근의 종류에 따라서 다음과 같은 유형으로 나눌 수 있다.

〈 체언 어근＋접미사 〉체언 어근에 접미사가 붙어서 다시 체언으로 파생된다.

(18) ㄱ. ᄇᆞ름가비, 뒷간, 아바님, 머리맡, 빗복, 글발, 아기씨, 말씀, ᄑᆞ성귀, 스라기, 고랑, ᄆᆞ야지, 둥어리, 가락지, 불무질, 발측, 기둥, 담쟝이

ㄴ. 그듸

ㄷ. ᄒᆞ나차히, 둘차히, 세차히, 네차히, 다ᄉᆞ차히, 여스차히, 닐굽차히,…

ㄹ. 어비ᄆᆞᆮ내; 그듸내, 너희(둘ㅎ), 저희(둘ㅎ)

ㅁ. 나죄, 제; 目連이, 瞿曇이

(ㄱ)의 단어는 명사 어근에 접미사인 '-가비, -간, -님, -맡, -복, -발, -씨, -씀, -성귀, -아기, -앙, -아지/-야지, -어리, -지, -질, -측, -웅, -쟝이' 등이 붙어서 다시 명사로 파생되었다. (ㄴ)의 단어는 대명사 어근에 높임의 의미를 나타내는 '-듸'가 붙어서 대명사로 파생되었다. (ㄷ)의 단어는 순서를 나타내는 서수사(序數詞)인데, 이들은 양수사(量數詞)인 'ᄒᆞ나ㅎ, 둘ㅎ, 세ㅎ, 네ㅎ, 다ᄉᆞ' 등에 접미사인 '-자히/-차히/-재/-채' 등이 붙어서 서수사로 파생되었다. (ㄹ)의 단어는 명사와 대명사의 어근에 접미사 '-내, -희, -둘ㅎ'이 붙어서 복수(複數)의 의미를 더하였다. (ㅁ)의 단어는 어근에 특별한 뜻을 더하지 않는 접미사인 '-익, -의; -이'가 붙어서 된 파생 명사이다.

〈 용언 어근＋접미사 〉용언 어근에 접미사가 붙어서 체언으로 파생된다.

(19) ㄱ. 이바디, 마지, 마쯔비; 거름, 무덤, 싸홈, 우숨; ᄀᆞ애, 울에, 늘개; 얼운

ㄴ. 기리; 너븨, 노픠, 기릐, 킈, 더뷔, 치뷔

(ㄱ)의 단어는 동사 어근에 접미사 '-이; -음, -엄, -ㅁ, -움; -애, -에, -개; -ㄴ'이 붙어서, (ㄴ)의 단어는 형용사 어근에 접미사 '-이; -익/-의/-위'가 붙어서 명사로 파생되었다.

(나) 동사 파생어

동사 파생어는 어근에 접미사가 붙어서 형성된 동사인데, 어근의 종류에 따라서 다음과 같은 유형으로 나눌 수 있다.

〈 용언 어근＋접미사 〉동사나 형용사의 어근에 파생 접미사가 붙어서 동사로 파생된다.

첫째, 동사 어근에 접미사가 붙어서 다시 동사로 파생될 수 있는데, 이때의 파생 접사는 '강조, 사동, 피동'의 기능을 나타낸다.

동사 어근에 강조의 기능의 파생 접미사가 붙어서 동사로 파생된 예가 있다.

(20) 니르받다/니르완다, 밀완다/미리완다; 열티다; 니르혀다, 드위혀다

'니르받다/니르완다, 밀완다, 미리완다'는 어근에 '-받-'과 '-완-'이 붙어서, '열티다'는
어근에 '-티-'가 붙어서, '니르혀다, 드위혀다'는 어근에 '-혀-, -혀-'가 붙어서 동사로
파생되었다.

동사 어근에 사동 기능의 파생 접미사가 붙어서 사동사로 파생된 예가 있다.

(21) ㄱ. 무티다; 밧기다; 노기다, 살이다, 믈리다, 얼이다
    ㄴ. 도로다, 기울우다, 일우다; 머추다; 솟고다
    ㄷ. 니르다/니르다, 도르다, 사르다, 이르다/이르다
    ㄹ. 치오다, 틔오다, 띄우다; 알외다, 닛위다

(ㄱ)의 '무티다; 밧기다; 노기다, 살이다'는 어근에 '-히-, -기-, -이-'가 붙어서, (ㄴ)의
'도로다, 기울우다, 일우다, 머추다, 솟고다'는 어근에 '-오-/-우-; -후-; -고-'가 붙어
서, (ㄷ)의 '니르다/니르다, 도르다, 사르다, 이르다/이르다'는 어근에 '-ᄋ-/-으-'가 붙
어서 사동사로 파생되었다. (ㄹ)의 '치오다, 틔오다, 띄우다'는 어근에 '-이-/-ㅣ-'와 '-
오-/-우-'가 겹쳐서 실현되어 사동사로 파생되었다. 끝으로 (ㄹ)의 '알외다, 닛위다'는
어근인 '알다'와 '닛다'에 '-오-/-우-'와 '-ㅣ-'가 겹쳐서 사동사로 파생되었다.

동사 어근에 피동 기능의 파생 접미사가 붙어서 피동사로 파생된 예가 있다.

(22) ㄱ. 두피다; 다티다; 담기다, 듭기다
    ㄴ. 미예다, 괴예다

(ㄱ)의 '두피다, 다티다, 담기다, 듭기다'는 어근에 각각 피동 접미사인 '-이-, -히-, -기
-'가 붙어서 피동사로 파생되었다.[21] 그리고 (ㄴ)의 '미-'나 '괴-'처럼 하향적 이중 모음
인 /j/로 끝난 어근에서는 피동 접미사 '-이-'가 '-예-'의 형태로 실현될 수도 있다.

둘째, 형용사 어근에 접미사가 붙어서 동사로 파생될 수 있다.

---

21) 피동 접미사인 '-이-, -히-, -기-'는 어근이 놓이는 음운론적인 환경에 따라서 구분되어 실현된다.
  곧 /ㄱ, ㄷ, ㅂ, ㅈ/과 같은 거센소리의 짝이 있는 예사소리의 어근 뒤에는 '-히-'가, /ㅁ/으로 끝난
  어근 뒤에는 '-기-'가, 그리고 나머지 소리의 어근 뒤에는 '-이-'가 실현된다.

(23) ㄱ. 너피다, 더러비다

　　　ㄴ. 녀토다, 길우다, ᄀ초다

　　　ㄷ. 업시브다/업시오다/업시우다

(ㄱ)의 '너피다, 더러비다'는 형용사 어근에 사동 접미사인 '-히-, -이-'가 붙어서, (ㄴ)의 '녀토다, 길우다, ᄀ초다'는 사동 접미사 '-오-, -우-, -호-'가 붙어서 사동사로 파생되었다. 그리고 (ㄷ)의 '업시우다'는 '없다'에 동사 파생 접미사 '-이브-/-이오-/-이우-'가 붙어서 사동사로 파생되었다(허웅, 1975: 201 참조).

　〈 명사 어근＋ᄒ다 〉 명사 어근에 접미사인 '-ᄒ-'가 붙어서 동사로 파생된다.

　　(24) 공ᄉᄒ다, 그슴ᄒ다, 깃ᄒ다, 시름ᄒ다, ᄉᆡᄒ다, 풍류ᄒ다

'공ᄉᄒ다, 그슴ᄒ다, 깃ᄒ다, 시름ᄒ다, ᄉᆡᄒ다, 풍류ᄒ다'는 명사 어근인 '공ᄉ, 그슴, 깃, 시름, ᄉᆡ, 풍류'에 파생 접미사 '-ᄒ-'가 붙어서 동사로 파생되었다.

　〈 부사 어근＋ᄒ다 〉 부사 어근에 접미사인 '-ᄒ-'가 붙어서 동사로 파생된다.

　　(25) ㄱ. 그르ᄒ다, ᄀ장ᄒ다, 다ᄒ다, 다믓ᄒ다, 더ᄒ다, 잘ᄒ다

　　　　ㄴ. 이리ᄒ다, 엇뎨ᄒ다/엇디ᄒ다

　　　　ㄷ. 아니ᄒ다, 몯ᄒ다

(ㄱ)의 '그르ᄒ다, ᄀ장ᄒ다, 다ᄒ다, 다믓ᄒ다, 더ᄒ다, 잘ᄒ다'는 성상 부사인 '그르, ᄀ장, 다(悉), 다믓, 더, 잘'에, (ㄴ)의 '이리ᄒ다, 엇뎨ᄒ다/엇디ᄒ다'는 지시 부사인 '이리, 엇뎨/엇디'에, 그리고 (ㄷ)의 '아니ᄒ다, 몯ᄒ다'는 부정 부사인 '아니, 몯'에 파생 접미사인 '-ᄒ-'가 붙어서 동사로 파생되었다.

　〈 영 파생 〉 일반적인 동사 파생 방법과는 달리, 명사 어근에 특정한 파생 접사가 실현되지 않았는데도 명사가 동사로 파생되는 경우가 있다. 이렇게 형태가 없는 '영 접미사(-∅-, zero suffix)'를 실현하여 새로운 단어를 만드는 조어 방법을 '영 파생'이라고 한다.

　　(26) 깃다, ᄀ믈다, 곪다, 너출다, 되다, 신다, ᄢᅴ다, 품다, 낛다

(26)의 예는 모두 명사에 동사를 파생하는 영 접미사가 붙어서 파생된 동사이다. 곧, '깃다, ᄀ믈다, 곪다, 너출다, 되다, 신다, ᄢᅴ다, 품다, 낛다'는 각각 명사 어근인 '깃(巢),

ᄀᆞ물(旱), 너츨(蔓), 곱(重), 되(升), 신(履), 씌(帶), 품(胸), 낛(釣)'에 '영 접미사(무형의 형태소)'
가 붙어서 동사로 파생되었다.

(다) 형용사 파생어

형용사 파생어는 어근에 접미사가 붙어서 형성된 형용사인데, 어근의 종류에 따라서
다음과 같은 유형으로 나눌 수 있다.

〈 용언 어근+접미사 〉형용사나 동사의 어근에 파생 접미사가 붙어서 형용사로 파생
된다.

(27) 녇갑다, ᄂᆞᆺ갑다, 맛갑다

(28) ㄱ. 골프다, 밧ᄇ다, 믿브다, 깃브다, 웃브다
    ㄴ. 그립다, 믭다; ᄉᆞ랑ᄒᆞᆸ다, 恭敬ᄒᆞᆸ다, 感動ᄒᆞᆸ다, 怒ᄒᆞᆸ다, 愛樂ᄒᆞᆸ다
    ㄷ. 앗갑다, ᄆᆞ겁다, 즐겁다

(27)의 '녇갑다, ᄂᆞᆺ갑다, 맛갑다'는 형용사 어근에 접미사 '-갑-'이 붙어서 다시 형용사로
파생되었다. 그리고 (28)의 단어들은 동사 어근에 접미사가 붙어서 형용사로 파생되었
다. (ㄱ)의 '골프다, 밧ᇦ다, 믿브다, 깃브다, 웃브다'는 동사 어근에 '-ᇦ-/-브-/-브-'가
붙어서, (ㄴ)의 '그립다'와 'ᄉᆞ랑ᄒᆞᆸ다'는 동사 어근에 '-ㅂ-'이 붙어서, (ㄷ)의 '앗갑다,
ᄆᆞ겁다, 즐겁다'는 동사 어근에 '-압-/-업-'이 붙어서 형용사로 파생되었다.

〈 명사 어근+접미사 〉명사 어근에 파생 접미사가 붙어서 형용사로 파생된다.

(29) ㄱ. 疑心ᄃᆞᆸ다/疑心ᄃᆞᄫᅵ다, 쥬변ᄃᆞᆸ다/쥬변ᄃᆞ외다, 시름ᄃᆞ외다
    ㄴ. 새ᄅᆞᆸ다/새롭다/새ᄅᆞ외다, 겨르ᄅᆞᆸ다/겨르ᄅᆞᄫᅵ다/겨르ᄅᆞ외다, 受苦ᄅᆞᆸ다/受苦ᄅᆞᄫᅵ다,
       아ᅀᆞᄅᆞ외다
    ㄷ. 곳답다, 아름답다
    ㄹ. 힘젓다, 香氣젓다, 利益젓다

(ㄱ)의 '疑心ᄃᆞᆸ다, 쥬변ᄃᆞᆸ다'와 (ㄴ)의 '새ᄅᆞᆸ다, 겨르ᄅᆞᆸ다' 등은 명사 어근에 '-ᄃᆞᆸ-/-ᄃᆞᄫᅵ
-/-ᄃᆞ외-'와 '-ᄅᆞᆸ-/-ᄅᆞᄫᅵ-/-ᄅᆞ외-' 등이 붙어서 파생된 형용사이다. (ㄷ)에서 '곳답다,
아름답다'는 명사 어근에 '-답-'이 붙어서, (ㄹ)에서 '힘젓다'와 '香氣젓다'는 명사 어근
에 '-젓-'이 붙어서 형용사로 파생되었다.

〈 관형사＋접미사 〉 관형사 어근에 파생 접미사가 붙어서 형용사로 파생된다.

(30) 외롭다/ 외롭다/ 외ㄹ외다

관형사에서 파생된 형용사는 수가 많지 않은데, '외롭다/외롭다/외ㄹ외다'는 관형사 어근인 '외(單)'에 '-롭-/-롭-/-ㄹ외-'가 붙어서 된 형용사의 예이다.22)

〈 불완전 어근＋접미사 〉 불완전 어근에 파생 접미사가 붙어서 형용사로 파생된다. '불완전 어근(특수 어근, 불구 뿌리)'은 오직 한 형태소와만 결합될 수 있거나, 또는 그에 가까운 성질을 가진 어근이다. 그러므로 이 유형에 드는 어근은 '-ᄒ다' 이외의 다른 형태소와 직접적으로 결합되는 일이 거의 없다(허웅, 1975: 216).

(31) ㄱ. 고즉ᄒ다, ᄀ믄ᄒ다, ᄌᄌᄒ다, ᄂ즉ᄒ다, 당당ᄒ다, 아득ᄒ다, 어즐ᄒ다
      ㄴ. 이러ᄒ다, 그러ᄒ다, 뎌러ᄒ다; 엇더ᄒ다, 아ᄆ라ᄒ다

(ㄱ)의 '고즉ᄒ다, ᄀ믄ᄒ다, ᄌᄌᄒ다, ᄂ즉하다, 당당ᄒ다, 아득ᄒ다, 어즐ᄒ다'와 (ㄴ)의 '이러ᄒ다, 그러ᄒ다, 뎌러ᄒ다; 엇더하다, 아ᄆ라ᄒ다'는 각각 불완전 어근인 '고즉, ᄀ믄, ᄌᄌ, ᄂ즉, 당당, 아득, 어즐'과 '이러, 그러, 뎌러; 엇더, 아ᄆ라'에 접미사인 '-ᄒ-'가 붙어서 형용사로 파생되었다.

(라) 관형사 파생어

'관형사 파생어'는 어근에 접미사가 붙어서 형성된 관형사인데, 그 예가 극히 드물다.

(32) 모든, 헌; 오은/온; 이런, 그런, 뎌런, 엇던

'모든(＝모든)'과 '헌'은 동사인 '몬다(集), 헐다(弊)'의 어근에 접미사인 '-은/-ㄴ'이 붙어서, '오은/온(＝온, 모든)'은 형용사인 '오을다(全)'의 어근에 파생 접미사인 '-은/-ㄴ'이 붙어서 된 관형사이다. '이런, 그런, 뎌런, 엇던'은 형용사인 '이러ᄒ다, 그러ᄒ다, 뎌러ᄒ다, 엇더ᄒ다'의 어근에 파생 접미사인 '-ㄴ'이 붙어서 된 파생 관형사이다(남광우, 2009).

---

22) '새롭다/새롭다/새ㄹ외다'가 명사인 '새(＝ 새것)'에 '-롭-/-롭-, -ㄹ외-'가 붙어서 형성된 형용사인 점을 감안하면, '외롭다/외롭다/외ㄹ외다'에서 어근인 '외'도 명사이었을 가능성이 있다.

(마) 부사 파생어

부사 파생어는 어근에 접미사가 붙어서 형성된 부사인데, 어근의 종류에 따라서 다음과 같은 유형으로 나눌 수 있다.

〈부사 어근+접미사〉 부사 어근에 접미사가 붙어서 다시 부사로 파생된다.

(33) 고대, 몯내, 본ᄃᆡ로/본ᄃᆡ록

'고대'는 부사 어근인 '곧'에 접미사인 '-애'가 붙어서, '몯내'는 부사 어근인 '몯'에 '-내'가 붙어서 다시 부사로 파생되었다. 그리고 '본ᄃᆡ로/본ᄃᆡ록'은 부사 어근인 '본ᄃᆡ'에 부사격 조사가 파생 접사로 기능하는 '-로/-록'이 붙어서 다시 부사로 파생되었는데, '본ᄃᆡ록'은 '본ᄃᆡ로'가 강조된 형태이다.

〈체언 어근+접미사〉 체언 어근에 접미사가 붙어서 부사로 파생된다.

(34) 갓가ᄉᆞ로, 날로, 새로, 진실로; 내죵내, ᄆᆞᄎᆞᆷ내; 몸소, 손소; 이리, 그리, 뎌리, 아ᄆᆞ리

'갓가ᄉᆞ로, 날로, 새로, 진실로'는 명사 어근에 접미사인 '-ᄋᆞ로/-로'가 붙어서, '내죵내, ᄆᆞᄎᆞᆷ내'는 '-내'가 붙어서, '몸소, 손소'는 '-소'가 붙어서 부사로 파생되었다. 그리고 '이리, 그리, 뎌리, 아ᄆᆞ리' 등은 대명사인 '이, 그, 뎌'와 '아ᄆᆞ(某)'에 접미사인 '-리'가 붙어서 부사로 파생되었다.

〈용언 어근+접미사〉 용언 어근에 파생 접미사가 붙어서 부사로 파생된다.

(35) ㄱ. 비르서, 모다, 가ᄉᆡ야; 다, 더
ㄴ. 갓ᄀᆞ로, 너무, 니ᇫ우, 도로, 두루, 마조, 비르수, 조초

(35)의 예는 동사 어근에 접미사가 붙어서 된 부사이다. (ㄱ)의 '비르서, 모다, 가ᄉᆡ야; 다, 더'는 동사 어근에 접미사인 '-아/-어/-야'가 붙어서, (ㄴ)의 '갓ᄀᆞ로, 너무, 니ᇫ우, 도로, 두루, 마조, 비르수, 조초'는 동사 어근에 '-오/-우'가 붙어서 부사로 파생되었다.

(36) ㄱ. 기리, 기피, 너비, 노피, ᄇᆞᆯ기, 슬피, 업시, 오래, 키, 해; 달이, ᄲᆞᆯ리; 더러ᄫᅵ/더러이, 두려ᄫᅵ/두려이, 어려ᄫᅵ/어려이, 두터이, 새로이
ㄴ. 이러히, 뎌러히, 훤츨히; ᄀᆞᄃᆞ기, ᄂᆞᄌᆞ기

ㄷ. 골오, 오으로, 외오

ㄹ. 이대

ㅁ. 그러나, 그러면/이러면, 그럴씨/이럴씨

ㅂ. 이런ᄃ로, 그런ᄃ로

(36)의 예는 형용사 어근에 접미사가 붙어서 된 부사이다. (ㄱ)의 '기리, 기피, 너비, 노피, 불기, 슬피, 업시, 오래, 키, 해; 달이, 샐리; 어려비/어려이, 두려비/두려이, 더럽비/더러이, 두터이, 새로이'는 형용사 어근에 접미사인 '-이'가 붙어서 부사로 파생되었다. (ㄴ)의 '이러히, 퍼러히, 훤츨히'와 'ᄀᄃ기, ᄂᄌ기'는 형용사인 '이러ᄒ다, 퍼러ᄒ다, 훤츨ᄒ다'와 'ᄀ득ᄒ다, ᄂ죽ᄒ다'에 접미사인 '-이'가 붙어서 부사로 파생되었다. (ㄷ)의 '골오'는 형용사인 '고ᄅ다(均)'에 접미사인 '-오'가 붙어서 부사로 파생되었다. (ㄹ)의 '이대'은 형용사인 '읻다(好)'의 어간에 접미사인 '-애'가 붙어서 부사로 파생되었다. (ㅁ)의 '그러나, 이러면/그러면, 이럴씨/그럴씨'는 형용사인 '이러ᄒ다/그러ᄒ다' 등의 어근에, 파생 접사로 기능이 바뀐 연결 어미 '-나, -면, -ㄹ씨'가 붙어서 접속 부사로 파생되었다. (ㅂ)의 '이런ᄃ로'와 '그런ᄃ로'는 용언의 활용형인 '이런'과 '그런'에 의존 명사인 'ᄃ'와 부사격 조사인 '-로'가 결합하여 접속 부사로 파생되었다.

〈 **영 파생** 〉 동사나 형용사 어근에 무형의 파생 접미사가 붙어서 부사로 파생된다.

(37) 거싀, 고초, 그르, ᄀ초, ᄀ, 니르, 더듸, 모도, 바ᄅ, 스뭇, 비릇, 비브르, 하

(38) 거싀다, 고초다, 그르다, ᄀ초다, ᄀ다(← 굳다), 니르다/니ᄅ다, 더듸다, 모도다, 바ᄅ다, 스뭇다(← 스몿다), 비릇다, 비브르다, 하다

(37)에서 '거싀, 고초, 그르, ᄀ초, ᄀ, 니르/니ᄅ, 더듸, 모도, 바ᄅ, 스뭇, 비릇, 비브르, 하(← 하다)' 등은 각각 (38)에 제시된 용언의 어간(=어근)에 무형의 부사 파생 접미사인 '-∅'가 붙어서 파생된 부사이다.

(바) 조사 파생어

조사 파생어는 용언이나 서술격 조사인 '-이다'로 된 어근에 접미사가 붙어서 형성된 조사인데, 어근의 종류에 따라서 다음과 같은 유형으로 나눌 수 있다.

〈 **용언의 활용형** 〉 용언 어근에 접미사가 붙어서 조사로 파생된다.

(39) ㄱ. 阿鼻地獄브터 有頂天에 니르시니   [석상 13:16]

　　 ㄴ. 世尊이 文殊師利ᄃ려 니ᄅ샤ᄃᆡ   [석상 9:11]

　　 ㄷ. 受苦ᄅ 뷔요미 地獄두고 더으니   [월석 1:21]

　　 ㄹ. 夫人도 목수미 열 ᄃᆞᆯᄒ고 닐웨 기터 겨샤다   [월석 2:13]

(40) 븥다(附), ᄃ리다(伴), 두다(置), ᄒ다(爲)

(39)의 '-브터, -ᄃ려; -두고, -ᄒ고'는 (40)에 제시된 용언의 어간인 '븥-, ᄃ리-, 두-, ᄒ-'에 파생 접사로 기능하는 '-어, -고'가 붙어서 조사로 파생되었다.[23]

〈 '-이다'의 활용형 〉 서술격 조사인 '-이다'의 어근에 접미사가 붙어서 조사로 파생된다. 이처럼 '-이다'에서 파생된 조사로는 '-이나, -이어나, -이ᄃ록, -인ᄃᆞᆯ'이 있다.

(41) ㄱ. 아뫼나 이 經을 디녀   [석상 9:21]

　　 ㄴ. 이런 有情ᄃᆞᆯᄒ 이에셔 주그면 餓鬼이나 畜生이어나   [석상 9:12]
　　　　 ᄃ외리니

　　 ㄷ. 밤듕이ᄃ록 자디 아니ᄒ시며   [내훈 2 하38]

　　 ㄹ. 엇뎨 값간인ᄃᆞᆯ 놀라 저ᄒ리오   [금삼 3:25]

(ㄱ)과 (ㄴ)에서 '-이나'와 '-이어나'는 '-이다'의 어간에 파생 접사로 기능하는 연결 어미인 '-나'와 '-어나'가 붙어서 '선택'의 의미를 나타내는 보조사로 파생되었다. 그리고 (ㄷ)과 (ㄹ)에서 '-이ᄃ록'과 '-인ᄃᆞᆯ'은 각각 '-이다'의 어간에 파생 접미사로 기능하는 연결 어미인 '-ᄃ록'과 '-ㄴᄃᆞᆯ'이 붙어서 '미침(到及)'과 '양보'의 뜻을 나타내는 보조사로 파생되었다.

2.2.4. 합성어의 파생어 되기

어근과 어근이 합쳐져서 형성된 합성어에 또다시 파생 접사가 붙어서 파생어를 형성하는 경우가 있다(허웅, 1975: 230).

〈 합성어의 파생 명사 되기 〉 어근과 어근이 결합하여서 형성된 합성어에 명사를 파생하는 접사가 붙어서, 파생 명사를 형성할 수 있다.

---

23) '-어'와 '-고'는 원래는 연결 어미였으나, '-브터, -ᄃ려; -두고, -ᄒ고'에서는 조사를 파생하는 접미사로 쓰였다.

첫째, 체언 어근과 용언 어근이 결합하여 형성된 합성 동사에, 명사를 파생하는 접미사 '-이'나 '-기'가 붙어서 파생 명사를 형성할 수 있다.

(42) ㄱ. 고키리, 히도디
　　 ㄴ. ① 글지식, 녀름지식, 머리갓기, 모심기, 밥머기, 아기나히, 옷거리, 우숨우식
　　　　 ② 갈쓰기, 글스기, 믈투기
　　 ㄷ. 겨스사리, 뫼사리, 므주미, 흐르사리

(ㄱ)에서 '고키리'와 '히도디'는 각각 { [어근_명사+어근_형용사]+-이 }와 { [어근_명사+어근_동사]+-이 }의 짜임새로 형성되었는데, 이때 '어근_명사'는 '어근_형용사'나 '어근_동사'에 대하여 의미상으로 주어로 기능한다. (ㄴ)에서 ①의 '글지식, 녀름지식, 머리갓기, 모심기, 밥머기, 아기나히, 옷거리, 우숨우식'는 { [어근_명사+어근_동사]+-이 }의 짜임새로, ②의 '갈쓰기, 글스기, 믈타기'는 { [어근_명사+어근_동사]+-기 }의 짜임새로 형성된 파생 명사이다. 여기서 (ㄴ)의 파생 명사에서 '어근_명사'는 '어근_동사'에 대하여 의미상으로 목적어로 기능한다. (ㄷ)의 '겨스사리, 뫼사리, 므주미, 흐르사리'는 { [어근_명사+어근_동사]+-이 }의 짜임새로 형성된 단어인데, 이때 '어근_명사'는 '어근_동사'에 대하여 의미상으로 부사어로 기능한다.

　둘째, 동사 어근과 동사 어근, 혹은 형용사 어근과 형용사 어근이 결합하여 형성된 합성 용언에, 명사를 파생하는 접사 '-이'가 붙어서 파생 명사를 형성할 수 있다.

(43) 죽사리, 놉눗가비

'죽사리'는 { [어근_동사+어근_동사]+-이 }의 짜임새로, '놉눗가비'는 { [어근_형용사+[어근_형용사+-갑-]]+-이 }의 짜임새로 이루어진 파생 명사이다.

　〈 합성어의 파생 부사 되기 〉 어근과 어근이 결합하여서 형성된 합성어에 다시 부사를 파생하는 접사 '-이'가 붙어서 파생 부사를 형성할 수 있다.

(44) 낫나치, 그릇그르시, 겹겨비; 근업시; 일져므리, 일졈그리

'낫나치, 그릇그르시, 겹겨비'는 { [어근_명사+어근_명사]+-이 }의 짜임새로, '근업시'는 { [어근_명사+어근_형용사]+-이 }의 짜임새로, '일져므리'와 '일졈그리'는 { [어근_부사+어근_동사]+-이 }의 짜임새로 파생 부사가 형성되었다.

　〈 합성어의 파생 관형사 되기 〉 어근과 어근이 결합하여서 형성된 합성어에 다시 관형사

를 파생하는 접사 '-은/-은/-ㄴ'이 붙어서 파생 관형사를 형성할 수 있다.

> (45) ㄱ. 아니한
>
>   ㄴ. 녀나믄, 그나믄
>
>   ㄷ. 셜흔나믄, 마으나믄, 쉬나믄, 스므나믄, 여라믄

(ㄱ)의 '아니한'은 {[어근_{부사}+어근_{형용사}]+-ㄴ}의 짜임새로서, 부사 어근인 '아니'에 형용사 어근인 '하(多)-'가 붙은 다음에 '관형사 파생 접미사'인 '-ㄴ'이 붙어서 관형사가 되었다. (ㄴ)의 '녀나믄(餘他)'은 {[어근_{명사}+어근_{동사}]+-ㄴ}의 짜임새로서, 명사 어근인 '녀느(他)'에 동사 어근인 '남(餘)-'이 붙은 다음에 접미사인 '-ㄴ'이 붙어서 관형사가 되었다. (ㄷ)의 '셜흔나믄'은 {[어근_{수사}+어근_{동사}]+-ㄴ}의 짜임새로서 수사 어근인 '셜흔'에 동사 어근인 '남(餘)-'이 붙은 다음에 접미사인 '-ㄴ'이 붙어서 파생 관형사가 되었다. 여기서 '-ㄴ'은 원래는 관형사형 전성 어미인데, (45)의 '아니한, 녀나믄, 셜흔나믄' 등의 단어에서는 용언을 관형사로 파생하는 파생 접미사로 기능이 바뀌었다.

2.2.5. 합성어와 파생어의 음운 변동

어근과 어근이 결합하여 합성어가 되거나 어근에 파생 접사가 붙어서 파생어가 될 때에 음운이 변동하는 일이 있다. 이들 변동은 해당 단어에서만 일어나는 개별적인 변동(한정적인 변동)이다.

2.2.5.1. 합성어의 음운 변동

〈 **음운의 탈락** 〉 어근과 어근이 결합하여 합성어가 될 때에, 어근의 특정한 음운이 탈락하여 줄어진다.

첫째, 앞 어근이 /ㄹ/로 끝나고 뒤 어근이 /ㅅ/이나 /ㄴ/으로 시작할 때에는, 앞 어근의 끝 받침 소리 /ㄹ/이 줄 수 있다.

> (46) 겨스사리, 므쇼, 화살, 가으며살다; 소나모, 드나들다, 므너흘다

'겨스사리, 므쇼, 화살, 가으며살다'에서는 앞 어근인 '겨슬, 믈, 활, 가으멸-'에 /ㅅ/으로 시작하는 어근인 '살-, 쇼, 살, 살다'가 붙어서 합성어가 되는 과정에서, 앞 어근의 끝소

리인 /ㄹ/이 탈락했다. 그리고 '소나모, 드나들다, 므너흘다'에서는 '솔, 들-, 믈-'에 /ㄴ/으로 시작하는 어근인 '나모, 나들다, 너흘다'가 붙어서 합성어가 되는 과정에서, 앞 어근의 끝소리인 /ㄹ/이 탈락했다.

둘째, 끝 자음이 /ㅎ/인 명사 어근에 '들마기'가 붙으면서 /ㅎ/이 탈락한 예가 있다.

  (47) 수둘마기, 암둘마기

(47)에서는 /ㅎ/으로 끝나는 체언 '수ㅎ'과 '암ㅎ'에 어근인 '들마기'가 결합하여 합성어가 되었는데, 이 과정에서 '수ㅎ'과 '암ㅎ'의 끝소리인 /ㅎ/이 탈락했다.

〈 음운의 바뀜 〉 어근과 어근이 결합하여 합성어가 될 때, 특정한 음운이 다른 음운으로 바뀌는 경우가 있다.

첫째, 유성음으로 끝나는 앞 어근에 예사소리로 시작하는 뒤 어근이 붙으면서, 뒤 어근의 첫 자음이 된소리로 바뀔 수 있다.

  (48) 갯버들, 묏골, 빗시울, 빗돔; 눐즈슥, 니슶길, 숤바당, 밨둥

'갯버들, 묏골, 빗시울, 빗돔'에서는 모음으로 끝나는 어근인 '개, 뫼, 비(船), 비(船)'에 예사소리로 시작하는 어근인 '버들, 골, 시울, 돔'이 붙어 합성어가 되는 과정에서, 뒤 어근의 첫소리가 된소리로 바뀌어서 /뻐들, 꼴, 씨울, 똑/으로 발음된다. 그리고 '눐즈슥, 니슶길, 숤바당, 밨둥'에서는 유성 자음으로 끝나는 어근인 '눈, 니슴, 손, 발'에 예사소리로 시작하는 어근인 '즈슥, 길, 바당, 둥'이 붙어 합성어가 되면서, 뒤 어근의 첫소리가 된소리로 바뀌어서 /쯔슥, 낄, 빠당, 뜽/으로 발음된다.

둘째, 유성음으로 끝난 앞 어근(명사)에 /ㅂ/으로 시작되는 뒤 어근이 붙으면서, 뒤 어근의 첫소리 /ㅂ/이 /ㅸ/로 바뀔 수 있다.

  (49) ᄀᆞᆯ비, 대밢, 대범, 풍류밫지; 메밧다

'ᄀᆞᆯ비, 대밢, 대범, 풍류밫지'에서는 'ᄀᆞᆯ(粉), 대(竹), 대(大), 풍류'에 /ㅂ/으로 시작하는 어근인 '비, 밢, 범, 바지'가 붙어서 합성 명사가 되었는데, 이 과정에서 뒤 어근의 첫소리인 /ㅂ/이 /ㅸ/으로 바뀌었다. 그리고 '메밧다'에서는 '메-'에 '밧다'가 붙어서 합성 동사가 되면서 뒤 어근의 첫소리인 /ㅂ/이 /ㅸ/으로 바뀌었다.

셋째, 유성음으로 끝나는 앞 어근에 /ㅅ/으로 시작하는 뒤 어근이 붙어서 합성어가

될 때, 뒤 어근의 첫소리 /ㅅ/이 /ㅿ/으로 바뀔 수 있다.

(50) 비슬ㅎ, 뫼ᅀᅡ리, 한ᅀᅡᆷ, 한ᅀᅮᆷ

'비슬ㅎ, 뫼ᅀᅡ리, 한ᅀᅡᆷ, 한ᅀᅮᆷ'에서는 유성음으로 끝나는 앞 어근 '비(腹), 뫼, 한, 한'에 /ㅅ/으로 시작하는 어근 '슬ㅎ, 살-, 삼, 숨'이 붙어서 합성어가 되는 과정에서, 뒤 어근의 첫소리 /ㅅ/이 /ㅿ/으로 바뀌었다.

2.2.5.2. 파생어의 음운 변동

〈 접두 파생어의 음운 변동 〉 어근에 접두사가 붙어서 파생어가 될 때, 음운의 변동이 일어나는 경우가 있다.

(51) 초ᄤᅩᆯ, ᄀᆞᆯ아마괴; 갈웜

'초ᄤᅩᆯ'은 어근인 'ᄤᅩᆯ'에 접두사 '출-'이 붙으면서 '출-'의 끝소리인 /ㄹ/이 탈락했으며, 'ᄀᆞᆯ아마괴'는 '가마괴'에 접두사 'ᄀᆞᆯ-'이 붙으면서 '가마괴'의 첫소리인 /ㄱ/이 탈락했다. 그리고 '갈웜'은 어근인 '범'에 접두사 '갈-'이 붙으면서 어근인 '범'의 첫소리 /ㅂ/이 /우 /로 바뀌었다.

〈 접미 파생어의 음운 변동 〉 어근 뒤에 접미사가 붙어서 파생어가 될 때, 음운의 변동이 일어나는 경우가 있다.

첫째, 어근에 접미사가 붙어서 파생어가 될 때, 어근의 형태가 바뀔 수도 있다.

(52) ㄱ. 숑아지/쇼아지, 처섬, 구지람, 춤
    ㄴ. 올이다(登), 들이다(聞), 븥이다(注)
    ㄷ. 수비/수이, 어려비/어려이
    ㄹ. 아바님, 어마님, 아자바님, 아ᅀᆞ마님

(ㄱ)의 단어는 어근에 접미사가 붙어서 명사로 파생되는 과정에서 어근의 형태가 바뀌었다. '숑아지/쇼아지'는 명사 어근인 '쇼'에 '-아지'가, '처섬'은 관형사 어근인 '첫'에 '-엄'이, '구지람'은 동사 어근인 '구짇(責)-'에 '-암'이, '춤'은 동사 어근인 '츠(舞)-'에 '-움'이 결합했다. 이렇게 어근과 접미사가 결합하는 과정에서 어근인 '쇼, 첫, 구짇-, 츠-'의

형태가 각각 '숫, 첫, 구질-, ㅊ-'로 바뀌었다. (ㄴ)의 단어는 용언의 어근에 접미사가 붙어서 사동사와 피동사가 되는 과정에서 어근의 형태가 바뀌었다. 곧 '올이다, 들이다, 붓이다'는 각각 용언 어근인 '오ᄅ(登)-, 들(聞)-, 붓(注)-'에 사동과 피동의 접미사인 '-이-'가 붙어서 파생어가 되면서 어근의 형태가 '올-, 들-, 붓-'으로 바뀌었다. (ㄷ)의 단어는 용언 어근에 부사 파생의 접미사 '-이'가 붙어 부사가 되는 과정에서 어근의 형태가 바뀌었다. 곧 'ㅂ' 불규칙 용언의 어근인 '쉽(易)-'과 '어렵(難)-'에 부사 파생의 접미사 '-이'가 붙어서 부사로 파생되면서 어근의 형태가 '슇-'과 '어렿-'으로 바뀌었다. (ㄹ)에서 명사 어근인 '아비(父), 어미(母), 아자비(叔父), 아ᅀᆞ미(叔母)'에 높임의 파생 접미사 '-님'이 붙을 때에는, 어근의 형태가 각각 '아바, 어마, 아자바, 아ᅀᆞ마'로 바뀌었다.

둘째, 어근에 접미사가 붙으면서 접미사의 형태가 바뀔 수도 있다.

   (53) 늘애, 구믈어리다

(ㄱ)의 '늘애'는 어근인 '늘(飛)-'에 접미사 '-개'가 붙으면서, (ㄴ)의 '구믈어리다'는 '구믈-'에 접미사인 '-거리다'가 붙으면서 접미사의 첫소리 /ㄱ/이 탈락했다.

셋째, 어근에 접미사가 붙으면서 어근과 접미사의 꼴이 모두 바뀔 수도 있다.

   (54) ㄱ. ᄆᆞ야지
       ㄴ. 더뷔, 치뷔
       ㄷ. 웃ᄇᆞ다

(ㄱ)의 'ᄆᆞ야지'는 명사 어근인 '몰(馬)'에 접미사 '-아지'가 붙어서, (ㄴ)의 '더뷔'와 '치뷔'는 형용사 어근인 '덥(暑)-'과 '칩(寒)-'에 접미사 '-의'가 붙어서 명사로 파생되었다. 그리고 (ㄷ)의 '웃ᄇᆞ다'는 동사 어근인 '웃(笑)-'에 접미사 '-ᄇᆞ-'가 붙어서 형용사로 파생되었다. 이들 단어들은 어근에 접미사가 붙어서 파생어가 되는 과정에서, 어근의 형태가 각각 'ᄆᆞ; 덯-, 칣-; 웅-'으로 바뀌었고 동시에 접미사의 형태도 각각 '-야지; -위, -위; -ᄇᆞ-'로 바뀌었다.

제3장 통사론

3.1. 문장 성분

특정한 언어 형식이 문장 속에서 나타내는 통사적인 기능을 문장 성분이라고 한다. 이러한 문장 성분으로 쓰일 수 있는 문법적인 단위로는 '어절(단어), 구, 절' 등이 있다.

3.1.1. 문장 성분의 개념

〈 문장 〉 '문장(文章)'은 주어와 서술어를 갖추고 있고, 서술어에 종결 어미가 실현되어 있으며, 의미적인 면에서 통일되고 완결된 내용을 표현하는 언어 형식이다.

(1) ㄱ. ᄒᆞ오사 내 尊호라   [월석 2:34]

ㄴ. 그듸 엇던 사ᄅᆞ민다   [월석 10:29]

(ㄱ)과 (ㄴ)의 문장에는 '내'와 '그듸'가 주어로 쓰이고 있으며, '尊호라'와 '사ᄅᆞ민다'가 서술어로 쓰이고 있다. 그리고 서술어로 쓰인 '尊호라'와 '사ᄅᆞ민다'에는 종결 어미인 '-라(←-다)'와 '-ㄴ다'가 실현되어 있고, 의미적인 면에서도 하나의 완결된 내용을 나타내고 있다. 따라서 (ㄱ)과 (ㄴ)은 문장의 형식을 온전하게 갖추고 있다.

〈 문장 성분의 개념과 대략적인 유형 〉 '문장 성분(文章成分)'은 '어절(단어), 구, 절' 등의 언어 형식이 문장 속에서 쓰일 때에 나타나는 통사적인 기능을 일컫는 말이다. 문장 성분은 문장에서 쓰이는 기능에 따라서 '주성분, 부속 성분, 독립 성분'으로 나뉜다.

첫째, '주성분(主成分)'은 문장을 이루는 데에 골격이 되는 필수적인 성분이다. 이러한 주성분은 발화 현장이나 문맥을 통해서 알 수 있는 경우가 아니라면 임의적으로 생략할 수 없다. 주성분의 종류에는 '서술어, 주어, 목적어, 보어'가 있다.

  (2) ㄱ. 우리 <u>始祖 l</u> 慶興에 <u>사ᄅᆞ샤</u>   [용가 3장]

    ㄴ. <u>ᄇᆞ야미</u> <u>가칠</u> <u>므러</u>   [용가 7장]

    ㄷ. <u>國ᄋᆞᆫ</u> <u>나라히라</u>   [훈언 1]

  (3) ㄱ. 菩薩이 <u>쥬이</u> ᄃᆞ외야 ᄒᆞ오ᅀᅡ 겨르로비 이셔   [석상 13:20]

    ㄴ. 내 <u>獅子 l</u> 아니며 <u>버미</u> 아니며 <u>일히</u> 아니라 [월석 20:115]

문장은 기본적으로 '무엇이(무엇을) 어찌하다', '무엇이 어떠하다', '무엇이 무엇이다'의 세 가지 짜임새로 이루어져 있다. 먼저, '서술어(敍述語)'는 문장에서 '어찌하다, 어떠하다, 무엇이다'의 자리에 설 수 있는 문장 성분인데, (2)에서 '사ᄅᆞ샤, 므러, 나라히라'가 서술어로 쓰였다. '주어(主語)'는 문장에서 '무엇이'에 해당하는 문장 성분인데, (2)에서 '始祖 l, ᄇᆞ야미, 國ᄋᆞᆫ'이 주어로 쓰였다. '목적어(目的語)'는 '무엇이 무엇을 어찌하다'에서 '무엇을'에 해당하는 문장 성분인데, (2ㄴ)에서 '가칠'이 목적어로 쓰였다. 끝으로 '보어(補語)'는 문장의 서술어가 'ᄃᆞ욋다/ᄃᆞ외다'나 '아니다'일 때에 주어와 함께 반드시 문장에 실현되는 문장 성분이다. 곧 보어는 (3ㄱ)의 '쥬이'와 (3ㄴ)의 '獅子 l, 버미, 일히'처럼, '무엇이 무엇이 ᄃᆞ욋다/아니다'에서 두 번째로 나타나는 '무엇이'에 해당하는 문장 성분이다.

둘째, '부속 성분(附屬成分)'은 문장의 뼈대를 이루지 못하고 다른 성분을 수식하는 성분이다. 부속 성분으로는 '관형어'와 '부사어'가 있다.

  (4) ㄱ. 四天王ᄋᆞᆫ <u>네</u> 天王이니 … 아래로 <u>첫</u> 하ᄂᆞ리라 [월석 1:19]

    ㄴ. <u>내</u> 모미 <u>長者 l</u> 怒를 맛나리라   [월석 8:98]

  (5) ㄱ. 이 <u>世界ㅅ</u> 겨지비 … <u>蓮모새</u> <u>ᄀᆞᆺ</u> 다ᄃᆞᄅᆞ면 男子 l ᄃᆞ외ᄂᆞ니라 [월석 7:61]

    ㄴ. 世尊이 <u>또</u> <u>文殊師利ᄃᆞ려</u> 니ᄅᆞ샤ᄃᆡ   [석상 9:11]

'관형어(冠形語)'는 체언을 수식하는 문장 성분이다. (4)에서 (ㄱ)의 '네, 첫'과 (ㄴ)의 '내,

長者ㅣ'는 모두 관형어로서 각각 그 뒤에 실현되는 체언인 '天王, 하늘'과 '몸, 怒'를 수식하였다. 그리고 '부사어(副詞語)'는 용언을 비롯하여 수식언, 체언, 문장 등 여러 가지 말을 수식하는 문장 성분이다. (5)에서 (ㄱ)의 '굿'과 (ㄴ)의 '文殊師利ᄃ려'는 부사어로서, 각각 서술어인 '다ᄃᆞᆯ면'과 '니ᄅᆞ샤ᄃᆡ'를 수식하였다.

셋째, '독립 성분(獨立成分)'은 그 뒤에 실현되는 다른 성분과 문법적인 관계를 맺지 아니하고, 독립적으로 쓰이는 문장 성분이다. 독립 성분으로는 '독립어(獨立語)'가 있다.

(6) ㄱ. <u>아소</u> 님하 도람 드르샤 괴오쇼셔　　　　　　　[악궤 5:13 삼진작]
　　 ㄴ. <u>世尊하</u> 나는 부텻 히므로 無量壽佛와 두 菩薩을　　[월석 8:17]
　　　　 보ᅀᆞ바니와

(ㄱ)의 '아소'는 감탄사이며, (ㄴ)의 '世尊하'는 명사에 호격 조사가 결합된 말이다. 이들은 그 뒤에 나타나는 문장 성분과 문법적인 관계를 맺지 아니하고 독립어로 쓰였다.

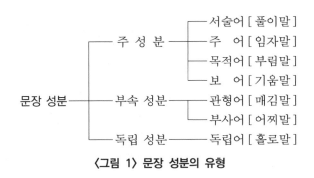

〈그림 1〉 문장 성분의 유형

3.1.2. 문장 성분의 유형

문장 성분은 통사적인 기능에 따라서 '서술어, 주어, 목적어, 보어'와 같은 주성분과 '관형어, 부사어'와 같은 부속 성분, 그리고 '독립어'와 같은 독립 성분으로 나뉜다.

3.1.2.1. 서술어

'서술어(敍述語)'는 주어로 표현되는 대상(주체)의 동작이나 상태, 성질 등을 풀이하는 문장 성분이다. 서술어는 대체로 용언이나 서술격 조사의 활용형으로 실현된다.

첫째, 용언이나 서술격 조사의 종결형이 서술어로 쓰일 수 있다.

(7) ㄱ. 너희둘히 ··· 부텻 마를 바다 <u>디니라</u>   [월석 13:62]

ㄴ. 엇뎨 겨르리 <u>업스리오</u>   [월석 서:17]

ㄷ. 幻은 <u>곡되라</u>   [능언 2:7]

(ㄱ)의 '디니라'는 동사가, (ㄴ)의 '업스리오'는 형용사가, (ㄷ)의 '곡되라'는 체언인 '곡도'
에 결합된 서술격 조사 '-이라'가 종결형으로 실현되어서 서술어로 쓰였다.[1]

둘째, 용언이나 서술격 조사의 연결형, 명사형, 관형사형이 서술어로 쓰일 수 있다.

(8) ㄱ. 民瘼을 <u>모르시면</u> 하늘히 브리시ᄂ니   [용가 116장]

ㄴ. 사르미 몸 <u>드외요미</u> 어렵고   [석상 9:28]

ㄷ. 須達이 精舍 <u>지슬</u> 저기 부텻 나히 셜흔네히러시니   [석상 6:40]

(ㄱ)에서 '모르시면'은 '모르다'의 연결형이 이어진 문장에서 앞절의 서술어로, (ㄴ)의
'드외요미'는 '드외다'의 명사형이 명사절 속의 서술어로, 그리고 (ㄷ)의 '지슬'은 '짓다'
의 관형사형이 관형절 속의 서술어로 쓰였다.

3.1.2.2. 주어

'주어(主語)'는 서술어로 표현되는 동작, 상태, 성질의 주체를 나타내는 문장 성분이다.
주어는 체언이나, 체언 구실을 하는 구나 절에 주격 조사의 변이 형태인 '-이, -ㅣ, -∅'
가 붙거나, 이들 조사가 생략된 채로 실현되기도 한다.

첫째, 체언에 주격 조사가 붙어서 주어로 쓰일 수 있다.

(9) ㄱ. <u>世尊이</u> 象頭山애 가샤   [석상 6:1]

ㄴ. <u>네</u> 가사 흐리라 커시늘   [용가 94장]

ㄷ. 밧긧 <u>그르메</u> 瑠璃 근더시니   [월석 2:17]

(ㄱ)의 '世尊이'는 명사인 '世尊'에 주격 조사 '-이'가 붙어서 주어로 쓰였다. 그리고 (ㄴ)
의 '네'는 대명사 '너'에 주격 조사 '-ㅣ'가 붙어서 주어로 쓰였으며, (ㄷ)의 '그르메'는

---

1) 다음처럼 명사구나 명사절에 서술격 조사인 '-이다'가 결합하여 서술어로 쓰일 수도 있다.

(보기) ㄱ. 우리도 紗羅樹大王ㅅ 夫人들히라니   [월석 8:100]

ㄴ. 利養은 ··· 제 몸 쑌 됴히 츄미라   [석상 13:36]

주격 조사의 무형의 변이 형태인 '-∅'가 붙어서 주어로 쓰였다.

그런데 체언에 주격 조사가 붙지 않은 형태로 주어로 쓰일 수도 있고, 체언에 보조사가 붙으면서 주격 조사 없이 주어로 쓰일 수도 있다.

(10) ㄱ. 곶 됴코 <u>여름</u> 하ᄂᆞ니   [용가 2장]

      ㄴ. <u>나ᄂᆞᆫ</u> 어버ᅀᅵ 여희오   [석상 6:5]

(ㄱ)의 '곶'과 '여름'은 모두 주격 조사가 생략되어서 체언만으로 주어로 쓰였다. 그리고 (ㄴ)의 '나ᄂᆞᆫ'은 체언인 '나'에 보조사 '-ᄂᆞᆫ'이 붙어서 주어로 쓰였는데, 이 경우에는 체언에 보조사가 실현되는 과정에서 주격 조사가 생략된 것이다.

둘째, 체언구(명사구)에 주격 조사가 붙어서 주어로 쓰일 수 있다.

(11) ㄱ. <u>뎌 王이</u> 그 사ᄅᆞᆷᄃᆞ려 무러   [석상 9:30]

      ㄴ. <u>그제로 오신 디</u> ᄉᆞᆷᄌᆡ 오라디 몯거시든   [법언 5:119]

(ㄱ)의 '뎌 王이'는 명사구인 '뎌 王'에 주격 조사 '-이'가 붙어서 주어로 쓰였다. 그리고 (ㄴ)의 '그제로 오신 디'는 관형절을 안은 명사구인 '그제로 오신 디'에 주격 조사인 '-∅'가 실현되어서 주어로 쓰였다.

셋째, 명사절에 주격 조사가 붙어서 주어로 쓰일 수 있다.

(12) ㄱ. (네) <u>사ᄅᆞ미 몸 ᄃᆞ외요미</u> 어렵고   [석상 9:28]

      ㄴ. ᄆᆞᅀᆞᆯ히 멀면 <u>乞食ᄒᆞ디</u> 어렵고   [석상 6:23]

(ㄱ)의 '사ᄅᆞ미 몸 ᄃᆞ외요미'는 명사절인 '사ᄅᆞ미 몸 ᄃᆞ외욤'에 주격 조사 '-이'가 붙어서 주어로 쓰였다. 그리고 (ㄴ)의 '乞食ᄒᆞ디'는 명사절인 '乞食ᄒᆞ디'에 주격 조사인 '-∅'가 실현되어서 주어로 쓰였다.

3.1.2.3. 목적어

'목적어(目的語)'는 타동사가 표현하는 동작의 대상이 되는 문장 성분이다. 목적어는 체언 혹은 체언 구실을 하는 구나 절에 목적격 조사 '-ᄋᆞᆯ/-를, -을/-를, -ㄹ'이 붙어서 실현되거나, 목적격 조사가 생략된 채로 실현되기도 한다.

첫째, 체언에 목적격 조사가 붙어서 목적어로 쓰일 수 있다.

    (13) ㄱ. 赤島 안행 <u>움흘</u> 至今에 보숩ᄂᆞ니   [용가 5장]

       ㄴ. 楚國앳 <u>天子氣를</u> 行幸ᄋᆞ로 마ᄀᆞ시니   [용가 39장]

(ㄱ)의 '움흘'은 체언인 '움ㅎ'에 목적격 조사인 '-을'이, (ㄴ)의 '天子氣를'에서는 체언인
'天子氣'에 목적격 조사인 '-를'이 붙어서 목적어로 쓰였다.
   그리고 체언에 목적격 조사가 실현되지 않고, 체언 단독으로나 체언에 보조사가 붙어
서 목적어로 쓰이는 경우도 있다.

    (14) ㄱ. 須達이 <u>世尊</u> 뵈ᅀᆞᆸ고져 너겨   [석상 6:45]

       ㄴ. 됴ᄒᆞᆫ <u>고ᄌᆞ란</u> ᄲᅳ디 말오 다 王ᄭᅴ 가져오라   [월석 1:9]

(ㄱ)의 '世尊'은 목적격 조사가 실현되지 않고 체언만으로 목적어로 쓰였다. 그리고 (ㄴ)
의 '고ᄌᆞ란'은 체언인 '곶'에 보조사인 '-ᄋᆞ란'이 붙어서 목적어로 쓰였는데, 이 경우에는
보조사가 실현되는 과정에서 목적격 조사가 생략된 것으로 보아야 한다.
   둘째, 체언구(명사구)에 목적격 조사가 붙어서 목적어로 쓰일 수 있다.

    (15) ㄱ. 如來 … <u>여슷 ᄒᆡ를</u> 苦行ᄒᆞ샤   [석상 6:4]

       ㄴ. 四禪天이 … <u>一千 世尊이 나싫 돌</u> 아니   [월석 1:21]

(ㄱ)의 '여슷 ᄒᆡ를'은 명사구인 '여슷 ᄒᆡ'에 목적격 조사인 '-를'이 붙어서 목적어로 쓰였
다. 그리고 (ㄴ)의 '一千 世尊이 나싫 둘'은, 관형절을 안고 있는 명사구인 '一千 世尊이
나싫 ᄃᆞ'에 목적격 조사인 '-ㄹ'이 붙어서 목적어로 쓰였다.
   셋째, 명사절에 목적격 조사가 붙어서 목적어로 쓰일 수 있다.

    (16) ㄱ. 이런 有情들히 … <u>됴ᄒᆞᆫ 法 닷고ᄆᆞᆯ</u> 몯ᄒᆞ야   [석상 9:14]

       ㄴ. <u>비 ᄐᆞᆯ길</u> 아디 몯ᄒᆞ며셔 <u>그 믈 구부믈</u> 怨望ᄒᆞ려 호미로다 [선언 하126]

(ㄱ)의 '됴ᄒᆞᆫ 法 닷고ᄆᆞᆯ'은 명사절인 '됴ᄒᆞᆫ 法 닷곰'에 목적격 조사 '-ᄋᆞᆯ'이 붙어서 목적어
로 쓰였다. 그리고 (ㄴ)의 '비 ᄐᆞᆯ길'과 '그 믈 구부믈'은 명사절인 '비 ᄐᆞ기'와 '그 믈 구붐'
에 목적격 조사인 '-ㄹ'과 '-을'이 붙어서 목적어로 쓰였다.

3.1.2.4. 보어

'보어(補語)'는 '드뵈다'와 '아니다'가 서술어로 쓰일 때에 주어와 함께 반드시 실현되어야 하는 문장 성분이다. 보어는 체언이나 체언 역할을 하는 구나 절에 보격 조사인 '-이, -ㅣ, -∅'가 붙거나, 이들 조사가 생략된 채로 실현된다.

(17) ㄱ. 이는 우리 허므리라 <u>世尊ㅅ 다시</u> 아니시다ㅅ이다　　　[법언 2:5]
　　 ㄴ. 山이 草木이 <u>軍馬ㅣ</u> 드뵈니이다　　　　　　　　　　[용가 98]

(18) ㄱ. <u>느믹 겨집</u> 드외노니 출히 <u>뎌 고마</u> 드외아 지라　　[법언 2:28]
　　 ㄴ. 한 소리를 다 通達ᄒ야 <u>眞說</u> 아니니 업스니　　　　　[석상 20:14]

(17)에서는 서술어로 '아니다'와 '드뵈다'가 쓰였는데, 이들 문장에서 '이는'과 '山이 草木이'는 주어로 쓰였고 '世尊ㅅ 다시'와 '軍馬ㅣ'는 보어로 쓰였다. 이들 보어는 체언인 '軍馬'와 체언구인 '世尊ㅅ 닷'에 각각 보격 조사인 '-이, -ㅣ'가 붙어서 실현되었다. 이와는 달리 (18)에서 (ㄱ)의 '느믹 겨집'과 '뎌 고마'와 같은 체언구나, (ㄴ)의 '眞說'과 같은 체언은 보격 조사인 '-이'가 생략된 채로 보어로 쓰였다.

3.1.2.5. 관형어

'관형어(冠形語)'는 그 뒤에 실현되는 체언을 수식하면서 체언의 의미를 한정(제한)하는 문장 성분이다. 관형어로 쓰일 수 있는 말은 '관형사, 체언+관형격 조사, 체언(구), 관형절, 문장' 등이 있다.
　첫째, 관형사가 관형어로 쓰일 수 있다.

(19) ㄱ. 往生偈ㄹ 외오시면 <u>헌</u> 오시 암굴며　　　　　　　　[월석 8:83]
　　 ㄴ. 初觀은 <u>첫</u> 보미라　　　　　　　　　　　　　　　　[월석 8:6]

관형사인 '헌'은 그 뒤에 실현되는 체언인 '옷'을 수식하였으며, '첫'은 용언의 명사형인 '봄'을 수식하였다.
　둘째, 체언(구)에 관형격 조사인 '-익/-의, -ㅣ; -ㅅ'이 붙어서 관형어로 쓰일 수 있다.

(20) ㄱ. 諸天의 히므로 사룸들히 다 즈올의 ᄒ니　　　　　[석상 3:25]

　　ㄴ. 네 性이 내 나는 ᄂ믈홀 먹디 아니ᄒᄂ니 좋의 서리예　[두언 25:7]

　　　清淨ᄒ도다

(21) ㄱ. 네의 어미 그려ᄒ미 샹녯 ᄠᅦᆺ 衆生애셔 倍홀씨　　　[월석 21:22]

　　ㄴ. 내이 어미 爲ᄒ야 發혼 廣大誓願을 드르쇼셔　　　　[월석 21:57]

(20)의 '諸天의, 네, 좋의'와 (21)의 '네의, 내이'는 체언인 '諸天, 너, 좋; 너, 나, 아비'에 관형격 조사인 '-의, -의, -ㅣ'가 붙어서 관형어로 쓰였다. 특히 (21)의 '네의, 내이'는 명사절이나 관형절 속에서 의미상의 주어로 쓰이는 말이 관형어의 형태로 실현되었다.

　체언에 관형격 조사인 '-ㅅ'이 붙어서 관형어로 쓰이기도 하는데, 관형격 조사 '-ㅅ'은 무정의 체언이나 높임의 대상인 유정의 체언에 붙은 것이 보통이다.

(22) ㄱ. 그 나랏 法에 布施호ᄃᆡ 모로매 童女로 내야주더니　[석상 6:14]

　　ㄴ. 成佛은 부텻 道理를 일우실 씨라　　　　　　　　[석상 3:1]

(ㄱ)의 '나랏'은 무정 체언인 '나라'에 '-ㅅ'이 실현되어서 관형어로 쓰였으며, (ㄴ)의 '부텻'은 유정 체언인 '부텨'에 '-ㅅ'이 실현되어서 관형어로 쓰였다.

　셋째, '체언+체언'의 구성에서 앞 체언이 관형어로 쓰일 수 있다.

(23) ㄱ. 如來ㅅ 모매 터럭 구무마다 즈믄 光明을 펴샤　　　[월석 21:5]

　　ㄴ. 믈 우흿 龍이 江亭을 向ᄒᅀᇦ니　　　　　　　　[용가 100장]

(ㄱ)의 '터럭'과 (ㄴ)의 '믈'은 체언 단독으로 뒤의 체언인 '구무'와 '우흥'을 수식하여 관형어로 쓰였다.

　넷째, 관형절이 관형어로 쓰일 수 있다. 이때 관형절의 서술어에는 관형사형 어미인 '-ㄴ, -ㅭ' 등이 실현되는데, 선어말 어미 '-ㄴ' 앞에는 시제를 나타내는 선어말 어미인 '-ᄂ-, -더-, -∅-'가 함께 실현될 수 있다.

(24) ㄱ. 내 이제 네 어믜 간 싸홀 뵈요리라　　　　　　　[월석 21:21]

　　ㄴ. 鸚鵡는 말ᄒᄂ 새라　　　　　　　　　　　　　[석상 3:32]

　　ㄷ. 모딘 일 짓던 중싱이 새 주근 사룸들히니　　　　[월석 21:25]

　　ㄹ. 世尊이 … 볼 구피라 펼 ᄡᅴ예 忉利天에 가샤　　[월석 21:4]

(ㄱ)에서 관형절의 서술어로 쓰인 '간'은 '가다'의 어간에 무형의 과거 시제 형태소인 '-∅-'와 관형사형 전성 어미인 '-ㄴ'이 실현되어서, 과거 시제를 나타내면서 관형어로 쓰였다. (ㄴ)에서 '말ㅎᄂᆞᆫ'은 '말ㅎ다'의 어간에 현재 시제의 선어말 어미인 '-ᄂᆞ-'와 관형사형 어미인 '-ㄴ'이 실현되어, 현재 시제를 나타내면서 관형어로 쓰였다. (ㄷ)에서 '짓던'은 '짓다'의 어간에 회상의 선어말 어미인 '-더-'와 '-ㄴ'이 실현되어 회상의 뜻을 나타내면서 관형어로 쓰였다. (ㄹ)에서 '펼'은 '펴다'의 어간에 관형사형 어미인 '-을'이 실현되어서, 미래 시제를 나타내면서 관형어로 쓰였다.

다섯째, 문장이나 절에 관형격 조사인 '-ㅅ'이 붙어서 체언을 수식할 수 있다.

(25) ㄱ. 廣熾ᄂᆞᆫ 너비 光明이 비취닷 ᄠᅳ디오　　　　　　　[월석 2:9]
　　 ㄴ. 죠고맛 빅 ᄐᆞ고졋 ᄠᅳ들 닛디 몯ᄒᆞ리로다　　　　　[두언 15:55]

(ㄱ)에서는 문장의 형식인 '너비 光明이 비취다'에 관형격 조사인 '-ㅅ'이 붙어서 관형어로 쓰였다. 그리고 (ㄴ)에서는 이어진 문장의 앞절인 '죠고맛 빅 ᄐᆞ고져'에 관형격 조사인 '-ㅅ'이 붙어서 관형어로 쓰였다.

3.1.2.6. 부사어

'부사어(副詞語)'는 '서술어, 관형어, 부사어, 문장' 등을 수식하면서 그 의미를 한정하거나, 단어와 단어 또는 문장과 문장을 잇는 문장 성분이다. 부사어는 그 기능에 따라서 '수식 기능의 부사어'와 '접속 기능의 부사어'로 구분된다.

〈 수식 기능의 부사어 〉 부사어가 서술어, 부사어, 절, 문장 등을 수식할 수 있다.

첫째, 부사가 단독으로 부사어로 쓰일 수 있다.

(26) ㄱ. 香象은 ᄆᆞᆺ 힘센 象이니　　　　　　　　　　　　　[월석 2:38]
　　 ㄴ. 菩薩이 前生애 지순 罪로 이리 受苦ᄒᆞ시니라　　　　[월석 1:6]
　　 ㄷ. 太子ㅣ⋯盟誓ᄒᆞ샤ᄃᆡ 부텨옷 몯 ᄃᆞ외면 아니 니러나리라　[석상 3:38]
　　 ㄹ. ᄒᆞ다가 술옷 몯 먹거든 너덧 번에 ᄂᆞ화 머기라　　　[구간 1:4]

'ᄆᆞᆺ, 이리, 몯, 아니, ᄒᆞ다가' 등은 부사로서 각각 그 뒤에 실현되는 '힘센, 受苦ᄒᆞ시니라, ᄃᆞ외면, 니러나리라, 술옷 몯 먹거든'을 수식하였다.

둘째, 체언에 부사격 조사가 붙어서 부사어로 쓰일 수 있다.

(27) ㄱ. 如來 菩提樹<u>에</u> 겨시다가 差梨尼迦ㅣ라 홀 <u>수프레</u> 올마 가샤 [월석 4:53]

ㄴ. <u>하늘해셔</u> 보비옛 곳비 오며 [석상 20:19]

ㄷ. 이 經을 바다 디니며 닐그며 외오며 ᄉ랑ᄒ야 <u>ᄂᆞᆷᄃᆞ려</u> [석상 20:28]
ㄴᆞᆯ노니

ㄹ. 西方애 힌 므지게 열둘히 <u>南北으로</u> ᄀᆞᆯ 뻬여 잇더니 [석상 23:22]

ㅁ. 太子ㅣ <u>金으로</u> 겨지븨 양ᄌᆞᆯ 밍ᄀᆞᄅ시고 [석상 3:10]

ㅂ. 져므며 壯ᄒ며 老耄호미 <u>種種으로</u> 變ᄒ야 다ᄅ나 [능언 2:9]

ㅅ. 福이 다아 衰ᄒ면 受苦ᄅᆞ뷔요미 <u>地獄두고</u> 더으니 [월석 1:21]

ㅇ. 또 蓼藍汁 세 큰 잔ᄋᆞᆯ 믈 두 큰 <u>잔과</u> ᄒᆞᄃᆡ 달혀 [구언 하17]

(27)에서 '菩提樹에, 수프레, 하늘해셔, ᄂᆞᆷᄃᆞ려, 南北으로, 金으로, 種種으로, 地獄두고, 잔과'는 체언에 부사격 조사인 '-에(장소), -애셔(시작점), -ᄃᆞ려(상대), -으로(방향), -으로(재료), -ᄋᆞ로(변성), -두고(비교), -과(공동)'가 붙어서 부사어로 쓰였다.

셋째, 부사절이 부사어로 쓰일 수 있는데, 이 경우에 부사절은 서술어로 쓰이는 용언의 어간에 연결 어미인 '-게/-기/-긔, -ᄃᆞ록/-도록, -ᄃᆞᆺ/-ᄃᆞ시' 등이 붙어서 성립된다.

(28) ㄱ. 그듸 가아 <u>(耶輸ㅣ) 아라듣게</u> 니르라 [석상 6:6]

ㄴ. <u>ᄒᆞᆫ 劫이 남ᄃᆞ록</u> 닐어도 몯다 니르리어니와 [석상 9:10]

ㄷ. 百姓이 <u>져재 가ᄃᆞᆺ</u> 모다 가 [월석 2:7]

'(耶輸ㅣ) 아라듣게, ᄒᆞᆫ 劫이 남ᄃᆞ록, (百姓이) 져재 가ᄃᆞᆺ'은 서술어로 쓰인 '아라듣다, 남다, 가다'의 어간에 연결 어미 '-게, -ᄃᆞ록, -ᄃᆞᆺ' 등이 붙어서 부사어로 쓰였다.

넷째, 관형어(관형절)와 그것의 수식을 받는 부사성 의존 명사를 포함하는 전체 구성이 부사어로 쓰일 수 있다.

(29) ㄱ. 하ᄂᆞᆯ히 命ᄒ실ᄊᆡ <u>믈 톤 자히</u> 건너시니이다 [용가 34장]

ㄴ. 나라히 <u>ᄂᆞ믜 그에</u> 가리이다 [월석 2:6]

(ㄱ)의 '믈 톤 자히', (ㄴ)의 'ᄂᆞ믜 그에'는 모두 부사어로 쓰여서 그 뒤에 오는 말을 수식하였다. 이들 부사어는 관형어(절)로 쓰인 '믈 톤, ᄂᆞ믜'에 부사성 의존 명사인 '자히, 그에'가 결합하여 그 전체 구성이 부사어로 쓰인 것이다.

〈 접속 기능의 부사어 〉 접속 부사가 부사어로 쓰여서 단어와 단어, 절과 절, 문장과 문장을 잇는다.

첫째, 현대 국어와 마찬가지로 접속 부사가 단어와 단어를 잇거나 문장과 문장을 잇는 경우가 있다.

(30) 道國王과 밋 舒國王은 實로 親혼 兄弟니라　　　　　　　　　　[두언 8:5]

(30)에서 접속 부사인 '밋'은 체언인 '道國王'과 '舒國王'을 이었는데, 앞 체언 뒤에 접속 조사인 '-과'가 실현된 다음에 다시 접속 조사인 '밋'이 다시 실현된 것이 현대 국어와 다르다.

둘째, 접속 부사가 문장과 문장을 잇거나, 이어진 문장에서 앞절과 뒷절을 잇는 경우가 있다.

(31) ㄱ. 俱夷 니르샤디 내 願을 아니 從호면 고졸 몯 어드리라　　　[월석 1:12]

　　　(善慧 니르샤디) 그러면 네 願을 從호리니

　　ㄴ. 聲聞이 히미 비록 몯 미츠나 그러나 信으로 드로몰 許호실씨 [법언 2:159]

(ㄱ)에서 '그러면'는 문장과 문장 사이에 실현되어서 앞 문장과 뒤의 문장 사이에서 두 문장을 이었다. 그리고 (ㄴ)의 '그러나'는 이어진 문장의 앞절이 실현된 다음에, 뒷절의 첫머리에 첨가되었는데, 이때의 '그러나'는 앞절에 실현된 연결 어미인 '-나'와 동일한 접속 기능을 나타내는 것이 특징이다.

3.1.2.7. 독립어

'독립어(獨立語)'는 문장 안의 다른 성분과 직접적인 관련이 없는 성분이다. 독립어는 감탄사 단독으로 쓰이거나, 체언에 호격 조사가 붙어서 쓰인다.

첫째, 감탄사가 단독으로 독립어로 쓰일 수 있다.

(32) ㄱ. 의 迷人아 오늘록 後에 이 길홀 넓디 말라　　　　　　　[월석 21:118]

　　ㄴ. 舍利佛이 슬보디 엥 올호시이다　　　　　　　　　　　[석상 13:47]

　　ㄷ. 아소 님하 도람 드르샤 괴오쇼셔　　　　　　　　　　[악궤 5:14 삼진작]

'의, 엥, 아소' 등은 감탄사가 독립어로 쓰인 예이다. (ㄱ)에서 '의(=아아, 애)'는 화자의 감정을 직접적으로 표출하거나 부르는 말로 쓰였다. 반면에 (ㄴ)의 '엥(=예)'은 상대방의 질문에 대한 대답말로 쓰였으며, (ㄷ)의 '아소'는 현대어의 '마소서'나 '앗으시오'와 같이 '금지'의 뜻을 나타내면서 대답말로 쓰였다.

둘째, 체언에 호격 조사가 붙어서 독립어로 쓰일 수 있다.

(33) ㄱ. <u>比丘아</u> 알라   [월석 17:14]

ㄴ. 어딜쎠 <u>觀世音이여</u>   [능언 6:65]

ㄷ. <u>聖母하</u> 願ᄒᆞᆫ든 드르쇼셔   [월석 21:38]

(ㄱ)에서 '比丘아²⁾'는 체언인 '比丘'에 아주 낮춤의 호격 조사인 '-아'가 붙어서 독립어로 쓰였다. (ㄴ)의 '觀世音이여'는 체언인 '觀世音'에 예사 높임의 호격 조사인 '-이여'가 붙어서 독립어로 쓰였다. 그리고 (ㄷ)의 '聖母하'는 체언인 '聖母'에 아주 높임의 호격 조사인 '-하'가 붙어서 독립어로 쓰였다.

3.2. 문장의 짜임

문장은 기본적으로 주어와 서술어로써 어떠한 일의 상태(성질)나 움직임을 표현한다. 그런데 하나의 문장에는 주어와 서술어가 한 번만 나타날 수도 있지만, 어떤 경우에는 두 번 이상 나타날 수도 있다.

(1) ㄱ. 내 롱담ᄒᆞ다라   [석상 6:24]

ㄴ. ᄒᆞ오사 내 <u>尊</u>호라   [월석 3:34]

(2) ㄱ. <u>아ᄃᆞᆯᄯᆞᄅᆞᆯ 求ᄒᆞ면</u> 아ᄃᆞᆯᄯᆞᄅᆞᆯ 得ᄒᆞ리라   [석상 9:23]

ㄴ. 이 戒ᄂᆞᆫ <u>諸佛 菩薩이 修行ᄒᆞ시논</u> 즈릆길히라   [석상 9:6]

(1)의 문장처럼 주어와 서술어가 한 번만 실현된 문장을 '홑문장(單文)'이라고 한다. 반면에 (2)의 문장처럼 주어와 서술어가 두 번 이상 나타난 문장을 '겹문장(複文)'이라고 한다. 겹문장으로는 '이어진 문장'과 '안은 문장'이 있다. (2ㄱ)의 문장은 앞절인 '아ᄃᆞᆯᄯᆞᄅᆞᆯ 求

---

2) 15세기 국어의 호격 조사 '-아'는 현대 국어와 달리 자음이나 모음으로 끝나는 체언에 두루 실현될 수 있다.

ᄒ(다)'와 뒷절인 '아ᄃᆞᆯᄊᆞᆯ 得ᄒᆞ리라'가 연결 어미인 '-으면'에 의해서 나란히 이어져서 된 겹문장인데, 이러한 문장을 '이어진 문장(接續文)'이라고 한다. 그리고 (2ㄴ)의 문장은 관형절인 '諸佛菩薩이 修行ᄒᆞ시논'을 관형어로 안고 있는데, 이러한 문장을 '안은 문장 (內包文)'이라고 한다.

15세기 국어의 문장 유형을 짜임새에 따라서 정리하면 다음의 〈그림 2〉와 같다.

〈그림 2〉 짜임새로 분류한 문장의 유형

3.2.1. 이어진 문장

두 개 이상의 홑문장이 연결 어미에 의해서 이어져서 더 큰 문장이 될 수 있는데, 이러한 문장을 '이어진 문장(接續文)'이라고 한다. 이어진 문장은 앞절과 뒷절의 의미적 관계에 따라 '대등하게 이어진 문장'과 '종속적으로 이어진 문장'으로 구분된다.

3.2.1.1. 대등하게 이어진 문장

'대등하게 이어진 문장'은 앞절과 뒷절이 의미적으로 대등한 관계로 이어진 문장으로 서, 앞절과 뒷절은 '나열, 선택, 대조' 등의 의미적 관계를 나타낸다.

(3) ㄱ. 고히 길오 놉고 고ᄃᆞ며   [석상 19:7]

　　ㄴ. 十生이 무레 니르리 죽곡 주그며 나곡 나   [능언 4:30]

　　ㄷ. 보도 몯ᄒᆞ며 듣도 몯거니 므스기 快樂ᄒᆞᄫᆞ리잇고   [석상 24:286]

　　ㄹ. 브르거니 對答ᄒᆞ거니 ᄒᆞ야 威와 福과를 짓ᄂᆞ니   [두언 6:38]

(4) ㄱ. 오나 가나 다 새지비 兼ᄒᆞ얏도소니   [두언 7:16]

　　ㄴ. 제 쓰거나 ᄂᆞᆷ 히여 쓰거나 ᄒᆞ고   [석상 9:21]

　　ㄷ. 외니 올ᄒᆞ니 ᄒᆞ야 是非예 ᄠᅥ러디면 了義를 모ᄅᆞ릴ᄉᆡ   [영남 상39]

(5) 구루멧 ᄒᆡ 블 ᄀᆞᆮᄒᆞ나 더운 하ᄂᆞᆯ히 서늘ᄒᆞ도다   [두언 6:35]

(3)의 문장은 '나열'의 의미를 나타내는 연결 어미인 '-고/-곡, -으며, -으니, -거니' 등을 통해서 앞절과 뒷절이 이어졌다. 그리고 (4)의 문장은 '선택'의 의미를 나타내는 연결 어미인 '-으나~으나, -거나~거나, -으니~-으니'를 통해서, 그리고 (5)의 문장은 '대조'의 의미를 나타내는 연결 어미인 '-으나'를 통해서 이어졌다. 이들 문장은 앞절과 뒷절이 의미적으로 대등한 관계에 있으므로 '대등하게 이어진 문장'이라고 한다.

3.2.1.2. 종속적으로 이어진 문장

'종속적으로 이어진 문장'은 앞절과 뒷절의 의미가 서로 독립적이지 못하고, 앞절의 의미가 뒷절의 의미에 이끌리는 관계로 이어진 문장이다. 종속적으로 이어진 문장의 앞절과 뒷절은 '조건, 이유, 원인, 의도, 전환' 등의 매우 다양한 의미적 관계로 이어진다.

(6) ㄱ. 舍利佛이 혼 獅子ㅣ룰 지서 내니 그 쇼룰 자바머그니 [석상 6:32]

　　ㄴ. ᄆᆞᅀᆞᄆᆞᆯ 아라 根源을 ᄉᆞᄆᆞᆺ 볼씨 일흐믈 沙門이라 ᄒᆞᄂᆞ니이다 [석상 3:20]

　　ㄷ. 모딘 길헤 ᄠᅥ러디면 恩愛ᄅᆞᆯ 머리 여희여 [석상 6:3]

　　ㄹ. 善男子 善女人이 뎌 부텻 世界예 나고져 發願ᄒᆞ야ᅀᅡ ᄒᆞ리라 [석상 9:11]

　　ㅁ. 이 하ᄂᆞᆯ들히 놉디옷 목수미 오라ᄂᆞ니 [월석 1:37]

(ㄱ)과 (ㄴ)의 문장에서는 '원인'이나 '이유'를 나타내는 연결 어미인 '-으니'와 '-을씨'를 통하여 앞절과 뒷절이 이어졌다. 그리고 (ㄷ)은 '조건'을 나타내는 '-으면', (ㄹ)은 '의도'를 나타내는 '-고져', (ㅁ)은 '앞의 일이 되어가는 정도에 비례해서 뒤의 일도 되어감'을 나타내는 '-디옷'을 통하여 각각 앞절과 뒷절이 이어졌다. 이들 문장은 앞절의 의미가 뒷절에 이끌리는 관계에 있으므로 '종속적으로 이어진 문장'이다.

3.2.1.3. 이어진 문장의 통사적 제약

이어진 문장에서 앞절에 특정한 연결 어미가 실현되면 뒷절의 종결 방식이 제약을 받는 경우가 있다(허웅, 1975: 521; 고등학교 문법, 2010: 298).

첫째, 이어진 문장의 앞절에서 연결 어미 '-으니' 앞에 확인 표현의 선어말 어미인 '-거-, -아-/-어-'가 실현되면, 뒷절은 '앞절의 내용을 뒤집는 뜻'을 표현하면서 의문형으로 끝맺는다.

(7) ㄱ. 功德을 國人도 숣거니 漢人 ᄆᆞᅀᆞ미 엇더ᄒᆞ리잇고   [용가 72장]

ㄴ. ᄒᆞ마 주글 내어니 子孫ᄋᆞᆯ 議論ᄒᆞ리여   [월석 1:7]

(ㄱ)의 '숣거니'와 (ㄴ)의 '내어니'처럼 연결 어미 '-니'가 실현된 서술어에 확인 표현의
선어말 어미인 '-거-'나 '-어-'가 실현되면, 뒷절의 서술어는 '엇더ᄒᆞ리잇고'와 '議論ᄒᆞ
리여'처럼 의문형으로 끝맺는다.

둘째, 이어진 문장에서 앞절의 서술어에 연결 어미인 '-관ᄃᆡ/-완ᄃᆡ'가 실현되면, 앞절
에는 반드시 의문사(疑問詞, 물음말)가 실현되고 뒷절은 의문형으로 끝맺는다.

(8) ㄱ. 이 엇던 神靈ㅅ 德이시관ᄃᆡ 내 시르믈 누기시ᄂᆞᆫ고   [월석 21:21]

ㄴ. 地藏菩薩 摩訶薩이 … 엇던 願을 셰완ᄃᆡ 不思議옛 이를   [월석 21:15]
能히 일우니잇고

(ㄱ)의 '德이시관ᄃᆡ'와 (ㄴ)의 '셰완ᄃᆡ'처럼 앞절의 서술어에 연결 어미인 '-관ᄃᆡ/-완ᄃᆡ'
가 실현되면, 앞절에는 '엇던'과 같은 의문사가 실현되고 뒷절의 서술어는 '누기시ᄂᆞᆫ고'
와 '일우니잇고'처럼 의문형으로 끝맺는다.

셋째, 이어진 문장에서 앞절의 서술어에 연결 어미 '-디ᄫᅵ/-디위/-디외', '-건뎡' 등이
실현되면, 뒷절은 부정문(否定文)이 된다.

(9) ㄱ. 이에 든 사ᄅᆞᄆᆞᆫ 죽디ᄫᅵ 나디 몯ᄒᆞᄂᆞ니라   [석상 24:14]

ㄴ. 모ᄆᆞ로 端正히 홇 디언뎡 등 구표미 몯 ᄒᆞ리라   [몽언 24]

(ㄱ)의 '죽디ᄫᅵ'와 (ㄴ)의 '홇 디언뎡'처럼 앞절의 서술어에 연결 어미 '-디ᄫᅵ'와 '-건뎡'
이 실현되면, 뒷절은 '나디 몯ᄒᆞᄂᆞ니라'와 '등 구표미 몯 ᄒᆞ리라'처럼 부정문이 된다.

넷째, 이어진 문장에서 앞절의 서술어에 연결 어미인 '-곤/-온' 등이 실현되면, 뒷절
에는 대체로 '하믈며'와 같은 부사가 실현된다. 그리고 서술어로 실현되는 체언이나 용
언의 명사형 뒤에는 '-이여'나 '-이ᄯᆞ녀' 등의 조사가 실현된다.[3]

---

3) '-이ᄯᆞ녀'는 강조를 나타내는 '-이ᄯᅩᆫ(보조사)'에 호격 조사 '-(이)여'가 붙어서 문장 전체가 반문(反
問)과 감탄의 뜻을 나타내는 의문문처럼 쓰였다(허웅, 1975: 359·386).

(10) ㄱ. 잢간 들줍고 ㅎ마 善혼 利룰 得곤 ㅎ물며 브즈러니   [원언 하 2-1:4]

　　　　行호미여

　　　ㄴ. 莊子도 오히려 그러콘 ㅎ물며 道人이ᄯ녀　　　　　　　　　[선언 하122]

(10)에서는 앞절의 서술어에 '得곤'과 '그러콘'처럼 연결 어미인 '-곤'이 실현되었다. 이
때 뒷절에는 대체로 'ㅎ물며'와 같은 부사가 실현되고, 뒷절에서 서술어처럼 기능하는
체언이나 용언의 명사형 뒤에 '-이여'나 '-이ᄯ녀(←-이ᄯ+-이여)'와 같은 조사가 붙어
서 반문(反問)과 영탄(詠歎)의 뜻을 나타내는 수사 의문문의 형식으로 표현된다.

3.2.2. 안은 문장

　문장 속에서 하나의 성분처럼 쓰이는 홑문장을 '안긴 문장'이라 하고, 이 안긴 문장을
포함하고 있는 전체 문장을 '안은 문장'이라 한다. 안긴 문장을 '절(節, 마디, clause)'이라고
도 하는데, 이러한 안긴 문장에는 '명사절, 관형절, 부사절, 서술절, 인용절' 등이 있다.

3.2.2.1. 명사절을 안은 문장

　'명사절(名詞節)'은 문장 속에서 명사처럼 기능하는 절로서, 명사형 전성 어미인 '-옴/-
움, -기, -디' 등이 붙어서 이루어진다. 명사절은 명사처럼 문장 속에서 여러 가지 문장
성분으로 쓰일 수 있는 것이 특징인데, 이러한 명사절을 포함하고 있는 전체 문장을
'명사절을 안은 문장'이라 한다.
　첫째, 용언이나 서술격 조사에 명사형 전성 어미인 '-옴/-움', '-기', '-디'가 실현되어
서 명사절로 쓰일 수 있다.

(11) ㄱ. 이런 有情들히 … 됴흔 法 닷고믈 몯ㅎ야   [석상 9:14]

　　　ㄴ. 太子ㅣ 글 빈호기 始作ㅎ샤   [석상 3:8]

　　　ㄷ. 뷘 平床애 어드운 딗 가디 어렵도다   [두언 10:21]

(ㄱ)의 문장은 명사형 전성 어미인 '-옴'이 붙어서 이루어진 '됴흔 法 닷곰'을 명사절로
안은 문장이다. (ㄴ)의 문장은 '-기'가 붙어서 이루어진 '글 빈호기'를 명사절로 안은
문장이다. 그런데 (ㄷ)처럼 용언이나 서술격 조사에 특수한 명사형 전성 어미인 '-디'가
실현되어서 명사절로 쓰일 수 있다. 곧, '어렵다, 슬ㅎ다, 둏다' 등의 '평가 형용사'가

안은 문장의 서술어로 쓰일 때에는, 이들 형용사의 어간에 명사형 어미인 '-디'가 실현되어서 명사절을 이룰 수가 있다.

3.2.2.2. 관형절을 안은 문장

'관형절(冠形節)'은 문장 속에서 관형어로 기능하는 절로서, 용언의 어간에 관형사형 전성 어미가 실현되어서 성립된다. 그리고 이러한 관형절을 포함하고 있는 전체 문장을 '관형절을 안은 문장'이라고 한다.

(12) ㄱ. 내 <u>어미 일훈</u> 後에 밤나줄 그려　　　　　　　　　　　[월석 21:21]

　　　ㄴ. <u>부텨 나 겨시던</u> 時節이 더 멀면　　　　　　　　　　[석상 9:2]

　　　ㄷ. 楞伽山이 南天쓰 바룴ᄀ새 잇ᄂ니 <u>神通 잇ᄂ</u> 사ᄅᆞᄆᆡᅀᅡ　[석상 6:43]

　　　　 가ᄂ니라

　　　ㄹ. <u>말ᄊᆞᄆᆞᆯ 슬ᄫᅥ리</u> 하ᄃᆡ 天命을 疑心ᄒᆞ실ᄊᆡ ᄭᅮ므로 뵈아시니　[용가 13장]

(ㄱ)의 '어미 일훈', (ㄴ)의 '부텨 나 겨시던', (ㄷ)의 '神通 잇ᄂ', (ㄹ)의 '말ᄊᆞᄆᆞᆯ 슬ᄫᅩᆯ'은, 서술어로 쓰이는 '잃다, 겨시다, 잇다, 숣다'의 어간에 관형사형 어미 '-은, -을' 등을 실현하여서 관형절이 되었다.

관형절은 그것이 수식하는 중심어(체언)와의 통사적인 관계에 따라서 '관계 관형절'과 '동격 관형절'로 구분된다.

첫째, '관계 관형절(關係冠形節)'은 관형절 속의 문장 성분 가운데서 중심어(피한정어)와 동일한 대상을 표현하는 문장 성분이 생략되면서 형성된 관형절이다.

(13) ㄱ. <u>부텻 이베셔 난</u> 아ᄃᆞ리 合掌ᄒᆞᅀᆞ와　　　　　　　　[법언 1:164]

　　　ㄴ. <u>내 이제 得훈</u> 道理도 三乘을 닐어ᅀᅡ ᄒᆞ리로다　　　[석상 13:58]

　　　ㄷ. <u>ᄯᅴ 무든</u> 옷 닙고 시름ᄒᆞ야 잇더니　　　　　　　　[석상 6:26]

(14) ㄱ. <u>아ᄃᆞ리</u> 부텻 이베셔 나다

　　　ㄴ. 내 이제 <u>道理ᄅᆞᆯ</u> 得ᄒᆞ다

　　　ㄷ. <u>ᄯᅴ</u> 오세 묻다

	관형절의 속구조	관계 관형절	중심어
ㄱ.	(아드리) 부텻 이베셔 나다	Ø 부텻 이베셔 난	아들
ㄴ.	내 이제 (道理롤) 得ᄒ다	내 이제 Ø 得혼	道理
ㄷ.	ᄢ (오세) 묻다	ᄢ Ø 무든	옷

(14)에서 표현된 세 가지 관형절의 속구조는 (6)와 같은 문장의 형태였다. 곧 (ㄱ)의 '부텻 이베셔 난'은 속구조에서 '아드리 부텻 이베셔 나다'였으며, (ㄴ)의 '내 이제 得혼'은 속구조에서 '내 이제 道理를 得호다'였으며, (ㄷ)의 'ᄢ 무든'은 속구조에서 'ᄢ 오세 묻다'였다. 여기서 관형절의 속구조에 나타난 문장 성분과 그 중심어로 쓰인 체언을 비교해 보면, (ㄱ)은 관형절 속의 주어와 중심어가 동일하며, (ㄴ)은 관형절의 목적어와 중심어가 동일하며, (ㄷ)은 관형절 속의 부사어와 중심어가 동일하다. 결국 (5)의 문장에서 관형절은 각각 그 문장의 속구조에서 중심어와 동일한 주어, 목적어, 부사어 등이 생략되어서 형성된 것이다. 이처럼 관형절 속에 있는 특정한 문장 성분이 생략되면서 형성된 관형절을 '관계 관형절'이라고 한다.

둘째, '동격 관형절(同格冠形節)'은 관형절 속의 문장 성분이 생략되지 않고 형성된 관형절이다.

(15) ㄱ. 世尊이 … 불 구피라 펼 ᄉᅀᅵ예 忉利天에 가샤 　　　　[월석 21:4]

　　　ㄴ. 孝道ᄒ실 ᄆᆞᅀᆞ매 後ㅅ 날을 分別ᄒ샤 　　　　　　　[월천 기46]

　　　ㄷ. 四禪天이 … <u>一千 世尊이 나싫</u> ᄃᆞᆯ 아니 　　　　　[월석 1:21]

(ㄱ)의 '불 구피라 펼', (ㄴ)의 '孝道ᄒ실', (ㄷ)의 '一千 世尊이 나싫' 등은 관형절로서 중심어인 'ᄉᅀᅵ, ᄆᆞᅀᆞᆷ, ᄃᆞ'를 수식하고 있는데, 이들은 관형절 속의 특정한 문장 성분이 생략되는 과정이 없이 형성되었다. 이러한 관형절은 관형절의 내용과 중심어(=체언)의 내용이 동격(同格, appositive)의 관계에 있다. 곧 (ㄱ)에서 'ᄉᅀᅵ'의 내용이 '팔을 굽히다가 펴는 사이'이며, (ㄴ)에서 'ᄆᆞᅀᆞᆷ'의 내용이 '孝道하시는 것'이며, (ㄷ)에서 의존 명사인 'ᄃᆞ(=것)'의 내용이 '一千 世尊이 나시는 것'이다. 이러한 특징 때문에 (7)의 관형절을 '동격 관형절'이라고 한다.

{ '관형사형 어미'의 명사적 용법과 성분절 }

관형사형 전성 어미가 명사적 용법으로 쓰여서 성분절을 형성하는 특수한 경우가 있다.

(1) ㄱ. 다옰 업슨 긴 ᄀᆞᄅᆞ맨 니섬 니서 오놋다   [두언 10:35]
　　 ㄴ. 놀애를 노외야 슬픐 업시 브르ᄂᆞ니   [두언 25:53]

(2) ㄱ. 德이여 福이라 호ᄂᆞᆯ 나ᅀᆞ라 오소이다   [악궤 5:6 동동]
　　 ㄴ. 그딋 혼 조초 ᄒᆞ야 뉘읏븐 ᄆᆞᅀᆞᄆᆞᆯ 아니 호리라   [석상 6:8]

(3) ㄱ. 威化振旅ᄒᆞ시ᄂᆞ로 興望이 다 몯ᄌᆞᄫᆞ나   [용가 11장]
　　 ㄴ. 自任詩ᄒᆞᄂᆞ로 已十餘年이오   [두언 11:5]

(1)에서 (ㄱ)의 '다옰'과 (ㄴ)의 '슬픐'은 각각 '다ᇦ다'와 '슬프다'의 어간에 관형사형 어미인 '-ㅭ'이 실현되었다. 그리고 (2)에서 (ㄱ)과 (ㄴ)의 '혼(=ᄒᆞ-+-오-+-ㄴ)'과, (3)에서 (ㄱ)의 '-ᄒᆞ신(=-ᄒᆞ-+-시-+-ㄴ)'과 (ㄴ)의 '-혼(=ᄒᆞ-+-ㄴ)'은 관형사형 어미인 '-ㄴ'이 실현되었다. 그런데 (1)에서 관형사형 어미인 '-ㅭ'이 이끄는 성분절인 '다옰'과 '슬픐'은 서술어로 쓰이는 '업슨'과 '업시'에 대하여 주어로 기능하였다. 그리고 (2)에서 관형사형 어미 '-ㄴ'이 이끄는 '德이여 福이라 혼'과 '그딋 혼'은 '나ᅀᆞ라'와 '조초 ᄒᆞ야'에 대하여 목적어로 기능하였으며, (3)에서 '威化振旅ᄒᆞ신'과 '自任詩혼'은 부사격 조사인 '-ᄋᆞ로'와 결합하여 부사어로 기능하였다. (1~3)에 쓰인 '-ㅭ'과 '-ㄴ'은 그것이 이끄는 절과 안은 문장의 서술어와 맺은 통사적인 관련성을 감안하면, 명사형 전성 어미와 동일하게 기능하는 것을 알 수 있다. 이러한 특징을 감안하여 고등학교 문법(2010: 294)에서는 (1~3)에서 쓰인 관형사형 어미인 '-ㅭ'과 '-ㄴ'의 기능을 '관형사형 어미의 명사적 용법'으로 설명하고 있다.

3.2.2.3. 부사절을 안은 문장

'부사절(副詞節)'은 문장 속에서 부사어로 기능하는 절이다. 부사절은 용언의 어간에 파생 접미사인 '-이'나 연결 어미인 '-게, -도록/-ᄃᆞ록, -ᄃᆞᆺ/-ᄃᆞ시' 등이 붙어서 이루어진다. 그리고 이러한 부사절을 포함하고 있는 전체 문장을 '부사절을 안은 문장'이라고 한다.

(16) ㄱ. 돈 업시 帝里예 살오 지비 다 ᄀᆞ쉬 와 잇노라   [두언 20:37]
　　 ㄴ. 처섬 듫 적브터 百千劫에 니르리 一日一夜애   [월석 21:46]
　　　 萬死萬生ᄒᆞ야

ㄷ. 太子ㅣ (나를) 길 녏 사름과 ㄱ티 너기시니　　　　　[석상 6:5]

(17) ㄱ. 向公이 피 나게 우러 行殿에 쓰리고　　　　　[두언 25:47]

ㄴ. 나리 져므두록 밥 몯 머거슈믈 놀라노니　　　　　[두언 25:7]

ㄷ. 法이 … 너비 펴아 가미 술위뻐 그우둣 홀씨　　　　　[석상 13:4]

(16)과 (17)에서 밑줄 친 말은 주어와 서술어의 구조를 갖추고 있으면서 그 뒤에 실현되는 서술어(용언구)를 수식하고 있다. 곧 (16)에서 (ㄱ)의 '돈 업시'와 (ㄴ)의 '처섬 듫 적브터 百千劫에 니르리', (ㄷ)의 '길 녏 사름과 ㄱ티'는 각각 '돈 없(다)'와 '처섬 듫 적브터 百千劫에 니를(다)', '길 녏 사름과 ᄀᆞᆮ-'에 부사 파생 접미사인 '-이'가 붙어서 된 부사절이다. 그리고 (17)에서 (ㄱ)의 '피 나게'와 (ㄴ)의 '나리 져므두록', (ㄷ)의 '술위뻐 그우둣'은 각각 '피 나(다), 나리 져물(다), 술위뻐 그울(다)'에 종속적 연결 어미인 '-게, -두록, -둣' 등이 붙어서 형성된 부사절이다. 이렇게 부사절을 형성하는 문법적 형태소로는 파생 접미사인 '-이'와 연결 어미인 '-게, -도록/-두록, -둣/두시, -아셔/-어셔, -으면' 등이 있는데 그 수효가 대단히 많다.

3.2.2.4. 서술절을 안은 문장

'서술절(敍述節)'은 문장 속에서 서술어로 쓰이는 절인데, 이러한 서술절을 포함하고 있는 전체 문장을 '서술절을 안은 문장'이라고 한다. 서술절에는 그것이 서술절임을 나타내는 문법적인 형태가 따로 없는 것이 특징이다.

(18) 외로왼 남기 고지 프니　　　　　[두언 3:34]

(19) ㄱ. 이 東山은 남기 됴홀씨　　　　　[석상 6:24]

ㄴ. 大愛道ㅣ 善호 쁘디 하시며　　　　　[월석 10:19]

ㄷ. 일훔난 됴호 오시 비디 千萬이 ᄡᆞ며　　　　　[석상 13:20]

서술절은 서술어가 비행동성(non-action)의 의미적 특질을 가진 용언, 곧 과정성(process)이나 상태성(state)을 표현하는 용언에서만 나타날 수 있다. (18)에서는 서술어로 쓰인 '프다'가 동사로서 과정성의 의미적 특질을 나타내며, (19)에서는 '둏다, 하다, ᄡᆞ다'가 형용사로서 상태성을 나타낸다. 이러한 경우에 (18~19)에서 '고지 프니, 남기 됴홀씨,

善혼 쁘디 하시며, 비디 千萬이 쓰며'는 각각 안은 문장의 전체 주어인 '외로원 남기, 이 東山은, 大愛道ㅣ, 일홈난 됴혼 오시'에 대하여 서술절로 쓰인다.

3.2.2.5. 인용절을 안은 문장

'인용절(引用節)'은 다른 사람의 말이나 생각을 따온 절인데, 다른 절과는 달리 온전한 문장의 형식을 갖추고 있는 것이 특징이다. 이때 인용절을 포함하고 있는 문장을 '인용절을 안은 문장'이라고 하는데, 이러한 인용절을 안은 문장에는 'ᄒ다'나 '니르다' 등의 서술어가 쓰이는 것이 특징이다.

(20) ㄱ. 쏘 닐오딕 <u>내 無上涅槃을 得호라</u> ᄒ고   [능언 9:91]

ㄴ. <u>내 노포라</u> ᄒ릴 맛나ᄃᆞᆫ   [월석 21:67]

ㄷ. 사ᄅᆞ미 ᄂᆞᆷᄃ려 닐오딕 <u>經이 이쇼딕 일후미 法華ㅣ니</u>   [석상 19:6]

<u>ᄒᆞᆫ딕 가 듣져</u> ᄒᆞ야ᄃᆞᆫ

(21) ㄱ. 如來 샹녜 <u>우리를 아ᄃ리라</u> 니르시니이다   [월석 13:32]

ㄴ. 阿難아 네 몬제 나를 對答호딕 <u>光明 주머귀를 보노라</u>   [능언 1:98]

ᄒ더니

ㄷ. 有情들히 … <u>제 올호라</u> ᄒ고 <u>ᄂᆞᄆᆞᆯ 외다</u> ᄒᆞ야   [석상 9:14]

(20)에서 (ㄱ)의 '내 無上涅槃을 得호라'와 (ㄴ)의 '내 노포라' (ㄷ)의 '經이 이쇼딕 일후미 法華ㅣ니 ᄒᆞᆫ딕 가 듣져' 등은 남의 말을 그대로 옮겨 왔으므로 '직접 인용절'이다. 이에 반해서 (21)에서 (ㄱ)의 '아ᄃ리라'와 (ㄴ)의 '光明 주머귀를 보노라', (ㄷ)의 '제 올호라'와 'ᄂᆞᄆᆞᆯ 외다' 등은 화자가 남의 말을 옮기되 자신의 입장에서 표현을 바꾸어서 전달한 '간접 인용절'이다.

3.3. 문법 요소(피동·사동·부정 표현)

고등학교 문법(2010)에서 제시된 '문법 요소'에 대한 내용 중에서, '피동 표현'과 '사동 표현', 그리고 '부정 표현'을 별도로 다룬다.

3.3.1. 피동 표현

문장에서 표현되는 주체의 동작이 이루어지는 방식에 따라서, 문장의 유형을 '능동문'과 '피동문'으로 구분할 수 있다.

3.3.1.1. 피동 표현의 개념

〈 **능동문과 피동문의 개념** 〉 문장에서 주어로 표현되는 대상(주체)이 스스로의 힘으로 수행하는 행위나 동작을 '능동(能動)'이라고 한다. 반면에 주어로 표현되는 대상이 다른 주체에 의해서 행위나 동작을 당하는 것을 '피동(被動)'이라고 한다.

> (1) ㄱ. 비 빌오져 홇 사라문 … 金精이어나 靑黛이나 므레 드마   [월석 10:117-119]
>   묽게 ㅎ야
>   ㄴ. 눗가오닌 … 못 우묵훈 딕 돕기놋다   [두언 6:42]
>
> (2) ㄱ. (내) … 흙무저글 쁘리니   [두언 16:66]
>   ㄴ. 온 즘싱이 듣고 딕고리 다 쁘려 딕느니   [영남 상74]

(1ㄱ)의 동작은 주체인 '비를 빌고자 할 사람'이 자신의 힘으로 '金精'과 '靑黛'를 물에 담았으므로 능동이다. 반면에 (1ㄴ)의 동작은 주체인 '낮은 것'이 바람의 힘으로 연못 우묵한 데에 담아졌으므로 피동이다. 그리고 (2ㄱ)의 동작은 화자가 자신의 힘으로 '흙무적'을 부수었으므로 능동인 반면에, (2ㄴ)의 동작은 온 짐승이 머리통이 다 부수어졌으므로 피동이다. (1~2)의 (ㄱ)처럼 주어로 표현된 대상이 자신의 힘으로 수행하는 동작을 표현한 문장을 '능동문(能動文)'이라고 한다. 반면에 (1~2)의 (ㄴ)처럼 주어로 표현된 대상이 다른 사람에게 당하는 동작을 표현한 문장을 '피동문(被動文)'이라고 한다. 그리고 (ㄱ)과 같은 능동문을 (ㄴ)과 같은 피동문으로 바꾸는 문법적인 방법을 '피동법(被動法)'이라고 한다.

〈 **능동문과 피동문의 대응 관계** 〉 능동문과 피동문 사이에는 일정한 문법적인 대응 관계가 나타난다.

> (3) ㄱ. [나랏 法이 有情을 **자바**]
>   ㄴ. 有情이 나랏 法에 **자피여**   [월석 9:25]

(ㄱ)의 능동문과 (ㄴ)의 피동문 사이에는 다음과 같은 문법적 대응 관계가 나타난다. 첫째로 (ㄱ)의 능동문에서 서술어로 쓰인 능동사 '잡다'가, (ㄴ)의 피동문에서는 파생 접사가 붙어서 피동사인 '자피다'로 바뀌었다. 둘째로 서술어가 타동사인 '잡다'에서 자동사인 '자피다'로 바뀜에 따라서 문장의 통사적인 구조가 바뀌었다. 곧 (ㄱ)에서 목적어로 쓰였던 '有情'이 (ㄴ)에서는 주어로 쓰였으며, (ㄱ)에서 주어로 쓰였던 '나랏 法'이 (ㄴ)에서는 부사어로 쓰였다.

능동문과 피동문에서 나타나는 이러한 대응 관계를 보이면 다음과 같다.

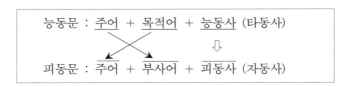

3.3.1.2. 피동문의 유형

피동문은 서술어가 형성되는 문법적인 방법에 따라서 '파생적 피동문'과 '통사적 피동문'으로 나뉜다.

〈 **파생적 피동문** 〉 '파생적 피동문(派生的 被動文)'은 피동사를 서술어로 실현해서 형성되는 피동문이다. 15세기 국어에서 쓰이는 피동사는 능동사(타동사)의 어근에 '-이-, -히-, -기-' 등의 피동 접미사가 붙어서 파생된다.

(4) ㄱ. 七寶ㅣ 이러 짜 우희 차 <u>두피고</u>   [월석 8:18]

ㄴ. 밠바닷 그미 짜해 반드기 <u>바키시며</u>   [월석 2:57]

ㄷ. 衆生이 글논 鑊 소배 드러 므리 솟글허 <u>솗기더니</u>   [월석 23:81]

첫째로 동사의 어근에 '-이-'가 붙어서 된 피동사가 서술어로 쓰일 수 있는데, '-이-'는 '-히-'나 '-기-'가 쓰이는 음성적 환경을 제외한 나머지 환경에서 쓰인다. 예를 들어서 (ㄱ)의 '두피다'는 능동사인 '둪다'의 어근에 파생 접사인 '-이-'가 붙어서 피동사가 되면서 피동문의 서술어로 쓰였다. 둘째, /ㄱ, ㄷ, ㅂ, ㅈ/(단, /ㅆ/은 제외)과 같은 거센소리의 짝이 있는 예사소리로 끝나는 능동사의 어근에는, '-히-'가 붙어서 된 피동사가 서술어로 쓰일 수 있다. 예를 들어서 (ㄴ)의 '바키다'는 능동사인 '박다'의 어근에 파생 접사 '-히-'가 붙어 붙어 피동사가 되면서 피동문의 서술어로 쓰였다. 셋째로 /ㅁ/으로 끝난 능동사의 어근에는, '-기-'가 붙어서 된 피동사가 서술어로 쓰일 수 있다. 예를 들어서

(ㄷ)의 '숨기다'는 능동사인 '숨다'의 어근에 파생 접사 '-기-'가 붙어 피동사가 되면서 피동문의 서술어로 쓰였다.

　〈 **통사적 피동문** 〉 '통사적 피동문'은 본용언의 어간에 보조 용언인 '-아 디다'가 붙어서 실현되는 피동문이다.

　　　(5) ㄱ. [(X이) 돌홀 ㅂᅀᅳ니라]
　　　　　ㄴ. 돌히 븟아 디니라　　　　　　　　　　　　　　　　　　[능언 7:88]

(5)에서 (ㄴ)의 피동문은 (ㄱ)의 능동문에서 생성된 것으로 볼 수 있다. 이때 피동문의 서술어인 '븟아 디다'는 능동문의 서술어인 'ㅂᅀᅳ다'의 어간에 보조 용언인 '-아 디다'가 붙어서 형성되었다. 이처럼 능동문에서 서술어로 쓰인 타동사 'ㅂᅀᅳ다'가 피동문에서는 자동사인 '븟아 디다'로 바뀜에 따라, 능동문에서는 목적어로 쓰였을 '돌ㅎ'이 피동문에서는 주어로 쓰였다.

　위의 (5ㄴ)처럼 능동사에 보조 용언 '-아/-어 디다'를 실현하여서 피동문이 된 문장의 예를 들어 보이면 다음과 같다.

　　　(6) ㄱ. 가지 … 드트리 두외이 븟아 디거늘　　　　　　　[석상 6:30-31]
　　　　　ㄴ. 싸히 다 震動ᄒ야 ᄢᅧ여 디거늘　　　　　　　　[원언 하 2-2:35]
　　　　　ㄷ. 온 즘싱이 듣고 뒤고리 다 ᄲᅳ려 디ᄂ니　　　　[영남 상74]

(6)의 문장은 통사적인 피동문인데, (ㄱ)에서는 '가지 … 븟아 디다', (ㄴ)에서는 '싸히 … ᄢᅧ여 디다', (ㄷ)에서는 '뒤고리 ᄲᅳ려 디다'의 짜임새를 취하면서 피동문이 되었다.

3.3.2. 사동 표현

　주체가 어떠한 일을 직접 수행하느냐, 아니면 주체가 다른 사람에게 시켜서 어떠한 일을 수행하느냐에 따라서, 문장의 유형을 '주동문'과 '사동문'으로 구분할 수 있다.

3.3.2.1. 사동 표현의 개념

　〈 **주동문과 사동문의 개념** 〉 문장의 주체가 자기 스스로 하는 동작을 '주동(主動)'이라고 하고, 주체가 남으로 하여금 어떤 일을 하도록 시키는 동작을 '사동(使動)'이라고 한다.

(1) ㄱ. 블러 니로매 머리 글구믈 셸리 ᄒᆞ고   [두언 20:2]

ㄴ. (내) … 아히로 훤히 둥어리 글키고   [두언 15:4]

(2) ㄱ. 믈읫 有情이 … 서로 싸화 저와 눔과를 어즈려   [석상 9:16]

ㄴ. 兩舌은 두 가짓 혜니 ᄂᆞ믹 ᄉᆞᅵ예 싸호게 홀 씨라   [월석 21:60]

(1ㄱ)에서는 주체인 '杜甫'가 머리를 긁는 행동을 직접 수행하므로 주동이며, (1ㄴ)에서
는 주체인 '杜甫'가 아이로 하여금 등을 긁게 하였으므로 사동이다. 그리고 (2ㄱ)에서는
주체인 '有情'이 싸우는 행위를 직접 수행하므로 주동이며, (2ㄴ)에서는 주체인 '兩舌'이
남으로 하여금 싸우는 행위를 하게 하므로 사동이다.

(1~2)의 (ㄱ)처럼 주체가 스스로 수행하는 행동을 표현하는 문장을 '주동문(主動文)'이
라고 한다. 반면에 (1~2)의 (ㄴ)처럼 주어로 표현되는 사람(사동주)이 다른 사람(행동주)
에게 어떠한 동작을 수행하도록 시키는 문장을 '사동문(使動文)'이라고 한다. 그리고 주
동문을 사동문으로 바꾸는 문법적인 방법을 '사동법(使動法)'이라고 한다.

〈 주동문과 사동문의 대응 관계 〉 주동문과 사동문 사이에는 일정한 문법적인 대응 관계
가 성립한다.

주동문은 기본적으로 동작을 수행하는 '행동주'와, 그 행동주가 직접 수행하는 동작을
풀이하는 '주동사(主動詞)'로 짜여 있다. 반면에 사동문은 남에게 어떠한 동작을 시키는
주체인 '사동주(使動主)'와 직접 동작을 수행하는 '행동주(行動主, 피사동주)', 그리고 사동
주가 행동주에게 시키는 동작을 표현하는 '사동사(使動詞)'로 짜여 있다.

(3) ㄱ. 아히(행동주) 훤히 둥어리 긁고(주동사)

ㄴ. 내(사동주) … 아히로(행동주) 훤히 둥어리 글키고(사동사) [두언 15:4]

(ㄱ)의 주동문과 (ㄴ)의 사동문에는 다음과 같은 통사적인 대응 관계가 나타난다. 첫째로
(ㄱ)의 주동문에서 주동사인 '긁다'가 (ㄴ)의 사동문에서는 파생 접사가 붙어서 사동사
인 '글키다'로 바뀌어서 실현되었다. 둘째로 문장의 서술어가 주동사인 '긁다'에서 사동
사인 '글키다'로 바뀜에 따라서 문장의 통사적 구조도 바뀌었다. 먼저 (ㄴ)의 사동문에서
는 사동주인 '나'를 새롭게 도입하였다. 그리고 (ㄱ)의 주동문에서 주어로 표현되었던
행동주 '아히'가 (ㄴ)의 사동문에서는 부사어(＝아히로)나 목적어(＝아히를)로 표현된다.

주동문과 사동문에서 나타나는 문법적인 대응 관계를 보이면 다음과 같다.

주동문 :	행동주(주어)+ ······ ······ + 주동사
	↓ ⇩
사동문 :	사동주(주어)+행동주(부사어 , 목적어)+ ······ + 사동사

3.3.2.2. 사동문의 유형

사동문은 서술어가 형성되는 문법적인 방법에 따라서 '파생적 사동문'과 '통사적 사동문'으로 나뉜다.

〈 **파생적 사동문** 〉 '파생적 사동문(派生的 使動文)'은 어근에 사동 접미사가 붙어서 파생된 사동사에 의해서 실현되는 사동문이다. 15세기 국어의 사동사는 주동사의 어근에 사동 접미사인 '-이-, -히-, -기-; -오-/-우-, -호-/-후-, -고-; -ᄋᆞ-/-으-' 등이 붙어서 파생된다. 사동의 파생 접사는 피동의 파생 접사와는 달리 주동사의 품사에 관계없이 사동사를 파생할 수 있다.

ⓐ **'-이 -' 계**: 사동 접미사인 '-이-, -기-, -히-'를 통해서 파생된 사동사가 서술어로 쓰이는 사동 표현이다.

(4) ㄱ. (太祖ㅣ) 石壁에 ᄆᆞᄅᆞᆯ <u>올이샤</u>   [용가 48장]

     ㄴ. (太祖ㅣ) ··· 예와 싸호샤 투구 아니 <u>밧기시면</u>   [용가 52장]

     ㄷ. 阿彌陀佛ㅅ 變化로 法音을 <u>너피실ᄊᆡ</u> 雜色 衆鳥ᄅᆞᆯ   [월석 7:58]
         내시니이다

첫째, 주동사의 어근에 '-이-'가 붙어서 파생된 사동사가 사동문의 서술어로 쓰일 수 있다. 곧, (ㄱ)에서 '오ᄅᆞ다'의 어근에 사동 접미사인 '-이-'가 붙어서 파생된 사동사인 '올이다'가 서술어로 쓰였다. 둘째, 주동사의 어근에 '-기-'가 붙어서 파생된 사동사가 사동문의 서술어로 쓰일 수 있다. 곧, (ㄴ)의 사동문에서는 '밧다'의 어근에 사동 접미사인 '-기-'가 붙어서 파생된 사동사 '밧기다'가 서술어로 쓰였다. 셋째, 주동사의 어근에 '-히-'가 붙어서 파생된 사동사가 사동문의 서술어로 쓰일 수 있다. 곧, (ㄷ)의 사동문에서는 '넙다'의 어근에 사동 접미사인 '-히-'가 붙어서 파생된 사동사 '너피다'가 서술어로 쓰였다.

ⓑ **'-오-/-우 -' 계**: 사동 접사인 '-오-/-우-, -호-/-후-, -고-' 등을 통해서 파생된 사동사가 서술어로 쓰이는 사동 표현이다.

(5) ㄱ. 바ᄅ래 비 업거늘 <u>녀토시고</u> 또 기피시니　　　　　　　[용가 20장]

　　ㄴ. 波旬이 ᄭᅮ믈 ᄭᅮ고 臣下와 議論ᄒᆞ야 瞿曇이를 <u>降히요리라</u>　[월석 4:1]

　　ㄷ. 우리 부텨 如來ㅣ…神通力을 <u>나토샤</u>　　　　　　　　[월석 서:5-6]

　　ㄹ. 伕羅ᄂᆞᆫ 닐오매 너븐 엇게니 바ᄅᆞᆳ므를 <u>솟고ᄂᆞ니라</u>　[법언 1:51]

첫째, 주동사의 어근에 '-오-/-우-'가 붙어서 파생된 사동사가 사동문의 서술어로 쓰일 수 있다. 예를 들어서 (ㄱ)의 사동문에서는 '녇다'의 어근에 사동 접미사인 '-오-'가 붙어서 파생된 사동사 '녀토다'가 서술어로 쓰였다. 그런데 주동사에 '-이-'가 붙어서 이루어진 사동사에 또다시 사동 접미사인 '-오-/-우-'가 붙어서 실현된 경우도 있다.[4) 예를 들어서 (ㄴ)에서 '降히오다'는 '降ᄒᆞ다'에 사동 접미사인 '-ㅣ-'와 '-오-'가 함께 붙어서 파생된 사동사이다. 둘째, 주동사의 어근에 '-호-/-후-'가 붙어서 파생된 사동사가 사동문의 서술어로 쓰일 수 있다. 예를 들어서 (ㄷ)의 사동문에서는 '낟다'의 어근에 사동 접미사인 '-호-'가 붙어서 파생된 사동사 '나토다'가 서술어로 쓰였다. 셋째, 주동사의 어근에 '-고-'가 붙어서 파생된 사동사가 사동문의 서술어로 쓰일 수 있다. 예를 들어서 (ㄴ)의 사동문에서는 '솟다'의 어근에 사동 접미사인 '-고-'가 붙어서 파생된 사동사 '솟고다'가 서술어로 쓰였다.

　ⓒ '-ᄋᆞ-/-으-' 계: 주동사의 어근에 사동 접사인 '-ᄋᆞ-/-으-'가 붙어서 파생된 사동사가 서술어로 쓰일 수 있다. 이처럼 '-ᄋᆞ-/-으-'로 파생된 사동사의 예로는 '이ᄅᆞ다/이르다, 사ᄅᆞ다, 기르다/기ᄅᆞ다, 도ᄅᆞ다, 횟도ᄅᆞ다, 니ᄅᆞ다/니르다' 등이 있다.

(6) ㄱ. 甓이며 디새며 ᄒᆞᆰᄀᆞ로 塔을 <u>이르ᅀᆞᆸ거나</u>　　　　　[석상 13:51]

　　ㄴ. 四面에 블이 니러 갌 길히 이볼씨 업더디여 <u>사ᄅᆞ쇼셔</u> ᄒᆞ니 [월천 164장]

　　ㄷ. 王子 <u>기ᄅᆞ던</u> 어마니미 ᄒᆞ나 아닐씨　　　　　　　[월석 14:15]

　　ㄹ. 므리 곳다온 ᄃᆡ 빈를 <u>도ᄅᆞ놋다</u>　　　　　　　　　[두언 15:30]

　　ㅁ. 물ᄀᆞᆫ 渭水ㅅ ᄀᆞᆺ싀셔 머리를 <u>횟돌아</u> ᄇᆞ라노라　　[두언 19:3]

　　ㅂ. 激은 묽결 <u>니르</u> 씨라　　　　　　　　　　　　　[능언 1:113]

(6)에서는 주동사인 '일다(成), 살다(生, 住), 길다(長), 돌다(回), 횟돌다(回), 닐다(起)'의 어간에 사동 접미사인 '-으-/-ᄋᆞ-'가 붙어서 파생된 '이르다(建設), 사ᄅᆞ다(活), 기르다(養),

---

4) 사동 접미사가 겹쳐서 표현된 사동사로는 '降히오다, 조히오다, ᄯᅴ오다/ᄯᅴ우다, 힘ᄡᅴ우다/힘ᄡᅴ오다' 등이 있다(허웅, 1975: 166).

도ᄅ다(使回), 횟도ᄅ다(使回), 니ᄅ다(使起)'가 사동문의 서술어로 쓰였다.

〈 통사적 사동문 〉 '통사적 사동문'은 주동사의 어간에 보조 용언인 '-게/-긔 ᄒ다'가 붙어서 실현된 사동문이다.

(7) ㄱ. 慈悲는 衆生을 便安케 ᄒ시는 거시어늘   [석상 6:5]

ㄴ. 如來 ⋯ 모든 ᄆᅀᆞ믈 즐기긔 ᄒᆞ니   [석상 13:40]

ㄷ. (내) ⋯ 一切 有情이 나와 다ᄅ디 아니케 호리라   [석상 9:4]

(ㄱ)의 문장은 각각 형용사인 '便安ᄒ다'의 어간에 보조 용언인 '-게 ᄒ다'가 실현되어서 형성된 사동문이다. (ㄴ)은 타동사인 '즐기다'의 어간에 보조 용언인 '-긔/-의 ᄒ다'가 실현되어서 형성된 사동문이다. 그리고 (ㄷ)은 보조 용언인 '아니ᄒ다'의 어간에 다시 보조 용언인 '-게 ᄒ다'가 붙어서 형성된 사동문이다.

3.3.3. 부정 표현

일반적인 문장은 어떤 대상의 움직임이나 상태, 혹은 환언 관계를 긍정적으로 표현한다. 하지만 경우에 따라서는 부정 표현을 통하여 문장에서 표현된 내용의 전체나 일부를 부정하기도 한다.

3.3.3.1. 부정 표현의 개념

'부정문(否定文)'은 '아니, 몯; -디 아니ᄒ다, -디 몯ᄒ다, -디 말다' 등의 부정을 나타내는 요소가 쓰여서, 문장에서 표현된 내용의 전체 또는 일부를 부정하는 문장이다.

(1) ㄱ. 向은 아니 오란 요ᄉᆞ이라   [월석 서:26]

ㄴ. 목수미 므거ᄫᆞᆫ 거실ᄊᆡ 손소 죽디 몯ᄒᆞ야   [석상 6:5]

ㄷ. 太子ㅣ ⋯ 須達이ᄃ려 닐오ᄃᆡ 金을 더 내디 말라   [석상 6:26]

(ㄱ)에서는 부사 '아니'를 실현하여 '오라다'의 내용을 부정하였으며, (ㄴ)에서는 본용언인 '죽다'에 보조 용언인 '-디 몯ᄒ다'를 실현하여 '손소 죽다'의 내용을 부정하였다. 그리고 (ㄷ)에서는 '-디 말다'를 실현하여 '金을 더 내다'의 내용을 '금지'의 뜻으로 부정하였다.

3.3.3.2. 부정문의 유형

〈 **부정문 분류의 대강** 〉 부정문은 의미나 기능에 따라서 '아니 부정문'과 '몯 부정문'으로 나누어지고, 부정문을 실현하는 문법적인 형식에 따라서 '짧은 부정문'과 '긴 부정문'으로 나누어진다.

문장 유형	부정문 유형	의미	긴 부정문	짧은 부정문
평서문 의문문 감탄문	'아니' 부정문	단순 부정 의지 부정	본용언 +'-디 아니ᄒᆞ다'	'아니'+용언
	'몯' 부정문	능력 부정	본용언 +'-디 몯ᄒᆞ다'	'몯'+용언
명령문	'말다' 부정문	금지	본동사 +'-디 말라'	—
청유문	'말다' 부정문	중단	본동사 +'-디 말자'	—

〈표 1〉 부정문의 유형

(2) ㄱ. 太子ᄂᆞᆫ 여쉰 네 글을 <u>아니</u> 빈화 아ᄅᆞ실ᄊᆡ   [월천 기35]

    ㄴ. 부톄 ᄌᆞ로 니ᄅᆞ샤도 從ᄒᆞᅀᆞᆸ<u>디 아니ᄒᆞ더니</u>   [석상 6:10]

(3) ㄱ. 부텨옷 <u>몯</u> 드외면 아니 니러나리라   [용가 12장]

    ㄴ. 二百億 劫을 상녜 부텨 맛나<u>디 몯ᄒᆞ며</u>   [월석 17:91]

(4) ㄱ. 王이 信敬티 아니ᄒᆞᆫ ᄆᆞᅀᆞᄆᆞᆯ 내<u>디 마ᄅᆞ쇼셔</u>   [월석 25:128]

    ㄴ. 머리 셰ᄃᆞ록 서르 ᄇᆞ리<u>디 마져</u> ᄒᆞ더라   [두언 16:18]

첫째, 부정문은 의미나 기능에 따라서 '아니 부정문'과 '몯 부정문'으로 구분할 수 있다. 곧 (2)처럼 '아니'와 '-디 아니ᄒᆞ다'로써 성립된 부정문을 '아니 부정문'이라고 하고, (3) 처럼 '몯'과 '-디 몯ᄒᆞ다'로써 성립된 부정문을 '몯 부정문'이라고 한다. 둘째, 부정문은 문법적인 형식에 따라서 '짧은 부정문'과 '긴 부정문'으로 구분할 수 있다. (2~3)의 (ㄱ) 처럼 '아니'나 '몯'과 같은 부사를 실현하여서 이루어진 부정문을 '짧은 부정문'이라고 하고, (2~3)의 (ㄴ)처럼 본용언에 '-디 아니ᄒᆞ다'나 '-디 몯ᄒᆞ다'와 같은 보조 용언이 붙어서 이루어진 부정문을 '긴 부정문'이라고 한다. 셋째, (4)처럼 명령문이나 청유문에서는 '-디 아니ᄒᆞ다' 대신에 '-디 말다'의 형태로 '금지'의 뜻을 나타내는 부정문이 실현된다.

(가) '아니' 부정문

'아니 부정문'은 부정 부사인 '아니'나 보조 용언인 '-디 아니ᄒᆞ다'를 실현하여서 문장에서 표현된 내용을 부정하는 문장이다. 이러한 '아니 부정문'은 문장으로 표현되는 사실 자체를 부정하는 '단순 부정(單純否定)'이나, 화자의 의도로써 문장의 내용을 부정하는 '의지 부정(意志否定)'의 의미를 나타낸다. '아니 부정문'은 부정법을 실현하는 문법적인 형식에 따라서 '긴 아니 부정문'과 '짧은 아니 부정문'으로 나뉜다.

〈 긴 '아니' 부정문 〉 '긴 아니 부정문'은 서술어로 쓰이는 본용언에 보조 용언인 '아니ᄒᆞ다'를 붙여서 문장에서 표현된 내용을 부정하는 문장이다.

첫째, 보조적 연결 어미인 '-디, -둘/-들'과 보조 용언인 '아니ᄒᆞ다'를 붙여서 '긴 아니 부정문'이 형성될 수 있다.

(5) ㄱ. 太子ㅣ 뫼히며 므리며 굴히디 아니ᄒᆞ야 ᄃᆞ니실ᄊᆡ   [석상 3:35]

　　ㄴ. 나ᄂᆞᆫ 난 後로 ᄂᆞᆷ 더브러 다토들 아니ᄒᆞ노이다   [석상 11:34]

　　ㄷ. 킈 젹도 크도 아니ᄒᆞ고 슬히 지도 여위도 아니ᄒᆞ니라   [월석 1:26]

(ㄱ)에서는 '굴히다'의 어간에 보조 용언인 '-디 아니ᄒᆞ다'가 붙어서, 그리고 (ㄴ)에서는 '다토다'의 어간에 '-둘 아니ᄒᆞ다'가 붙어서 부정문이 형성되었다. 그런데 보조적 연결 어미인 '-디'가 실현되지 않고, 본용언의 어간에 보조사인 '-도'가 바로 붙어서 부정문이 형성될 수 있다. 예를 들어서 (ㄷ)에서는 본용언으로 쓰인 '젹다, 크다'와 '지다, 여위다'의 어간에 보조사인 '-도'가 바로 붙어서 부정문이 형성되었다. 이러한 특수한 형태의 부정문은 '-디도 아니ᄒᆞ다'에서 보조적 연결 어미인 '-디'가 줄어져서 이루어진 것으로 보인다.

〈 짧은 '아니' 부정문 〉 '짧은 아니 부정문'은 부정 부사인 '아니'를 서술어 앞에 실현하여 문장에서 표현된 내용을 부정하는 문장이다.

(6) ㄱ. 菩提ᄅᆞᆯ 몯 일우면 아니 도라오리라   [석상 3:30]

　　ㄴ. 나도 現在 未來 一切 衆生을 시름 아니 호리라   [월석 21:130]

(ㄱ)에서는 '도라오리라'의 앞에 부정 부사인 '아니'가 실현되어서 문장의 내용을 부정하였다. 그리고 (ㄴ)에서 '시름ᄒᆞ다'처럼 명사 어근에 파생 접미사인 '-ᄒᆞ-'가 붙어서 형성된 동사에는, 부정 부사인 '아니'가 어근과 'ᄒᆞ다' 사이에 실현되는 수도 있다.

(나) '몯' 부정문

'몯 부정문'은 부정 부사인 '몯'이나 보조 용언인 '-디 몯ᄒᆞ다'를 통하여 문장에 표현된 내용을 부정하는 문장이다. '몯' 부정문은 '할 수 없음' 또는 '불가능성'의 의미를 나타내는 부정문으로서, '능력 부정(能力否定)'이라고도 한다. '몯 부정문'은 부정법을 실현하는 문법적인 형식에 따라서 '긴 몯 부정문'과 '짧은 몯 부정문'으로 나뉜다.

〈긴 '몯' 부정문〉 '긴 몯 부정문'은 용언의 어간에 보조 용언인 '-디 몯ᄒᆞ다'를 실현하여 만들어진 부정문이다. '긴 몯 부정문'은 다음의 두 가지 형태로 성립된다.

첫째, 보조적 연결 어미인 '-디, -들/-ᄃᆞᆯ'과 보조 용언인 '몯ᄒᆞ다'를 실현하여 '긴 몯 부정문'이 형성될 수 있다.

(7) ㄱ. 사ᄅᆞ미 목수미 흐를 믈 ᄀᆞᆮᄒᆞ야 머므디 몯ᄒᆞ놋다　　　　[석상 3:17]

　　ㄴ. 이 보ᄇᆡ옷 가져 이시면 有毒ᄒᆞᆫ 거시 害ᄒᆞ디 몯ᄒᆞ며　　　[월석 8:11]

(8) 소ᄂᆞᆯ 가ᄉᆞ매 다혀 겨샤ᄃᆡ 목수믈 머믈우들 몯ᄒᆞ시니　　　[월석 10:15]

(7)에서는 본용언인 '머믈다'와 '害ᄒᆞ다'의 어간에 보조 용언인 '-디 몯ᄒᆞ다'가 실현되어서 부정문이 형성되었다. (8)에서는 본용언인 '머믈우다'의 어간에 '-들 몯ᄒᆞ다'가 실현되었는데, 이 경우에는 '-디' 대신에 '-들'이 보조적 연결 어미로 쓰인 것이 특징이다.

둘째, 보조적 연결 어미 '-디'가 실현되지 않고, 본용언의 어간에 보조사 '-도'가 붙어서 부정문이 형성될 수 있다.

(9) ㄱ. 보도 몯ᄒᆞ며 듣도 몯거니 므스기 快樂ᄒᆞᄫᅵ리잇고　　　[석상 24:28]

　　ㄴ. 보디도 몯ᄒᆞ며 듣디도 몯거니 므스기 快樂ᄒᆞᄫᅵ리잇고

(ㄱ)에서는 '보다'와 '듣다'의 어간에 보조사 '-도'가 바로 붙어서 부정문이 되었다. 이때의 '보도'와 '듣도'는 (ㄴ)처럼 '보디도'와 '듣디도'에서 보조적 연결 어미인 '-디'가 줄어진 형태이다.

〈짧은 '몯' 부정문〉 '짧은 몯 부정문'은 부정 부사인 '몯'을 서술어 앞에 실현하여서 문장으로 표현된 내용을 부정하는 문장이다.

(10) ㄱ. 舍衛國 婆羅門이 모디러 녀기 가면 몯 이긔리니　　　[석상 6:22]

　　ㄴ. 瞿曇이 弟子ㅣ 두리여 몯 오ᄂᆞ이다　　　　　　　　[석상 6:29]

(ㄱ)에서는 '이긔리니'의 앞에, (ㄴ)에서는 '오ᄂᆞ이다'의 앞에 부정 부사인 '몯'이 실현되어서 부정문이 되었다.

그리고 '改過ᄒ다'나 '得道ᄒ다'처럼 명사 어근에 파생 접미사인 '-ᄒ-'가 붙어서 형성된 동사에는, 부정 부사인 '몯'이 어근과 'ᄒ다' 사이에 실현되는 수도 있다.

(11) ㄱ. 五年을 改過 <u>몯</u> ᄒ야 虐政이 날로 더을ᄊᆡ   [용가 12장]

    ㄴ. 뎌 比丘ㅣ … 得道 <u>몯</u> ᄒ얫더니   [월석 25:77]

곧 (ㄱ)에서는 '몯'이 '改過'와 'ᄒ다' 사이에 실현되었으며, (ㄴ)에서는 '得道'와 'ᄒ다' 사이에 실현되었다.

(다) '말다' 부정문

명령문과 청유문에서는 본용언에 보조 용언 '말다'를 실현해서 부정문이 형성된다.

첫째, 명령문에서는 보조적 연결 어미인 '-디, -게, -아/-어' 뒤에 보조 용언인 '말다'를 실현하여 명령문의 부정문이 된다.

(12) ㄱ. 너희 브즈러니 지서 <u>게으르디 말라</u>   [법언 2:209]

    ㄴ. 너희 天人ᄃᆞᆯ히 하 <u>슬허 말라</u>   [석상 23:8]

    ㄷ. 너희 … 이 여러가짓 業으로 衆生을 <u>迷惑게 말라</u>   [월석 21:68]

(12)는 부정 명령문의 일반적인 예이다. (ㄱ)에서는 '게으르다'의 어간에 '-디 말다'가 붙어서, (ㄴ)에서는 '슳다'의 어간에 '-어 말다'가 붙어서, (ㄷ)에서는 '迷惑(ᄒ)다'의 어간인 '迷惑(ᄒ)-'에 '-게 말다'가 붙어서 명령문의 부정문이 형성되었다.

그런데 어떠한 문장이 명령문의 형식을 갖추지 않았더라도, 명령문과 유사하게 기능할 때에는 '-디 말다'나 '-게 말다'가 부정문의 서술어로 쓰일 수 있다. 곧, 어떠한 문장이 결과적으로 명령의 의미로 해석될 수 있거나, 바람(희망)의 의미를 나타낼 때에는 '말다' 부정문이 쓰인다.

(13) ㄱ. 말라 말라 다시 <u>니르디 마라ᅀᅡ</u> ᄒ리니   [석상 13:44]

    ㄴ. 서리와 이슬로 ᄒᆡ여 사ᄅᆞ미 오ᄉᆞᆯ <u>저지게 마롤</u> 디니라   [두언 15:44]

(ㄱ)에는 '말다'의 연결형인 '마라ᄉᆞ'가 쓰였으며, (ㄴ)에는 관형사형인 '마롤'이 쓰였다. 이들 문장은 명령문의 일반적 형태가 아니지만 부정문의 서술어로 '말다'가 쓰였다. 이렇게 '말다'가 쓰일 수 있는 것은 이들 문장이 서술어로 표현된 '니르다, 저지다'의 행위에 대하여 '당위'나 '금지'의 뜻을 나타내기 때문이다. 곧 화용론적인 측면에서 볼 때에 이들 평서문이 명령문과 유사하게 기능하므로, 부정문의 서술어로서 '말다'가 쓰인 것이다.

그리고 명령문이 아닌 문장이 '의도'나 '바람(희망)'의 뜻을 나타내는 경우에도, 부정문의 서술어로서 '말다'가 쓰일 수 있다.

    (14) ㄱ. (내) … ᄂᆞ미 ᄠᅳ들 거스디 <u>마오져</u> ᄒᆞ노이다   [월석 20:63]
        ㄴ. (사ᄅᆞ미) 魔說을 아라 제 ᄢᅥ디디 <u>마와뎌</u> ᄇᆞ라노라   [능언 9:113]

(ㄷ)의 평서문은 화자의 '의도'를 나타내며, (ㄹ)의 평서문은 '바람'을 나타내는 문장인데, 이러한 특수한 의미·기능 때문에 부정의 평서문에 '-디 말다'가 쓰였다.

둘째, 청유문에서도 보조 용언 '말다'를 실현하여 부정문이 성립된다.

    (15) ㄱ. 머리 셰ᄃᆞ록 서르 ᄇᆞ리디 <u>마져</u>   [두언 16:18]
        ㄴ. 믈ᄀᆞᆫ 이바디ᄅᆞᆯ <u>마져</u> 니ᄅᆞ고져 컨마ᄅᆞᆫ   [두언 7:25]

(ㄱ)에는 'ᄇᆞ리다'의 어간에 보조 용언인 '-디 마져'가 쓰였다. 그리고 (ㄴ)에서도 '마져'가 쓰였는데, 이때의 '마져'는 본용언이 없이 목적어인 '이바디'를 직접적으로 취하여, 화자가 청자에게 '이바디'를 수행하는 것을 '중단'할 것을 제안하는 뜻을 나타낸 것이 특징이다.

강 독 편 **2**부

일러두기

1. 이 책에서 형태소 분석에 사용하는 문법적 단위에 대한 약어는 다음과 같다.

범주	약칭	본디 명칭	범주	약칭	본디 명칭
품사	의명	의존 명사	조사	보조	보격 조사
	인대	인칭 대명사		관조	관형격 조사
	지대	지시 대명사		부조	부사격 조사
	형사	형용사		호조	호격 조사
	보용	보조 용언		접조	접속 조사
	관사	관형사	어말 어미	평종	평서형 종결 어미
	감사	감탄사		의종	의문형 종결 어미
불규칙 용언	ㄷ불	ㄷ 불규칙 용언		명종	명령형 종결 어미
	ㅂ불	ㅂ 불규칙 용언		청종	청유형 종결 어미
	ㅅ불	ㅅ 불규칙 용언		감종	감탄형 종결 어미
어근	불어	불완전(불규칙) 어근		연어	연결 어미
파생 접사	접두	접두사		명전	명사형 전성 어미
	명접	명사 파생 접미사		관전	관형사형 전성 어미
	동접	동사 파생 접미사	선어말 어미	주높	상대 높임의 선어말 어미
	조접	조사 파생 접미사		객높	주체 높임의 선어말 어미
	형접	형용사 파생 접미사		상높	객체 높임의 선어말 어미
	부접	부사 파생 접미사		과시	과거 시제의 선어말 어미
	사접	사동사 파생 접미사		현시	현재 시제의 선어말 어미
	피접	피동사 파생 접미사		미시	미래 시제의 선어말 어미
	강접	강조 접미사		회상	회상 표현의 선어말 어미
	복접	복수 접미사		*확인	확인 표현의 선어말 어미
	높접	높임 접미사		*원칙	원칙 표현의 선어말 어미
조사	주조	주격 조사		*감동	감동 표현의 선어말 어미
	서조	서술격 조사		*화자	화자 표현의 선어말 어미
	목조	목적격 조사		대상	대상 표현의 선어말 어미

---

* 종래의 '주관적 믿음 표현, 객관적 믿음 표현, 느낌 표현, 인칭법의 선어말 어미를 각각 '확인 표현, 원칙 표현, 감동 표현, 화자 표현'의 선어말 어미로 명칭을 변경했다.

2. 이 책의 형태소 분석에서 사용되는 약호는 다음과 같다.

부호	기능	용례
#	어절의 경계 표시.	철수가 # 국밥을 # 먹었다.
+	한 어절 내에서의 형태소 경계 표시.	철수 + -가 # 먹- + -었- + -다
( )	언어 단위의 문법 명칭과 기능 설명.	먹(먹다) - + -었(과시) - + -다(평종)
[ ]	파생어의 내부 짜임새 표시.	먹이[먹(먹다)- + -이(사접)-] + -다(평종)
	합성어의 내부 짜임새 표시.	국밥[국(국) + 밥(밥)] + -을(목조)
-a	a의 앞에 다른 말이 실현되어야 함.	-다, -냐; -은, -을; -음, -기; -게, -으면
a-	a의 뒤에 다른 말이 실현되어야 함.	먹(먹다)-, 자(자다)-, 예쁘(예쁘다)-
-a-	a의 앞뒤에 다른 말이 실현되어야 함.	-으시-, -었-, -겠-, -더-, -느-
a(← A)	기본 형태 A가 변이 형태 a로 변함.	지(← 짓다, ㅅ불) - + -었(과시) - + -다(평종)
a(⇍ A)	A 형태를 a 형태로 잘못 적음(오기)	국빱(⇍ 국밥) + -을(목)
∅	무형의 형태소나 무형의 변이 형태	예쁘- + -∅(현시)- + -다(평종)

3. 다음은 문장을 1과 2의 약어와 약호를 사용하여 어절 단위로 분석한 예이다.

> 불휘 기픈 남군 ᄇᆞᄅᆞ매 아니 뮐씨 곶 됴코 여름 하ᄂᆞ니   [용가 2장]

① 불휘 : 불휘(뿌리, 根) + -∅(← -이 : 주조)

② 기픈 : 깊(깊다, 深)- + -∅(현시)- + -은(관전)

③ 남군 : 낡(← 나모 : 나무, 木) + -ᄋᆞᆫ(-은 : 보조사)

④ ᄇᆞᄅᆞ매 : ᄇᆞᄅᆞᆷ(바람, 風) + -애(-에 : 부조, 이유)

⑤ 아니 : 아니(부사, 不)

⑥ 뮐씨 : 뮈(움직이다, 動)- + -ㄹ씨(-으므로 : 연어)

⑦ 곶 : 곶(꽃, 花)

⑧ 됴코 : 둏(좋아지다, 좋다, 好)- + -고(연어, 나열)

⑨ 여름 : 여름[열매, 實 : 열(열다, 結)- + -음(명접)]

⑩ 하ᄂᆞ니 : 하(많아지다, 많다, 多)- + -ᄂᆞ(현시)- + -니(평종, 반말)

4. 단, 아래의 경우에는 예외적으로 다음과 같은 방법으로 어절의 짜임새를 분석한다.

가. 명사, 동사, 형용사는 특별한 경우가 아니면 품사의 명칭을 표시하지 않는다. 단, 의존 명사와 보조 용언은 예외적으로 '의명'과 '보용'으로 표시한다. 그리고 자동 사와 타동사를 구분할 필요가 있을 때에는 각각 '자동'과 '타동'으로 표시한다.

① 부톄 : 부텨(부처, 佛) + - ㅣ (← -이 : 주조)
② 괴오쇼셔 : 괴오(사랑하다, 愛)- + -쇼셔(-소서 : 명종)
③ 올ᄒᆞ시이다 : 옳(옳다, 是)- + -ᄋᆞ시(주높)- + -이(상높)- + -다(평종)
④ 밍ᄀᆞᄂᆞ니 : 밍ᄀᆞ(← 밍글다, 製 : 만들다, 타동)- + -ᄂᆞ(현시)- + -니(연어)
⑤ 니거늘 : 니(가다, 다니다, 行 : 자동)- + -거늘(연어)

나. 한자말로 된 복합어는 더 이상 분석하지 않는다.

① 中國에 : 中國(중국) + -에(부조, 비교)
② 無上涅槃을 : 無上涅槃(무상열반) + -을(목조)

다. 특정한 어미가 다른 어미의 내부에 끼어들어서 실현될 때에는 다음과 같이 표기한 다. 이때 단일 형태소의 내부가 분리되는 현상은 '…'로 표시한다.

① 어리니잇가 : 어리(어리석다, 愚 : 형사)- + -잇(← -이- : 상높)- + -니…가(의종)
② 자거시늘 : 자(자다, 宿 : 동사)- + -시(주높)- + -거…늘(-거늘 : 연어)

라. 형태가 유표적으로 존재하지 않으면서도 문법적이 있는 '무형의 형태소'는 다음과 같이 'Ø'로 표시한다.

① 가ᄆᆞ라 비 아니 오ᄂᆞᆫ 따히 잇거든
• ᄀᆞᄆᆞ라 : [가물다(동사) : ᄀᆞ물(가뭄, 旱 : 명사) + -Ø(동접)-]- + -아(연어)
② 바ᄅᆞ 自性을 ᄉᆞᄆᆞᆺ 아ᄅᆞ샤
• 바ᄅᆞ : [바로(부사) : 바ᄅᆞ(바르다, 正 : 형사)- + -Ø(부접)]
③ 불휘 기픈 남ᄀᆞᆫ
• 불휘(뿌리, 根) + -Ø(← -이 : 주조)
④ 내 ᄒᆞ마 命終호라
• 命終ᄒᆞ(명종하다 : 동사)- + -Ø(과시)- + -오(화자)- + -라(← -다 : 평종)

마. 무형의 형태소로 실현되는 시제 표현의 선어말 어미는 다음과 같이 표기한다.

① 동사나 형용사의 종결형과 관형사형에서 나타나는 '과거 시제 표현'의 무형의 선어
　말 어미는 '-∅(과시)-'로, '현재 시제 표현'의 무형의 선어말 어미는 '-∅(현시)-'로
　표시한다.

　　㉠ 아들들히 아비 죽다 듣고
　　　• 죽다 : 죽(죽다, 死 : 동사)- + -∅(과시)- + -다(평종)
　　㉡ 엇던 行業을 지서 惡德애 뻐러딘다
　　　• 뻐러딘다 : 뻐러디(떨어지다, 落 : 동사)- + -∅(과시)- + -ㄴ다(의종)
　　㉢ 獄ᄋᆫ 罪 지슨 사ᄅᆞᆷ 가도ᄂᆞᆫ 짜히니
　　　• 지슨 : 짓(짓다, 犯 : 동사)- + -∅(과시)- + -ㄴ(관전)
　　㉣ 닐굽 히 너무 오라다
　　　• 오라(오래다, 久 : 형사)- + -∅(현시)- + -다(평종)
　　㉤ 여슷 大臣이 힝뎌기 왼 들 제 아라
　　　• 외(외다, 그르다, 誤 : 형사)- + -∅(현시)- + -ㄴ(관전)

② 동사나 형용사의 연결형에 나타나는 과거 시제나 현재 시제 표현의 무형의 선어말
　어미는 표시하지 않는다.

　　㉠ 몸앳 필 뫼화 그르세 다마 男女를 내ᄉᆞᄫᆞ니
　　　• 뫼화 : 뫼호(모으다, 集 : 동사)- + -아(연어)
　　㉡ 고히 길오 놉고 고ᄃᆞ며
　　　• 길오 : 길(길다, 長 : 형사)- + -오(←-고 : 연어)
　　　• 놉고 : 놉(높다, 高 : 형사)- + -고(연어, 나열)
　　　• 고ᄃᆞ며 : 곧(곧다, 直 : 형사)- + -ᄋᆞ며(-으며 : 연어)

③ 합성어나 파생어의 내부에서 실현되는 과거 시제나 현재 시제 표현의 무형의 선어
　말 어미는 표시하지 않는다.

　　㉠ 왼녁 : [왼쪽, 左 : 외(왼쪽이다, 右)- + -은(관전▷관접) + 녁(녁, 쪽 : 의명)]
　　㉡ 늘그니 : [늙은이 : 늙(늙다, 老)- + -은(관전) + 이(이, 者 : 의명)]

1. 훈민정음 언해본

〈세종 어제 훈민정음〉(世宗御製訓民正音)은 1459년(세조 5)에 간행된 『월인석보』(月印釋譜)(서강대 소장본)의 첫째 권의 책 머리에 실린 것이다. 이 책은 한문본인 『훈민정음 해례본』(訓民正音, 解例本)에 있는 〈어제 서〉(御製 序)와 〈예의〉(例義)만을 언해하고, 거기에 중국의 치두음(齒頭音)과 정치음(正齒音)에 대한 설명을 덧붙인 것이다. 이 글은 흔히 『훈민정음 해례본』에 대하여 『훈민정음 언해본』이라고 불린다.

이 글은 『석보상절』과 『월인석보』가 훈민정음으로 적혀 있기 때문에, 훈민정음에 익숙하지 못했던 당대의 독자들에게 훈민정음 각 글자의 음가와 기본적인 사용법을 간략하게 소개하려는 목적으로 쓰인 것으로 보인다.

이 글의 내용은 다음과 같은 체제로 구성되어 있다.

체제	세부 내용
세종의 서문	훈민정음의 창제 목적 기술
글자의 음가	초성 17 글자와 중성 11 글자의 음가 설명
글자의 운용	종성법, 연서법, 합용법, 부서법, 성음법, 사성법, 치두음과 정치음의 구별

『훈민정음 언해본』을 제작한 연대나 번역자는 알려지지 않았다. 그러나 '이영보래법(以影補來法)'과 '치두음, 정치음'의 구별을 규정한 점 등을 보면, 세종 시대에 『동국정운』(東國正韻)이 완성된 때로부터 『석보상절』이 간행되기까지 사이(1450년 경)에, 집현전 학자들이 『훈민정음 해례본』의 〈어제서〉와 〈예의〉를 번역한 것으로 추정한다.

이 글은 세종 때에 발간된 『석보상절』의 앞에도 실렸을 것으로 짐작되는데, 『석보상절』 제1권이 발견되지 않아서 그 사실을 확인할 수는 없다. 그러나 그 간의 사정을 종합해 볼 때에, 『훈민정음 언해본』은 원래 『석보상절』에 실렸던 것인데, 세조 5년에 발간된 『월인석보』의 제1권의 맨 앞에 옮겨서 수록한 것으로 추측된다.

『훈민정음 해례본』과 『훈민정음 언해본』에 대한 종합적인 설명은 『제2판 훈민정음의 이해』(나찬연 저, 월인, 2013)를 참조하기 바란다.

世_생宗_종 御_엉製_졩 訓_훈民_민正_졍音_흠

國之語音이 異乎中國ᄒᆞ야 與文字로 不相流通ᄒᆞᆯ씨 故로 愚民이 有所欲言
ᄒᆞ야도 而終不得伸其情者ㅣ多矣라 予ㅣ爲此憫然ᄒᆞ야 新制二十八字ᄒᆞ노니
欲使人人ᄋᆞ로 易習ᄒᆞ야 便於日用耳니라

나랏 말ᄊᆞ미¹⁾ 中_듕國_귁에²⁾ 달아³⁾ 文_문字_{ᄍᆞᆼ}와로⁴⁾ 서르 ᄉᆞᄆᆞᆺ디⁵⁾ 아니ᄒᆞᆯ씨⁶⁾ 이런⁷⁾
젼ᄎᆞ로⁸⁾ 어린⁹⁾ 百_{ᄇᆡᆨ}姓_셩이 니르고져¹⁰⁾ 홇 배¹¹⁾ 이셔도¹²⁾ ᄆᆞᄎᆞᆷ내¹³⁾ 제¹⁴⁾ ᄠᅳ들
시러¹⁵⁾ 펴디 몯ᄒᆞᇙ 노미¹⁶⁾ 하니라¹⁷⁾ 내¹⁸⁾ 이ᄅᆞᆯ 爲_윙ᄒᆞ야 어엿비¹⁹⁾ 너겨 새로²⁰⁾

---

1) 말ᄊᆞ미 : 말ᄊᆞᆷ[말(말, 言 : 명사) + -ᄊᆞᆷ(접미 : '-씨'의 뜻)] + -이(주조)
   ※ 접미사 '-ᄊᆞᆷ'은 '태도' 또는 '모양'의 뜻을 더하는 접미사이다.

2) 中國에 : 中國(중국) + -에(-과 : 부조, 위치, 비교)

3) 달아 : 달(← 다ᄅᆞ다 : 다르다, 異)- + -아(-아 : 연어)

4) 文字와로 : 文字(문자, 한자) + -와로(←-과로 : -와, 부조, 비교)

5) ᄉᆞᄆᆞᆺ디 : ᄉᆞᄆᆞᆺ(← ᄉᆞᄆᆞᆾ다 : 통하다, 通)- + -디(-지 : 연어, 부정)

6) 아니ᄒᆞᆯ씨 : 아니ᄒᆞ[아니하다, 不(보용, 부정) : 아니(아니, 不 : 부사, 부정) + -ᄒᆞ(동접)-]- + -ㄹ씨(-ᄆᆞ로 : 연어, 이유)

7) 이런 : [이런(형사, 관사) : 이러(불어) + -∅(←-ᄒᆞ- : 형접)- + -ㄴ(관전, 관접) ※ '이런, 그런, 뎌런'은 각각 '이러ᄒᆞ다, 그러ᄒᆞ다, 뎌러ᄒᆞ다'의 관형사형인 '이러ᄒᆞᆫ, 그러ᄒᆞᆫ, 뎌러ᄒᆞᆫ'이 줄어져서 된 말이다. 그런데 '이런, 그런, 뎌런'을 형용사의 활용형으로 보지 않고, 형용사에서 파생된 관형사로 처리할 가능성도 있다.

8) 젼ᄎᆞ로 : 젼ᄎᆞ(까닭, 故) + -로(부조, 방편)

9) 어린 : 어리(어리석다, 愚)- + -∅(현시)- + -ㄴ(관전)

10) 니르고져 : 니르(이르다, 言)- + -고져(-고자 : 연어, 의도)

11) 홇 배 : ᄒᆞ(← ᄒᆞ다 : 하다, 爲 : 보용, 의도)- + -오(대상)- + -ㅭ(관전) # 바(바, 것 : 의명) + -ㅣ(←-이 : 주조)

12) 이셔도 : 이시(있다, 有)- + -어도(연어, 양보)

13) ᄆᆞᄎᆞᆷ내 : [마침내, 終(부사) : ᄆᆞᆾ(마치다, 終 : 동사)- + -ᆷ(명접) + -내(부접)]

14) 제 : 저(저, 자기, 其 : 인대, 재귀칭) + -ㅣ(←-의 : 관조)

15) 시러 : [능히, 得(부사) : 실(← 싣다, ㄷ불 : 얻다, 得, 동사)- + -어(연어 ▷ 부접)] ※ '시러'에 대응되는 '得'은 한문에서 가능성을 나타내는 조동사로 쓰인다. 따라서 '시러'를 파생 부사로 보고 '능히… 할 수 있다'로 의역할 수 있다.

16) 몯ᄒᆞᇙ 노미 : 몯ᄒᆞ[못하다, 不得(보용, 부정) : 몯(못, 不能 : 부사, 부정) + -ᄒᆞ(동접)-]- + -ㅭ(-을 : 관전) # 놈(사람, 者 : 의명) + -이(주조)

17) 하니라 : 하(많다, 多)- + -∅(현시)- + -니(원칙)- + -라(←-다 : 평종)

18) 내 : 나(나, 予 : 인대, 1인칭) + -ㅣ(←-이 : 주조)

스믈여듧 字뚕를 밍ᄀ노니²¹⁾ 사ᄅ마다 히여²²⁾ 수ᄫᅵ²³⁾ 니겨²⁴⁾ 날로²⁵⁾ ᄡᅮ메²⁶⁾ 便뼌安한킈²⁷⁾ ᄒᆞ고져 ᄒᆞᆶ²⁸⁾ ᄯᆞᄅᆞ미니라²⁹⁾

우리나라의 말이 中國(중국)과 달라서 文字(문자 : 한자, 漢字)와 서로 통하지 아니하므로, 이런 까닭으로 어리석은 百姓(백성)이 이르고자 할 바가 있어도, 마침내 제 뜻을 능히 펴지 못할 사람이 많으니라. 내가 이를 爲(위)하여 불쌍히 여겨 새로 스믈여듧 字(자)를 만드니, 사람마다 시키어 쉽게 익혀서 날마다 쓰는 데에 便安(편안)케 하고자 할 따름이니라.

ㄱᄂᆞᆫ 牙音³⁰⁾이니 如³¹⁾君군ㄷ字³²⁾初發聲³³⁾ᄒᆞ니 並書³⁴⁾ᄒᆞ면 如虯뀸ㅸ字初發聲ᄒᆞ니라

ㄱᄂᆞᆫ 엄쏘리니³⁵⁾ 君군ㄷ 字뚕 처ᅀᅥᆷ³⁶⁾ 펴아³⁷⁾ 나ᄂᆞᆫ³⁸⁾ 소리³⁹⁾ ᄀᆞᆮᄐᆞ니⁴⁰⁾ 글바

---

19) 어엿비 : [불쌍히, 가엾이, 憐(부사) : 어엿ㅂ(← 어엿브다 : 불쌍하다, 가엾다, 憐, 형사)- + -이(부접)]

20) 새로 : [새로, 新(부사) : 새(새것, 新 : 명사) + -로(부조▷부접)]

21) 밍ᄀ노니 : 밍ᄀ(← 밍글다 : 만들다, 制)- + -ㄴ(←-ᄂᆞ- : 현시)- + -오(화자)- + -니(연어, 설명 계속)

22) 히여 : 히[시키다, 使(동사) : ᄒᆞ(하다, 爲 : 타동)- + -ㅣ(←-이- : 사접)-]- + -ᅇᅧ(←-여 ←-어 : 연어)

23) 수ᄫᅵ : [쉽게, 易(부사) : ᄉᆔ(← 쉽다, ㅂ불 : 쉽다, 易, 형사)- + -이(부접)]

24) 니겨 : 니기[익히다, 習(← 닉(익다, 習 : 자동)- + -이(사접)-]- + -어(연어)

25) 날로 : [날로, 날마다, 於日(부사) : 날(날, 日 : 명사) + -로(부조▷부접)]

26) ᄡᅮ메 : ㅄ(← ᄡᅳ다 : 쓰다, 用)- + -움(명전) + -에(부조, 위치)

27) 便安킈 : 便安ᄒᆞ[← 便安ᄒᆞ다(편안하다) : 便安(편안 : 명사) + -ᄒᆞ(형접)-]- + -긔(-게 : 연어, 사동)

28) ᄒᆞᆶ : ᄒᆞ(하다, 使 : 보용, 사동)- + -ᄚ(관전)

29) ᄯᆞᄅᆞ미니라 : ᄯᆞᄅᆞᆷ(따름 : 의명) + -이(서조)- + -Ø(현시)- + -니(원칙)- + -라(←-다 : 평종)

30) 牙音 : 아음. 어금닛소리이다.

31) 如 : 여. 같다.

32) 君ㄷ 字 : 君(군) + -ㄷ(-의 : 관조, 사잇) # 字(자, 글자)

33) 初發聲 : 초발성. 처음 펴서 나는 소리(= 초성)이다.

34) 並書 : 병서. 나란히 쓰다.

35) 엄쏘리니 : 엄쏘리[어금닛소리 : 엄(어금니, 牙) + -ㅅ(관조, 사잇) + 소리(소리, 音)] + -Ø(←-이- : 서조)- + -니(연어, 설명 계속) ※ /ㅁ/ 아래에 쓰이는 원칙적인 관형격 조사(사잇소리 글자)는 '-ㅂ'이다.

36) 처ᅀᅥᆷ : [처음(명사) : 첫(← 첫 : 첫, 初, 관사) + -엄(명접)]

37) 펴아 : 펴(펴다, 發)- + -아(←-어 : 연어) ※ 모음 조화에 맞는 표기는 '펴(← 펴- + -어)'이다. 연결 어미인 '-아'의 문법적 기능을 분명하게 드러내려고 형태를 바꾼 '이화(異化) 현상'에 해당한다.

38) 나ᄂᆞᆫ : 나(나다, 發)- + -ᄂᆞ(현시)- + -ㄴ(관전)

쓰면⁴¹⁾　虯_끃ㅸ 字_쯩⁴²⁾　처엄　펴아　나는　소리　ᄀᆞᄐᆞ니라⁴³⁾

ㄱ은 어금닛소리니 君(군)의 字(자) 처음 펴서 나는 소리와 같으니, 나란히 쓰면 虯(끃)字가 처음 펴서 나는 소리와 같으니라.

　ㅋ는　牙音이니　如快_쾡ㆆ字初發聲ᄒᆞ니라

　ㅋ는　엄쏘리니　快_쾡ㆆ 字_쯩⁴⁴⁾　처엄　펴아　나는　소리　ᄀᆞᄐᆞ니라

ㅋ은 어금닛소리니 快(쾡)의 字(자) 처음 펴서 나는 소리와 같으니라.

　ㆁ는　牙音이니　如業_업字初發聲ᄒᆞ니라

　ㆁ는　엄쏘리니　業_업 字_쯩　처엄　펴아　나는　소리　ᄀᆞᄐᆞ니라

ㆁ은 어금닛소리니 業(업)의 字(자) 처음 펴서 나는 소리와 같으니라.

　ㄷ는　舌音⁴⁵⁾이니　如斗_듛ㅸ字初發聲ᄒᆞ니　竝書ᄒᆞ면　如覃_땀ㅂ字初發聲ᄒᆞ니라

　ㄷ는　혀쏘리니⁴⁶⁾　斗_듛ㅸ 字_쯩　처엄　펴아　나는　소리　ᄀᆞᄐᆞ니　글바 쓰면　覃_땀ㅂ 字_쯩　처엄　펴아　나는　소리　ᄀᆞᄐᆞ니라

ㄷ은 혓소리니 斗(듛)의 字(자) 처음 펴서 나는 소리와 같으니, 나란히 쓰면 覃(땀)의 字(자) 처음 펴서 나는 소리와 같으니라.

---

39) 소리 : 소리(소리, 音) + -∅(←-이 : -와, 부조, 비교)

40) ᄀᆞᄐᆞ니 : 곹(← ᄀᆞᇀᄒᆞ다 : 같다, 如)- + -ᄋᆞ니(-으니 : 연어, 설명 계속)

41) 글바 쓰면 : 긇[← 긇다, ㅂ붙(나란히 하다, 竝) : 긇(갈피, 겹, 重 : 명사)- + -∅(동접)-]- + -아(연어)
　　※ '긇다'는 명사인 '긇'에 동사 파생 접미사 '-∅'가 붙어서 형성된 단어이다.(허웅, 1975: 207)

42) 虯ㅸ 字 : 虯(뀨) + -ㅸ(관조, 사잇) # 字(자, 글자)

43) ᄀᆞᄐᆞ니라 : 곹(← ᄀᆞᇀᄒᆞ다 : 같다, 如)- + -∅(현시)- + -ᄋᆞ니(원칙)- + -라(←-다 : 평종)

44) 快ㆆ字 : 快(쾌) + -ㆆ(-의 : 관조, 사잇) # 字(자, 글자)

45) 舌音 : 설음. 혓소리이다.

46) 혀쏘리니 : 혀쏘리[혓소리 : 혀(혀, 舌) + -ㅅ(관조, 사잇) + 소리(소리, 音)] + -∅(←-이- : 서조)- + -니(연어, 설명 계속) ※ 모음 아래에는 원칙적으로 '-ㆆ'이 관형격 조사로 쓰였다.

ㅌ는 舌音이니 如吞ᄐᆞᆮ字初發聲ᄒᆞ니라

ㅌ는 혀쏘리니 吞ᄐᆞᆫㄷ 字ᄍᆞᆼ 처엄 펴아 나는 소리 ᄀᆞᄐᆞ니라

ㅌ은 혓소리니 呑(툰)의 字(자) 처음 펴서 나는 소리와 같으니라.

ㄴ는 舌音이니 如那ㄴᆞᆼㆆ字初發聲ᄒᆞ니라

ㄴ는 혀쏘리니 那ㄴᆞᆼㆆ 字ᄍᆞᆼ 처엄 펴아 나는 소리 ᄀᆞᄐᆞ니라

ㄴ은 헛소리니 那(낭)의 字(자) 처음 펴서 나는 소리와 같으니라.

ㅂ는 脣音[47]이니 如彆ᄫᅧᆯ字初發聲ᄒᆞ니 竝書ᄒᆞ면 如步뽕ㆆ字初發聲ᄒᆞ니라

ㅂ는 입시울쏘리니[48] 彆ᄫᅧᆯ 字ᄍᆞᆼ[49] 처엄 펴아 나는 소리 ᄀᆞᄐᆞ니 글바 쓰면 步뽕ㆆ 字ᄍᆞᆼ 처엄 펴아 나는 소리 ᄀᆞᄐᆞ니라

ㅂ은 입술소리니 彆(볋)의 字(자) 처음 펴서 나는 소리와 같으니, 나란히 쓰면 步(뽕)의 字(자) 처음 펴서 나는 소리와 같으니라.

ㅍ는 脣音이니 如漂표ᇦ字初發聲ᄒᆞ니라

ㅍ는 입시울쏘리니 漂표ᇦ 字ᄍᆞᆼ 처엄 펴아 나는 소리 ᄀᆞᄐᆞ니라

ㅍ은 입술소리니 漂(푤)의 字(자) 처음 펴서 나는 소리와 같으니라.

---

47) 脣音 : 순음. 입술소리이다.
48) 입시울쏘리 : 입시울쏘리[입술소리, 脣音 : 입(입, 口) + 시울(가장자리 : 명사) + -ㅅ(관조, 사잇) + 소리(소리, 音)] + -Ø(← -이- : 서조)- + -니(연어, 설명 계속) ※ /ㄹ/ 아래에는 원칙적으로 'ㆆ'이 관형격 조사로 쓰였다.
49) 彆字 : 별자. ※ '彆(볋)字(자)'에서 '볋'의 표기는 동국정운식 한자음의 표기법인 '이영보래(以影補來)'를 따른 것이다. 곧 종성이 /ㄹ/인 한자음의 표기에 'ㆆ' 글자를 붙여서 적음으로써 그 음절을 입성으로 발음하게 하는 표기 방법이다.

ㅁ는　唇音이니　如彌ᄝᅙ字初發聲ᄒᆞ니라

ㅁ는　입시울쏘리니　彌ᄝᅙ　字ᅏᅠᆼ　처섬　펴아　나는　소리　ᄀᆞ트니라

ㅁ은 입술소리니 彌(밍)의 字(자) 처음 펴서 나는 소리와 같으니라.

ㅈ는　齒音[50]이니　如卽ᅐ字初發聲ᄒᆞ니　竝書ᄒᆞ면　如慈ᅏᅙ字初發聲ᄒᆞ니라

ㅈ는　니쏘리니[51]　卽ᅐ　字ᅏᅠᆼ　처섬　펴아　나는　소리　ᄀᆞ트니　글바　쓰면　慈ᅏᅙ
字ᅏᅠᆼ　처섬　펴아　나는　소리　ᄀᆞ트니라

ㅈ은 잇소리니 卽(즉)의 字(자) 처음 펴서 나는 소리와 같으니, 나란히 쓰면 慈(쫑)의
字(자) 처음 펴서 나는 소리와 같으니라.

ㅊ는　齒音이니　如侵ᄎᆷㅂ字初發聲ᄒᆞ니라

ㅊ는　니쏘리니　侵ᄎᆷㅂ　字ᅏᅠᆼ　처섬　펴아　나는　소리　ᄀᆞ트니라

ㅊ은 잇소리니 侵(침)의 字(자) 처음 펴서 나는 소리와 같으니라.

ㅅ는　齒音이니　如戌ᄼᅲᇙ字初發聲ᄒᆞ니　竝書ᄒᆞ면　如邪ᄼᅣᆼᅙ字初發聲ᄒᆞ니라

ㅅ는　니쏘리니　戌ᄼᅲᇙ[52]　字ᅏᅠᆼ　처섬　펴아　나는　소리　ᄀᆞ트니　글바　쓰면　邪ᄼᅣᆼᅙ
字ᅏᅠᆼ　처섬　펴아　나는　소리　ᄀᆞ트니라

ㅅ은 잇소리니 戌(슗)의 字(자) 처음 펴서 나는 소리와 같으니, 나란히 쓰면 邪(썅)의
字(자) 처음 펴서 나는 소리와 같으니라.

---

50) 齒脣 : 치음. 잇소리이다.

51) 니쏘리니 : 니쏘리[잇소리 : 니(이, 齒) + -ㅅ(관조, 사잇) + 소리(소리, 音)] + -Ø(←-이- : 서조)- +
-니(연어, 설명 계속) ※ 모음 아래에는 원칙적으로 'ᅙ'이 관형격 조사로 쓰였다.

52) 戌 : 슗. '戌(슗)'에서 음절의 끝에 쓰인 'ᅙ' 글자는 '이영보래'의 글자이다.

ㆆ는 喉音[53]이니 如挹ᇙ字初發聲ᄒᆞ니라

ㆆ는 목소리니 挹ᇙ字ᄍᆞ 처섬 펴아 나는 소리 ᄀᆞᄐᆞ니라

ㆆ은 목소리니 挹(ᇙ)의 字(자) 처음 펴서 나는 소리와 같으니라.

ㅎ는 喉音이니 如虛ᅙ字初發聲ᄒᆞ니 竝書ᄒᆞ면 如洪ᄀ字初發聲ᄒᆞ니라

ㅎ는 목소리니 虛ᅙ字ᄍᆞ 처섬 펴아 나는 소리 ᄀᆞᄐᆞ니 글방 쓰면 洪ᄒᆞᆼᄀ
字ᄍᆞ 처섬 펴아 나는 소리 ᄀᆞᄐᆞ니라

ㅎ은 목소리니 虛(형)의 字(자) 처음 펴서 나는 소리와 같으니, 나란히 쓰면 洪(뽕)의
字(자) 처음 펴서 나는 소리와 같으니라.

ㅇ는 喉音이니 如欲ᅀ字初發聲ᄒᆞ니라

ㅇ는 목소리니 欲ᅀ字ᄍᆞ 처섬 펴아 나는 소리 ᄀᆞᄐᆞ니라

ㅇ은 목소리니 欲(욕)의 字(자) 처음 펴서 나는 소리와 같으니라.

ㄹ는 半舌音[54]이니 如閭ᄅᅙ字初發聲ᄒᆞ니라

ㄹ는 半ᄫᅡᆫ혀쏘리니 閭ᄅᅙ字ᄍᆞ 처섬 펴아 나는 소리 ᄀᆞᄐᆞ니라

ㄹ은 半(반)혓소리니 閭(령)의 字(자) 처음 펴서 나는 소리와 같으니라.

ㅿ는 半齒音[55]이니 如穰상ᄀ字初發聲ᄒᆞ니라

ㅿ는 半ᄫᅡᆫ니쏘리니 穰상ᄀ字ᄍᆞ 처섬 펴아 나는 소리 ᄀᆞᄐᆞ니라

---

53) 喉音 : 후음. 목소리이다.
54) 半舌音 : 반설음. 반혓소리이다.
55) 半齒音 : 반치음. 반잇소리이다.

△은 반잇소리니 穰(샹)의 字(자) 처음 펴서 나는 소리와 같으니라.

· 는   如吞ㄷ字中聲ᄒᆞ니라

· 는   吞ㄷ 字ᄍᆞᆼ 가온딧소리[56]   ᄀᆞᄐᆞ니라

·는 吞(튼)의 字(자) 가운뎃소리와 같으니라.

ㅡ는   如卽字中聲ᄒᆞ니라

ㅡ는   卽 字ᄍᆞᆼ   가온딧소리   ᄀᆞᄐᆞ니라

ㅡ는 卽(즉)의 字(자) 가운뎃소리와 같으니라.

ㅣ는   如侵ㅂ字中聲ᄒᆞ니라

ㅣ는   侵ㅂ 字ᄍᆞᆼ   가온딧소리   ᄀᆞᄐᆞ니라

ㅣ는 侵(침)의 字(자) 가운뎃소리와 같으니라.

ㅗ는   如洪ㄱ字中聲ᄒᆞ니라

ㅗ는   洪ㄱ 字ᄍᆞᆼ   가온딧소리   ᄀᆞᄐᆞ니라

ㅗ는 洪(홍)의 字(자) 가운뎃소리와 같으니라.

ㅏ는   如覃ㅂ字中聲ᄒᆞ니라

ㅏ는   覃ㅂ 字ᄍᆞᆼ   가온딧소리   ᄀᆞᄐᆞ니라

---

56) 가온딧소리 : 가온딧소리[가운뎃소리, 中聲 : 가온ᄃᆡ(가운데, 中) + -ㅅ(관조, 사잇) + 소리(소리, 音)] + -Ø(←-이 : -와 : 부조, 비교) ※ '가온ᄃᆡ'를 [가온(中 : 접두)- + ᄃᆡ(데, 處 : 의명)]로 분석하기도 한다.(허웅, 1975: 143) 그리고 '가온ᄃᆡ'는 '가ᄫᆞᆫᄃᆡ'로 표기되기도 했는데, '가ᄫᆞᆫᄃᆡ'가 '가온ᄃᆡ'보다 옛 형태이다.

ㅑ는 覃(땀)의 字(자) 가운뎃소리와 같으니라.

ㅜ는   如君_궁ㄷ字中聲ᄒ니라

ㅜ는   君_군ㄷ 字_쫑 가온딧소리 ᄀᆞᄐ니라

ㅜ는 君(군)의 字(자) 가운뎃소리와 같으니라.

ㅓ는   如業_업字中聲ᄒ니라

ㅓ는   業_업 字_쫑 가온딧소리 ᄀᆞᄐ니라

ㅓ는 業(업)의 字(자) 가운뎃소리와 같으니라.

ㅛ는   如欲_욕字中聲ᄒ니라

ㅛ는   欲_욕 字_쫑 가온딧소리 ᄀᆞᄐ니라

ㅛ는 欲(욕)의 字(자) 가운뎃소리와 같으니라.

ㅑ는   如穰_샹ㄱ字中聲ᄒ니라

ㅑ는   穰_샹ㄱ 字_쫑 가온딧소리 ᄀᆞᄐ니라

ㅑ는 穰(상)의 字(자) 가운뎃소리와 같으니라.

ㅠ는   如戌_슗字中聲ᄒ니라

ㅠ는   戌_슗 字_쫑 가온딧소리 ᄀᆞᄐ니라

ㅠ는 戌(슗)의 字(자)가 가운뎃소리와 같으니라.

ㅕ는   如彆_볋字中聲ᄒ니라

ㅕ는   彆_볋 字_쫑 가온딧소리 ᄀᆞᄐ니라

ㅕ는 彆(볋)의 字(자) 가운뎃소리와 같으니라.

終聲　復用初聲ㅎᄂ니라

乃ᄂᆡᆼ終즁ㄱ[57] 소리ᄂ 다시 첫 소리를 쓰ᄂ니라[58]

나중의 소리는 다시 첫소리를 쓰느니라.

ㅇ를　連書脣音之下ㅎ면　則爲脣輕音ㅎᄂ니라

ㅇ를 입시울쏘리 아래 니ᅀᅥ[59] 쓰면 입시울 가ᄇᆡ야ᄫᆞᆯ[60] 소리 ᄃᆞ외ᄂ니라[61]

ㅇ를 입술소리 아래 이어 쓰면 입술 가벼운 소리가 되느니라.

初聲을　合用홇 디면　則竝書ㅎ라　終聲同ㅎ니라

첫 소리를 어울워[62] ᄡᅮᇙ[63] 디면[64] 골바 쓰라[65] 乃ᄂᆡᆼ終즁ㄱ 소리도 ᄒᆞᆫ가지라[66]

첫소리를 어울러 쓸 것이면 나란히 쓰라. 나중 소리도 한가지라.

· ㅡ ㅗ ㅜ ㅛ ㅠ란　附書初聲之下ㅎ고　ㅣ ㅏ ㅓ ㅑ ㅕ란　附書於右ㅎ라

·와 ㅡ와 ㅗ와 ㅜ와 ㅛ와 ㅠ와란[67] 첫소리 아래 브텨[68] 쓰고 ㅣ와 ㅏ와

---

57) 乃終ㄱ : 乃終(내종, 나중) + -ㄱ(-의 : 관조)
58) 쓰ᄂ니라 : 쓰(쓰다, 사용하다, 用)- + -ᄂ(현시)- + -니(원칙)- + -라(←-다 : 평종)
59) 니ᅀᅥ : 닛(← 닛다, ㅅ블 : 잇다, 連)- + -어(연어)
60) 가ᄇᆡ야ᄫᆞᆯ : 가ᄇᆡ얗(← 가ᄇᆡ얗다, ㅂ블 : 가볍다, 輕)- + -Ø(현시)- + -은(관전)
61) ᄃᆞ외ᄂ니라 : ᄃᆞ외(← ᄃᆞ뷔다 : 되다, 爲)- + -ᄂ(현시)- + -니(원칙)- + -라(←-다 : 평종)
62) 어울워 : 어울우[어우르다 : 合 : 자동)- + -우(사접)-]- + -어(연어)
63) ᄡᅮᇙ : ㅄ(← 쓰다 : 쓰다, 사용하다, 用)- + -우(대상)- + -ᇙ(관전)
64) 디면 : ᄃ(← ᄃᆞ : 것, 者, 의명) + -ㅣ(←-이- : 서조)- + -면(연어, 조건)
65) 골바 쓰라 : 곫[← 곫다, ㅂ블(나란히 하다) : 곫(갈피, 겹, 重 : 명사) + -Ø(동접)]- + -아(연어) # 쓰 (쓰다, 書)- + -라(명종)
66) ᄒᆞᆫ가지라 : ᄒᆞᆫ가지[한가지, 마찬가지, 同 : ᄒᆞᆫ(한, 一 : 관사) # 가지(가지, 類 : 의명)] + -Ø(←-이- : 서조)- + -Ø(현시)- + -라(←-다 : 평종)
67) ㅠ와란 : ㅠ(명사) + -와(접조) + -란(-는 : 보조사, 주제, 대조)

ㅓ와 ㅑ와 ㅕ와란 올ᄒᆞ녀긔[69] 브텨 쓰라

·와 ㅡ와 ㅗ와 ㅜ와 ㅛ와 ㅠ는 첫소리 아래 붙여 쓰고, ㅣ와 ㅏ와 ㅓ와 ㅑ와 ㅕ는 오른 쪽에 붙여 쓰라.

凡字ㅣ 必合而成音ᄒᆞᄂᆞ니

믈읫[70] 字ᄍᆞㅣ 모로매[71] 어우러ᅀᅡ[72] 소리[73] 이ᄂᆞ니[74]

무릇(모든) 글자는 반드시 어울려야 소리가 이루어지느니.

左加一點ᄒᆞ면 則去聲이오 二則上聲이오 無則平聲이오 入聲加點이 同而 促急ᄒᆞ니라

왼녀긔[75] ᄒᆞᆫ 點뎜을 더으면[76] ᄆᆞᆺ[77] 노푼 소리오 點뎜이 둘히면[78] 上쌍聲셩이오[79] 點뎜이 업스면 平뼝聲셩이오 入십聲셩은 點뎜 더우믄[80] ᄒᆞᆫ가지로ᄃᆡ[81] ᄲᆞᄅᆞ니라[82]

---

68) 브텨 : 브티[붙이다 : 븥(붙다, 附 : 자동)- + -이(사접)-]- + -어(연어)

69) 올ᄒᆞ녀긔 : 올ᄒᆞ녁[오른쪽, 右 : 옳(옳다, 오른쪽이다, 是, 右)- + -ᄋᆞᆫ(관전▷관접) + 녁(녘, 쪽, 便 : 의명)] + -의(-에 : 부조, 위치)

70) 믈읫 : ① 무릇, 대체로 보아서, 凡(부사) ② 모든, 全(관사)

71) 모로매 : 반드시, 모름지기, 必(부사)

72) 어우러ᅀᅡ : 어울(어울리다, 合)- + -어ᅀᅡ(-어야 : 연어, 필연적 조건) ※ '-아ᅀᅡ/-어ᅀᅡ'는 연결 어미 인 '-아/-어'에 보조사인 '-ᅀᅡ'가 붙어서 형성된 연결 어미이다.

73) 소리 : 소리(소리, 音) + -∅(← -이 : 주조)

74) 이ᄂᆞ니 : 이(← 일다 : 이루어지다, 成)- + -ᄂᆞ(현시)- + -니(연어, 설명 계속)

75) 왼녀긔 : 왼녁[왼쪽, 左便 : 외(그르다, 왼쪽이다, 誤, 左)- + -ㄴ(관전▷관접) + 녁(녘, 쪽, 便 : 의명)] + -의(-에 : 부조, 위치)

76) 더으면 : 더으(더하다, 加)- + -면(연어, 조건)

77) ᄆᆞᆺ : 제일, 가장, 最(부사)

78) 둘히면 : 둘ㅎ(둘, 二 : 수사, 양수) + -이(서조)- + -면(연어, 조건)

79) 上聲이오 : 上聲(상성) + -이(서조)- + -오(← -고 : 연어, 나열)

80) 더우믄 : 더(← 더으다 : 더하다, 加)- + -움(명전) + -은(보조사, 주제)

81) ᄒᆞᆫ가지로ᄃᆡ : ᄒᆞᆫ가지[한가지, 同 : ᄒᆞᆫ(한, 一 : 관사) + 가지(가지, 類 : 의명)] + -∅(← -이 - : 서조)- + -로ᄃᆡ(← -오되 : -되, 연어, 설명 계속)

82) ᄲᆞᄅᆞ니라 : ᄲᆞᄅᆞ(빠르다, 急)- + -∅(현시)- + -니(원칙)- + -라(← -다 : 평종)

왼쪽에 한 點(점)을 더하면 가장 높은 소리고, 點(점)이 둘이면 上聲(상성)이고, 點(점)이 없으면 平聲(평성)이고, 入聲(입성)은 점(點)을 더하는 것은 한가지이되 빠르니라.

漢音齒聲은 有齒頭正齒之別ᄒ니 ㅈㅊㅉㅅㅆ字는 用於齒頭ᄒ고 ㅈㅊㅉㅅ ㅆ字는 用於正齒ᄒᄂ니 牙舌脣喉之字는 通用於漢音ᄒᄂ니라

中ᄃᆔ國ᆗ 소리옛[83] 니쏘리는 齒칭頭뜰와[84] 正정齒칭왜[85] 글히요미[86] 잇ᄂ니 ㅈ ㅊㅉㅅㅆ 字ᄍᆼ는 齒칭頭뜰ㅅ 소리예 쓰고【이 소리는 우리 나랏 소리예셔[87] 열브니[88] 혓그티[89] 웃닛[90] 머리예 다ᄂ니라[91] 】ㅈㅊㅉㅅㅆ 字ᄍᆼ는 正정齒칭ㅅ 소리예 쓰ᄂ니[92]【 이 소리는 우리 나랏 소리예셔 두터브니[93] 혓그티 아랫 닛므유메[94] 다ᄂ니라 】엄과[95] 혀와 입시울와 목소리옛[96] 字ᄍᆼ는 中ᄃᆔ國ᆗ 소리예 通통히[97] 쓰ᄂ니라[98]

---

83) 소리옛 : 소리(소리, 音) + -예(← -에 : 부조, 위치) + -ㅅ(-의 : 관조) ※ '소리옛'은 '소리에 있는'으로 의역하여 옮긴다.

84) 齒頭와 : 齒頭(치두) + -와(접조) ※ '齒頭音(치두음)'은 중국어에서 혀끝을 윗니 뒤에 가까이 하고 내는 치음(齒音)의 하나이다.

85) 正齒왜 : 正齒(정치) + -와(접조) + -ㅣ(← -의 : 관조) ※ '齒頭와 正齒왜 글히요미'는 '齒頭와 正齒의 분별함이'로 직역된다. 여기서는 서술어인 '글히다'가 타동사이므로 '齒頭와 正齒왜'를 의미상의 목적어로 보아서, '齒頭와 正齒를 구별함이'로 의역하여 옮긴다. ※ '正齒音(정치음)'은 중국어에서 혀를 말아 아래 잇몸에 가까이 하고 내는 치음(齒音), 곧, 권설음(捲舌音)이다.

86) 글히요미 : 글히(가리다, 구분하다, 選) + -욤(← -옴 : 명전) + -이(주조)

87) 소리예셔 : 소리(소리, 音) + -예(← -에 : 부조, 위치, 비교) + -셔(-서 : 보조사, 위치 강조)

88) 열브니 : 엷(← 엷다, ㅂ불 : 엷다, 薄) + -으니(연어, 이유)

89) 혓그티 : 혓긑[혀끝, 舌端 : 혀(혀, 舌) + -ㅅ(-의 : 관조, 사잇) + 긑(끝, 端)] + -이(주조)

90) 웃닛 : 웃니[윗니 : 우(← 우ㅎ : 위, 上) + -ㅅ(관조, 사잇) + 니(이, 齒)] + -ㅅ(-의 : 관조)

91) 다ᄂ니라 : 단(← 닫다 ← 닿다 : 닿다, 接) + -ᄂ(현시) + -니(원칙) + -라(← -다 : 평종) ※ '닿ᄂ니라 → 다ᄂ니라'의 변동은 평파열음화와 비음화가 적용된 형태이다.

92) 쓰ᄂ니 : 쓰(쓰다, 用) + -ᄂ(현시) + -니(연어, 설명 계속)

93) 두터브니 : 두턻(← 두텁다, ㅂ불 : 두텁다, 厚) + -으니(연어, 설명 계속)

94) 닛므유메 : 닛므윰[잇몸, 齒莖 : 니(이, 齒) + -ㅅ(관조, 사잇) + 므윰(몸, 莖)] + -에(부조, 위치)

95) 엄과 : 엄(어금니, 牙) + -과(접조)

96) 목소리옛 : 목소리[후음(喉音) : 목(목, 喉) + 소리(소리, 音)] + -예(← -에 : 부조, 위치) + -ㅅ(-의 : 관조) ※ '목소리옛'는 '목소리에 속하는'으로 의역하여서 옮긴다.

97) 通히 : [두루, 통하게(부사) : 通(통 : 불어) + -ㅎ(← -ᄒ- : 동접) + -이(부접)]

98) 쓰ᄂ니라 : 쓰(쓰다, 用) + -ᄂ(현시) + -니(원칙) + -라(← -다 : 평종)

중국 소리에 있는 잇소리는 齒頭(치두)와 正齒(정치)를 구별함이 있으니, ㅈ ㅊ ㅉ ㅅ ㅆ 字(자)는 齒頭(치두) 소리에 쓰고, 【 이 소리는 우리나라의 소리에서 엷으니 혀끝이 윗니 머리에 닿느니라. 】 ㅈ ㅊ ㅉ ㅅ ㅆ 字(자)는 正齒(정치)의 소리에 쓰니, 【 이 소리는 우리나라의 소리에서 두터우니 혀끝이 아래의 잇몸에 닿느니라. 】 어금니와 혀와 입술과 목소리에 속하는 字(자)는 中國(중국)의 소리에 두루 쓰느니라.

2. 석보상절

세종대왕은 1443년(세종 25년) 음력 12월에 음소 문자(音素文字)인 훈민정음(訓民正音)의 글자를 창제하였다. 훈민정음 글자는 기존의 한자나 한자를 빌어서 우리말을 표기하는 글자인 향찰, 이두, 구결 등과는 전혀 다른 표음 문자인 음소 글자였다. 실로 글자의 역사상 유래를 찾아볼 수 없는 매우 독창적인 글자이면서도, 글자의 수가 28자에 불과하여 아주 배우기 쉬운 글자였다.

훈민정음을 창제한 이후에 세종은 이 글자를 널리 보급하기 위하여 훈민정음에 대하여 제자 원리를 이론화하고 성리학적인 근거를 부여하는 데에 힘을 썼다. 곧, 최만리 등의 상소 사건을 통하여 사대부들이 훈민정음에 대하여 취하였던 부정적인 인식과 태도를 파악하였으므로, 이를 극복하는 적극적인 방법으로 훈민정음 글자에 대한 '종합 해설서'를 발간하기로 하였는데, 이것이 곧 『훈민정음 해례본』(訓民正音 解例本)이다.

그리고 새로운 글자를 창제하고 반포하는 데에 그치는 것이 아니라, 실제로 백성들이 널리 사용할 수 있도록 하기 위하여 여러 가지 뒷받침 사업을 진행하였다. 이를 위하여 세종은 새로운 문자인 훈민정음을 이용하여 국어의 입말을 실제로 문장의 단위로 적어서 그 실용성을 시험하는 작업을 수행하였다. 그 첫 번째 노력으로 『용비어천가』(龍飛御天歌)의 노랫말을 훈민정음으로 지어서 간행하였는데, 이로써 훈민정음 글자로써 국어의 입말을 실제로 적을 수 있는 가능성을 보였다.

훈민정음을 반포하던 해인 1446년(세종 28)에 세종의 왕비인 소헌왕후(昭憲王后) 심씨(沈氏)가 사망했다. 세종은 그녀의 명복을 빌기 위하여 수양대군(훗날의 세조)에게 명하여 석가모니불의 연보인 『석보상절』(釋譜詳節)을 엮게 하였다. 이에 수양대군은 김수온 등과 더불어 『석가보』(釋迦譜), 『석가씨보』(釋迦氏譜), 『법화경』(法華經), 『지장경』(地藏經), 『아미타경』(阿彌陀經), 『약사경』(藥師經) 등의 여러 불경에서 뽑아 모은 글을 훈민정음으로 옮겨서 만들었다.

이 책이 언제 간행되었는지는 확실하지 않다. 하지만 수양대군이 지은 〈석보상절 서(序)〉가 세종 29년(1447)에 지어진 것으로 기록되어 있고, 또 권 9의 표지 안에 '正統拾肆年 貳月初肆日(정통십사년 이월초사일)'이란 글귀가 적혀 있어서, 이 책이 세종 29년(1447)에서 세종 31년(1449) 사이에 만들어졌다는 것을 확인할 수 있다. 이러한 사실을 정리하면 1447년(세종 29)에 책의 내용이 완성되었고, 1449년(세종 31)에 책으로 간행된 것으로 볼 수 있다.

『석보상절』은 세종이 생존해 있는 당시에 지어졌기 때문에, 『석보상절』에 나타난 표기상의 특징도 『용비어천가』나 『월인천강지곡』 등에 나타나는 것과 동일하다. 다만 『용비어천가』에는 한자어를 한자로만 표기한 데에 반해서 『석보상절』에는 한자를 주로 표기하고 동국정운식 한자음을 부기한 것이 특징이다. 이 책에 나타난 표기상의 특징은 앞의 『용비어천가』의 작품 해제를 참조하기 바란다.

『석보상절』이라는 제목은 석가모니의 일생의 일을 가려서 자세히 기록한 것이라는 뜻이다. 『석보상절』은 다른 불경 언해서(諺解書)와는 달리 문장이 매우 유려하여 15세기 당시의 국어와 불교 문학을 대표하는 작품으로 꼽히고 있다. 곧 중국의 한문으로 기록된 내용을 바탕으로 쉽고 아름다운 국어의 문장으로 개작한 것이어서, 15세기 중엽의 국어 연구에 대단히 중요한 역할을 할 뿐만 아니라 국어로 된 산문 문학의 첫 작품이자 최초의 번역 불경이라는 가치가 있다.

현재 전하는 것은 국립중앙도서관에 소장된 권6, 9, 13, 19의 초간본 4책(보물 523호), 동국대학교 도서관에 소장된 권23, 24의 초간본 2책, 호암미술관에 소장된 복각 중간본 권11의 1책, 1979년 천병식(千炳植) 교수가 발견한 복각 중간본 권3의 1책 등이 있다.

釋석譜봉詳썅節졇 第똉六륙

〈 湏達이 世尊께 歸依하다 〉

[6:13 ~ 6:21]

舍썅衛윙國귁[1] 大땡臣씬 湏슝達딿이 가슨며러[2] 쳔랴이[3] 그지업고[4] 布봉施씽흐기를 즐겨 艱간難난흐며 어엿븐[5] 사르믈 쥐주어[6] 거리칠씨[7] 號쁗[8]를 給급孤공獨똑이라 흐더라【給급은 줄 씨오[9] 孤공눈 져머셔[10] 어버싀[11] 업슨 사르미오 獨똑은 늘구디[12] 子중息식 업서 흐옷모민[13] 사르미라】

舍衛國(사위국)의 大臣(대신)인 湏達(수달)이 부유하여 재물이 그지없고, 布施(보시)하기를 즐겨 艱難(가난)하며 불쌍한 사람을 쥐여 주어 구제하므로, 號(호)를 給孤獨(급고독)이라 하더라. 【給(급)은 주는 것이요, 孤(고)는 젊어서 어버이가 없는 사람이요, 獨(독)은 늙되 子息(자식)이 없어 홀몸인 사람이다.】

---

1) 舍衛國 : 사위국. 원 지명은 슈라바스티(Śrāvastī)로서, 북인도의 교통로가 모이는 장소이며 상업상으로도 중요한 곳이었다. 성 밖에는 석가가 오래 지냈다는 기원정사(祇園精舍)가 있다.

2) 가슨며러 : 가슨멸(부유하다, 富)- + -어(연어)

3) 쳔랴이 : 쳔량(재물, 財) + -이(주조)

4) 그지업고 : 그지업[← 그지없다(無限) : 그지(끝, 限 : 명사) + 없(없다, 無)-]- + -고(연어, 나열)

5) 어엿븐 : 어엿브(불쌍하다, 憐)- + -∅(현시)- + -ㄴ(관전)

6) 쥐주어 : 쥐주[쥐여 주다 : 쥐(쥐다, 握)- + 주(주다, 受)-]- + -어(연어)

7) 거리칠씨 : 거리치(구제하다, 濟)- + -ㄹ씨(-ㅁ로 : 연어, 이유)

8) 號 : 호. 남들이 허물없이 쓰게 하기 위하여 본명이나 자 이외에 따로 지은 이름이다.

9) 줄 씨오 : 주(주다, 授)- + -ㄹ(관전) # 씨(← 스 : 것, 의명) + -이(서조)- + -오(← -고 : 연어, 나열)

10) 져머셔 : 졈(어리다, 젊다, 幼)- + -어셔(-어셔 : 연어, 상태 유지, 강조) ※ '-아셔/-어셔'는 연결 어미인 '-어'에 보조사인 '-셔'가 붙어서 형성된 연결 어미로 처리한다.

11) 어버싀 : 어버싀[어버이, 父母 : 업(← 어비 ← 아비 : 아버지, 父) + 어싀(어머니, 母)] + -∅(← -이 : 주조)

12) 늘구디 : 늙(늙다, 老)- + -우디(-되 : 연어, 설명 계속)

13) 흐옷모민 : 흐옷몸[홀몸, 獨身 : 흐옷(← 흐옷 : 홀, 獨, 명사) + 몸(몸, 身)] + -이(서조)- + -∅(현시)- + -ㄴ(관전)

給급孤공獨똑 長댱者쟝[14]ㅣ 닐굽 아ᄃᆞ리러니[15] 여슷 아들란[16] ᄒᆞ마 갓얼이고[17] 아기아ᄃᆞ리[18] 양ᄌᆡ[19] 곱거늘 各각別별히 ᄉᆞ랑ᄒᆞ야 아ᄆᆞ례나[20] 맛듧흔[21] 며느리를 어두리라[22] ᄒᆞ야 婆뺑羅랑門몬[23]ᄋᆞᆯ 드려[24] 닐오ᄃᆡ[25] 어듸ᅀᅡ[26] 됴흔 ᄯᆞ리 양ᄌᆞ ᄀᆞ즈니[27] 잇거뇨[28] 내[29] 아기 위ᄒᆞ야 어더 보고려[30] 婆뺑羅랑門몬이 그 말 듣고 고ᄫᆞᆯ[31] ᄯᆞᆯ 얻니노라[32] ᄒᆞ야 빌머거[33] 摩망竭꺓陁땅國귁[34] 王왕舍샹城쎵[35]의 가니

---

14) 長者 : 장자. ① 덕망이 뛰어나고 경험이 많아 세상일에 익숙한 어른이다. ② 큰 부자를 점잖게 이르는 말이다.

15) 아ᄃᆞ리러니 : 아들(아들, 子) + -이(서조)- + -러(←-더- : 회상)- + -니(연어, 설명, 상황)

16) 아들란 : 아들(아들, 子) + -란(-은 : 보조사, 대조)

17) 갓얼이고 : 갓얼이[장가들이다, 아내를 맞이하다 : 갓(아내, 妻) + 얼(교합하다, 결혼하다, 婚 : 자동)- + -이(사접)-]- + -고(연어, 나열)

18) 아기아ᄃᆞ리 : 아기아들[막내아들 : 아기(아기, 乳兒) + 아들(아들, 子)] + -이(주조)

19) 양ᄌᆡ : 양ᄌᆞ(모습, 樣子) + -ㅣ(←-이 : 주조)

20) 아ᄆᆞ례나 : [어쨌든, 아무렇든, 아무튼(부사) : 아ᄆᆞ례(아무렇게 : 부사) + -나(보조사, 선택, 강조)] ※ '아ᄆᆞ례(부사) + -나(보조사, 선택, 강조)'로 분석할 수도 있다.

21) 맛듧흔 : 맛듧ᄒᆞ[마뜩하다, 제법 마음에 들 만하다 : 맛듧(마뜩함, 愜 : 명사) + -ᄒᆞ(형접)-]- + -ㄴ(관전)

22) 어두리라 : 얻(얻다, 得)- + -우(화자)- + -리(미시)- + -라(←-다 : 평종) ※ 이때의 '아ᄆᆞ례나…어두리라'는 湏達(수달)이 생각한 문장이므로 실질적으로는 '내 아ᄆᆞ례나 맛듧흔 며느리를 어두리라'의 문장과 같다. 따라서 이 문장의 서술어인 '얻다'에 화자 표현의 선어말 어미인 '-오-'가 실현된 것이다.

23) 婆羅門 : 바라문. 인도 카스트 제도에서 가장 높은 지위인 승려 계급(브라만)이다.

24) 드려 : 드리(데리다, 同伴 : 동사)- + -어(연어) ※ '婆羅門ᄋᆞᆯ 드려'는 '바라문에게'로 의역하여 옮긴다.

25) 닐오ᄃᆡ : 닐(←니ᄅᆞ다 : 이르다, 曰)- + -오ᄃᆡ(-되 : 연어, 설명 계속)

26) 어듸ᅀᅡ : 어듸(어디, 何處 : 지대) + -ᅀᅡ(-야말로 : 보조사, 한정 강조)

27) ᄀᆞ즈니 : ᄀᆞ즈(갖추고 있다, 持 : 형사)- + -Ø(현시)- + -은(관전) # 이(이, 사람, 者 : 의명) + -Ø(←-이 : 주조)

28) 잇거뇨 : 잇(← 이시다 : 있다, 有)- + -Ø(현시)- + -거(확인)- + -뇨(-느냐 : 의종, 설명)

29) 내 : 나(나, 我 : 인대, 1인칭) + -ㅣ(관조) ※ 여기서 '내'는 원문에 방점이 찍히지 않아서 평성의 성조인 것으로 보아야 한다. 따라서 '내'의 '-ㅣ'는 관형격 조사이다.

30) 보고려 : 보(보다 : 보용, 경험)- + -고려(-구려 : 명종, 반말) ※ '-고려'는 반말의 명령형 어미인 '-고라'보다 약간 공손한 뜻이 포함된 듯한 명령형 어미인데, 그 용례가 아주 드물다.

31) 고ᄫᆞᆯ : 골(← 곱다, ㅂ불 : 곱다, 麗)- + -Ø(현시)- + -은(관전)

32) 얻니노라 : 얻니[얻으러 다니다 : 얻(얻다, 得)- + 니(가다, 다니다, 行)-]- + -ㄴ(←-ᄂᆞ- : 현시)- + -오(화자)- + -라(←-다 : 평종)

33) 빌머거 : 빌먹[빌어먹다, 乞食 : 빌(빌다, 乞)- + 먹(먹다, 食)-]- + -어(연어)

34) 摩竭陁國 : 마갈타국. 기원전 6세기에서 기원전 1세기에 인도의 갠지스 강 중류에 있었던 고대 왕국, 또는 그 지역의 옛 이름이다. '마가다국'이라고도 한다.

給孤獨(급고독) 長者(장자)가 일곱 아들이더니, 여섯 아들은 이미 장가들이고 막내아들이 모습이 곱거늘, 各別(각별)히 사랑하여 어떻게 해서든지 마뜩한 며느리를 얻으리라 하여, 婆羅門(바라문)을 데리어 이르되 "어디야말로 좋은 딸이 (좋은) 모습을 갖춘 이가 있느냐? 나의 아기를 위하여 (그런 사람을) 얻어 보구려." 婆羅門(바라문)이 그 말을 듣고 "고운 딸을 얻으러 다닌다." 하여, 빌어먹어 摩竭陁國(마갈타국)의 王舍城(왕사성)에 가니

그 城셩 안해[36] ᄒᆞᆫ 大땡臣씬 護ᅘᅩᆼ彌밍라 호리[37] 가ᅀᆞ멸오 發벓心심ᄒᆞ더니[38] 婆빵羅랑門몬이 그 지븨 가 糧량食씩 빈대[39] 그 나랏 法법에 布봉施싱호ᄃᆡ 모로매[40] 童똥女녕[41]로 내야 주더니 그 짓[42] ᄯᆞ리 ᄡᆞᆯ 가져 나오나ᄂᆞᆯ[43] 婆빵羅랑門몬이 보고 깃거[44] 이 각시ᅀᅡ[45] 내[46] 얻니논[47] ᄆᆞᅀᆞ매 맛도다[48] ᄒᆞ야 그 ᄯᆞᆯᄃᆞ려[49] 무로ᄃᆡ[50] 그딋[51] 아바니미[52] 잇ᄂᆞ닛가[53] 對됭答답호ᄃᆡ 잇ᄂᆞ니이다[54] 婆빵羅랑門몬이 닐오ᄃᆡ 내 보아져[55]

---

35) 王舍城 : 왕사성. 석가모니가 살던 시대의 강국인 마가다의 수도이다. 석가모니가 중생을 제도한 중심지로서, 불교에 관한 유적이 많다. '라자그리하'라고도 한다.

36) 안해 : 안ㅎ(안, 內) + -애(-에 : 부조, 위치)

37) 護彌라 호리 : 護彌(호미) + -Ø(← -이- : 서조)- + -Ø(현시)- + -라(← -다 : 평종) # ㅎ(← ᄒᆞ- : 하다, 謂)- + -오(대상)- + -ㄹ(관전) # 이(이, 사람 : 의명) + -Ø(← -이 : 주조) ※ '護彌라 호리'는 '護彌라고 하는'으로 의역한다.

38) 發心ᄒᆞ더니 : 發心ᄒᆞ[발심하다 : 發心(발심 : 명사) + -ᄒᆞ(동접)-]- + -더(회상)- + -니(연어) ※ '발심(發心)'은 '발보리심(發菩提心)'의 준말로서, 불도의 깨달음을 얻고 중생을 제도하려는 마음을 일으키는 일이다.

39) 빈대 : 비(← 빌다 : 빌다, 乞)- + -ㄴ대(-는데, -니 : 연어, 반응)

40) 모로매 : 모름지기, 반드시, 必(부사)

41) 童女 : 동녀. 여자 아이이다.

42) 짓 : 지(← 집 : 집, 家) + -ㅅ(-의 : 관조) ※ '짓'은 '짒'에서 /ㅂ/이 탈락한 형태이다.

43) 나오나ᄂᆞᆯ : 나오[나오다, 出 : 나(나다, 出)- + -Ø(← -아 : 연어) # 오(오다, 來)-]- + -나ᄂᆞᆯ(-거늘 : 연어, 상황)

44) 깃거 : 겄(기뻐하다, 歡)- + -어(연어)

45) 각시ᅀᅡ : 각시(각시, 어린 여자, 아내, 女) + -Ø(← -이 : 주조)- + -ᅀᅡ(-야말로 : 보조사, 한정 강조)

46) 내 : 나(나, 我 : 인대, 1인칭) + -ㅣ(-의 : 관조, 의미상 주격)

47) 얻니논 : 얻니[얻으러 다니다 : 얻(얻다, 得)- + 니(다니다, 行)-]- + -ㄴ(← -ᄂᆞ- : 현시)- + -오(대상)- + -ㄴ(관전)

48) 맛도다 : 맛(← 맞다 : 맞다, 꼭 들어맞다, 當)- + -Ø(현시)- + -도(감동)- + -다(평종)

49) ᄯᆞᆯᄃᆞ려 : ᄯᆞᆯ(딸, 女) + -ᄃᆞ려(-에게, -더러 : 부조) ※ '-ᄃᆞ려'는 [ᄃᆞ리(데리다, 同伴)- + -어(연어 ▷ 조접)]으로 분석된다.

50) 무로ᄃᆡ : 물(← 묻다, ㄷ불 : 묻다, 問)- + -오ᄃᆡ(-되 : 연어, 설명 계속)

51) 그딋 : 그듸[그대(인대, 2인칭, 예사 높임) : 그(지대) + -듸(높접)] + -ㅅ(-의 : 관조)

흐느다 슬바쎠[56]

그 城(성) 안에 한 大臣(대신)인 護彌(호미)라 하는 사람이 부유하고 發心(발심)하더니, 婆羅門(바라문)이 그 집에 가 糧食(양식)을 비는데, 그 나라의 法(법)에 布施(보시)하되 모름지기 童女(동녀)로 내어 주더니, 그 집의 딸이 쌀을 가져 오거늘 婆羅門(바라문)이 보고 기뻐 "이 각시야말로 내가 얻으러 다니는 마음에 맞구나." 하여, 그 딸에게 묻되 "그대의 아버님이 있소?" (딸이) 對答(대답)하되 "있습니다." 婆羅門(바라문)이 이르되 "내가 보자 한다고 사뢰오."

그 ᄯᅡ리 드러 니른대[57] 護ᇢ彌ᄝ 長땽者쟝ㅣ 나아오나ᄂᆞᆯ[58] 婆빠羅랑門몬이 安한否ᄬᆞᆷ 묻고 닐오ᄃᆡ 舍샹衛ᅌᅱᆼ國귁에 ᄒᆞᆫ 大땡臣씬 湏ᅀᅲᆼ達ᇢ이라 호리[59] 잇ᄂᆞ니 아ᄅᆞ시ᄂᆞ니잇가[60] 護ᇢ彌ᄝ 닐오ᄃᆡ 소리 ᄲᅮᆫ[61] 듣노라[62] 婆빠羅랑門몬이 닐오ᄃᆡ 舍샹衛ᅌᅱᆼ國귁 中듀ᇰ에 ᄆᆞᆺ[63] 벼슬 놉고 가ᅀᆞ며루미[64] 이 나라해 ᄀᆞ듸[65] ᄀᆞᆮ트니[66] ᄒᆞᆫ ᄉᆞ랑ᄒᆞᄂᆞᆫ 아기아ᄃᆞ리

---

52) 아바니미 : 아바님[아버님 : 아바(← 아비 : 아버지, 父) + -님(높접)] + -이(주조)

53) 잇ᄂᆞ닛가 : 잇(← 이시다 : 있다, 在)- + -ᄂᆞ(현시)- + -ㅅ(상높, 예사 높임)- + -니…가(-니까 : 의종, 판정) ※ 안병희(1992: 112), 고영근(2010: 315)에서는 '-닛가'로 실현되는 의문문은 듣는 이를 보통으로 낮추거나 보통으로 높이는 중간 등분의 'ᄒᆞ야쎠체'로 보았다.

54) 잇ᄂᆞ니이다 : 잇(← 이시다 : 있다, 在)- + -ᄂᆞ(현시)- + -이(상높, 아주 높임)- + -니… 다(평종, 보수) ※ '잇ᄂᆞ니이다'를 개인적인 사실에 대한 발화로 보고, '니…다'를 보수적인 평서형 종결 어미로 분석하였다.

55) 보아져 : 보(보다, 見)- + -아(확인)- + -져(-자 : 청종, 낮춤)

56) 슬바쎠 : ᄉᆞᆲ(← ᄉᆞᆲ다, ㅂ불 : 사뢰다, 아뢰다, 奏)- + -아쎠(-으소 : 명종, 예사 높임)

57) 니른대 : 니ᄅᆞ(이르다, 曰)- + -ㄴ대(-ㄴ데, -니 : 연어, 반응, 설명 계속)

58) 나아오나ᄂᆞᆯ : 나아오[나오다 : 나(나다, 出)- + -아(연어) + 오(오다, 來)-]- + -나ᄂᆞᆯ(-거늘 : 연어, 상황)

59) 湏達이라 호리 : 湏達(수달) + -이(서조)- + -Ø(현시)- + -라(← -다 : 평종) # ᄒᆞ(← ᄒᆞ- : 하다, 曰)- + -오(대상)- + -ㄹ(관전) # 이(이, 사람 : 의명) + -Ø(← -이 : 주조)

60) 아ᄅᆞ시ᄂᆞ니잇가 : 알(알다, 知)- + -ᄋᆞ시(주높)- + -ᄂᆞ(현시)- + -잇(← -이- : 상높, 아주 높임)- + -니…가(-니까 : 의종, 판정)

61) 소리 ᄲᅮᆫ : 소리(소리, 소문) # ᄲᅮᆫ(뿐 : 의명, 한정)

62) 듣노라 : 듣(듣다, 聞)- + -ㄴ(← -ᄂᆞ- : 현시)- + -오(화자)- + -라(← -다 : 평종)

63) ᄆᆞᆺ : 제일, 가장, 最(부사)

64) 가ᅀᆞ며루미 : 가ᅀᆞ멸(부유하다, 富)- + -움(명전)- + -이(주조)

65) ᄀᆞ듸 : 그듸[그대(인대, 2인칭, 예사 높임) : 그(지대) + -듸(높접)] + -Ø(← -이 : 부조, 비교)

66) ᄀᆞᆮ트니 : ᄀᆞᇀ(같다, 同)- + -Ø(현시)- + -은(관전) # 이(이, 사람, 人 : 의명) + -Ø(← -이 : 주조)

양지며⁶⁷⁾ 지죄⁶⁸⁾ 흔 그티니⁶⁹⁾ 그딋 ᄯᆞ를 맛고져⁷⁰⁾ ᄒᆞ더이다 護_{ᅘᅮᇰ}彌_밍 닐오ᄃᆡ 그리 호리라⁷¹⁾ ᄒᆞ야ᄂᆞᆯ⁷²⁾ 마초아⁷³⁾ 흥졍바지⁷⁴⁾ 舍_샹衛_윙國_귁으로 가리⁷⁵⁾ 잇더니 婆_빵羅_랑門_몬이 글왈⁷⁶⁾ ᄒᆞ야⁷⁷⁾ 湏_슝達_딿이 손ᄃᆡ⁷⁸⁾ 보내야ᄂᆞᆯ⁷⁹⁾ 湏_슝達_딿이 깃거 波_방斯_{ᄉᆞᆼ}匿_닉王_왕ᄭᅴ⁸⁰⁾ 가아【그 나랏 王_왕 일후미 波_방斯_{ᄉᆞᆼ}匿_닉이라】말ᄆᆡ⁸¹⁾ 엳ᄌᆞᆸ고⁸²⁾ 쳔량 만히⁸³⁾ 시러 王_왕舍_샹城_쎵으로 가며 길헤 艱_간難_난ᄒᆞᆫ 사ᄅᆞᆷ 보아ᄃᆞᆫ⁸⁴⁾ 다 布_봉施_싱ᄒᆞ더라

    그 딸이 들어가 이르니, 護彌(호미) 長者(장자)가 나오거늘, 婆羅門(바라문)이 安否(안부)를 묻고 이르되 "舍衛國(사위국)에 한 大臣(대신)인 湏達(수달)이라 하는 이가 있으니 (그를) 아십니까?" 護彌(호미)가 이르되 "소리(소문)만 듣는다." 婆羅門(바라문)이 이르되 "舍衛國(사위국) 中(중)에 제일 벼슬이 높고 부유함이 이 나라에 그대와 같은 이가, (자기가) 사랑하는 한 막내아들이 모습이며 재주가 한 끝이니, 그대의 딸을 맞이하고자 하더이다." 護彌(호미)가 이르되 "그렇게 하리라." 하거늘, 때마침 상인이 舍衛國(사위국)으로 갈

---

67) 양지며 : 양ᄌᆞ(모습, 樣子) + -ㅣ며(← -이며 : 접조)

68) 지죄 : 지조(재주, 才) + -ㅣ(←-이 : 주조)

69) 흔 그티니 : 흔(한, 一 : 관사) # 긑(끝, 末) + -이(서조)- + -니(연어 : 설명 계속) ※ '흔 긑(끝, 末)'은 '최고의 경지'를 이른다.

70) 맛고져 : 맛(← 맞다 : 맞이하다, 迎)- + -고져(연어, 의도)

71) 호리라 : ᄒᆞ(← ᄒᆞ- : 하다, 爲)- + -오(화자)- + -리(미시)- + -라(←-다 : 평종)

72) ᄒᆞ야ᄂᆞᆯ : ᄒᆞ(하다, 謂)- + -야ᄂᆞᆯ(-거늘 : 연어, 상황)

73) 마초아 : [때마침, 適(부사) : 맞(맞다, 適當)- + -호(사접)- + -아(연어 ▷부접)]

74) 흥졍바지 : 흥졍바지[흥졍바치, 상인 : 흥졍(흥졍, 물건을 사고 팜, 商) + 바지(기술을 가진 사람, 匠)] + -∅(← -이 : 주조)

75) 가리 : 가(가다, 去)- + -ㄹ(관전) # 이(이, 사람 : 의명) + -∅(← -이 : 주조)

76) 글왈 : [글월, 文 : 글(글, 文) + -왈(-월 : 접미)]

77) ᄒᆞ야 : ᄒᆞ(하다, 만들다, 짓다, 爲)- + -야(←-아 : 연어)

78) 湏達이 손ᄃᆡ : 湏達(수달) + -이(-의 : 관조) # 손ᄃᆡ(거기에 : 의명, 위치) ※ '-이 손ᄃᆡ'는 '-에게'로 의역한다.

79) 보내야ᄂᆞᆯ : 보내(보내다, 遣)- + -야ᄂᆞᆯ(← -아ᄂᆞᆯ : -거늘, 연어, 상황)

80) 波斯匿王ᄭᅴ : 波斯匿王(바사닉왕) + -ᄭᅴ(-께 : 부조, 상대, 높임) ※ '-ᄭᅴ'는 [-ㅅ(-의 : 관조) + 긔(거기에 : 의명)]로 분석되는 파생 조사이다.

81) 말ᄆᆡ : 말미. 일정한 직업이나 일 따위에 매인 사람이 다른 일로 말미암아 얻는 겨를이다.

82) 엳ᄌᆞᆸ고 : 엳ᄌᆞᆸ(여쭙다, 請)- + -고(연어, 나열)

83) 만히 : [많이(부사) : 많(← 만ᄒᆞ다 : 많다, 多, 형사)- + -이(부접)]

84) 보아ᄃᆞᆫ : 보(보다, 見)- + -아ᄃᆞᆫ(-거든, -면 : 연어, 조건)

사람이 있더니, 婆羅門(바라문)이 글월을 지어 須達(수달)에게 보내거늘, 須達(수달)이 기뻐하여, 波斯匿王(바사닉왕)께 가【그 나라의 王(왕)의 이름이 波斯匿(바사닉)이다.】말미를 여쭙고, 재물을 많이 실어 王舍城(왕사성)으로 가며 길에 艱難(간난)한 사람을 보면 다 布施(보시)하더라.

須_슝達_딿이 護_뽕彌_밍 지븨 니거늘 護_뽕彌_밍 깃거 나아 迎_영逢_뽕ᄒᆞ야⁸⁵⁾ 지븨 드려⁸⁶⁾ 재더니⁸⁷⁾ 그 지븨셔⁸⁸⁾ 차반⁸⁹⁾ 밍ᄀᆞᆯ 쏘리⁹⁰⁾ 워즈런ᄒᆞ거늘⁹¹⁾ 須_슝達_딿이 護_뽕彌_밍ᄃᆞ려 무로ᄃᆡ 主_즁人_{ᅀᅵᆫ}이 므슴⁹²⁾ 차바ᄂᆞᆯ 손소⁹³⁾ ᄃᆞᆮ녀⁹⁴⁾ 밍ᄀᆞ노닛가⁹⁵⁾ 太_탱子_{ᄌᆞ}ᄅᆞᆯ 請_쳥ᄒᆞᅀᄫᅡ 이받ᄌᆞᄫᆞ려⁹⁶⁾ ᄒᆞ노닛가⁹⁷⁾ 大_땡臣_씬을 請_쳥ᄒᆞ야 이바도려 ᄒᆞ노닛가 護_뽕彌_밍 닐오ᄃᆡ 그리⁹⁸⁾ 아닝다⁹⁹⁾ 須_슝達_딿이 ᄯᅩ 무로ᄃᆡ 婚_혼姻_{ᅙᅵᆫ} 위ᄒᆞ야 아ᅀᆞ미¹⁾ 오나ᄃᆞᆫ²⁾ 이바도려

---

85) 迎逢ᄒᆞ야 : 迎逢ᄒᆞ[영봉하다, 맞이하다 : 迎逢(영봉 : 명사) + -ᄒᆞ(동접)-] + -야(←-아 : 연어)

86) 드려 : 드리[들이다, 들게 하다 : 들(들다, 入 : 자동)- + -이(사접)-] + -어(연어)

87) 재더니 : 재[재우다 : 자(자다, 眠 : 자동)- + -ㅣ(←-이- : 사접)-] + -더(회상)- + -니(연어, 설명 계속)

88) 지븨셔 : 집(집, 家)- + -의(-에 : 부조, 위치) + -셔(-서 : 보조사, 위치 강조)

89) 차반 : 음식(飮食)

90) 밍ᄀᆞᆯ 쏘리 : 밍ᄀᆞ(←밍ᄀᆞᆯ다 : 만들다, 製)- + -ㄹ(관전) # 쏘리(←소리 : 소리, 聲) + -Ø(←-이 : 주조)

91) 워즈런ᄒᆞ거늘 : 워즈런ᄒᆞ[어수선하다, 수선스럽다, 亂 : 워즈런(어수선 : 불어) + -ᄒᆞ(형접)-] + -거늘(연어, 상황)

92) 므슴 : 무슨, 어찌, 何 (관사, 부사) ※ '므슴'은 대명사(= 무엇), 관형사(= 무슨), 부사(= 어찌)의 뜻으로 통용되는 단어인데, 여기서는 관형사와 부사로 양쪽으로 쓰일 수 있다.

93) 손소 : [손수, 스스로, 自(부사) : 손(손, 手 : 명사) + -소(부접)]

94) ᄃᆞᆮ녀 : ᄃᆞᆮ니[다니다 : ᄃᆞᆮ(닫다, 달리다, 走)- + 니(가다, 行)-] + -어(연어)

95) 밍ᄀᆞ노닛가 : 밍ᄀᆞ(←밍ᄀᆞᆯ다 : 만들다, 作)- + -ᄂᆞ(현시)- + -오(의도)- + -ㅅ(상높, 예사 높임)- + -니…가(의종, 판정) ※ 이 문장의 주체가 '主人(비화자, 실제로는 청자)'이므로 화자 표현의 선어말 어미가 실현될 근거가 없다. 따라서 이 문장에서 '-오-'를 화자 표현과 관계 없이 '의도 표현'의 선어말 어미로 보기도 한다. ※ 상대 높임의 선어말 어미가 예사 높임의 '-ㅅ-'이므로, 문장 속에 의문사(= 므슴)가 실현되어 있어도 의문형 어미가 '-니…고'가 아니라 '-니…가'의 형태로 실현되었다.

96) 이받ᄌᆞᄫᆞ려 : 이받(대접하다, 봉양하다, 奉)- + -ᄌᆞᇦ(←-ᄌᆞᆸ- : 객높)- + -ᄋᆞ려(-려 : 연어, 의도)

97) ᄒᆞ노닛가 : ᄒᆞ(하다 : 보용, 의도)- + -ㄴ(←-ᄂᆞ- : 현시)- + -오(의도)- + -ㅅ(상높, 예사 높임)- + -니…가(-니까 : 의종, 판정)

98) 그리 : [그리(부사) : 그(그것 : 지대) + -리(부접)] ※ 문맥상 '그리'는 '그런 것이'로 의역한다.

99) 아닝다 : 아니(아니다, 非 : 형사) + -ᅌ(상높, 예사 높임)- + -다(평종) ※ 안병희(1992)와 고영근(2010 : 306)에서는 '-ᅌ-'으로 실현되는 평서문은 듣는 이를 보통으로 낮추거나 보통으로 높이는 'ᄒᆞ야쎠체'의 결어법(結語法)으로 보았다. 반면에 허웅(1975 : 661)과 고등학교 문법(2010 : 300)에서는 'ᄒᆞ야쎠체'를 인정하지 않고 있는데, 허웅(1975 : 661)에서는 이를 예사 높임의 등분으로 보았다.

ᄒᆞ노닛가【 사회3) 녀기셔4) 며느리 녁 지블 婚혼이라5) 니르고 며느리 녀기셔 사회 녁 지블 姻ᅙᅵᆫ이라 니르ᄂᆞ니 댱가들며6) 셔방마조ᄆᆞᆯ7) 다 婚혼姻ᅙᅵᆫᄒᆞ다8) ᄒᆞᄂᆞ니라】護ᅘᅮᇰ彌밍 닐오ᄃᆡ 그리 아니라9) 부텨와 즁과를10) 請쳐ᇰᄒᆞᅀᆞᄫᅩ려11) ᄒᆞ노ᇰ다12)

須達(수달)이 護彌(호미) 집에 가거늘 護彌(호미)가 기뻐하여 나와 (須達을) 迎逢(영봉)하여 집에 들여 재우더니, 그 집에서 음식 만드는 소리가 어수선하거늘 須達(수달)이 護彌(호미)에게 묻되 "主人(주인)이 무슨(어찌) 음식을 손수 다녀 만드오? 太子(태자)를 請(청)하여 대접하려 하오? 大臣(대신)을 請(청)하여 대접하려 하오?" 護彌(호미)가 이르되 "그런 것이 아니오." 須達(수달)이 또 묻되 "婚姻(혼인)을 위하여 친척이 오거든 대접하려 하오?"【 사위 쪽에서 며느리 쪽 집을 婚(혼)이라 이르고 며느리 쪽에서 사위 쪽 집을 姻(인)이라 이르나니, 장가들며 시집가는 것을 다 '婚姻(혼인)하였다' 하느니라.】護彌(호미)가 이르되 "그런 것이 아니라 부처와 중을 請(청)하려 하오."

須슝達땅이 부텨와 즁괏13) 마를 듣고 소홈14) 도텨15) 自쭝然ᅀᅧᆫ히 ᄆᆞᅀᆞ매 깃븐16)

---

1) 아ᅀᆞ미 : 아ᅀᆞᆷ(친척, 친족, 겨레, 戚) + -이(주조)

2) 오나ᄃᆞᆫ : 오(오다, 來)- + -나ᄃᆞᆫ(-거든, -면 : 연어, 조건)

3) 사회 : 사위, 壻.

4) 녀기셔 : 녁(녘, 쪽 : 의명) + -의(-에 : 부조, 위치) + -셔(-서 : 보조사, 위치 강조)

5) 婚이라 : 婚(혼, 결혼) + -이(서조)- + -Ø(현시)- + -라(←-다 : 평종)

6) 댱가들며 : 댱가들[장가들다 : 댱가(장가, 杖家) + 들(들다, 入)-] + -며(연어, 나열)

7) 셔방마조ᄆᆞᆯ : 셔방맞[시집가다 : 셔방(서방, 書房) + 맞(맞다, 迎)-] + -옴(명전) + -ᄋᆞᆯ(목조)

8) 婚姻ᄒᆞ다 : 婚姻ᄒᆞ[혼인하다 : 婚姻(혼인 : 명사) + -ᄒᆞ(동접)-]- + -Ø(과시)- + -다(평종)

9) 아니라 : ① 아니(아니다, 非 : 형사)- + -라(←-아 : 연어) ② 아니(아닌 것 : 명사) + -Ø(서조)- + -라(←-아 : 연어) ※ ①의 분석은 고등학교 문법(2010)을 따른 방법이며, ②의 분석은 안병희·이광호(1990: 210)와 고영근(2010: 241)을 따른 방법이다. 이 책에서는 현행의 학교 문법에 따라서 '아니다'를 형용사로 보고 ①의 분석 방법에 따라서 분석한다.

10) 즁과를 : 즁(중, 僧) + -과(접조) + -를(목조)

11) 請ᄒᆞᅀᆞᄫᅩ려 : 請ᄒᆞ[청하다 : 請(청 : 명사) + -ᄒᆞ(동접)-]- + -ᅀᆞᆸ(←-ᅀᆞᆸ- : 객높)- + -오려(-으려 : 연어, 의도)

12) ᄒᆞ노ᇰ다 : ᄒᆞ(하다 : 보용, 의도)- + -ㄴ(←-ᄂᆞ- : 현시)- + -오(화자)- + -ㅇ(상높, 예사 높임)- + -다(평종) ※ 'ᄒᆞ노이다 → ᄒᆞ뇌이다 → ᄒᆞ노ᇰ다'의 변동 과정을 거치는데, '-노-'는 '-이-'로부터 '모음 동화('ㅣ 모음 역행 동화')'를 겪은 결과 '-뇌-'로 변동하였다.

13) 즁괏 : 즁(중, 僧) + -과(접조) + -ㅅ(-의 : 관조)

14) 소홈 : 소름.

15) 도텨 : 도티[돋치다 : 돋(돋다, 出 : 자동)- + -티(강접)-]- + -어(연어)

쁘디 이실씨 다시 무로디 엇뎨 부톄라[17] ᄒᆞ노닛가[18] 그 ᄠᅳ들 닐어쎠[19] 對뒹答답ᄒᆞ
디 그듸는 아니 듣ᄌᆞ뱃더시닛가[20] 淨쪙飯뻔王왕 아ᄃᆞ님 悉싫達딿이라 ᄒᆞ샤리[21]
나실 나래 하ᄂᆞᆯ로셔[22] 셜흔두 가짓[23] 祥썅瑞쒱[24] ᄂᆞ리며 一힗萬먼 神씬靈령이
侍씽衛윙ᄒᆞᅀᆞᆸ며[25] 자ᄇᆞ리[26] 업시 닐굽 거르믈 거르샤[27] 니ᄅᆞ샤디 하ᄂᆞᆯ 우[28]
하ᄂᆞᆯ 아래 나 ᄲᅮᆫ[29] 尊존호라[30] ᄒᆞ시며 모미 金금ㅅ비치시며[31] 三삼十씹二ᅀᅵᆼ相샹[32]
八밣十씹種죵好ᅘᅩᇢㅣ[33] ᄀᆞᆺ더시니[34] 金금輪륜王왕이 ᄃᆞ외샤[35] 四ᄉᆞᆼ天텬下ᅘᅡᆼ[36]를 ᄀᆞ슴아ᄅᆞ시

---

16) 깃븐 : 깃브[기쁘다, 喜 : 깃(기뻐하다, 歡 : 자동)- + -브(형접)-]- + -Ø(현시)- + -은(관전)

17) 부톄라 : 부텨(부처, 佛) + -ㅣ(←-이 : 서조)- + -Ø(현시)- + -라(←-다 : 평종)

18) ᄒᆞ노닛가 : ᄒᆞ(하다, 謂)- + -ᄂᆞ(현시)- + -ㅅ(상높, 예사 높임)- + -니…가(의종) ※ 상대 높임의 선어말 어미가 예사 높임의 '-ㅅ-'이므로, 문장 속에 의문사(= 엇뎨)가 실현되어 있어도 의문형 어미가 '-니…고'가 아니라 '-니…가'의 형태로 실현되었다.

19) 닐어쎠 : 닐(←니ᄅᆞ다 : 이르다, 曰)- + -어쎠(-오 : 명종, 예사 높임)
※ 안병희(1992)와 고영근(2010: 323)에서는 '-어쎠'로 실현되는 명령문을 듣는 이를 보통으로 낮추거나 보통으로 높이는 중간 등분의 'ᄒᆞ야쎠체'의 결어법으로 보았다.

20) 듣ᄌᆞ뱃더시닛가 : 듣(듣다, 聞)- + -ᄌᆞᇦ(←-ᄌᆞᆸ- : 객높)- + -아(연어) + 잇(← 이시다 : 있다, 보용, 완료 지속)- + -더(회상)- + -시(주높)- + -ㅅ(상높, 예사 높임)- + -니…가(-니까 : 의종, 판정)
※ '듣ᄌᆞ뱃더시닛가'는 '듣ᄌᆞᄫᅡ 잇더시닛가'가 축약된 형태이다.

21) ᄒᆞ샤리 : ᄒᆞ(하다, 謂)- + -샤(←-시- : 주높)- + -Ø(←-오- : 대상)- + -ㄹ(관전) # 이(이, 사람, 者 : 의명) + -Ø(←-이 : 주조)

22) 하ᄂᆞᆯ로셔 : 하ᄂᆞᆯ(← 하ᄂᆞᆶ : 하늘, 天) + -로(부조, 위치, 방향) + -셔(-서 : 보조사, 위치 강조)

23) 가짓 : 가지(가지, 類 : 의명) + -ㅅ(-의 : 관조)

24) 祥瑞 : 祥瑞(상서) + -Ø(←-이 : 주조) ※ '祥瑞(상서)'는 복되고 길한 일이 일어날 조짐이다.

25) 侍衛ᄒᆞᅀᆞᆸ며 : 侍衛ᄒᆞ[시위하다 : 侍衛(시위 : 명사) + -ᄒᆞ(동접)-]- + -ᅀᆞᇦ(←-ᅀᆞᆸ- : 객높)- + -ᄋᆞ며(-으며 : 연어, 나열) ※ '侍衛'는 임금이나 우두머리를 모시어 호위하는 것이다.

26) 자ᄇᆞ리 : 잡(잡다, 依)- + -ᄋᆞᆯ(관전) # 이(이, 사람 : 의명) + -Ø(←-이 : 주조)

27) 거르샤 : 걸(← 걷다, ㄷ불 : 걷다, 步)- + -ᄋᆞ샤(←-ᄋᆞ시- : 주높)- + -Ø(-아 : 연어)

28) 우 : 우(← 우ㅎ : 위, 上)

29) 나 ᄲᅮᆫ : 나(나, 我 : 인대, 1인칭) # ᄲᅮᆫ(뿐 : 의명, 한정)

30) 尊호라 : 尊ᄒᆞ[← 尊ᄒᆞ다(존하다, 높다) : 尊(존 : 불어) + -ᄒᆞ(형접)-]- + -오(화자)- + -Ø(현시)- + -라(←-다 : 평종)

31) 金ㅅ비치시며 : 金ㅅ빛[금빛 : 金(금 : 명사) + -ㅅ(관조, 사잇) + 빛(빛, 光 : 명사)] + -이(서조)- + -시(주높)- + -며(연어, 나열)

32) 三十二相 : 삼십이 상. 부처의 몸에 갖춘 서른두 가지의 독특한 모양이다. 발바닥이나 손바닥에 수레바퀴 같은 무늬가 있는 것, 손가락이나 발가락이 가늘고 긴 것, 정수리에 살이 상투처럼 볼록 나와 있는 것, 미간에 흰 털이 나와서 오른쪽으로 돌아 뻗은 것 등이 있다.

33) 八十種好ㅣ : 八十種好(팔십 종호) + -ㅣ(←-이 : 주조) ※ '八十種好(팔십 종호)'는 부처의 몸에 갖추어진 훌륭한 용모와 형상이다. 부처의 화신에는 뚜렷해서 보기 쉬운 32가지의 상과 미세해서 보기 어려운 80가지의 호가 있다.

런마른³⁷⁾ 늘그니³⁸⁾ 病뼁ᄒ니³⁹⁾ 주근 사ᄅᆞᆷ 보시고 世솅間간ᄋᆞᆯ 슬히⁴⁰⁾ 너기샤⁴¹⁾ 出츓家강ᄒᆞ샤 道똘理링 닷ᄀᆞ샤⁴²⁾ 六륙年년 苦콩行ᅘᅟᅵᇰᄒᆞ샤 正졍覺각ᄋᆞᆯ 일우샤 魔망王왕⁴³⁾ㅅ 兵병馬망 十씹八밣億흑萬먼을 降ᅘᅡᇰ服뽁히오샤⁴⁴⁾ 光광明명이 世솅界갱ᄅᆞᆯ ᄉᆞᄆᆞᆺ⁴⁵⁾ 비취샤⁴⁶⁾ 三삼世솅옛⁴⁷⁾ 이ᄅᆞᆯ 아ᄅᆞ실ᄊᆡ 부톄시다⁴⁸⁾ ᄒᆞᄂᆞ닝다⁴⁹⁾

須達(수달)이 부처와 중의 말을 듣고 소름이 돋혀 自然(자연)히 마음에 기쁜 뜻이 있으므로, 다시 묻되 "어찌 부처라 하오? 그 뜻을 이르오."(護彌가) 對答(대답)하되 "그대는 아니 들으셨소? 淨飯王(정반왕)의 아드님인 悉達(실달)이라 하시는 이가 나신 날에, 하늘로부터서 서른 두 가지의 祥瑞(상서)가 내리며, 一萬(일만) 神靈(신령)이 侍衛(시위)하며, 잡는 이가 없이 일곱 걸음을 걸으시어 이르시되 "하늘 위 하늘 아래 나만이 尊(존)하다." 하시며, 몸이 金(금) 빛이시며, 三十二相(삼십이 상) 八十種好(팔십 종호)가 갖추어져 있으시더니, 金輪王(금륜왕)이 되시어 四天下(사천하)를 주관하시건마는, 늙은이, 病(병)든 이, 죽은 사람

---

34) 굿더시니 : 굿(← 굿다 : 갖추어져 있다, 具)- + -더(회상)- + -시(주높)- + -니(연어, 설명 계속)

35) ᄃᆞ외샤 : ᄃᆞ외(되다, 爲)- + -샤(←-시- : 주높)- + -Ø(←-아 : 연어)

36) 四天下 : 사천하. 수미산을 중심으로 한 사방의 세계이다. 남쪽의 섬부주(贍部洲), 동쪽의 승신주(勝神洲), 서쪽의 우화주(牛貨洲), 북쪽의 구로주(俱盧洲)이다.

37) ᄀᆞ숨아ᄅᆞ시련마른 : ᄀᆞ숨 알[주관하다, 관리하다 : ᄀᆞ숨(재료, 材 : 명사) + 알(알다, 知 : 동사)-]- + -ᄋᆞ시(주높)- + -리(미시)- + -언마른(-건마는, -지만 : 연어, 대조)

38) 늘그니 : 늘그니[늙은이(명사) : 늙(늙다, 老)- + -은(관전) + 이(이, 사람 : 의명)]

39) 病ᄒ니 : 病ᄒ[병하다, 병나다 : 病(병 : 명사) + -ᄒ(동접)-]- + -Ø(과시)- + -ㄴ(관전) # 이(이, 사람, 者 : 의명)

40) 슬히 : [싫게(부사) : 슳(싫다, 厭 : 형사)- + -이(부접)]

41) 너기샤 : 너기(여기다, 念)- + -샤(←-시- : 주높)- + -Ø(←-아 : 연어)

42) 닷ᄀᆞ샤 : 닦(닦다, 修)- + -ᄋᆞ샤(←-ᄋᆞ시- : 주높)- + -Ø(←-아 : 연어)

43) 魔王 : 마왕. 천마(天魔)의 왕으로서, 정법(正法)을 해치고 중생이 불도에 들어가는 것을 방해하는 귀신이다.

44) 降服히오샤 : 降服히오[항복시키다, 항복하게 하다 : 降服(항복 : 명사)- + -ᄒ(동접)- + -ㅣ(←-이- : 사접)- + -오(사접)-]- + -샤(←-시- : 주높)- + -Ø(←-아 : 연어)

45) ᄉᆞᄆᆞᆺ : [꿰뚫어, 투철하게(부사) : ᄉᆞᄆᆞᆺ(← ᄉᆞᄆᆞᆾ다 : 꿰뚫다, 통하다, 通 : 동사) + -Ø(부접)]

46) 비취샤 : 비취(비추다, 照)- + -샤(←-시- : 주높)- + -Ø(←-아 : 연어) ※ '비취다'는 자동사(= 비치다)와 타동사(= 비추다)로 두루 쓰이는 능격 동사이다.

47) 三世옛 : 三世(삼세) + -예(←-에 : 부조, 위치) + -ㅅ(-의 : 관조) ※ '三世(삼세)'는 과거(전세), 현재(현세), 미래(내세)를 이르는 말이다.

48) 부톄시다 : 부텨(부처, 佛) + -ㅣ(←-이- : 서조)- + -시(주높)- + -Ø(현시)- + -다(평종)

49) ᄒᆞᄂᆞ닝다 : ᄒᆞ(하다, 謂)- + -ᄂᆞ(현시)- + -니(원칙)- + -ㅇ(상높, 예사 높임)- + -다(평종)

을 보시고 世間(세간)을 싫게 여기시어, 出家(출가)하시어 道理(도리)를 닦으시어, 六年(육년) (동안) 苦行(고행)하시어 正覺(정각)을 이루시어, 魔王(마왕)의 兵馬(병마) 十八億萬(십팔억만)을 降服(항복)시키시어, 光明(광명)이 世界(세계)를 꿰뚫어 비추시어, 三世(삼세)에 있는 일을 아시므로 '부처이시다' 하오."

> 須슝達땷이 ᄯᅩ 무로ᄃᆡ 엇뎨 쥬이라[50] ᄒᆞᄂᆞ닛가[51] 對됭答답호ᄃᆡ 부톄 成쎵道똫ᄒᆞ야시ᄂᆞᆯ[52] 梵뻠天텬[53]이 轉둰法법ᄒᆞ쇼셔[54] 請청ᄒᆞᅀᆞ바ᄂᆞᆯ[55]【轉둰法법은 法법을 그우릴 씨니[56] 부톄 說쉃法법ᄒᆞ샤 世솅間간애 法법이 펴디여[57] 갈씩 그우리다 ᄒᆞᄂᆞ니 說쉃法법호ᄆᆞᆯ 轉둰法법이라 ᄒᆞᄂᆞ니라】 波방羅랑㮈냉國귁[58] 鹿록野양苑훤[59]에 가샤 憍골陳띤如셩 ᄃᆞᆯ[60] 다ᄉᆞᆺ 사ᄅᆞᄆᆞᆯ 濟졩渡똥ᄒᆞ시며 버거[61] 鬱훓卑빙迦강葉셥[62] 三삼兄휑弟똉의 물[63] 一힗千쳔 사ᄅᆞᄆᆞᆯ 濟졩渡똥ᄒᆞ

50) 쥬이라 : 즁(중, 僧) + -이(서조)- + -∅(현시)- + -라(← -다 : 평종)

51) ᄒᆞᄂᆞ닛가 : ᄒᆞ(하다, 謂)- + -ᄂᆞ(현시)- + -ㅅ(상높, 예사 높임)- + -니…가(의종) ※ 상대 높임의 선어말 어미가 예사 높임의 '-ㅅ-'이므로, 문장 속에 의문사인 '엇뎨'가 실현되어 있어도 의문형 어미가 '-니…고'가 아니라 '-니…가'의 형태로 실현되었다.

52) 成道ᄒᆞ야시ᄂᆞᆯ : 成道ᄒᆞ[성도하다, 도를 이루다 : 成道(성도 : 명사) + -ᄒᆞ(동접)-]- + -시(주높)- + -야…ᄂᆞᆯ(← -아…ᄂᆞᆯ : -거늘, 연어, 상황)

53) 梵天 : 범천. 색계(色界) 초선천(初禪天)의 우두머리이다. 제석천(帝釋天)과 함께 부처를 좌우에서 모시는 불법 수호의 신이다.

54) 轉法ᄒᆞ쇼셔 : 轉法ᄒᆞ[전법하다 : 轉法(전법 : 명사) + -ᄒᆞ(동접)-]- + -쇼셔(-소서 : 명종, 아주 높임) ※ '轉法(전법)'은 부처님이 설법하여 중생을 널리 구제하는 것이다.

55) 請ᄒᆞᅀᆞ바ᄂᆞᆯ : 請ᄒᆞ[청하다 : 請(청 : 명사) + -ᄒᆞ(동접)-]- + -ᅀᆞᇦ(← -ᅀᆞᆸ- : 객높)- + -아ᄂᆞᆯ(-거늘 : 연어, 상황)

56) 그우릴 씨니 : 그우리[굴리다 : 그울(구르다, 轉)- + -이(사접)-]- + -ㄹ(관전) # ᄊᆞ(← ᄉᆞ : 것, 의명) + -이(서조)- + -니(연어, 설명 계속)

57) 펴디여 : 펴디[펴지다 : 펴(펴다, 伸)- + -어(연어) + 디(지다 : 보용, 피동)-]- + -어(연어)

58) 波羅㮈國 : 바라내국. 바라나시(Varanasi)이다. 중인도 마가다국의 서북쪽에 있는 나라. 지금의 베나레스 시에 해당한다. 부처님께서 성도한 21일 후, 이 나라의 녹야원(綠野園)에서 처음으로 설법하여 '교진여(僑陳如)' 등 다섯 비구를 제도한 것으로 유명하다.

59) 鹿野苑 : 녹야원. 사르나트(Sarnath)이다. 인도 북부 우타르푸라데시 주(州)의 남동쪽에 바라나 시(市)가 있는데, 바라나 시의 북쪽에 있는 사르나트의 불교 유적이다. 석가모니가 교진여 등 다섯 비구를 위하여 처음으로 설법한 곳이다.

60) 僑陳如 ᄃᆞᆯ : 僑陳如(교진여 : 인명) # ᄃᆞᆯ(← ᄃᆞᆯㅎ : 들, 等, 의명) ※ 'ᄃᆞᆯㅎ(等)'은 명사 뒤에 쓰여서 두 개 이상의 사물을 나열할 때, 그 열거한 사물 모두를 가리키거나, 그 밖에 같은 종류의 사물이 더 있음을 나타내는 의존 명사이다. ※ '僑陳如(교진여)'의 본 이름은 안나콘단냐(阿若驕陳如)이다. 그는 녹야원(鹿野苑)에서 석가의 초전법륜을 듣고 가장 먼저 깨달음을 얻어서 그 자리에서 아라한(阿羅漢)이 되었다.

61) 버거 : [다음으로, 이어서, 次(부사) : 벅(버금가다, 다음가다 : 동사)- + -어(연어 ▷ 부접)]

시며 버거 舍_상利_링弗_붏⁶⁴⁾ 目_목揵_껀連_련⁶⁵⁾의 물 五_옹百_빅을 濟_졩渡_똥ᄒ시니 이 사ᄅᆞᆷ둘히⁶⁶⁾ 다 神_씬足_죡⁶⁷⁾이 自_쫑在_찡⁶⁸⁾ᄒ야 衆_즁生_{ᅀᅵᆼ}이 福_복田_뗜⁶⁹⁾이 ᄃᆞ욀씨⁷⁰⁾ 즁이라 ᄒᄂᆞ닝다 【福_복田_뗜은 福_복 바티니 衆_즁生_{ᅀᅵᆼ}이 福_복이 즁의 그에셔⁷¹⁾ 남과⁷²⁾ 나디⁷³⁾ 바티셔⁷⁴⁾ 남과 ᄀᆞᄐᆞᆯ씨 福_복 바티라 ᄒ니라⁷⁵⁾ 】

須達(수달)이 또 묻되, "어찌하여 중이라 하오?"(護彌가) 對答(대답)하되 "부처가 成道(성도)하시거늘, 梵天(범천)이 '轉法(전법)하소서.'라고 請(청)하거늘【轉法(전법)은 法(법)을 굴리는 것이니, 부처가 說法(설법)하시어 世間(세간)에 法(법)이 퍼지어 가므로 '굴렸다'라고 하나니, 說法(설법)하는 것을 轉法(전법)이라고 하느니라.】, 波羅㮈國(바라내국)의 鹿野苑(녹야원)에 가시어, 僑陳如(교진여) 등 다섯 사람을 濟渡(제도)하시며, 다음으로 鬱卑迦葉(울비가섭) 三兄弟(삼형제)의 무리 一千(일천) 사람을 濟渡(제도)하시며, 다음으로 舍利弗(사리불)과 目揵連(목건련)의 무리 五百(오백)을 濟渡(제도)하시니, 이 사람들이 다 神足(신족)이 自在(자재)하여, 衆生(중생)의 福田(복전)이 되므로 중이라고 하오." 【福田(복전)은 福(복) 밭이니, 衆生(중생)의 福(복)이 중에게서 나는 것과 곡식이 밭에서 나는 것과 같으므로, 福(복) 밭이라고 하였느니라.】

---

62) 鬱卑迦葉 : 울비가섭. 마하카시아파(Mahā Kāsyapa)이다. 마하가섭(摩訶迦葉)이라고도 하며 석가모니의 십대 제자 중 한 사람이다. 석가가 죽은 뒤 제자들의 집단을 이끌어 가는 영도자 역할을 해냄으로써 '두타제일(頭陀第一)'이라 불린다.

63) 물 : 무리, 衆(명사)

64) 舍利弗 : 사리불. 사리푸트라(Sāriputra)이다. 석가모니의 십대 제자 가운데 한 사람(? ~B.C. 486)이다. 십육 나한의 하나로 석가모니의 아들 라훌라의 수계사(授戒師)로 유명하다.

65) 目揵連 : 목건련. 마우드갈리아야나(Maudgalyayana)이다. 석가모니의 십대 제자 가운데 한 사람이다. 마가다의 브라만 출신으로 부처의 교화를 펼치고 신통(神通) 제일의 성예(聲譽)를 얻었다.

66) 사ᄅᆞᆷ둘히 : 사ᄅᆞᆷ둘ㅎ[사람들 : 사ᄅᆞᆷ(사람, 人) + -둘ㅎ(-들 : 복접)] + -이(주조)

67) 神足 : 신족. 신족통(神足通)을 뜻하는데, 자기의 마음대로 날아다닐 수 있는 신통한 힘이다.

68) 自在 : 자재. 저절로 갖추어 있는 것이다. 혹은 속박이나 장애가 없이 마음대로인 것이다.

69) 福田 : 복전. 복을 거두는 밭이라는 뜻으로, 삼보(三寶)와 부모와 가난한 사람을 비유적으로 이르는 말이다. 삼보를 공양하고 부모의 은혜에 보답하며 가난한 사람에게 베풀면 복이 생긴다고 한다.

70) ᄃᆞ욀씨 : ᄃᆞ외(되다, 爲)- + -ㄹ씨(-므로 : 연어, 이유)

71) 즁의 그에셔 : 즁(중, 僧) + -의(관조) # 그에(거기에 : 의명) + -셔(-서 : 보조사, 위치 강조)
※ '즁의 그에셔'는 '중에게서'로 의역한다. ※ '-셔'는 위치, 출발점, 비교를 나타내는 말에 붙어서, 그 뜻을 강조하는 보조사이다.

72) 남과 : 나(나다, 出)- + -ㅁ(←-옴 : 명전) + -과(부조, 비교)

73) 나디 : 낟(곡식, 穀) + -이(주조)

74) 바티셔 : 밭(밭, 田) + -익(-에 : 부조, 위치) + -셔(-서 : 부조, 위치 강조)

75) ᄒ니라 : ᄒ(하다, 曰)- + -Ø(과시)- + -니(원칙)- + -라(← -다 : 평종)

須_슝達_딸이 이 말 듣고 부텻긔⁷⁶⁾ 發_벓心_심⁷⁷⁾을 니르와다⁷⁸⁾ 언제 새어든⁷⁹⁾ 부텨를 가 보ᅀᆞᄫᅳ려뇨⁸⁰⁾ ᄒᆞ더니 精_졍誠_쎵이 고ᄌᆞᆨᄒᆞ니⁸¹⁾ 밤누니⁸²⁾ 번ᄒᆞ거늘⁸³⁾ 길흘 ᄎᆞ자 부텻긔로⁸⁴⁾ 가는 저긔 城_쎵門_몬애 내ᄃᆞ라⁸⁵⁾ 하ᄂᆞᆯ 祭_졩ᄒᆞ던⁸⁶⁾ ᄯᅡ홀⁸⁷⁾ 보고 절ᄒᆞ다가 忽_훓然_{ᅀᅥᆫ}히⁸⁸⁾ 부텨 向_향ᄒᆞᆫ ᄆᆞᅀᆞ믈 니즈니⁸⁹⁾ 누니 도로⁹⁰⁾ 어듭거늘 제⁹¹⁾ 너교ᄃᆡ⁹²⁾ 바ᄆᆡ 가다가 귓것과⁹³⁾ 모딘⁹⁴⁾ 즁ᄉᆡᆼ이⁹⁵⁾ ᄆᆞ싀엽도소니⁹⁶⁾ ᄆᆞ스므라⁹⁷⁾ 바ᄆᆡ 나오나뇨⁹⁸⁾ ᄒᆞ야 뉘으처⁹⁹⁾ 도로 오려 ᄒᆞ더니¹⁾

---

76) 부텻긔 : 부텨(부처, 佛)- + -ᄭᅴ(-께 : 부조, 상대, 높임)
  ※ '-ᄭᅴ'는 [-ㅅ(관조) + 긔(거기에 : 의명)]로 분석되는 파생 조사이다.

77) 發心 : 발심. 어떤 일을 하기로 마음먹는 것이다.

78) 니르와다 : 니르왇[일으키다 : 닐(일어나다, 起)- + -ᄋᆞ(사접)- + -왇(강접)-]- + -아(연어)

79) 새어든 : 새(날이 새다, 밝아지다, 明)- + -어든(←-거든 : -거든, 연어, 조건)

80) 보ᅀᆞᄫᅳ려뇨 : 보(보다, 見)- + -ᅀᆞ(←-ᅀᆞᇦ- : 객높)- + -오(화자)- + -리(미시)- + -어(확인)- + -뇨 (-느냐 : 의종, 설명)

81) 고ᄌᆞᆨᄒᆞ니 : 고ᄌᆞᆨᄒᆞ[올곧다, 골똘하다 : 고ᄌᆞᆨ(불어) + -ᄒᆞ(형접)-]- + -니(연어, 이유)

82) 밤누니 : 밤눈[밤눈 : 밤(밤, 夜) + 눈(눈, 目)] + -이(주조)

83) 번ᄒᆞ거늘 : 번ᄒᆞ[번하다 : 번(번 : 불어) + -ᄒᆞ(형접)-]- + -거늘(연어, 상황)
  ※ '번ᄒᆞ다'는 어두운 가운데 밝은 빛이 비치어 조금 훤한 것을 이르는 말이다.

84) 부텻긔로 : 부텨(부처, 佛)- + -ᄭᅴ(-께 : 부조, 상대, 높임) + -로(부조, 방향)

85) 내ᄃᆞ라 : 내ᄃᆞᆯ[←내ᄃᆞᆮ다, ㄷ불(내닫다) : 나(나다, 現)- + -ㅣ(←-이- : 사접)- + ᄃᆞᆮ(닫다, 달리다, 走)-]- + -아(연어)

86) 祭ᄒᆞ던 : 祭ᄒᆞ[제사하다 : 際(제, 제사 : 명사) + -ᄒᆞ(동접)-]- + -더(회상)- + -ㄴ(관전)

87) ᄯᅡ홀 : ᄯᅡ호(땅, 地) + -ᄋᆞᆯ(목조)

88) 忽然히 : [홀연히, 뜻하지 않게 갑자기(부사) : 忽然(홀연 : 부사) + -ᄒᆞ(←-ᄒᆞ- : 형접)- + -이(부접)]

89) 니즈니 : 닛(잊다, 忘)- + -으니(연어, 이유)

90) 도로 : [도로, 반대로, 逆(부사) : 돌(돌다, 回)- + -오(부접)]

91) 제 : 저(자기, 己 : 인대, 재귀칭) + -ㅣ(←-이 : 주조)

92) 너교ᄃᆡ : 너기(여기다, 念)- + -오ᄃᆡ(-되 : 연어, 설명 계속)

93) 귓것과 : 귓것[귀신, 鬼 : 귀(귀신, 鬼) + -ㅅ(관조, 사잇) + 것(의명)] + -과(접조)

94) 모딘 : 모디(← 모딜다 : 모질다, 惡)- + -Ø(현시)- + -ㄴ(관전)

95) 즁ᄉᆡᆼ이 : 즁ᄉᆡᆼ(짐승, 獸) + -이(주조)

96) ᄆᆞ싀엽도소니 : ᄆᆞ싀엽[무섭다 : ᄆᆞ싀(무서워하다 : 동사)- + -엽(←-업- : 형접)-]- + -돗(감동)- + -오(화자)- + -니(연어, 설명 계속)

97) ᄆᆞ스므라 : [무슨 까닭으로, 왜, 何(부사) : ᄆᆞ슴(무엇, 何 : 지대) + -으라(부접)]

98) 나오나뇨 : 나오[나오다 : 나(나다, 出)- + -Ø(←-아 : 연어) + 오(오다, 來)-]- + -Ø(과시)- + -Ø (←-오- : 화자)- + -나(←-거- : 확인)- + -뇨(-느냐 : 의종, 설명)

99) 뉘으처 : 뉘읓(후회하다, 뉘우치다, 悔)- + -어(연어)

須達(수달)이 이 말 듣고 부처께 發心(발심)을 일으켜 "언제쯤 (날이) 새거든 부처를 가서 보겠느냐?" 하더니, 精誠(정성)이 올곧으니 밤눈이 번하거늘 길을 찾아 부처께로 가는 때에, 城門(성문)에 내달아 하늘에 祭(제)하던 땅을 보고 절하다가 忽然(홀연)히 부처를 向(향)한 마음을 잊으니 눈이 도로 어둡거늘, 자기(= 須達)가 여기되 "밤에 가다가 귀신과 모진 짐승이 무서우니 (내가) 무엇 때문에 밤에 나왔느냐?" 하여, 후회하여서 도로 (집으로) 오려 하더니

아래²⁾ 제 버디³⁾ 주거 하늘해 갯다가⁴⁾ 느려와⁵⁾ 須達일⁶⁾ 드려⁷⁾ 닐오되 須達이⁸⁾ 뉘읏디⁹⁾ 말라¹⁰⁾ 내 아랫 네 버디라니¹¹⁾ 부텻 法법 듣즈분¹²⁾ 德득으로 하늘해 나아¹³⁾ 門몬神씬이¹⁴⁾ 드외야 잇노니¹⁵⁾【門몬神씬은 門몬ㅅ 神씬靈령이라 】네 부텨를¹⁶⁾ 가 보ᅀᆞᆸ면¹⁷⁾ 됴ᄒᆞᆫ 이리 그지업스리라¹⁸⁾ 四ᅀᆞ天텬下행¹⁹⁾애 ᄀᆞ득ᄒᆞᆫ 보비를

---

1) 오려 ᄒᆞ더니 : 오(오다, 來)- + -려(←-오려 : 연어, 의도) # ᄒᆞ(하다, 爲 : 보용, 의도)- + -더(회상)- + -니(연어, 설명 계속)

2) 아래 : 아래(예전, 昔 : 명사) + -∅(←-애 : -에, 부조, 위치)

3) 버디 : 벋(벗, 友) + -이(주조)

4) 갯다가 : 가(가다, 去)- + -∅(←-아 : 연어) + 잇(← 이시다 : 보용, 완료 지속)- + -다가(연어, 전환) ※ '갯다가'는 '가 잇다가'가 축약된 형태이다.

5) 느려와 : 나려오[내려오다 : 느리(내리다, 降)- + -어(연어) + 오(오다, 來)-]- + -아(연어)

6) 須達일 : 須達이[수달이 : 須達(수달 : 인명) + -이(접미, 어조 고름)] + -ㄹ(←-를 : -에게, 목조, 보조사적 용법) ※ '須達일 드려'는 '須達(수달)이에게'로 의역하여 옮긴다.

7) 드려 : 드리(데리다, 同伴)- + -어(연어)

8) 須達이 : 須達이[수달이 : 須達(인명 : 명사) + -이(접미, 어조 고름)] + -∅(←-이 : 주조)

9) 뉘읏 : 뉘읏(← 뉘읓다 : 후회하다, 뉘우치다, 悔)- + -디(-지 : 연어, 부정)

10) 말라 : 말(말다, 勿 : 보용, 부정)- + -라(명종)

11) 버디라니 : 벋(벗, 友) + -이(서조)- + -라(←-다- -더- : 회상)- + -∅(←-오- : 화자)- + -니(연어, 설명 계속)

12) 듣즈분 : 듣(듣다, 聞)- + -즐(←-즙- : 객높)- + -∅(과시)- + -은(관전)

13) 나아 : 나(나다, 出)- + -아(연어)

14) 門神이 : 門神(문신) + -이(보조) ※ '門神(문신)'은 문을 지키는 귀신이다.

15) 잇노니 : 잇(← 이시다 : 있다, 보용, 완료 지속)- + -ㄴ(←-ᄂᆞ- : 현시)- + -오(화자)- + -니(연어, 설명 계속)

16) 부텨를 : 부텨(부처, 佛) + -를(-에게 : 목조, 보조사적 용법)

17) 보ᅀᆞᆸ면 : 보(보다, 見)- + -ᅀᆞᆸ(←-ᅀᆞᆸ- : 객높)- + -ᄋᆞ면(연어, 조건)

18) 그지업스리라 : 그지없[그지없다, 끝이 없다 : 그지(끝, 限 : 명사) + 없(없다, 無 : 형사)-]- + -으리(미시)- + -라(←-다 : 평종)

어더도²⁰⁾ 부텨 向향ᄒᆞᅀᄫᅡ²¹⁾ ᄒᆞᆫ 거름²²⁾ 나ᅀᅩ²³⁾ 거룸 만²⁴⁾ 몯ᄒᆞ니라 湏쓩達ᄄᆞᆶ이 그 말 듣고 더욱 깃거 다시 ᄭᆡᄃᆞ라²⁵⁾ 世솅尊존을 念념ᄒᆞᅀᆞᄫᅵ니²⁶⁾ 누니 도로 ᄇᆞᆰ거늘²⁷⁾ 길흘²⁸⁾ 츠자 世솅尊존ᄭᅴ 가니라²⁹⁾

예전에 자기(= 湏達)의 벗이 죽어 하늘에 가 있다가 내려와, 湏達(수달)이에게 이르되, "湏達(수달)이 후회하지 마라. 내가 예전의 너의 벗이더니 부처의 法(법)을 들은 德(덕)으로 하늘에 나서 門神(문신)이 되어 있으니 【門神(문신)은 門(문)의 神靈(신령)이다.】, 네가 부처께 가 (부처를) 보면 좋은 일이 그지없으리라. 四天下(사천하)에 가득한 보배를 얻어도 부처를 향하여 한 걸음을 나아가 걷는 것만 못하니라. 湏達(수달)이 그 말을 듣고 더욱 기뻐하여 다시 깨달아 世尊(세존)을 念(염)하니 눈이 도로 밝아지거늘, 길을 찾아 世尊(세존)께 갔니라.

世솅尊존이 湏쓩達ᄄᆞᆶ이 올 ᄠᅳᆯ³⁰⁾ 아ᄅᆞ시고 밧긔³¹⁾ 나아 걷니더시니³²⁾ 湏쓩達ᄄᆞᆶ이 ᄇᆞ라ᅀᆞᆸ고³³⁾ 몬내³⁴⁾ 과ᄒᆞᅀᄫᅡ³⁵⁾ ᄒᆞ디 부텨 뵈ᅀᆞᆸᄂᆞᆫ³⁶⁾ 禮롕數숭³⁷⁾를 몰라 바ᄅᆞ³⁸⁾

---

19) 四天下 : 사천하. 수미산을 중심으로 한 사방의 세계이다. 남쪽의 섬부주(贍部洲), 동쪽의 승신주(勝神洲), 서쪽의 우화주(牛貨洲), 북쪽의 구로주(俱盧洲)이다.

20) 어더도 : 얻(얻다, 得)- + -어도(연어, 양보)

21) 向ᄒᆞᅀᄫᅡ : 向ᄒᆞ[향하다 : 向(향 : 불어) + -ᄒᆞ(동접)-]- + -ᅀᆞ(←-ᅀᆞᆸ- : 객높)- + -아(연어)

22) 거름 : [걸음 : 걸(← 걷다, ㄷ불 : 걷다, 步, 동사)- + -음(명접)]

23) 나ᅀᅩ : [나아가서(부사) : 났(← 낫다, ㅅ불 : 나아가다, 進)- + -오(부접)]

24) 거룸 만 : 걸(← 걷다, ㄷ불 : 걷다, 步)- + -움(명전) # 만(의명, 비교)

25) ᄭᆡᄃᆞ라 : ᄭᆡ둗(← ᄭᆡᄃᆞᆮ다, ㄷ불 : 깨닫다, 悟)- + -아(연어)

26) 念ᄒᆞᅀᆞᄫᅵ니 : 念ᄒᆞ[염하다, 깊이 생각하다 : 念(염 : 명사) + -ᄒᆞ(동접)-]- + -ᅀᆞ(←-ᅀᆞᆸ- : 객높)- + -ᄋᆞ니(연어, 이유)

27) ᄇᆞᆰ거늘 : ᄇᆞᆰ(밝아지다, 밝다 : 동사, 형사)- + -거늘(연어, 상황) ※ 'ᄇᆞᆰ다'는 동사(= 밝아지다)와 형용사(= 밝다)로 두루 쓰이는데, 여기서는 문맥상 '밝아지다'로 옮긴다.

28) 길흘 : 길ㅎ(길, 路) + -을(목조)

29) 가니라 : 가(가다, 去)- + -Ø(과시)- + -니(원칙)- + -라(←-다 : 평종)

30) 올 ᄠᅳᆯ : 오(오다, 來)- + -ㄹ(관전) # ᄠᅳ(← ᄃᆞ : 것, 줄, 의명) + -을(목조)

31) 밧긔 : 밨(밖, 外) + -의(-에 : 부조, 위치)

32) 걷니더시니 : 걷니[거닐다, 걸어다니다, 步行 : 걷(걷다, 步)- + 니(다니다, 가다, 行)-]- + -더(회상)- + -시(주높)- + -니(연어, 설명 계속)

33) ᄇᆞ라ᅀᆞᆸ고 : ᄇᆞ라(바라보다, 쳐다보다, 望)- + -ᅀᆞᆸ(객높)- + -고(연어, 나열)

34) 몬내 : [몯내, 이루다 말할 수 없이(부사) : 몯(못, 不 : 부사, 부정) + -내(접미)]

드러[39] 묻ᄌᆞᄫᆞᄃᆡ 瞿꿍曇땀[40] 安한否붛ㅣ 便뼌安한ᄒᆞ시니잇가[41] ᄒᆞ더니 世솅尊존이 방셕 주어 안치시니라[42] 그 ᄢᅴ 首슐陁땅會횅天텬[43]이【首슐陁땅會횅天텬은 淨쪙居겅天텬이라】 須슝達땋ᄋᆡ 버릇업순 주를[44] 보고 네 사ᄅᆞ미 ᄃᆞ외야 와 世솅尊존ᄭᅴ 禮롕數숭ᄒᆞᅀᆞᆸ고 ᄭᅮ러[45] 安한否붛 묻ᄌᆞᆸ고 올ᄒᆞᆫ녀그로[46] 세 ᄇᆞᆯ[47] 값도ᅀᆞᆸ고[48] ᄒᆞ녀긔[49] 앉거늘 그제ᅀᅡ[50] 須슝達땋이 설우ᅀᆞᄫᅡ[51] 恭공敬경ᄒᆞᅀᆞᆸᄂᆞᆫ 法법이 이러ᄒᆞᆫ 거시로다[52] ᄒᆞ야 즉자히 다시 니러 네 사ᄅᆞᆷ ᄒᆞ논 야ᇰᄋᆞ로[53] 禮롕數숭ᄒᆞᅀᆞᆸ고 ᄒᆞ녀긔 안ᄌᆞ니라[54] 그 ᄢᅴ[55] 世솅尊존이

---

35) 과ᄒᆞᅀᆞᄫᅡ : 과ᄒᆞ(칭찬하다, 讚)- + -ᅀᆞᇦ(← -ᅀᆞᆸ- : 객높)- + -아(연어)

36) ᄫᅬᅀᆞᆸᄂᆞᆫ : ᄫᅬ[뵙다, 謁見 : 보(보다, 見 : 타동)- + -ㅣ(← -이- : 사접)]- + -ᅀᆞᆸ(객높)- + -ᄂᆞ(현시)- + -ㄴ(관전)

37) 禮數 : 예수. 명성이나 지위에 알맞은 예의와 대우이다.

38) 바ᄅᆞ : [바로, 直(부사) : 바ᄅᆞ(바르다, 直 : 형사)- + -∅(부접)]

39) 드러 : 들(들다, 入)- + -어(연어)

40) 瞿曇 : 구담. 석가모니의 전생의 성씨이다.

41) 便安ᄒᆞ시니잇가 : 便安ᄒᆞ[편안하다 : 便安(편안 : 명사) + -ᄒᆞ(형접)-]- + -시(주높)- + -잇(← -이- : 상높, 아주 높임)- + -니…가(-니까 : 의종, 판정)

42) 안치시니라 : 안치[앉히다 : 앉(앉다, 坐)- + -히(사접)-]- + -시(주높)- + -∅(과시)- + -니(원칙)- + -라(← -다 : 평종)

43) 首陁會天 : 수타회천. 색계(色界)의 제사(第四) 선천(禪天)에 구천(九天)이 있는데, 이 구천 중에서 불환과(不還果)를 증득(證得)한 성인(聖人)이 나는 하늘이다. 무번천(無煩天), 무열천(無熱天), 선현천(善現天), 선견천(善見天), 색구경천(色究竟天)의 다섯 하늘, 곧 오정거천(五淨居天)이라고도 한다. 여기서는 수타회천(首陁會天)을 주관하는 천신을 이른다.

44) 버릇업순 주를 : 버릇없[버릇없다, 無禮 : 버릇(버릇, 禮) + 없(없다, 無)-]- + -∅(현시)- + -우(대상)- + -ㄴ(관전) # 줄(줄, 것 : 의명) + -을(목조)

45) ᄭᅮ러 : ᄭᅮᆯ(꿇다, 屈)- + -어(연어)

46) 올ᄒᆞᆫ녀그로 : 올ᄒᆞᆫ녁[오른쪽, 右 : 옳(옳다, 오른쪽이다, 是, 右 : 형사)- + -ᄋᆞᆫ(관전▹관접) + 녁(녘, 쪽 : 의명)] + -으로(부조, 방향)

47) 세 ᄇᆞᆯ : 세(세, 三 : 관사, 양수) # ᄇᆞᆯ(번, 차례 : 의명)

48) 값도ᅀᆞᆸ고 : 값도[← 값돌다(감돌다) : 값(← 감다 : 감다)- + 도(← 돌다 : 돌다, 回)-]- + -ᅀᆞᆸ(객높)- + -고(연어, 나열)

49) ᄒᆞ녀긔 : ᄒᆞ녁[← ᄒᆞᆫ녁(한쪽) : ᄒᆞ(← ᄒᆞᆫ : 한, 一, 관사) + 녁(녘, 쪽 : 의명)] + -의(-에 : 부조, 위치)

50) 그제ᅀᅡ : 그제[그때에(부사) : 그(그, 彼 : 관사) + 제(제, 때 : 의명)] + -ᅀᅡ(-야 : 보조사, 한정 강조) ※ '제'는 '때'를 나타내는 의존 명사인데, [적(적, 時 : 의명) + -의(부조, 위치)]이 줄어진 형태이다.

51) 설우ᅀᆞᄫᅡ : 설우(부끄러워하다, 서러워하다, 恥)- + -ᅀᆞᇦ(← -ᅀᆞᆸ- : 객높)- + -아(연어) ※ '설우다'는 문맥상 '부끄러워하다'로 옮긴다.

52) 거시로다 : 것(것 : 의명) + -이(서조)- + -∅(현시)- + -로(← -도- : 감동)- + -다(평종)

53) ᄒᆞ논 야ᇰᄋᆞ로 : ᄒᆞ(하다, 爲)- + -ㄴ(← -ᄂᆞ- : 현시)- + -오(대상)- + -ㄴ(관전) # 양(양 : 의명) + -ᄋᆞ로(부조, 방편)

須_슝達_딿이 위ㅎ야 四_ㅿ諦_뎽法_법⁵⁶⁾을 니르시니 듣ᄌᆞᆸ고 깃ᄉᆞᄫᅡ⁵⁷⁾ 須_슝陁_땅洹_ᅓ⁵⁸⁾을 일우니라⁵⁹⁾

世尊(세존)이 須達(수달)이 올 것을 아시고 밖에 나와 거니시더니 須達(수달)이 바라보고 못내 칭찬하여 하되, (수달이) 부처를 뵙는 禮數(예수)를 몰라서 바로 들어가서 묻되, "瞿曇(구담)이 安否(안부)가 便安(편안)하십니까?" 하더니, 世尊(세존)이 방석을 주어 앉히셨니라. 그때에 首陁會天(수타회천)이【首陁會天(수타회천)은 淨居天(정거천)이다.】 須達(수달)이 버릇없는 것을 보고, 네 사람이 되어 와서 世尊(세존)께 禮數(예수)하고 (무릎을) 꿇어 安否(안부) 묻고 오른쪽으로 세 번 감돌고 한쪽에 앉거늘, 그제야 須達(수달)이 부끄러워하여 "恭敬(공경)하는 法(법)이 이러한 것이구나." 하여, 즉시 다시 일어나 네 사람이 하는 양으로 禮數(예수)하고 한쪽에 앉았니라. 그때 世尊(세존)이 須達(수달)이를 위하여 四諦法(사제법)을 이르시니, (須達이) 듣고 기뻐하여 須陁洹(수타환)을 이루었니라.

---

54) 안ᄌᆞ니라 : 앉(앉다, 坐)- + -Ø(과시)- + -ᄋᆞ니(원칙)- + -라(←-다 : 평종)

55) ᄢᅴ : ᄢᅵ(← ᄣᅵ : 때, 時) + -의(-에 : 부조, 위치)

56) 四諦法 : 사제법. 부처님께서 녹야원에서 처음 설법하실 때 하신 가르침으로서, 영원히 변하지 않는 네 가지 성스러운 진리이다. 네 가지 진리는 '고제(苦諦), 집제(集諦), 멸제(滅諦), 도제(道諦)'를 이른다.

57) 깃ᄉᆞᄫᅡ : 깃(← 깄다 : 기뻐하다, 歡)- + -ᅀᆞᇦ(←-ᅀᆞᆸ- : 객높)- + -아(연어)

58) 須陁洹 : 수타환. 성문 사과(聲聞四果)의 첫째로서, 무루도(無漏道)에 처음 참례하여 들어간 증과(證果)이다. 곧 사제(四諦)를 깨달아 욕계(欲界)의 '탐(貪), 진(瞋), 치(癡)'의 삼독(三毒)을 버리고 성자(聖者)의 무리에 들어가는 성문(聲聞)의 지위이다.

59) 일우니라 : 일우[이루다(타동) : 일(이루어지다, 成 : 자동)- + -우(사접)-]- + -Ø(과시)- + -니(원칙)- + -라(←-다 : 평종)

3. 월인석보

　세종이 승하한 후에 문종(文宗), 단종(端宗)에 이어서 세조(世祖)가 즉위하였는데, 1458년(세조 3)에 세조의 맏아들인 의경세자(懿敬世子)가 요절하였다. 이에 세조는 1459년(세조 4)에 부왕인 세종(世宗)과 세종의 정비인 소헌왕후(昭憲王后) 심씨(沈氏), 그리고 요절한 의경세자(懿敬世子)의 명복을 빌기 위하여 『월인석보』(月印釋譜)를 편찬하였다. 그리고 어린 조카 단종을 폐위하고 왕위에 오른 후에, 단종을 비롯하여 자신의 집권에 반기를 든 수많은 신하를 죽인 업보에 대한 인간적인 고뇌를 불법의 힘으로 씻어 보려는 것도 『월인석보』를 편찬한 동기가 되었다.

　이 책은 세종이 지은 『월인천강지곡』(月印千江之曲)의 내용을 본문으로 먼저 싣고, 그에 대응되는 『석보상절』(釋譜詳節)의 내용을 붙여 합편하였다. 합편하는 과정에서 책을 구성하는 방법이나 한자어 표기법, 그리고 내용도 원본인 『월인천강지곡』이나 『석보상절』과 부분적으로 차이를 보인다. 예를 들어서 『월인천강지곡』에서는 한자음을 표기할 때에 '씨時'처럼 한글을 큰 글자로 제시하고, 한자를 작은 글자로써 한글의 오른쪽에 병기하였다. 반면에 『월인석보』에서는 '時씽'처럼 한자를 큰 글자로써 제시하고 한글을 작은 글자로써 한자의 오른쪽에 병기하였다. 그리고 종성이 없는 한자음을 한글로 표기할 때에 『월인천강지곡』에서는 '씨時'처럼 종성 글자를 표기하지 않았는데, 『월인석보』에서는 '時씽'처럼 종성의 자리에 음가가 없는 불청불탁의 후음 'ㅇ'을 종성의 위치에 달았다.

　『월인석보』는 원본이 완전히 전하지 않아 당초 몇 권으로 편찬하였는지 명확하지 않은데, 원간본(原刊本)인 1, 2, 7, 8, 9, 10, 12, 13, 14, 15, 17, 18, 23권과 중간본(重刊本)인 4, 21, 22권 등이 남아 있다.

　『석보상절』, 『월인천강지곡』, 『월인석보』의 편찬은 세종 말엽에서 세조 초엽까지 약 13년 동안에 이룩된 사업이다. 따라서 그 최종 사업인 『월인석보』는 석가모니의 일대기를 완결짓는 결정판일 뿐만 아니라, 『석보상절』, 『월인천강지곡』과 더불어 훈민정음(訓民正音)이 창제된 이후 제일 먼저 나온 불경 언해서이다. 그리고 세종과 세조 당대의 말과 글자를 그대로 보전하고 있어 국어사적으로도 매우 귀중한 문헌이다.

月월印힌釋석譜봉　第똉一힗

〈 선혜보살이 보광불에게서 수기를 받다 〉

月월印힌千천江강之징曲콕　第똉一힗

【 부톄[1] 百빅億흑 世셍界갱예 化황身신[2]ᄒᆞ야 敎굘化황ᄒᆞ샤미[3]　ᄃᆞ리[4]　즈믄[5]　ᄀᆞᄅᆞ매[6] 비취요미[7] ᄀᆞᇀᄒᆞ니라[8]　第똉ᄂᆞᆫ　次ᄎᆞ第똉라[9] 】

釋석譜봉詳썅節졇　第똉一힗

月印千江之曲(월인천강지곡) 第一(제일)

【 부처가 百億(백억) 世界(세계)에 化身(화신)하여 敎化(교화)하신 것이 달이 천(千) 개의 강(江)에 비치는 것과 같으니라. 第(제)는 次第(차제)이다. 】

釋譜詳節(석보상절) 第一(제일)

其끵一힗

巍읭巍읭[10]　釋석迦강佛뿛[11]　無뭉量량無뭉邊변[11] 功공德득[12]을 劫겁劫겁[13]에 어느[14]　다　슬ᄫᅥ

---

1) 부톄: 부텨(부처, 佛) + -ㅣ(←-이: 주조)

2) 化身: 화신. 부처가 중생을 교화하기 위하여 여러 모습으로 변화하는 일이다. 또는 그 불신(佛身)이다.

3) 敎化ᄒᆞ샤미: 敎化ᄒᆞ[교화하다: 敎化(교화: 명사) + -ᄒᆞ(동접)-]- + -샤(←-시-: 주높)- + -ㅁ(←-옴: 명전) + -이(주조)

4) ᄃᆞ리: ᄃᆞᆯ(달, 月) + -이(주조)

5) 즈믄: 천, 千(관사, 수량)

6) ᄀᆞᄅᆞ매: ᄀᆞᄅᆞᆷ(강, 江) + -애(-에: 부조, 위치)

7) 비취요미: 비취(비치다, 照)- + -욤(←-옴: 명전) + -이(-과: 부조, 비교)

8) ᄀᆞᇀᄒᆞ니라: ᄀᆞᇀᄒᆞ(같다, 同)- + -Ø(현시)- + -니(원칙)- + -라(←-다: 평종)

9) 次第라: 次第(차제, 차례) + -Ø(←-이-: 서조)- + -Ø(현시)- + -라(←-다: 평종)

10) 巍巍: 외외. 산 따위가 높고 우뚝하다. 인격이 높고 뛰어난 것을 비유하는 말이다.

11) 無量無邊: 무량무변. 헤아릴 수 없이 많고 가없이 넓은 것이다.

12) 功德: 공덕. 좋은 일을 행한 덕으로 훌륭한 결과를 가져오게 하는 능력이다. 종교적으로 순수한 것을 진실공덕(眞實功德)이라 이르고, 세속적인 것을 부실공덕(不實功德)이라 한다.

13) 劫: 겁. 하늘과 땅이 한 번 개벽할 때부터 다음 개벽할 때까지의 동안이란 뜻으로, 지극히 길고 오랜 시간을 일컫는 말이다. ※ 겁겁(劫劫)은 아주 오랜 시간을 이른다. 여기서 '劫劫(겁겁)에'는 '아무리 오랜 겁(劫)이 지날지라도'의 뜻으로 쓰였다.

리[15) 【巍윙巍윙ᄂᆞᆫ 놉고[16) 클 씨라[17) 邊변은 ᄀᆞᅀᅵ라[18) 】

其一(기일)

巍巍(외외) 釋迦佛(석가불)의 無量無邊(무량무변) 功德(공덕)을 劫劫(겁겁)에 어찌 다 사뢰리? 【巍巍(외외)는 높고 큰 것이다. 邊(변)은 가이다. 】

其펭二ᅀᅵᆼ
世솅尊존ㅅ 일 슬ᄫᅩ리니[19) 萬먼里링 外욍ㅅ[20) 일이시나[21) 눈에 보논가[22) 너기ᅀᆞᄫᆞ쇼셔[23) 【萬먼里링 外욍ᄂᆞᆫ 萬먼里링 밧기라[24) 】
世솅尊존ㅅ 말 슬ᄫᅩ리니 千쳔載ᄌᆡᆼ 上쌍ㅅ[25) 말이시나 귀예[26) 듣논가[27) 너기ᅀᆞᄫᆞ쇼셔 【千쳔載ᄌᆡᆼ 上쌍ᄋᆞᆫ 즈믄[28) 힛[29) 우히라[30) 】

其二(기이)

世尊(세존)의 일을 사뢰리니, 萬里(만리) 밖의 일이시나 (그 일을 내) 눈에 보는가 여기소

---

14) 어느: 어찌, 何(부사, 지시, 미지칭)

15) 슬ᄫᅩ리: 숣(← 숣다, ㅂ불: 사뢰다, 아뢰다, 奏)- + -ᄋᆞ리(의종, 반말, 미시) ※ '슬ᄫᅩ리'는 '슬ᄫᅩ리잇고'에서 '-잇(상높, 아주 높임)- + -고(의종, 설명)'가 생략된 형태이다.

16) 놉고: 놉(← 높다: 높다, 高)- + -고(연어, 나열)

17) 클 씨라: 크(크다, 大)- + -ㄹ(← -를: 관전) # 씨(← ᄉᆞ: 것, 의명) + -이(서조)- + -Ø(현시)- + -라(← -다: 평종)

18) ᄀᆞᅀᅵ라: ᄀᆞᇫ(← ᄀᆞᆺ: 가, 邊)- + -이(서조)- + -Ø(현시)- + -라(← -다: 평종)

19) 슬ᄫᅩ리니: 숣(← 숣다, ㅂ불: 사뢰다, 아뢰다, 奏)- + -오(화자)- + -리(미시)- + -니(연어, 설명 계속)

20) 萬里 外ㅅ: 萬里(만리) # 外(외, 밖: 명사) + -ㅅ(-의: 관조)

21) 일이시나: 일(일, 事) + -이(서조)- + -시(주높)- + -나(연어, 대조)

22) 보논가: 보(보다, 見)- + -ㄴ(← -ᄂᆞ-: 현시)- + -오(화자)- + -ㄴ가(-ㄴ가: 의종, 판정)

23) 너기ᅀᆞᄫᆞ쇼셔: 너기(여기다, 思) + -ᅀᆞᆸ(← -ᅀᆞᆸ-: 객높)- + -ᄋᆞ쇼셔(-ᄋᆞ소서: 명종, 아주 높임)

24) 밧기라: 밨(밖, 外) + -이(서조)- + -Ø(현시)- + -라(← -다: 평종)

25) 千載 上ㅅ: 千載(천재, 천년) # 上(상, 위) + -ㅅ(-의: 관조)

26) 귀예: 귀(귀, 耳) + -예(← -에: 부조, 위치)

27) 듣논가: 듣(듣다, 聞)- + -ㄴ(← -ᄂᆞ-: 현시)- + -오(화자)- + -ㄴ가(-ㄴ가: 의종, 판정)

28) 즈믄: 천, 千(관사, 양수)

29) 힛: 히(해, 年) + -ㅅ(-의: 관조)

30) 우히라: 웋(위, 上) + -이(서조)- + -Ø(현시)- + -라(← -다: 평종)

서. 【 萬里(만리) 外(외)는 萬里(만리) 밖이다. 】

　世尊(세존)의 말을 사뢰리니, 천년 전의 말이시나 (그 말을 내) 귀에 듣는가 여기소서.
【 千載(천재) 上(상)은 천 해(年)의 위이다. 】

其_평三_삼

阿_항僧_승祇_낑³¹⁾ 前_쪈世_솅³²⁾ 劫_겁에 님금 位_윙ㄹ³³⁾ 브리샤³⁴⁾ 精_정舍_샹³⁵⁾애 안잿더시니³⁶⁾

五_웅百_빅 前_쪈世_솅 怨_훤讐_쓩ㅣ³⁷⁾ 나랏³⁸⁾ 천³⁹⁾ 일버사⁴⁰⁾ 精_정舍_샹를 디나아가니⁴¹⁾

　　其三(기삼)

　阿僧祇(아승기) 前世(전세)의 劫(겁)에 (한 보살이) 임금의 位(위, 자리)를 버리시어 精舍(정사)에 앉아 있으시더니.

　五百(오백) 前世(전세)의 怨讐(원수)가 나라의 재물을 훔치어 精舍(정사)를 지나갔으니.

其_평四_{ᅀᅳ}

兄_휑님을 모를씨⁴²⁾ 발자최⁴³⁾ 바다⁴⁴⁾ 남기⁴⁵⁾ 뻬여⁴⁶⁾ 性_성命_명⁴⁷⁾을 ᄆᆞ츠시니⁴⁸⁾

---

31) 阿僧祇: 아승기. 엄청나게 많은 수로서 10의 64승의 수에 해당한다.

32) 前世: 전세. 전세(前世), 현세(現世), 내세(來世)로 이루어진 삼세(三世)의 하나이다. 전세는 이 세상에 태어나기 이전의 세상을 이른다.

33) 位ㄹ: 位(위, 자리) + -ㄹ(←-를: 목조)

34) 브리샤: 브리(버리다, 棄)- + -샤(←-시-: 주높)- + -Ø(←-아: 연어)

35) 精舍: 정사. 학문을 가르치기 위하여 마련한 집이나 정신을 수양하는 곳(절)이다.

36) 안잿더시니: 앉(앉다, 坐)- + -아(연어) + 잇(←이시다: 있다, 보용, 완료 지속)- + -더(회상)- + -시(주높)- + -니(평종, 반말) ※ '안잿더시니'는 '안자 잇더시니'가 축약된 형태이다. 그리고 '안잿더시니'는 '안잿더시니이다'에서 '-이(상높, 아주 높임)- + -다(평종)'가 생략된 형태이다.

37) 怨讐ㅣ: 怨讐(원수) + -ㅣ(←-이: 주조)

38) 나랏: 나라(←나라ㅎ: 나라, 國) + -ㅅ(-의: 관조)

39) 천: 재물, 財.

40) 일버사: 일벗(←일벗다, ㅅ불: 훔치다, 竊)- + -아(연어)

41) 디나아가니: 디나아가[지나가다, 過: 디나(지나다, 過)- + -아(연어) + 가(가다, 去)-]- + -Ø(과시)- + -니(평종, 반말) ※ '디나아가니'는 '디나아가니이다'에서 '-이(상높, 아주 높임)- + -다(평종)'가 생략된 형태이다.

42) 모를씨: 모ᄅᆞ(모르다, 不知)- + -ㄹ씨(-므로: 연어, 이유)

43) 발자최ㄹ: 발자최[발자취, 足跡: 발(발, 足) + 자최(자취, 跡)] + -ㄹ(←-를: 목조)

44) 바다: 받(따르다, 쫓다, 從)- + -아(연어)

子ᄌᆞᆼ息식 업스실씨⁴⁹⁾ 몸앳⁵⁰⁾ 필⁵¹⁾ 뫼화⁵²⁾ 그르세⁵³⁾ 담아 男남女녕를 내ᅀᆞᄫᆞ니⁵⁴⁾

其四(기사)

(동생이) 兄(형)님을 모르므로 (도적의) 발자취를 쫓아 (소구담이) 나무에 꿰이어 목숨을 마치셨으니.

(소구담이) 子息(자식)이 없으시므로 몸에 있는 피를 모아 그릇에 담아 男女(남녀)를 내었으니.

其ᄭᅵᆼ五ᅌᅩᆼ

어엿브신⁵⁵⁾ 命몡終즁⁵⁶⁾에 甘감蔗쟝氏씽⁵⁷⁾ 니ᅀᆞ샤ᄆᆞᆯ⁵⁸⁾ 大땡瞿꿍曇땀⁵⁹⁾이 일우니이다⁶⁰⁾

아ᄃᆞᆨᄒᆞᆫ 後ᅘᅮᇦ世솅예 釋셕迦강佛뿛 ᄃᆞ외싫 들⁶¹⁾ 普퐁光광佛뿛⁶²⁾이 니ᄅᆞ시니이다⁶³⁾

---

45) 남기: 낢(← 나모: 나무, 木) + -ᄋᆡ(-에: 부조, 위치)

46) 뻬여: 뻬(꿰이다, 꿰어지다, 貫: 자동)- + -여(←-어: 연어) ※ '뻬다'는 자동사(= 꿰이다)와 타동사(= 꿰다)로 두루 쓰이는 능격 동사인데, 여기서는 자동사인 '꿰이다'의 뜻으로 쓰였다.

47) 性命: 성명. 사람의 목숨이다.

48) ᄆᆞᄎᆞ시니: 및(마치다, 終)- + -ᄋᆞ시(주높)- + -Ø(과시)- + -니(평종, 반말) ※ 'ᄆᆞᄎᆞ시니'는 'ᄆᆞᄎᆞ시니이다'에서 '-이(상높, 아주 높임)- + -다(평종)'가 생략된 형태이다.

49) 업스실씨: 없(없다, 無)- + -으시(주높)- + -ㄹ씨(-므로: 연어, 이유)

50) 몸앳: 몸(몸, 身) + -애(-에: 부조, 위치) + -ㅅ(-의: 관조)

51) 필: 피(피, 血) + -ㄹ(←-를: 목조)

52) 뫼화: 뫼호(모으다, 集)- + -아(연어)

53) 그르세: 그릇(그릇, 皿) + -에(부조, 위치)

54) 내ᅀᆞᄫᆞ니: 내[내다, 만들어내다: 나(나다, 出: 자동)- + -ㅣ(←-이-: 사접)-]- + -ᅀᆞᇦ(←-ᅀᆞᆸ-: 객높)- + -Ø(과시)- + -ᄋᆞ니(평종, 반말) ※ '내ᅀᆞᄫᆞ니'는 '내ᅀᆞᄫᆞ니이다'에서 '-이(상높, 아주 높임)- + -다(평종)'가 생략된 형태이다.

55) 어엿브신: 어엿브(불쌍하다, 가엾다, 憐)- + -시(주높)- + -Ø(현시)- + -ㄴ(관전)

56) 命終: 명종. 목숨을 마치는 것이다.

57) 甘蔗氏: 甘蔗氏(감자씨) + -Ø(←-이: 주조) ※ '감자씨(甘蔗氏)'는 아주 오래 전의 세상에 석가 종족의 조상인 소구담(小瞿曇)의 피가 화하여 되었다는 남자의 성(姓)이다. 소구담이 감자원(사탕수수 밭)에서 살았으므로 '감자씨'라고 한다.

58) 니ᅀᆞ샤ᄆᆞᆯ: 닛(← 닛다, ㅅ불: 잇다, 繼承)- + -ᄋᆞ샤(←-ᄋᆞ시-: 주높)- + -ㅁ(←-옴: 명전) + -ᄋᆞᆯ(목조)

59) 大瞿曇: 대구담. 석가모니의 전신인 보살(菩薩)이 정사(精舍)에서 수도할 때에 가르침을 받던 '구담(瞿曇)' 바라문(婆羅門)이다.

60) 일우니이다: 일우[이루다, 成: 일(이루어지다, 成: 자동)- + -우(사접)-]- + -Ø(과시)- + -니(원칙)- + -이(상높, 아주 높임)- + -다(평종)

61) ᄃᆞ외싫 들: ᄃᆞ외(되다, 爲)- + -시(주높)- + -ᇙ(관전) # ᄃᆞ(것, 者: 의명) + -ㄹ(←-를: 목조)

其五(기오)

불쌍하신 命終(명종)에 甘蔗氏(감자씨)가 (代를) 이으심을 大瞿曇(대구담)이 이루었습니다.

아득한 後世(후세)에 (감자씨가) 釋迦佛(석가불)이 되실 것을 普光佛(보광불) 이르셨습니다.

其_평六_륙

外_욍道_뚤人_신 [64] 五_옹百_빅이 善_썬慧_뼁 [65] ㅅ 德_득 닙ᄉ바 [66] 弟_똉子_중ㅣ ᄃ외야 [67] 銀_은돈을 받ᄌᄫ니 [68]

賣_맹花_황女_녕 [69] 俱_궁夷_잉 [70] 善_썬慧_뼁ㅅ 뜯 [71] 아ᅀᄫ [72] 夫_붕妻_쳉願_원 [73]으로 고졸 [74] 받ᄌᄫ시니 [75]

其六(기육)

外道人(외도인) 五百(오백)이 善慧(선혜)의 德(덕)을 입어서 弟子(제자)가 되어 銀(은)돈을 (선혜께) 바쳤으니.

賣花女(매화녀)인 俱夷(구이)가 善慧(선혜)의 뜻을 알아 부부의 願(원)으로 꽃을 바치셨으니.

---

62) 普光佛: 보광불. 연등불(燃燈佛), 정광불(錠光佛)이라고도 하는데, 불교에서 말하는 과거 칠불(過去七佛)의 하나이다. '보광(普光)'은 넓은 광명(光明)이란 말이다.

63) 니ᄅ시니이다: 니ᄅ(이르다, 말하다, 曰)- + -시(주높)- + -Ø(과시)- + -니(원칙)- + -이(상높, 아주 높임)- + -다(평종)

64) 外道人: 외도인. 불가(佛家)에서 불도 이외의 도를 따르는 사람들을 가리키는 말이다.

65) 善慧: 선혜. 전세의 등조왕(燈照王) 때에 구이(俱夷)에게서 꽃을 얻어 보광불(普光佛)께 바친 선인(仙人)인데, 후세에 싯다르타 태자(悉達太子, 석가모니)로 태어났다.

66) 닙ᄉ바: 닙(입다, 받다, 受)- + -ᅀᆞ(←-ᄉᆞᆸ-: 객높)- + -아(연어)

67) ᄃ외야: ᄃ외(되다, 爲)- + -야(←-아: 연어)

68) 받ᄌᄫ니: 받(바치다, 獻)- + -ᄌᆞᇦ(←-ᄌᆞᆸ-: 객높)- + -Ø(과시)- + -ᄋᆞ니(-ᄋᆞ니: 평종, 반말)
※ '받ᄌᄫ니'는 '받ᄌᄫ니이다'에서 '-이(상높, 아주 높임)- + -다(평종)'가 생략된 형태이다.

69) 賣花女: 매화녀. 꽃을 파는 여자이다.

70) 俱夷: 구이. 훗날 전세의 등조왕 때에 선혜보살에게 꽃을 팔아서, 훗날 싯다르타(悉達太子, 석가모니)의 아내가 되는 여자이다.

71) 뜯: 뜻, 意.

72) 아ᅀᄫ: 아(← 알다: 知)- + -ᅀᆞᇦ(←-ᄉᆞᆸ-: 객높)- + -아(연어)

73) 夫妻願: 부처원. 부부가 되고자 하는 소원이다.

74) 고졸: 곶(꽃, 花) + -ᄋᆞᆯ(목조)

75) 받ᄌᄫ시니: 받(바치다, 獻)- + -ᄌᆞᇦ(←-ᄌᆞᆸ-: 객높)- + -ᄋᆞ시(주높)- + -Ø(과시)- + -니(평종, 반말)
※ '받ᄌᄫ시니'는 '받ᄌᄫ시니이다'에서 '-이(상높, 아주 높임)- + -다(평종)'가 생략된 형태이다.

其ᄭᅴ七칧

다ᄉᆞᆺ 곶 두 고지 空콩中듕에 머믈어늘[76] 天텬龍룡八밣部뿡ㅣ 讚잔嘆탄ᄒᆞᅀᆞᆸ니[78]
옷과 마리[79]ᄅᆞᆯ 路롱中듕에[80] 펴아시늘[81] 普퐁光광佛뿛이 ᄯᅩ[82] 授쓩記긩[83]ᄒᆞ시니
【 路롱中듕은 긼[84] 가온ᄃᆡ라[85] 】

其七(기칠)

다섯 꽃과 두 꽃이 空中(공중)에 머물거늘 天龍八部(천룡팔부)가 讚歎(찬탄)하였으니.
옷과 머리를 路中(노중)에 펴시거늘 普光佛(보광불)이 또 授記(수기)하셨으니. 【 路中(노중)은 길의 가운데이다. 】

其ᄭᅴ八밣

닐굽 고줄 因ᅙᅵᆫᄒᆞ야 信신誓쎙[86] 기프실ᄊᆡ[87] 世솅世솅예[88] 妻쳉眷권[89]이 ᄃᆞ외시니[90]
【 誓쎙ᄂᆞᆫ 盟명誓쎙라 】

---

76) 머믈어늘: 머믈(머물다, 留)- + -어늘(← -거늘: 연어, 상황)

77) 天龍八部: 천룡팔부. 사천왕(四天王)에 딸려서 불법을 지키는 여덟 신장(神將)이다. 천(天), 용(龍), 야차(夜叉), 건달바(乾闥婆), 아수라(阿修羅), 가루라(迦樓羅), 긴나라(緊那羅), 마후라가(摩睺羅迦)이다.

78) 讚嘆ᄒᆞᅀᆞᆸ니: 讚嘆ᄒᆞ[찬탄하다(동사): 讚嘆(찬탄: 명사) + -ᄒᆞ(동접)-]- + -ᅀᆞᆸ(← -ᄉᆞᆸ-: 객높)- + -Ø(과시)- + -아(확인)- + -니(평종, 반말) ※ '讚嘆ᄒᆞᅀᆞᄫᅡ니'는 '讚嘆ᄒᆞᅀᆞᄫᅡ니이다'에서 '-이(상높, 아주 높임)- + -다(평종)'가 생략된 형태이다.

79) 마리: 머리(頭), 또는 머리카락(髮)이다.

80) 路中: 노중. 길 가운데이다.

81) 펴아시늘: ① 펴(펴다, 伸)- + 아(확인)- + -시(주높)- + -늘(-거늘, 연어, 상황) ② 펴(펴다, 伸)- + -시(주높)- + -아 … 늘(← -아늘: -거늘, 연어, 상황)

82) ᄯᅩ: 또, 又(부사)

83) 授記: 수기. 부처가 그 제자에게 내생(來生)에 부처가 되리라는 사실을 예언함. 또는 그 교설로서, 문답식 또는 분류적 설명으로 되어 있는 부처의 설법이다.

84) 긼: 길(길, 路) + -ㅅ(-의: 관조)

85) 가온ᄃᆡ라: 가온ᄃᆡ(가운데, 中) + -Ø(← -이-: 서조)- + -Ø(현시)- + -라(← -다: 평종)

86) 信誓: 信誓(신서) + -Ø(← -이: 주조) ※ '信誓(신서)'는 성심으로 맹세하는 것이나 그 맹세이다.

87) 기프실ᄊᆡ: 깊(깊다, 深)- + -으시(주높)- + -ㄹᄊᆡ(-므로: 연어, 이유)

88) 世世: 세세. 몇 번이든지 다시 환생하는 일이나 그런 때이다. 중생이 나서 죽고 죽어서 다시 태어나는 윤회의 형태이다.

89) 妻眷: 처권. 처가 쪽의 친척을 뜻하는 말인데, 여기서는 '아내(妻)'의 뜻으로 쓰였다.

90) ᄃᆞ외시니: ᄃᆞ외(되다, 爲)- + -시(주높)- + -Ø(과시)- + -니(평종, 반말) ※ 'ᄃᆞ외시니'는 'ᄃᆞ외시니이다'에서 '-이(상높, 아주 높임)- + -다(평종)'가 생략된 형태이다.

다숫 꾸믈⁹¹⁾ 因_힌ᄒ야 授_쓩記_긩 불ᄀ실ᄊᆡ⁹²⁾ 今_금日_{ᅀᅵᇙ}에 世_솅尊_존⁹³⁾이 ᄃᆞ외시니

其八(기팔)

일곱 꽃을 因(인)하여 信誓(신서)가 깊으시므로 世世(세세)에 妻眷(처권)이 되셨으니.

【誓(서)는 盟誓(맹서)이다. 】

다섯 꿈을 因(인)하여 授記(수기)가 밝으시므로 오늘날에 世尊(세존)이 되셨으니.

넷¹⁾ 阿_항僧_승祇_낑 劫_겁²⁾ 時_씽節_졇에【阿_항僧_승祇_낑ᄂᆞᆫ 그지업슨³⁾ 數_숭 ㅣ라 ᄒᆞ논⁴⁾ 마리라 劫_겁은 時_씽節_졇이라 ᄒᆞ논 ᄠ디라】 ᄒᆞᆫ 菩_뽕薩_삻이 王_왕 ᄃᆞ외야 겨샤⁵⁾【菩_뽕薩_삻ᄋᆞᆫ 菩_뽕提_뗑薩_삻埵_둾⁶⁾ ㅣ라 혼 마ᄅᆞᆯ 조려⁷⁾ 니ᄅᆞ니 菩_뽕提_뗑ᄂᆞᆫ 부텻 道_뚱理_링오 薩_삻埵_둾ᄂᆞᆫ 衆_즁生_{ᄉᆡᆼ}을 일울 씨니⁸⁾ 부텻 道_뚱理_링로 衆_즁生_{ᄉᆡᆼ} 濟_곙渡_똥ᄒᆞ시는 사ᄅᆞ믈 菩_뽕薩_삻이시다 ᄒᆞᄂᆞ니라⁹⁾】 나라ᄒᆞᆯ¹⁰⁾ 아ᅀᆞ¹¹⁾ 맛디시고¹²⁾ 道_뚱理_링 비호라¹³⁾ 나아가샤¹⁴⁾ 瞿_꿍曇_땀 婆_뽕羅_랑門_몬¹⁵⁾을 맛나샤¹⁶⁾【瞿_꿍曇_땀

---

91) 꾸믈: 꿈(꿈, 夢) + -을(목조)

92) 불ᄀ실ᄊᆡ: 볽(밝다, 明)- + -ᄋᆞ시(주높)- + -ㄹᄊᆡ(-므로: 연어, 이유)

93) 世尊: 세존. '석가모니'의 다른 이름이다. 세상에서 가장 존귀한 존재라는 뜻이다.

1) 넷: 네(예전, 예날, 昔) + -ㅅ(-의: 관조)

2) 阿僧祇 劫: 아승기 겁. 불교에서 사용하는 시간의 단위 중 하나이다. 아승기(阿僧祇) 역시 무한히 긴 시간 또는 수를 뜻하는 불교 용어로서 이를 수로 나타내면 10의 64승이다. 그리고 '겁(劫)'은 천지가 한번 개벽한 뒤부터 다음 개벽할 때까지의 기간을 말한다.

3) 그지업슨: 그지없[그지없다, 끝이 없다 : 그지(끝, 限) + 없(없다, 無)-]- + -Ø(현시)- + -은(관전)

4) ᄒᆞ논: ᄒᆞ(하다, 謂)- + -ㄴ(← -ᄂᆞ- : 현시)- + -오(대상)- + -ㄴ(관전)

5) 겨샤: 겨샤(← 겨시다 : 계시다 : 보용, 완료 지속)- + -Ø(← -아 : 연어)

6) 菩提薩埵: 보리살타. 불교 최고의 이상인 불타 정각의 지혜을 '보리(菩提)'라고 하는데, 위로 보리를 구하고 아래로 중생을 제도하는, 대승 불교의 이상적 수행자상이다.

7) 조려: 조리[줄이다 : 졸(줄다, 縮 : 자동)- + -이(사접)-]- + -어(연어)

8) 일울 씨니: 일우[이루다(타동) : 일(이루어지다, 成 : 자동)- + -우(사접)-]- + -ㄹ(관전) # ᄊ(← ᄉ : 것, 의명) + -이(서조)- + -니(연어, 설명 계속)

9) ᄒᆞᄂᆞ니라: ᄒᆞ(하다, 謂)- + -ᄂᆞ(현시)- + -니(원칙)- + -라(← -다 : 평종)

10) 나라ᄒᆞᆯ: 나라ᅙ(나라, 國) + -ᄋᆞᆯ(목조)

11) 아ᅀᆞ: 아우, 弟.

12) 맛디시고: 맛디[맡기다 : 맜(맡다, 任 : 자동)- + -이(사접)-]- + -시(주높)- + -고(연어, 계기)

13) 비호라: 비호[배우다, 學 : 빟(버릇이 되다, 길들다, 習 : 자동)- + -오(사접)-]- + -라(-러 : 연어, 목적)

14) 나아가샤: 나아가[나가다, 出 : 나(나다, 出)- + -아(연어) + 가(가다, 行)-]- + -샤(← -시- : 주높)- + -Ø(← -아 : 연어) ※ 여기서 '나아가다'는 문맥상 '출가(出家)하다'로 옮길 수 있다.

은 姓성이라 婆뻬羅랑門몬은 조흔[17) 힝뎌기라[18) ㅎ논 마리니 뫼해 드러 일업시[19) 이셔 힝뎌기 조흔 사ᄅ미라 】 즈갓[20) 오ᄉ란[21) 밧고 瞿꿍曇땀이 오ᄉᆯ 니브샤 深심山산애 드러 果광實씷와 믈와[22) 좌시고[23)【 深심山산은 기픈 뫼히라[24) 】 坐쨍禪썬ᄒ시다가【 坐쨍禪썬은 안자 이셔 기픈 道똘理링 ᄉ랑홀 씨라[25) 】 나라해[26) 빌머그라[27) 오시니 다 몰라보ᅀᆞ더니[28) 小숗瞿꿍曇땀이라[29) ᄒ더라【 小숗ᄂᆞᆫ 져글 씨라 】

옛날의 阿僧祇(아승기) 劫(겁)의 時節(시절)에 【阿僧祇(아승기)는 '그지없는 數(수)이다.' 하는 말이다. 劫(겁)은 '時節(시절)이다.' 하는 뜻이다.】 한 菩薩(보살)이 王(왕)이 되어 계시어 【菩薩(보살)은 '菩提薩埵(보리살타)이다.' 하는 말을 줄여 이르니, 菩提(보리)는 부처의 道理(도리)이고 薩埵(살타)는 衆生(중생)을 이루는 것이니, 부처의 道理(도리)로 衆生(중생)을 制度(제도)하시는 사람을 '菩薩(보살)이시다.' 하느니라.】, 나라를 아우에게 맡기시고 道理(도리)를 배우러 나아가시어, 瞿曇(구담) 婆羅門(바라문)을 만나시어 【瞿曇(구담)은 姓(성)이다. 婆羅門(바라문)은 '깨끗한 행적이다.' 하는 말이니, 산에 들어가 (세속의) 일 없이 있어서 행적이 깨끗한 사람이다.】, 당신의 옷은 벗고 瞿曇(구담)의 옷을 입으시어, 깊은 산에 들어 果實(과실)과 물을 자시고 【深山(심산)은 깊은 산이다.】 坐禪(좌선)하시다가 【坐禪(좌선)은 앉아서 깊은 道理(도리)를 생각하는 것이다.】, 나라에 빌어먹으러 오시니 다 몰라보더니 小瞿曇(소구담)이라 하더라. 【小(소)

---

15) 婆羅門 : 바라문. 인도 카스트 제도에서 가장 높은 지위인 승려 계급(브라만)이다.

16) 맛나샤 : 맛나[← 맛나다(만나다, 遇) : 맛(← 맞다 : 迎)- + 나(出, 現)-]- + -샤(←-시- : 주높)- + -∅ (←-아 : 연어)

17) 조흔 : 좋(깨끗하다, 맑다, 淨)- + -∅(현시)- + -은(관전)

18) 힝뎌기라 : 힝뎍(행적, 行績) + -이(서조)- + -∅(현시)- + -라(←-다 : 평종)

19) 일업시 : [초연하게, 초연히, 超然(부사) : 일(일, 事) + 없(없다, 無 : 형사)- + -이(부접)]

20) 즈갓 : 즈갸(자기, 당신, 己 : 인대, 재귀칭, 높임) + -ㅅ(-의 : 관조)

21) 오ᄉ란 : 옷(옷, 衣) + -ᄋᆞ란(-은 : 보조사, 주제, 대조)

22) 믈와 : 믈(물, 水) + -와(←-과 : 접조)

23) 좌시고 : 좌시(자시다, 드시다, 食)- + -고(연어, 계기)

24) 뫼히라 : 뫼ㅎ(산, 山) + -이(서조)- + -∅(현시)- + -라(←-다 : 평종)

25) ᄉ랑홀 씨라 : ᄉ랑ᄒ[생각하다 : ᄉ랑(생각 : 명사) + -ᄒ(동접)-]- + -ㄹ(관전) # 씨(← ᄉ : 것, 者, 의명) + -이(서조)- + -∅(현시)- + -라(←-다 : 평종)

26) 나라해 : 나라ㅎ(나라, 國) + -애(-에 : 부조, 위치)

27) 빌머그라 : 빌먹[빌어먹다 : 빌(빌다, 乞)- + 먹(먹다, 食)-]- + -으라(-으러 : 연어, 목적)

28) 몰라보ᅀᆞ더니 : 몰라보[몰라보다 : 몰ㄹ(← 모ᄅ다 : 無知)- + -아(연어) + 보(보다, 見)-]- + -ᅀᆞ(객높)- + -더(회상)- + -니(연어, 상황, 이유)

29) 小瞿曇이라 : 小瞿曇(소구담 : 인명) + -이(서조)- + -∅(현시)- + -라(←-다 : 평종)

는 작은 것이다.】

菩_뽕薩_삻이 城_쎵 밧³⁰⁾ 甘_감蔗_쟝園_원³¹⁾에【城_쎵은 자시라³²⁾ 甘_감蔗_쟝는 프리니 시믄³³⁾ 두어³⁴⁾ 힛자히³⁵⁾ 나디³⁶⁾ 대 근고³⁷⁾ 기리 열 자 남죽ᄒ니³⁸⁾ 그 汁_집으로 粆_상糖_땅³⁹⁾을 밍ᄀ느니라⁴⁰⁾ 園_원은 東_동山_산이라】 精_졍舍_샹⁴¹⁾ 밍글오⁴²⁾【精_졍舍_샹는 조심ᄒᄂᆫ 지비라】 ᄒ오ᅀᅡ⁴³⁾ 안자 잇더시니⁴⁴⁾ 도족 五_옹百_{ᄇᆡᆨ}이【五_옹ᄂᆫ 다ᄉᆞ시오 百_{ᄇᆡᆨ}은 오니라⁴⁵⁾】 그윗⁴⁶⁾ 거슬 일버ᅀᅥ⁴⁷⁾ 精_졍舍_샹ㅅ 겨ᄐᆞ로 디나가니 그 도ᄌᆞ기 菩_뽕薩_삻ㅅ 前_쪈世_솅生_{ᄉᆡᆼ}⁴⁸⁾ㅅ 怨_훤讐_쓩ㅣ러라⁴⁹⁾【前_쪈世_솅生_{ᄉᆡᆼ}은 아랫⁵⁰⁾ 뉘옛⁵¹⁾ 生_{ᄉᆡᆼ}이라】

菩薩(보살)이 城(성) 밖 甘蔗園(감자원)에 【城(성)은 잣이다. 甘蔗(감자)는 풀이니, 심은 두어 해째 나되, 대와 같고 길이가 열 자 남짓하니, 그 汁(즙)으로 粆糖(사탕)을 만드느니라. 園(원)은 東山

---

30) 밧 : 밧(← 밝 : 밖, 外)

31) 甘蔗園 : 감자원. 사탕수수밭.

32) 자시라 : 잣(성, 城) + -이(서조)- + -∅(현시)- + -라(← -다 : 평종)

33) 시믄 : 시므(심다, 植)- + -∅(과시)- + -ㄴ(관전)

34) 두어 : [두어, 二三, 수량이 두 개쯤의(관사, 양수) : 두(두, 二 : 관사) + 어(← 서 : 세, 三 : 관사)]

35) 힛자히 : [해째 : 히(해, 年) + -ㅅ(관조, 사잇) + -자히(-째 : 접미)] ※ 현대 국어에서 '-째'는 접미사로 처리되고 있으나, 중세 국어에서 '자히'는 의존 명사의 성격이 있다.

36) 나디 : 나(나다, 生)- + -디(← -오디 : -되, 연어, 설명 계속)

37) 근고 : 근(← 곹다 ← 굳ᄒ다 : 같다, 如)- + -고(연어, 나열)

38) 남죽ᄒ니 : 남죽ᄒ[남짓하다, 餘(형사) : 남죽(남짓 : 의명) + -ᄒ(형접)-]- + -니(연어, 설명 계속)

39) 粆糖 : 사탕. '설탕'이다.

40) 밍ᄀ느니라 : 밍ᄀ(← 밍글다 : 만들다, 製)- + -ᄂ(현시)- + -니(원칙)- + -라(← -다 : 평종)

41) 精舍 : 정사. 승려가 불상을 모시고 불도(佛道)를 닦으며 교법을 펴는 집이다.(= 寺, 절)

42) 밍글오 : 밍글(만들다, 製)- + -오(← -고 : 연어, 계기)

43) ᄒ오ᅀᅡ : 혼자, 獨(부사)

44) 잇더시니 : 잇(← 이시다 : 있다, 보용, 완료 지속)- + -더(회상)- + -시(주높)- + -니(연어, 설명 계속)

45) 오니라 : 온(백, 百) + -이(서조)- + -∅(현시)- + -라(← -다 : 평종)

46) 그윗 : 그위(관청, 官) + -ㅅ(-의 : 관조)

47) 일버ᅀᅥ : 일벗(← 일벗다, ㅅ불 : 훔치다, 盜)- + -어(연어)

48) 前世生 : 전세생. ※ '前世生(전세생)'은 삼세(前世, 現世, 來世)의 하나로서 이 세상에 태어나기 이전의 세상(前世)에서 누린 삶을 이른다.

49) 怨讐ㅣ러라 : 怨讐(원수) + -ㅣ(← -이- : 서조)- + -러(← -더- : 회상)- + -라(← -다 : 평종)

50) 아랫 : 아래(이전, 예전, 昔) + -ㅅ(-의 : 관조)

51) 뉘옛 : 뉘(세상, 세대, 때, 世) + -예(← -에 : 부조, 위치) + -ㅅ(-의 : 관조)

(동산)이다.】精舍(정사)를 만들고【精舍(정사)는 조심하는 집이다.】혼자 앉아 있으시더니, 도적 五百(오백)이【五(오)는 다섯이고 百(백)은 온이다.】관청의 것을 훔치어 精舍(정사)의 곁으로 지나가니, 그 도적이 菩薩(보살)의 前世生(전세생)의 원수이더라.【前世生(전세생)은 예전 세상의 生(생)이다.】

이틄나래[52] 나라해 이셔[53] 도즈기 자최[54] 바다[55] 가아 그 菩뽕薩삻을 자바 남기[56] 모물 뻬ᅀᆞᄫᅡ[57] 뒷더니[58]【菩뽕薩삻이 前쪈生ᄉᆡᆼ애 지손[59] 罪쬥로 이리[60] 受쓩苦콩ᄒᆞ시니라[61]】大땡瞿꿍曇땀이 天텬眼ᅌᅡᆫ[62]ᄋᆞ로 보고【菩뽕薩삻을 小숗瞿꿍曇땀이시다 흘씨 婆뻥羅랑門몬[63]을 大땡瞿꿍曇땀이라 ᄒᆞ니 大땡ᄂᆞᆫ 클 씨라 天텬眼ᅌᅡᆫ은 하ᄂᆞᆳ누니라[64] ᄒᆞ논 마리라】虛헝空콩애 ᄂᆞ라와 묻ᄌᆞᄫᅩᄃᆡ[65] 그디[66] 子중息식 업더니 므슷 罪쬥오[67] 菩뽕薩삻이 對됭答답ᄒᆞ샤ᄃᆡ[68] ᄒᆞ마[69] 주글 내어니[70] 子중孫손을 議ᅌᅴ論론ᄒᆞ리여[71]【子중ᄂᆞᆫ 아ᄃᆞ리오 孫손은

---

52) 이틄나래 : 이틄날[이틀날 : 이틀(이틀, 翌) + -ㅅ(관조, 사잇) + 날(날, 日)] + -애(-에 : 부조, 위치) ※ '이틄날'은 '이틄날>이틋날>이튿날'의 과정을 거쳐서 현대어에서 '이튿날'이 되었다.

53) 나라해 이셔 : 나랗(나라, 國) + -애(-에 : 부조, 위치) # 이시(있다) + -어(연어) ※ '나라해 이셔'는 '나라에서'로 번역할 수 있는데, 이때 '나라해 이셔'는 의미상 주어의 역할을 한다.

54) 자최 : 자취, 蹟.

55) 바다 : 받(좇다, 따르다, 從)- + -아(연어)

56) 남기 : 낡(← 나모 : 나무, 木) + -익(-에 : 부조, 위치)

57) 뻬ᅀᆞᄫᅡ : 뻬(꿰다, 貫 : 타동)- + -ᅀᆞ(← -ᅀᆞᇦ- : 객높)- + -아(연어)

58) 뒷더니 : 두(두다 : 보용, 완료 유지)- + -Ø(← -어 : 연어) + 잇(← 이시다 : 있다, 보용, 완료 지속)- + -더(회상)- + -니(연어, 설명 계속) ※ '뒷더니'는 '두어 잇더니'가 축약된 형태로서, '-어 잇-'은 '완료 지속'의 뜻을 나타낸다.

59) 지손 : 짛(← 짓다, ㅅ불 : 짓다, 作)- + -Ø(과시)- + -오(대상)- + -ㄴ(관전)

60) 이리 : [이리, 이렇게(부사) : 이(이, 此 : 지대, 정칭) + -리(부접)]

61) 受苦ᄒᆞ시니라 : 受苦ᄒᆞ[수고하다 : 受苦(수고 : 명사) + -ᄒᆞ(동접)-]- + -시(주높)- + -Ø(과시)- + -니(원칙)- + -라(← -다 : 평종)

62) 天眼 : 천안. 육안으로 볼 수 없는 것을 환히 보는 신통한 마음의 눈이다.

63) 婆羅門 : 바라문. '브라만(Brahman)'의 음역어로, 인도 카스트 제도에서 가장 높은 지위인 승려 계급이다.

64) 하ᄂᆞᆳ누니라 : 하ᄂᆞᆳ눈[하늘눈, 天眼 : 하늘(← 하늘ᇂ : 하늘, 天) + -ㅅ(관조, 사잇) + 눈(눈, 眼)] + -이(서조)- + -Ø(현시)- + -라(← -다 : 평종)

65) 묻ᄌᆞᄫᅩᄃᆡ : 묻(묻다, 問)- + -ᄌᆞᇦ(← -ᄌᆞᇦ- : 객높)- + -오ᄃᆡ(-되 : 연어, 설명 계속)

66) 그디 : 그디[그대, 汝(인대, 2인칭, 예사 높임) : 그(그, 彼 : 지대) + -디(높접)] + -Ø(← -이 : 주조)

67) 므슷 罪오 : 므슷(무슨, 何 : 관사, 미지칭) # 罪(죄 : 명사) + -오(← -고 : 보조사, 의문, 설명)

68) 對答ᄒᆞ샤ᄃᆡ : 對答ᄒᆞ[대답하다 : 對答(대답 : 명사) + -ᄒᆞ(동접)-]- + -샤(← -시- : 주높)- + -ᄃᆡ(← -오ᄃᆡ : 연어, 설명 계속)

孫_손子_중ㅣ니 子_중孫_손은 아드리며 孫_손子_중ㅣ며 後_{??}ㅅ 孫_손子_중를 無_뭉數_숭히 누리[72] 닐온[73] 마리라 】 그 王_왕이 사름 브려[74] 쏘아 주기ᅀᆞᆸ니라[75]

이튿날에 나라에서 도적의 자취를 쫓아가 그 菩薩(보살)을 잡아 나무에 몸을 꿰어 두었더니 【菩薩(보살)이 前生(전생)에 지은 罪(죄)로 이렇게 受苦(수고)하셨느니라.】, 大瞿曇(대구담)이 天眼(천안)으로 보고 【菩薩(보살)을 '小瞿曇(소구담)이시다.' 하므로 婆羅門(바라문)을 '大瞿曇(대구담)이다.' 하니, 大(대)는 큰 것이다. 天眼(천안)은 '하늘의 눈이다.' 하는 말이다.】 虛空(허공)에 날아와서 묻되, "그대가 子息(자식)이 없더니, 무슨 罪(죄)인고?" 菩薩(보살)이 對答(대답)하시되, "곧 죽을 나이니 (어찌) 子孫(자손)을 議論(의논)하리요?" 【子(자)는 아들이요 孫(손)은 손자이니, 子孫(자손)은 아들이며 孫子(손자)이며 그 後(후)의 孫子(손자)를 無數(무수)히 내리 이른 말이다.】 그 王(왕)이 사람을 부려 쏘아 죽였느니라.

大_땡瞿_꿍曇_땀이 슬허[76] 삐리여[77] 棺애 녀쑵고[78] 피 무든 흙글 파 가져 精_졍舍_샹애 도라와 왼녁[79] 피 딸[80] 담고 올흔녁[81] 피 딸 다마 두고 닐오디 이 道_똘士_쑹ㅣ 精_졍誠_쎵이 至_징極_끅ᄒᆞ단 디면[82] 【道_똘士_쑹ᄂᆞᆫ 道_똘理_링 빅호ᄂᆞᆫ 사르미니 菩_뽕薩_삺ᄋᆞᆯ 술ᄫᅵ니라[83] 】 하늘히 당다이[84] 이 피를 사름 두외에[85] ᄒᆞ시리라 열 듧[86] 마내[87] 왼녁

---

69) ᄒᆞ마 : 곧, 卽(부사)

70) 내어니 : 나(나, 我 : 인대, 1인칭) + -ㅣ(←-이- : 서조) + -어(←-거- : 확인) + -니(연어, 설명, 이유)

71) 議論ᄒᆞ리여 : 議論ᄒᆞ[의논하다 : 議論(의논 : 명사) + -ᄒᆞ(동접)-] + -리(미시)- + -여(-느냐 : 의종, 판정)

72) 누리 : [내리, 降(부사) : 누리(내리다, 降 : 자동)- + -Ø(부접)]

73) 닐온 : 닐(← 니르다 : 이르다, 말하다, 曰)- + -Ø(과시)- + -오(대상)- + -ㄴ(관전)

74) 브려 : 브리(부리다, 시키다, 使)- + -어(연어)

75) 주기ᅀᆞᆸ니라 : 주기[죽이다, 殺 : 죽(죽다, 死 : 자동)- + -이(사접)-] + -ᅀᆞᆸ(←-ᅀᆞᆸ- : 객높)- + -Ø(과시)- + -ᄋᆞ니(원칙)- + -라(←-다 : 평종)

76) 슬허 : 슳(슬퍼하다, 哀)- + -어(연어)

77) 삐리여 : 삐리(꾸리다, 싸다, 包)- + -여(←-어 : 연어)

78) 녀쑵고 : 녀(← 녛다, 棺)- + -쑵(←-ᅀᆞᆸ- : 객높)- + -고(연어, 계기)

79) 왼녁 : [왼쪽, 左 : 외(그르다, 왼쪽이다, 誤, 左 : 형사)- + -ㄴ(관전▷관접) + 녁(녁, 쪽, 便 : 의명)]

80) 딸 : 따로, 別(부사)

81) 올흔녁 : [오른쪽, 右 : 옳(옳다, 오른쪽이다, 是, 右 : 형사)- + -은(관전▷관접) + 녁(녁, 쪽, 便 : 의명)]

82) 至極ᄒᆞ단 디면 : [지극하다 : 至極(지극 : 명사) + -ᄒᆞ(형접)-] + -다(←-더- : 회상)- + -Ø(←-오- : 대상)- + -ㄴ(관전) # ᄃ(← ᄃᆞ : 것, 의명)- + -이(서조)- + -면(연어, 조건)

피는 男_남子_중ㅣ 두외오【男_남子_중는 남지니라⁸⁸⁾】 올흔녁 피는 女_녕子_중ㅣ 두외어늘⁸⁹⁾
【女_녕子_중는 겨지비라】 姓_셩을 瞿_꿍曇_땀氏_씨라 ᄒᆞ더니【氏_씨는 姓_셩 ᄀᆞᄐᆞᆫ⁹⁰⁾ 마리라】
일로브터⁹¹⁾ 子_중孫_손이 니스시니⁹²⁾ 瞿_꿍曇_땀氏_씨 다시 니러나시니라⁹³⁾【小_숗瞿_꿍曇_땀이
甘_감蔗_쟝園_원에 사ᄅᆞ실ᄊᆡ⁹⁴⁾ 甘_감蔗_쟝氏_씨라도⁹⁵⁾ ᄒᆞ더니라】

大瞿曇(대구담)이 슬퍼하여 (小瞿曇을) 싸서 棺(관)에 넣고, 피 묻은 흙을 파 가지고 精舍(정사)에 돌아와, 왼쪽 피를 따로 담고 오른쪽 피를 따로 담아 두고 이르되, "이 道士(도사)가 精誠(정성)이 至極(지극)하던 것이면【道士(도사)는 道理(도리)를 배우는 사람이니, 菩薩(보살)을 사뢰었느라.】 하늘이 마땅히 이 피를 사람이 되게 하시리라." 열 달 만에 왼쪽 피는 男子(남자)가 되고【男子(남자)는 남진이다.】 오른쪽 피는 女子(여자)가 되거늘【女子(여자)는 계집이다.】, 姓(성)을 瞿曇氏(구담씨)라 하더니【氏(씨)는 姓(성)과 같은 말이다.】 이로부터 子孫(자손)이 이으시니 瞿曇氏(구담씨)가 다시 일어나셨느라.【小瞿曇(소구담)이 甘蔗園(감자원)에 사시므로 '甘蔗氏(감자씨)이다.'라고도 하더니라.】

普_퐁光_광佛_뿛⁹⁶⁾이【普_퐁光_광은 너븐 光_광明_명이라 이 부톄 나싫 저긔 몺 ᄀᆞᄉᆡ⁹⁷⁾ 光_광이 燈_등

---

83) 술ᄫᅥ니라 : 슣(← 숣다, ㅂ불 : 사뢰다, 아뢰다, 奏)- + -Ø(과시)- + -ᄋᆞ니(원칙)- + -라(← -다 : 평종)

84) 당다이 : [반드시, 마땅히, 必(부사) : 당당(마땅, 當 : 불어) + -Ø(← -ᄒᆞ- : 형접)- + -이(부접)]

85) 두외에 : 두외(되다, 爲)- + -에(← -게 : 연어, 사동)

86) 열 ᄃᆞᆳ : 열(열, 十 : 관사) # ᄃᆞᆯ(달, 月 : 의명) + -ㅅ(-의 : 관조)

87) 마내 : 만(만 : 의명, 시간의 경과) + -애(-에 : 부조, 위치)

88) 남지니라 : 남진(남자, 男) + -이(서조)- + -Ø(현시)- + -라(← -다 : 평종)

89) 두외어늘 : 두외(되다, 爲)- + -어늘(← -거늘 : 연어, 상황)

90) ᄀᆞᄐᆞᆫ : ᄀᆞᇀ(← ᄀᆞᇀᄒᆞ다 : 같다, 如)- + -Ø(현시)- + -ᄋᆞᆫ(관전)

91) 일로브터 : 일(← 이, 此 : 지대, 정칭) + -로(부조, 방편) + -브터(-부터 : 보조사, 비롯함) ※ '-브터'는 [븥(붙다, 着)- + -어(연어 ▷ 조접)]으로 분석되는 파생 보조사이다.

92) 니스시니 : 닛(← 닛다, ㅅ불 : 잇다, 承)- + -ᄋᆞ시(주높)- + -니(연어, 상황, 이유)

93) 니러나시니라 : 닐[일어나다 : 닐(일다, 起)- + -어(연어) + 나(나다, 現, 出)-]- + -시(주높)- + -Ø(과시)- + -니(원칙)- + -라(← -다 : 평종)

94) 사ᄅᆞ실ᄊᆡ : 살(살다, 居)- + -ᄋᆞ시(주높)- + -ㄹᄊᆡ(-므로 : 연어, 이유)

95) 甘蔗氏라도 : 甘蔗氏(감자씨) + -Ø(← -이- : 서조)- + -Ø(현시)- + -라(← -다 : 평종) + -도(보조사, 마찬가지)

96) 普光佛 : 보광불. 석가여래(釋迦如來) 전생중 제2 아승기겁(阿僧祇劫)이 되었을 때에 만난 부처인데, 석가모니에게 미래에 성불(成佛)한다는 예언을 하였다고 한다.

97) 몺 ᄀᆞᄉᆡ : 몸(몸, 身) + -ㅅ(-의 : 관조) # ᄀᆞᆺ(← ᄀᆞᆺ : 가, 邊) + -애(-에 : 부조, 위치)

ᄀᆞᆮ실ᄊᆡ 燃_션燈_등佛_뿛이시다도⁹⁸⁾ ᄒᆞᄂᆞ니 燃_션은 블 혈 씨라⁹⁹⁾ ᄯᅩ 錠_뎡光_광佛_뿛이시다도 ᄒᆞᄂᆞ니 錠_뎡은 발 잇ᄂᆞᆫ¹⁾ 燈_등이라 佛_뿛은 알 씨니 나 알오 ᄂᆞᆷ 조쳐²⁾ 알욀 씨니³⁾ 부텨를 佛_뿛이시다 ᄒᆞᄂᆞ니라】 世_셍界_갱예 나거시ᄂᆞᆯ⁴⁾【하ᄂᆞᆯ히며⁵⁾ 사ᄅᆞᆷ 사ᄂᆞᆫ ᄯᅡᄒᆞᆯ 다 뫼호아⁶⁾ 世_셍界_갱라 ᄒᆞᄂᆞ니라】 그 ᄢᅴ 善_션慧_휑라⁷⁾ 홀⁸⁾ 仙_션人_신이【仙_션人_신은 제 몸 구텨⁹⁾ 오래¹⁰⁾ 사ᄂᆞᆫ 사ᄅᆞ미니 뫼해 노니ᄂᆞ니라¹¹⁾】 五_옹百_{ᄇᆡᆨ} 外_욍道_똫이 그르¹²⁾ 아ᄂᆞᆫ 이를¹³⁾【外_욍道_똫ᄂᆞᆫ 밧¹⁴⁾ 道_똫理_링니 부텻 道_똫理_링예 몯 든¹⁵⁾ 거시라】 ᄀᆞᄅᆞ쳐 고텨시ᄂᆞᆯ¹⁶⁾ 그 五_옹百_{ᄇᆡᆨ} 사ᄅᆞ미 弟_똉子_{ᄌᆞ}ㅣ ᄃᆞ외아 지이다¹⁷⁾ ᄒᆞ야 銀_은돈 ᄒᆞᆫ 낟곰¹⁸⁾ 받ᄌᆞᄫᆞ니라¹⁹⁾【法_법 ᄀᆞᄅᆞ치ᄂᆞᆫ²⁰⁾ 스승이오

---

98) 燃燈佛이시다도 : 燃燈佛(연등불) + −이(서조)− + −시(주높)− + −∅(현시)− + −다(평종) + −도(보조사, 첨가)

99) 블 혈 씨라 : 블(불, 火) # 혀(켜다, 點火)− + −ㄹ(관전) # ㅆ(← ᄉ : 것, 의명) + −이(서조)− + −∅(현시)− + −라(← −다 : 평종)

1) 잇ᄂᆞᆫ : 잇(← 이시다 : 있다, 有)− + −ᄂᆞ(현시)− + −ㄴ(관전)

2) 조쳐 : 조치[아우르거나 겸하다, 兼 : 좇(좇다, 從 : 타동)− + −이(사접)−]− + −어(연어)

3) 알욀 씨니 : 알외[알게 하다, 告 : 알(알다, 知 : 타동)− + −오(사접)− + −ㅣ(← −이− : 사접)−]− + −ㄹ(관전) # ㅆ(← ᄉ : 것, 의명) + −이(서조)− + −니(연어, 이유, 설명 계속)

4) 나거시ᄂᆞᆯ : 나(나다, 現)− + −시(주높)− + −거…ᄂᆞᆯ(−거늘 : 연어, 상황)

5) 하ᄂᆞᆯ히며 : 하ᄂᆞᆯㅎ(하ᄂᆞᆯ, 天) + −이며(접조)

6) 뫼호아 : 뫼호(모으다, 集)− + −아(연어)

7) 善慧라 : 善慧(선혜) + −∅(← −이− : 서조)− + −∅(현시)− + −라(← −다 : 평종)

8) 홀 : ᄒᆞ(← ᄒᆞ다 : 하다, 曰)− + −오(대상)− + −ㄹ(관전)

9) 구텨 : 구티[굳히다 : 굳(굳다, 堅 : 형사)− + −히(사접)−]− + −어(연어)

10) 오래 : [오래, 久(부사) : 오라(오래다, 久 : 형사)− + −ㅣ(← −이 : 부접)]

11) 노니ᄂᆞ니라 : 노니[← 노닐다(노닐다, 遊) : 노(← 놀다 : 놀다, 遊)− + 니(가다, 다니다, 行)−]− + −ᄂᆞ(현시)− + −니(원칙)− + −라(← −다 : 평종)

12) 그르 : [잘못, 그릇되게, 誤(부사) : 그르(그르다, 誤 : 형사)− + −∅(부접)]

13) 아ᄂᆞᆫ 이를 : 아(← 알다 : 알다, 知)− + −ㄴ(← −ᄂᆞ− : 현시)− + −오(대상)− + −ㄴ(관전) # 일(일, 事) + −을(목조)

14) 밧 : 밧(← 밖 : 밖, 外)

15) 몯 든 : 몯(못, 不能 : 부사, 부정) # 드(← 들다 : 들다, 入)− + −∅(과시)− + −ㄴ(관전)

16) 고텨시ᄂᆞᆯ : 고티[고치다, 改 : 곧(곧다, 直 : 형사)− + −히(사접)−]− + −시(주높)− + −어…ᄂᆞᆯ(−거늘 : 연어, 상황)

17) ᄃᆞ외아 지이다 : ᄃᆞ외(되다, 爲)− + −아(← −가− : 확인, 화자)− + −∅(← −아 : 연어) # 지(싶다 : 보용, 희망)− + −∅(현시)− + −이(상높, 아주 높임)− + −다(평종) ※ '−아−'는 '−가−'에서 /ㄱ/이 탈락한 형태이다.

18) 낟곰 : 낟(← 낱 : 개, 個, 의명) + −곰(−씩 : 보조사, 각자)

19) 받ᄌᆞᄫᆞ니라 : 받(바치다, 獻)− + −ᄌᆞᆸ(← −ᄌᆞᆸ− : 객높)− + −∅(과시)− + −ᄋᆞ니(원칙)− + −라(← −다 :

ᄇᆡ호ᄂᆞ닌[21] 弟똉子중ㅣ라】 그 저긧[22] 燈등照쑐王왕이 普퐁光광佛뿛을 請청ᄒᆞᅀᆞᄫᅡ[23] 供공養양호리라[24] ᄒᆞ야 나라해 出츓令령호ᄃᆡ[25] 됴ᄒᆞᆫ 고ᄌᆞ란[26] ᄑᆞ디 말오[27] 다 王왕ᄭᅴ 가져오라

普光佛(보광불)이 【普光(보광)은 넓은 光明(광명)이다. 이 부처가 나실 적에 몸의 가에 빛이 燈(등)과 같으시므로 '燃燈佛(연등불)이시다.'라고도 하느니, 燃(연)은 불을 켜는 것이다. 또 '錠光佛(정광불)이시다.'라고도 하나니, 錠(정)은 발이 있는 燈(등)이다. 佛(불)은 아는 것이니, 내가 알고 남을 겸하여 알게 하는 것이니, 부처를 '佛(불)이시다.' 하느니라.】 世界(세계)에 나시거늘【하늘이며 사람이 사는 땅을 다 모아서 '世界(세계)이다.' 하느니라.】, 그때에 '善惠(선혜)이다.' 하는 仙人(선인)이 【仙人(선인)은 자기의 몸을 굳혀 오래 사는 사람이니, 산에서 노니느니라.】 外道(외도) 五百人(오백인)의 잘못 아는 일을 【外道(외도)는 밖의 道理(도리)이니, 부처의 道理(도리)에 못 든 것이다.】 가르쳐 고치시거늘, 그 五百(오백) 사람이 "弟子(제자)가 되고 싶습니다." 하여 銀(은)돈 한 낱(個)씩 바쳤느니라. 【法(법) 가르치는 이는 스승이요, 배우는 이는 제자이다.】 그때에 燈照王(등조왕)이 "普光佛(보광불)을 請(청)하여 供養(공양)하리라." 하여 나라에 出令(출령)하되, "좋은 꽃은 팔지 말고 다 王(왕)께 가져오라."

善쎤慧휑 드르시고 ᄎᆞ기[28] 너겨 곳[29] 잇ᄂᆞᆫ 싸ᄒᆞᆯ[30] ᄀᆞᆮ가[31] 가시다가 俱궁夷잉ᄅᆞᆯ

평종)

20) ᄀᆞᄅᆞ치ᄂᆞ닌 : ᄀᆞᄅᆞ치(가르치다, 敎)- + -ᄂᆞ(현시)- + -ㄴ(관전) # 이(이, 사람, 者 : 의명) + -ㄴ(← -ᄂᆞᆫ : 보조사, 주제, 대조)

21) ᄇᆡ호ᄂᆞ닌 : ᄇᆡ호[배우다, 學 : ᄇᆡᇂ(버릇이 되다, 習 : 자동)- + -오(사동)-]- + -ᄂᆞ(현시)- + -ㄴ(관전) # 이(이, 사람, 者)- + -ㄴ(← -ᄂᆞᆫ : 보조사, 주제, 대조)

22) 그 저긧 : 그(관사, 지시) # 적(적, 때, 時 : 의명) + -의(-에 : 부조, 위치) + -ㅅ(-의 : 관조)

23) 請ᄒᆞᅀᆞᄫᅡ : 請ᄒᆞ[청하다 : 請(청, 부탁 : 명사) + -ᄒᆞ(동접)-]- + -ᅀᆞᇦ(← -ᄉᆞᆸ- : 객높)- + -아(연어)

24) 供養호리라 : 供養ᄒᆞ[공양하다 : 供養(공양 : 명사) + -ᄒᆞ(동접)-]- + -오(화자)- + -리(미시)- + -라(← -다 : 평종) ※ 비화자(非話者) 주어인 등조왕(燈照王)의 행위에 화자 표현의 선어말 어미 '-오-'가 쓰였는데, 이는 서술자가 등조왕의 관점으로 감정 이입하여 '供養ᄒᆞ다'라는 행위를 화자의 행위로 기술한 것이다.

25) 出令호ᄃᆡ : 出令ᄒᆞ[명령을 내리다 : 出令(출령 : 명사) + -ᄒᆞ(동접)-]- + -오ᄃᆡ(-되 : 연어, 설명 계속)

26) 고ᄌᆞ란 : 곶(꽃, 花) + -ᄋᆞ란(-은 : 보조사, 주제)

27) 말오 : 말(말다, 勿 : 보용, 부정)- + -오(← -고 : 연어, 계기)

28) ᄎᆞ기 : [안타까이, 섭섭이(부사) : ᄎᆞᆨ(측, 惻 : 불어) + -Ø(← -ᄒᆞ- : 형접)-]- + -이(부접)]

29) 곳 : 곳(← 곶 : 꽃, 花)

30) 싸ᄒᆞᆯ : 싸ㅎ(곳, 땅, 處) + -ᄋᆞᆯ(목조)

맛나시니³²⁾【俱_궁夷_잉는 불군 녀펴니라³³⁾ ᄒᆞ논 ᄠᅳ디니 나싫 저긔³⁴⁾ 히³⁵⁾ 디여 가듸³⁶⁾ 그 지븐 光_광明_명이 비췰씨³⁷⁾ 俱_궁夷_잉라 ᄒᆞ니라】 곳 닐굽 줄기를 가져 겨샤듸³⁸⁾ 王_왕ㄱ³⁹⁾ 出_츯令_령을 저쏳ᄫᅡ⁴⁰⁾ 瓶_뼝ㄱ 소배⁴¹⁾ ᄀᆞ초아⁴²⁾ 뒷더시니⁴³⁾ 善_쎤慧_휑 精_졍誠_쎵이 至_징極_끅ᄒᆞ실씨⁴⁴⁾ 고지 소사나거늘⁴⁵⁾ 조차⁴⁶⁾ 블러⁴⁷⁾ 사아 지라⁴⁸⁾ ᄒᆞ신대⁴⁹⁾

善慧(선혜)가 들으시고 안타까이 여겨 꽃이 있는 곳을 쫓아서 가시다가 俱夷(구이)를 만나시니【俱夷(구이)는 '밝은 여자다.' 하는 뜻이니, 나실 적에 해가 져 가되 그 집은 光明(광명)이

---

31) 곧가 : 곧가(쫓다, 따르다, 隨)- + -아(연어) ※ '곧가'의 형태와 의미를 추정하기가 어렵다. 그런데 『大方便佛報恩經』에는 『석보상절』 권11의 16장에 나타나는 "一切 衆生이 다 소리 <u>곧가</u> 閻浮提예와"에 대응되는 구절을 "一切衆生皆隨聲至閻浮提(일체의 중생이 다 소리를 <u>따라서</u> 염부제에 이르니)"로 기술하고 있다. 이를 감안하여, '곧가'를 '따라(隨)'로 옮겼다.

32) 맛나시니 : 맛나[← 맛나다(만나다, 遇) : 맛(← 맞다 : 맞다, 迎)- + 나(나다, 出, 現)-]- + -시(주높)- + -니(연어, 설명 계속)

33) 녀펴니라 : 녀편(여자, 아내, 女, 妻) + -이(서조)- + -Ø(현시)- + -라(← -다 : 평종)

34) 나싫 저긔 : 나(태어나다, 生)- + -시(주높)- + -ㅭ(관전) # 적(적, 때, 時 : 의명) + -의(-에 : 부조, 위치)

35) 히 : 히(해, 日) + -Ø(← -이 : 주조)

36) 디여 가듸 : 디(지다, 落)- + -여(← -어 : 연어) # 가(가다 : 보용, 진행)- + -듸(← -오듸 : -되, 연어, 설명 계속)

37) 비췰씨 : 비취(비치다, 照)- + -ㄹ씨(-므로 : 연어, 이유)

38) 겨샤듸 : 겨샤(← 겨시다 : 계시다, 보용, 완료 지속, 높임)- + -듸(← -오듸 : -되, 연어, 설명 계속)

39) 王ㄱ : 王(왕) + -ㄱ(-의 : 관조) ※ 『용비어천가』나 『훈민정음 언해본』 등에는 사잇소리 표기 글자나 관형격 조사로 '-ㅅ' 이외에도 '-ㅿ, -ㄱ, -ㄷ, -ㅂ, -ㅸ, -ㆆ' 등이 쓰였다.(단 '-ㅿ'은 『용비어천가』에만 쓰였다.) 그런데 『석보상절』이나 『월인석보』에는 이들이 거의 '-ㅅ'으로 통일되어 쓰였으며, '-ㄱ, -ㄷ, -ㅂ' 등이 극히 드물게 쓰이기도 했다.

40) 저쏳ᄫᅡ : 저(← 젛다 : 두려워하다, 畏)- + -쏳(← -ᄉᆞᇦ- : 객높)- + -아(연어)

41) 소배 : 솝(속, 안, 內) + -애(-에 : 부조, 위치)

42) ᄀᆞ초아 : ᄀᆞ초[간직하다, 감추다, 備, 藏 : ᄀᆞᆽ(갖추어져 있다, 具 : 형사)- + -호(사접)-]- + -아(연어)

43) 뒷더시니 : 두(두다 : 보용, 완료)- + -Ø(← -어 : 연어) + 잇(← 이시다 : 있다, 보용, 완료 지속)- + -더(회상)- + -시(주높)- + -니(연어, 설명 계속) ※ '뒷더시니'는 '두어 잇더시니'가 축약된 형태다.

44) 至極ᄒᆞ실씨 : 至極ᄒᆞ[지극하다 : 至極(지극 : 명사) + -ᄒᆞ(형접)-]- + -시(주높)- + -ㄹ씨(-므로 : 연어, 이유)

45) 소사나거늘 : 소사나[솟아나다 : 솟(솟다, 噴出)- + -아(연어) + 나(나다, 出)-]- + -거늘(연어, 상황)

46) 조차 : 좇(쫓다, 從)- + -아(연어)

47) 블러 : 블ᄅ(← 브르다, 召)- + -어(연어)

48) 사아 지라 : 사(사다, 買)- + -아(연어) # 지(싶다 : 보용, 희망)- + -Ø(현시)- + -라(← -다 : 평종)

49) ᄒᆞ신대 : ᄒᆞ(하다, 謂)- + -시(주높)- + -ㄴ대(-는데, -니 : 연어, 설명, 이유)

비치므로 '俱夷(구이)이다.' 하였니라.】, (俱夷가) 꽃 일곱 줄기를 가져 계시되 王(왕)의 出令(출령)을 두려워하여 甁(병)의 속에 감추어 두고 있으시더니, 善慧(선혜)의 精誠(정성)이 至極(지극)하시므로 꽃이 솟아나거늘 (善慧가) 쫓아서 불러 "사고 싶다." 하시니,

俱궁夷잉 니ᄅᆞ샤ᄃᆡ 大땡闕궗에 보내ᅀᆞᄫᅡ【大땡闕궗은 큰 지비니 님금 겨신 지비라】 부텻긔[50] 받ᄌᆞᄫᆞᇙ[51] 고지라[52] 몯ᄒᆞ리라[53] 善쎤慧쮕 니ᄅᆞ샤ᄃᆡ 五옹百빅 銀은도ᄂᆞ로 다ᄉᆞᆺ 줄기ᄅᆞᆯ 사아 지라 俱궁夷잉 묻ᄌᆞᄫᆞ샤ᄃᆡ[54] 므스게[55] ᄡᅳ시리[56] 善쎤慧쮕 對됭答답ᄒᆞ샤ᄃᆡ 부텻긔 받ᄌᆞᄫᅩ리라[57] 俱궁夷잉 ᄯᅩ 묻ᄌᆞᄫᆞ샤ᄃᆡ 부텻긔 받ᄌᆞᄫᅡ 므슴[58] 호려[59] ᄒᆞ시ᄂᆞ니[60] 善쎤慧쮕 對됭答답ᄒᆞ샤ᄃᆡ 一힗切쳉 種죵種죵 智딩慧쮕ᄅᆞᆯ 일워[61] 衆즁生ᄉᆡᆼ ᄋᆞᆯ 濟졩渡똥코져[62] ᄒᆞ노라[63]【一힗切쳉는 다[64] ᄒᆞᄃᆺ[65] ᄒᆞᆫ 마리오 種죵種죵은 여러 가지라 ᄒᆞ논 ᄠᅳ디라 衆즁生ᄉᆡᆼ 은 一힗切쳉 世솅間간앳[66] 사ᄅᆞ미며 하ᄂᆞᆯ히며[67] 긔ᄂᆞᆫ[68] 거시며 ᄂᆞᄂᆞᆫ 거시며 므렛[69]

50) 부텻긔 : 부텨(부처, 佛) + -ㅅ긔(-께 : 부조, 상대, 높임) ※ '-ㅅ긔'는 '-ㅅ(-의 : 관조) + 긔(거기에 : 의명)'로 분석되는데, 높임의 뜻과 상대의 뜻을 나타내는 부사격 조사로 굳어졌다.

51) 받ᄌᆞᄫᆞᇙ : 받(바치다, 獻)- + -ᄌᆞᇦ(←-ᄌᆞᆸ- : 객높)- + -오(대상)- + -ᇙ(관전)

52) 고지라 : 곶(꽃, 花) + -이(서조)- + -Ø(현시)- + -라(←-아 : 연어, 이유, 근거)

53) 몯ᄒᆞ리라 : 몯ᄒᆞ[못하다, 不能 : 몯(못, 不能 : 부사, 부정) + -ᄒᆞ(동접)-]- + -리(미시)- + -라(←-다 : 평종) ※ '몯ᄒᆞ리라'에는 화자 표현의 '-오-'가 실현되지 않았다. 곧, '네 이 고ᄌᆞᆯ 사디 몯ᄒᆞ리라(네가 이 꽃을 사지 못하리라.)'에서 '네 고ᄌᆞᆯ 사디'를 생략하고 발화한 것이다.

54) 묻ᄌᆞᄫᆞ샤ᄃᆡ : 묻(묻다, 問)- + -ᄌᆞᇦ(←-ᄌᆞᆸ- : 객높)- + -ᄋᆞ샤(←-ᄋᆞ시- : 주높)- + -ᄃᆡ(←-오ᄃᆡ : -되, 연어, 설명 계속)

55) 므스게 : 므슥(무엇, 何 : 지대, 미지칭) + -에(부조, 위치)

56) ᄡᅳ시리 : ᄡᅳ(쓰다, 用)- + -시(주높)- + -리(의종, 반말)

57) 받ᄌᆞᄫᅩ리라 : 받(바치다, 獻)- + -ᄌᆞᇦ(←-ᄌᆞᆸ- : 객높)- + -오(화자)- + -리(미시)- + -라(←-다 : 평종)

58) 므슴 : 무엇, 何(지대, 미지칭)

59) 호려 : ᄒᆞ(하다, 爲)- + -오려(-려 : 연어, 의도)

60) ᄒᆞ시ᄂᆞ니 : ᄒᆞ(하다, 爲)- + -시(주높)- + -ᄂᆞ(현시)- + -니(의종, 반말)

61) 일워 : 일우[이루다, 成(타동) : 일(이루어지다, 成 : 자동)- + -우(사접)-]- + -어(연어)

62) 濟渡코져 : 濟渡ᄒᆞ[← 濟渡ᄒᆞ다(제도하다) : 濟渡(제도 : 명사) + -ᄒᆞ(동접)-]- + -고져(-고자 : 연어, 의도)

63) ᄒᆞ노라 : ᄒᆞ(하다, 爲) + -ㄴ(←-ᄂᆞ- : 현시)- + -오(화자)- + -라(←-다 : 평종)

64) 다 : [다, 皆(부사) : 다(← 다ᄋᆞ다 : 다하다, 盡, 타동)- + -Ø(←-아 : 연어 ▹ 부접)]

65) ᄒᆞᄃᆺ : ᄒᆞ(하다, 爲)- + -ᄃᆺ(-듯 : 연어, 흡사)

66) 世間앳 : 世間(세간, 세상) + -애(-에 : 부조, 위치) + -ㅅ(-의 : 관조) ※ '世間앳'는 '世間에 있는'으로 의역하여 옮긴다.

67) 하ᄂᆞᆯ히며 : 하ᄂᆞᆶ(하늘, 天) + -이며(접조)

거시며 무틧⁷⁰⁾ 거시며 숨튼⁷¹⁾ 거슬 다 衆_즁生_싱이라 ᄒᆞᄂᆞ니라 濟_졩渡_똥ᄂᆞᆫ 믈 건낼⁷²⁾ 씨니 世_솅間_간

앳 煩_뻔惱_놀 만호미⁷³⁾ 바ᄅᆞᆳ믈 ᄀᆞᄐᆞ니 부톄⁷⁴⁾ 法_법 ᄀᆞᄅᆞ치샤 煩_뻔惱_놀 바ᄅᆞ래 건내야 내실 쓸⁷⁵⁾

濟_졩渡_똥ㅣ라 ᄒᆞᄂᆞ니라 】

俱夷(구이)가 이르시되 "大闕(대궐)에 보내어 【大闕(대궐)은 큰 집이니 임금이 계신 집이다.】 부처께 바칠 꽃이라서 (네가 꽃을 사지) 못하리라." 善慧(선혜)가 이르시되 "五百(오백) 銀(은)돈으로 다섯 줄기를 사고 싶다." 俱夷(구이)가 물으시되 "무엇에 쓰시리?" 善慧(선혜)가 대답하시되 "부처께 바치리라." 俱夷(구이)가 또 물으시되 "부처께 바쳐서 무엇을 하려 하시니?" 善慧(선혜)가 대답하시되 "一切(일체)의 갖가지 智慧(지혜)를 이루어 衆生(중생)을 濟渡(제도)코자 한다." 【一切(일체)는 '다' 하듯 한 말이고, 種種(종종)은 '여러 가지이다.' 하는 뜻이다. 衆生(중생)은 一切(일체)의 世間(세간)에 있는, 사람이며 하늘이며 기는 것이며 나는 것이며 물에 있는 것이며 뭍에 있는 것이며 숨을 쉬는 것을 다 '衆生(중생)이다.' 하느니라. 濟渡(제도)는 물을 건너게 한다는 것이니, 世間(세간)에 있는 煩惱(번뇌)가 많은 것이 바닷물과 같으니, 부처가 法(법)을 가르치시어 煩惱(번뇌)의 바다에 건내어 내시는 것을 '濟渡(제도)이다' 하느니라.】

俱_궁夷_잉 너기샤ᄃᆡ 이 男_남子_{ᄌᆞ}ㅣ 精_졍誠_쎵이 至_징極_끅ᄒᆞᆯ씨 보ᄇᆡᄅᆞᆯ⁷⁶⁾ 아니 앗기놋

다⁷⁷⁾ ᄒᆞ야 니르샤ᄃᆡ 내 이 고ᄌᆞᆯ 나소리니⁷⁸⁾ 願_원호ᄃᆞᆫ⁷⁹⁾ 내⁸⁰⁾ 生_싱生_싱애

---

68) 긔ᄂᆞᆫ : 긔(기다, 匍)- + -ᄂᆞ(현시)- + -ㄴ(관전)

69) 므렛 거시며 : 믈(물, 水) + -에(부조, 위치) + -ㅅ(-의 : 관조) # 것(것, 者 : 의명) + -이며(접조)

70) 무틧 : 뭍(육지, 陸) + -의(-에 : 부조, 위치) + -ㅅ(-의 : 관조)

71) 숨튼 : 숨ᄐᆞ[숨쉬다, 목숨을 받다 : 숨(숨, 息) + ᄐᆞ(타다, 받다 : 타동)-]- + -Ø(과시)- + -ㄴ(관전)

72) 건낼 : 건내[건너게 하다, 渡 : 걷(걷다, 步) + 나(나다, 나가다, 出)- + -ㅣ(←-이- : 사접)-]- + -ㄹ (관전)

73) 만호미 : 많(많다, 多)- + -옴(명전) + -이(주조)

74) 부톄 : 부텨(부처, 佛) + -ㅣ(←-이 : 주조)

75) 내실 쓸 : 내[내다(보용, 완료) : 나(나다, 出現 : 자동)- + -ㅣ(←-이- : 사접)-]- + -시(주높)- + -ㄹ (관전) # 쓰(←ᄉᆞ : 것, 者, 의명) + -을(목조)

76) 보ᄇᆡᄅᆞᆯ : 보ᄇᆡ(보배, 寶) + -ᄅᆞᆯ(목조)

77) 앗기놋다 : 앗기(아끼다, 惜)- + -ㄴ(←-ᄂᆞ- : 현시)- + -옷(감동)- + -다(평종)

78) 나소리니 : 나소[바치다, 獻 : 낫(← 낫다, ㅅ불 : 나아가다, 進, 타동)- + -오(사접)-]- + -Ø(←-오- : 화자)- + -리(미시)- + -니(연어, 설명 계속, 이유)

79) 願호ᄃᆞᆫ : 願ᄒᆞ[원하다 : 願(원 : 명사) -ᄒᆞ(동접)-]- + -ㄴᄃᆞᆫ(-건대 : 연어, 주제 제시) ※ '-ㄴᄃᆞᆫ'은 [-ㄴ(관전) + ᄃᆞ(것, 者 : 의명) + -ㄴ(←-ᄂᆞᆫ : 보조사, 주제)]으로 형성된 연결 어미이다. ※ '願호ᄃᆞᆫ(= 원하는 것은)'은 뒤 절의 내용이 화자가 보거나 듣거나 바라거나 생각하는 따위의 내용임을 미리

그딋[81] 가시[82] 드외아 지라[83] 善썬慧휑 對됭答답ᄒᆞ샤ᄃᆡ 내 조ᄒᆞᆫ[84] 힝뎌글 닷가 일업슨[85] 道똘理링ᄅᆞᆯ 求꿀ᄒᆞ노니[86] 죽사릿[87] 因힌緣원은 둗디[88] 몯ᄒᆞ려다[89]

俱夷(구이)가 여기시되 '이 男子(남자)가 精誠(정성)이 至極(지극)하므로 보배를 아니 아끼는구나.' 하여, 이르시되 "내가 이 꽃을 바치리니, 願(원)하건대 내가 平生(평생)에 그대의 각시(아내)가 되고 싶다." 善慧(선혜)가 대답하시되, "내가 깨끗한 행적을 닦아 초연한 道理(도리)를 求(구)하니, 죽살이의 因緣(= 부부의 인연)은 두고 있지 못하리라.

【因힌緣원[90]은 젼ᄎᆞ니[91] 前쩐生ᄉᆡᆼ앳 이릐[92] 젼ᄎᆞᄅᆞᆯ 因힌緣원이라 ᄒᆞ고 그 이를 因힌ᄒᆞ야 後ᅘᅮᇢ生ᄉᆡᆼ애 ᄃᆞ외요ᄆᆞᆯ[93] 果광報ᄫᅩᇢ[94] ㅣ라 ᄒᆞᄂᆞ니 果광ᄂᆞᆫ 여르미오[95] 報ᄫᅩᇢᄂᆞᆫ 가폴 씨라[96] 됴ᄒᆞᆫ 씨[97] 심거

밝히는 연결 어미이다.

80) 내 : 나(나, 我 : 인대, 1인칭) + -ㅣ(← -이 : 주조)

81) 그딋 : 그디[그대, 汝(인대, 2인칭, 예사 높임) : 그(그것, 彼 : 지대) + -디(높접, 예사 높임)] + -ㅅ(-의 : 관조)

82) 가시 : 갓(아내, 妻) + -이(보조)

83) ᄃᆞ외아 지라 : ᄃᆞ외(되다, 爲)- + -아(← -가- : 확인, 화자)- + -Ø(← -아 : 연어) # 지(싶다 : 보용, 희망)- + -Ø(현시)- + -라(← -다 : 평종)

84) 조ᄒᆞᆫ : 좋(깨끗하다, 淨)- + -Ø(현시)- + -ㄴ(관전)

85) 일업슨 : 일없[초연하다, 超然(형사) : 일(일, 事 : 명사) + 없(없다, 無)-]- + -Ø(현시)- + -은(관전)

86) 求ᄒᆞ노니 : 求ᄒᆞ[구하다 : 求(구 : 불어) + -ᄒᆞ(동접)-]- + -ㄴ(← -ᄂᆞ- : 현시)- + -오(화자)- + -니(연어, 이유)

87) 죽사릿 : 죽사리[죽살이, 생사, 生死 : 죽(죽다, 死)- + 살(살다, 生)- + -이(명접)] + -ㅅ(-의 : 관조)

88) 둗디 : 두(두다, 置)- + -Ø(← -어 : 연어) + 잇(← 이시다 : 있다, 보용)- + -디(-지 : 연어, 부정)
※ 뒷다('두어 잇다'의 준말)의 활용형인 '뒷디'가 '둗디'로 표기된 것이다. 이 말의 형태는 '두어 잇디 → 뒷디 → 둣디 → 둗디'와 같이 변동한다. '둣디'가 '둗디'로 표기된 것은 종성 소리로 나는 소리가 8종성 체계에서 7종성 체계로 바뀌는 초기의 예로 볼 수 있다.

89) 몯ᄒᆞ려다 : 몯ᄒᆞ[← 몯ᄒᆞ다(못하다, 不能 : 보용, 부정) : 몯(못, 不能 : 부사, 부정) + -ᄒᆞ(동접)-]- + -오(화자)- + -리(미시)- + -어(확인)- + -다(평종)

90) 因緣 : 인연. 인(因)과 연(緣)을 아울러 이르는 말이다. 인은 결과를 만드는 직접적인 힘이고, 연은 그를 돕는 외적이고 간접적인 힘이다.

91) 젼ᄎᆞ니 : 젼ᄎᆞ(까닭, 이유) + -ㅣ(← -이- : 서조)- + -니(연어, 설명, 이유)

92) 이릐 : 일(일, 事) + -의(관조)

93) ᄃᆞ외요ᄆᆞᆯ : ᄃᆞ외(되다, 爲)- + -욤(← -옴 : 명전) + -ᄋᆞᆯ(목조)

94) 果報 : 과보. 인과응보이다. 곧, 전생에 지은 선악에 따라 현재의 행과 불행이 있고, 현세에서의 선악의 결과에 따라 내세에서 행과 불행이 있는 일이다.

95) 여르미오 : 여름[열매, 果(명사) : 열(열다, 實)- + -음(명접)] + -이(서조)- + -오(← -고 : 연어, 나열)

든[98] 됴흔 여름 여루미[99] 前_쪈生_싱앳 이릐 因_힌緣_원으로 後_훃生_싱애 됴흔 몸 ᄃᆞ외어나[1] 구즌 몸 ᄃᆞ외어나 호미[2] ᄀᆞᄐᆞᆯᄊᆡ 果_광 ㅣ라 ᄒᆞ고 後_훃生_싱애 ᄃᆞ외요미 前_쪈生_싱 因_힌緣_원을 가포밀ᄊᆡ[3] 報_봏 ㅣ라 ᄒᆞᄂᆞ니라 夫_붕妻_쳉 ᄒᆞ야 사로ᄆᆞᆫ[4] 힝뎌기 조티 몯ᄒᆞ야 輪_륜廻_{ᅘᆁᆼ}ᄅᆞᆯ 벗디 몯ᄒᆞᄂᆞᆫ 根_근源_원일ᄊᆡ 죽사릿 因_힌緣_원이라 ᄒᆞ니라[5] 夫_붕는 샤오이오[6] 妻_쳉는 가시라[7] 輪_륜廻_{ᅘᆁᆼ}ᄂᆞᆫ 술윗띠[8] 횟돌 씨니[9] 부텨는 煩_뻔惱_놓ᄅᆞᆯ ᄠᅥ러 ᄇᆞ리실ᄊᆡ[10] 죽사릿 受_쓯苦_콩ᄅᆞᆯ 아니 ᄒᆞ거시니와[11] 샹녯[12] 사ᄅᆞᄆᆞᆫ 煩_뻔惱_놓ᄅᆞᆯ 몯 ᄠᅥ러ᄇᆞ릴ᄊᆡ 이 生_싱애셔 後_훃生_싱 因_힌緣_원을 지서 사ᄅᆞ미 ᄃᆞ외락[13] 벌에[14] 즁싱[15]이 ᄃᆞ외락 ᄒᆞ야 長_땽常_쌍[16] 주그락 살락 ᄒᆞ야 受_쓯苦_콩호ᄆᆞᆯ[17] 輪_륜廻_{ᅘᆁᆼ}라 ᄒᆞᄂᆞ니라 】

【 因緣(인연)은 까닭이니 前生(전생)의 일의 까닭을 '因緣(인연)이다.' 하고, 그 일을 因(인)하여 後生(후생)에 되는 것을 '果報(과보)이다.' 하나니, 果(과)는 열매이고 報(보)는 갚는 것이다. 좋은 씨를

---

96) 가폴 씨라 : 값(갚다, 報)- + -올(관전) # ᄊ(← ᄉ : 의명) + -이(서조)- + -Ø(현시)- + -라(← -다 : 평종)

97) 삐 : 씨, 種.

98) 심거든 : 싞(← 시므다 : 심다, 植)- + -어든(-거든 : 연어, 조건)

99) 여루미 : 열(열다, 實 : 동사)- + -움(명전) + -이(주조)

1) ᄃᆞ외어나 : ᄃᆞ외(되다, 爲)- + -어나(←-거나 : 연어, 선택)

2) 호미 : ᄒᆞ(← ᄒᆞ다 : 하다, 爲)- + -옴(명전) + -이(-과 : 부조, 비교)

3) 가포밀ᄊᆡ : 값(갚다, 報)- + -옴(명전) + -이(서조)- + -ㄹᄊᆡ(-ᄆᆞ로 : 연어, 이유)

4) 사로ᄆᆞᆫ : 살(살다, 活)- + -옴(명전) + -ᄋᆞᆫ(보조사, 주제)

5) ᄒᆞ니라 : ᄒᆞ(하다, 謂)- + -Ø(과시)- + -니(원칙)- + -라(← -다 : 평종)

6) 샤오이오 : 샤옹(남편, 夫) + -이(서조)- + -오(← -고 : 연어, 나열)

7) 가시라 : 갓(아내, 妻) + -이(서조)- + -Ø(현시)- + -라(← -다 : 평종)

8) 술윗띠 : 술윗띠[수렛바퀴 : 술위(수레, 車) + -ㅅ(관조, 사잇) + 띠(바퀴, 輪)] + -Ø(← -이 : 주조)

9) 횟돌 씨니 : 횟도[← 횟돌다(휘돌다, 旋) : 횟(접두, 강조)- + 돌(돌다, 回 : 자동)-]- + -ㄹ(관전) # ᄊ(← ᄉ : 것, 의명) + -이(서조)- + -니(연어, 설명 계속)

10) ᄠᅥ러 ᄇᆞ리실ᄊᆡ : ᄠᅥᆯ(떨치다, 떼어내다, 離)- + -어(연어) # ᄇᆞ리(버리다 : 보용, 완료)- + -시(주높)- + -ㄹᄊᆡ(-ᄆᆞ로 : 연어, 이유)

11) 아니 ᄒᆞ거시니와 : 아니(아니, 不 : 부사, 부정) # ᄒᆞ(하다, 爲)- + -시(주높)- + -거…니와(-거니와 : -지만, 연어, 대조)

12) 샹녯 : 샹녜(보통, 常例 : 명사) + -ㅅ(-의 : 관조)

13) ᄃᆞ외락 : ᄃᆞ외(되다, 爲)- + -락(연어, 서로 다른 동작의 반복)

14) 벌에 : 벌레, 蟲.

15) 즁싱 : 짐승, 獸.

16) 長常 : 장상. 늘(부사)

17) 受苦호ᄆᆞᆯ : 受苦ᄒᆞ[← 受苦ᄒᆞ다(수고하다) : 受苦(수고 : 명사)- + -ᄒᆞ(동접)-]- + -옴(명전)- + -ᄋᆞᆯ(목조)

심으면 좋은 열매를 여는 것이 前生(전생)에 있은 일의 因緣(인연)으로 後生(후생)에 좋은 몸이 되거나 궂은 몸이 되거나 하는 것과 같으므로 '果(과)이다.' 하고, 後生(후생)이 되는 것이 前生(전생)의 因緣(인연)을 갚음이므로 '報(보)이다.' 하느니라. 부부가 되어 사는 것은 행적이 깨끗하지 못하여 輪廻(윤회)를 벗지 못하는 根源(근원)이므로 '죽살이의 因緣(인연)이다.' 하였니라. 夫(부)는 남편이요 妻(처)는 아내다. 輪廻(윤회)는 수레바퀴가 횟도는 것이니, 부처는 煩惱(번뇌)를 떨쳐 버리시므로 죽고 사는 受苦(수고)를 아니하시거니와, 보통의 사람은 煩惱(번뇌)를 못 떨쳐 버리므로 이 生(생)에서 後生(후생)의 因緣(인연)을 지어 사람이 되거나 벌레나 짐승이 되거나 하여, 항상 죽으락 살락 하여 受苦(수고)하는 것을 '輪廻(윤회)이다.' 하느니라.】

俱궁夷잉 니르샤디 내 願원을 아니 從쭝ᄒ면 고ᄌᆞᆯ 몯 어드리라 善쎤慧휑 니르샤디 그러면 네 願원을 從쭝호리니[18] 나ᄂᆞᆫ 布봉施싱ᄅᆞᆯ 즐겨[19]【布봉施싱ᄂᆞᆫ 쳔랴올[20] 펴아 내야 ᄂᆞᆷ 줄 씨라 】 사ᄅᆞ미 ᄠᅳ들 거스디[21] 아니ᄒᆞ노니 아뫼어나[22] 와 내 머릿바기며[23] 눉ᄌᆞᅀᆡ며[24] 骨ᄀᆞᆯ髓쓍며 가시며 子즁息식이며 도라[25] ᄒᆞ야도【骨ᄀᆞᆯ髓쓍ᄂᆞᆫ 썟[26] 소개 잇ᄂᆞᆫ 기르미라 】네 거틄[27] ᄠᅳ들 ᄒᆞ야 내 布봉施싱ᄒᆞᄂᆞᆫ[28] ᄆᆞᅀᆞ믈 허디[29] 말라 俱궁夷잉 니르샤디 그딋[30] 말 다히[31] 호리니[32] 내 겨지비라[33] 가져가디[34] 어려ᄫᆞᆯᄊᆡ[35]

---

18) 從호리니 : 從ᄒ[← 從ᄒ다(종하다, 따르다) : 從(종 : 불어) + -ᄒ(동접)-]- + -오(화자)- + -리(미시)- + -니(연어, 설명 계속)

19) 즐겨 : 즐기[즐기다, 樂 : 즑(즐거워하다, 喜 : 자동)- + -이(사접)-]- + -어(연어)

20) 쳔랴올 : 쳔량(재물, 財) + -올(목조)

21) 거스디 : 거스(← 거슬다 : 거스르다, 逆)- + -디(-지 : 연어, 부정)

22) 아뫼어나 : 아모(아무, 某 : 인대, 부정칭) + -ㅣ어나(← -이어나 : -이거나, 보조사, 선택)

23) 머릿바기며 : 머릿박[머리통 : 머리(머리, 頭) + -ㅅ(관조, 사잇) + 박(박, 통, 桶)] + -이며(접조)

24) 눉ᄌᆞᅀᆡ며 : 눉ᄌᆞᅀᆞ[눈자위, 眼睛 : 눈(눈, 眼) + -ㅅ(관조, 사잇) + ᄌᆞᅀᆞ(자위, 睛)] + -ㅣ며(← -이며 : -이며, 접조)

25) 도라 : 도(달다, 남이 나에게 주다, 授)- + -라(명종)

26) 썟 : 뼈(뼈, 骨) + -ㅅ(-의 : 관조)

27) 거틄 : 거티(걸리다, 거리끼다, 碍)- + -유(← -우- : 대상)- + -ᇙ(관전)

28) 布施ᄒᆞᄂᆞᆫ : 布施ᄒ[보시하다 : 布施(보시 : 명사) + -ᄒ(동접)-]- + -ㄴ(← -ᄂᆞ- : 현시)- + -오(대상)- + -ㄴ(관전) ※ '報施(보시)'는 자비심으로 남에게 재물이나 불법을 베푸는 것이다.

29) 허디 : 허(← 헐다 : 헐다, 毁)- + -디(-지 : 연어, 부정)

30) 그딋 : 그듸[← 그듸(그대, 汝 : 인대, 2인칭, 예사 높임) : 그(그, 彼 : 지대, 정칭) + -듸(높접)] + -ㅅ(-의 : 관조)

31) 말 다히 : 말(말, 言) # 다히(대로, 같이 : 의명)

32) 호리니 : ᄒ(하다, 爲)- + -오(화자)- + -리(미시)- + -니(연어, 설명 계속)

두 줄기를 조처³⁶⁾ 맛디노니³⁷⁾ 부텻긔³⁸⁾ 받ᄌᆞᄫᅡ³⁹⁾ 生ᅀᅵᆼ生ᅀᅵᆼ⁴⁰⁾애 내 願_원을 일티 아니케 ᄒᆞ고라⁴¹⁾

俱夷(구이)가 이르시되, "내 願(원)을 아니 따르면 (너는) 꽃을 못 얻으리라." 善慧(선혜) 가 이르시되, "그러면 너의 願(원)을 따르겠으니, 나는 布施(보시)를 즐겨 【布施(보시)는 재물을 펴내어 남에게 주는 것이다.】 사람의 뜻을 거스르지 아니하니, 아무나 와서 내 머리 통이며 눈동자며 骨髓(골수)며 아내며 子息(자식)이며 달라 하여도【骨髓(골수)는 뼈 속에 있는 기름이다.】, 네가 거리낄 뜻을 하여 나의 布施(보시)하는 마음을 헐지 말라." 俱夷(구이)가 이르시되, "그대의 말대로 하리니, 내가 여자라서 (꽃을) 가져가기 어려우므로 (꽃) 두 줄기를 아울러 맡기니, 부처께 바치어 生生(생생)에 나의 願(원)을 잃지 아니케 하오."

그 ᄢᅴ⁴²⁾ 燈_등照_쟣王_왕이 臣_씬下_{ᅘᅡᆼ}와 百_빅姓_셩과 領_령코⁴³⁾【領_령은 거느릴 씨라】 種_죵種_죵⁴⁴⁾ 供_공養_양⁴⁵⁾ 가져 城_쎵의 나아 부텨를 맛ᄌᆞᄫᅡ⁴⁶⁾ 저ᅀᅳᆸ고⁴⁷⁾ 일훔난 고ᄌᆞᆯ 비터라⁴⁸⁾

---

33) 겨지비라 : 겨집(여자, 女) + -이(서조)- + -라(← -아 : 연어, 이유, 근거)

34) 가져가디 : 가져가[가져가다 : 가지(가지다, 持)- + -어(연어) + 가(가다, 去)]- + -디(-기 : 명전) + -Ø(←-이 : 주조) ※ '-디'는 서술어가 '어렵다'일 때 쓰이는 특수한 명사형 전성 어미이다.

35) 어려ᄫᅳᆯ씨 : 어려ᇦ(← 어렵다, ㅂ불 : 어렵다, 難)- + -을씨(-으므로 : 연어, 이유)

36) 조처 : 조치[아우르다, 겸하다, 兼 : 좇(좇다, 從 : 타동)- + -이(사접)-]- + -어(연어)

37) 맛디노니 : 맛디[맡기다 : 맛(맡다, 任 : 타동)- + -이(사접)-]- + -ㄴ(←-ᄂᆞ- : 현시)- + -오(화자)- + -니(연어, 설명 계속)

38) 부텻긔 : 부텨(부처, 佛) + -ᄭᅴ(-께 : 부조, 상대, 높임)

39) 받ᄌᆞᄫᅡ : 받(바치다, 獻)- + -ᄌᆞᇦ(←-ᄌᆞᆸ- : 객높)- + -아(연어)

40) 生生 : 생생. 몇 번이든지 다시 환생하는 일이나 그런 때이다. 중생이 나서 죽고 죽어서 다시 태어나 는 윤회의 형태이다.

41) ᄒᆞ고라 : ᄒᆞ(하다, 爲)- + -고라(-오 : 명종, 반말) ※ '-고라'는 높임과 낮춤의 중간 등급인 명령형 종결 어미이다.

42) ᄢᅴ : ᄡᅥ(← ᄢᅳ : 때, 時) + -의(-에 : 부조, 위치)

43) 領코 : 領ᄒᆞ[← 領ᄒᆞ다(거느리다) : 領(령 : 명사) + -ᄒᆞ(동접)-]- + -고(연어, 계기)

44) 種種 : 종종. 모양이나 성질이 다른 여러 가지이다.

45) 供養 : 공양. 불(佛), 법(法), 승(僧)의 삼보(三寶)나 죽은 이의 영혼에게 음식, 꽃 따위를 바치는 일이 나, 또는 그 음식이다.

46) 맛ᄌᆞᄫᅡ : 맛(← 맞다, 迎)- + -ᄌᆞᇦ(←-ᄌᆞᆸ- : 객높)- + -아(연어)

47) 저ᅀᅳᆸ고 : 저ᅀᅳᆸ(저쑵다, 신이나 부처에게 절하다, 拜)- + -고(연어, 계기) ※ 어원적으로 볼 때에, '저 ᅀᅳᆸ다'는 '저ᅀᅳᆸ[저쑵다, 拜 : 저(← 절 : 절, 拜)- + -Ø(←-ᄒᆞ- : 동접)- + -ᅀᅳᆸ(객높)-]- + -다'로 분석 된다.

녀느⁴⁹⁾ 사르미 供供養양 무차늘⁵⁰⁾ 善썬慧뼁 다슷 고줄 비흐시니⁵¹⁾ 다 空콩中듕에 머므러⁵²⁾ 곳⁵³⁾ 臺띵 드외어늘【空콩中듕은 虛형空콩ㅅ 가온디라⁵⁴⁾】後훙에 두 줄기를 비흐니 또 空콩中듕에 머므러 잇거늘 王왕이며 天텬龍룡八밣部뽕⁵⁵⁾ㅣ 과ᄒᆞ야⁵⁶⁾ 녜 업던 이리로다⁵⁷⁾ ᄒᆞ더니

그때에 燈照王(등조왕)이 臣下(신하)와 百姓(백성)을 領(령)하고【領(령)은 거느리는 것이다.】 種種(종종)의 供養(공양)을 가져서, 城(성)에 나아가 부처를 맞아 절하고 이름난 꽃을 흩뿌리더라. 다른 사람이 供養(공양)을 마치거늘, 善慧(선혜)가 다섯 꽃을 흩뿌리시니 다 空中(공중)에 머물러 꽃의 臺(대)가 되거늘【空中(공중)은 虛空(허공)의 가운데이다.】, 後(후)에 두 줄기를 흩뿌리니 또 空中(공중)에 머물러 있거늘, 王(왕)이며 天龍八部(천룡팔부)가 칭찬하여 "예전에 없던 일이로다." 하더니

【八밣部뽕는 여듧 주비니⁵⁸⁾ 天텬과 龍룡과 夜양叉창와 乾껀闥탏婆뼁와 阿항修슐羅랑와 迦강樓를羅랑와 緊긴那낭羅랑와 摩망睺萉羅랑伽꺙왜니⁵⁹⁾ 龍룡은 고기⁶⁰⁾ 中듕에 위두ᄒᆞᆫ⁶¹⁾ 거시니 ᄒᆞᆫ 모미 크락⁶²⁾ 져그락 ᄒᆞ야 神씬奇끵ᄒᆞᆫ 變변化황ㅣ 몯내⁶³⁾ 앓⁶⁴⁾ 거시라 夜양叉창는 ᄂᆞᆯ나고⁶⁵⁾ 모디다⁶⁶⁾ ᄒᆞᆫ ᄠᅳ디

---

48) 비터라 : 빟(흩뿌리다, 散)- + -더(회상)- + -라(← -다 : 평종)

49) 녀느 : 다른, 他(관사)

50) 무차늘 : 뭋(마치다, 終)- + -아늘(-거늘 : 연어, 상황)

51) 비흐시니 : 빟(흩뿌리다, 散)- + -으시(주높)- + -니(연어, 설명 계속)

52) 머므러 : 머믈(머물다, 留)- + -어(연어)

53) 곳 : 곳(← 곶 : 꽃, 花)

54) 가온디라 : 가온디(가운데, 中) + -Ø(← -이- : 서조)- + -Ø(현시)- + -라(← -다 : 평종)
   ※ '가온디'를 [가온(中 : 접두)- + 디(데, 處 : 의명)]로 분석하기도 한다. 이때 '가불-/가온-'은 '반' 또는 '중간'의 뜻을 나타내는 것으로 추정한다.(허웅, 1975 : 143 참조.)

55) 天龍八部 : 천룡팔부. 사천왕(四天王)에 딸려서 불법을 지키는 여덟 신장(神將)이다. 천(天), 용(龍), 야차(夜叉), 건달바(乾闥婆), 아수라(阿修羅), 가루라(迦樓羅), 긴나라(緊那羅), 마후라가(摩睺羅迦)이다.

56) 과ᄒᆞ야 : 과ᄒᆞ(칭찬하다, 부러워하다, 讚)- + -야(← -아 : 연어)

57) 이리로다 : 일(일, 事) + -이(서조)- + -Ø(현시)- + -로(← -도- : 감동)- + -다(평종)

58) 주비니 : 주비(종류, 무리, 類) + -Ø(← -이- : 서조)- + -니(연어, 설명 계속)

59) 摩睺羅伽왜니 : 摩睺羅伽(마후라가) + -와(접조) + -ㅣ(← -이- : 서조)- + -니(연어, 설명 계속)

60) 고기 : 곡(← 고기 : 고기, 漁) + -의(-의 : 관조)

61) 위두ᄒᆞᆫ : 위두ᄒᆞ[으뜸가다 : 위두(為頭, 우두머리 : 명사) + -ᄒᆞ(형접)-]- + -Ø(현시)- + -ㄴ(관전)

62) 크락 : 크(크다, 大)- + -락(연어 : 대립되는 동작의 반복)

63) 몯내 : [몯내, 끝내 못, 이루다 말할 수 없이(부사) : 몯(못 : 부사, 부정) + -내(접미)] ※ 원문의 문맥

니⁶⁷⁾ 虛_헝空_콩애 ᄂᆞ라ᄃᆞ니ᄂᆞ니라⁶⁸⁾ 乾_껀闥_탏婆_뺑는 香_향내⁶⁹⁾ 맏ᄂᆞ다⁷⁰⁾ 혼 ᄠᅳ디니 하ᄂᆞᆳ 풍류ᄒᆞᄂᆞ⁷¹⁾ 神_씬靈_령이니 하늘해 이셔⁷²⁾ 풍류호려 홀 저기면 이 神_씬靈_령이 香_향내 맏고 올아가ᄂᆞ니라⁷³⁾ 阿_항修_슣羅_랑는 하늘 아니라⁷⁴⁾ ᄒᆞ논⁷⁵⁾ ᄠᅳ디니 福_복과 힘과ᄂᆞ 하늘콰⁷⁶⁾ ᄀᆞ토ᄃᆡ⁷⁷⁾ 하ᄂᆞᆳ 힝뎌기 업스니 嗔_친心_심⁷⁸⁾이 한 젼ᄎᆞ라⁷⁹⁾ 迦_강樓_를羅_랑ᄂᆞ 金_금 ᄂᆞᆯ개라⁸⁰⁾ 혼⁸¹⁾ ᄠᅳ디니 두 ᄂᆞᆯ개 ᄊᆞᅀᅵ⁸²⁾ 三_삼百_{ᄇᆡᆨ}三_삼十_씹六_륙萬_먼 里_링오 모기⁸³⁾ 如_{ᅀᅥ}意_{ᅙᅴ}珠_즁⁸⁴⁾ ᅵ 잇고 龍_룡을 밥 사마 자바먹ᄂᆞ니라 緊_긴那_낭羅_랑ᄂᆞ 疑_{ᅌᅴ}心_심ᄃᆞ빈⁸⁵⁾ 神_씬靈_령이라 혼 ᄠᅳ디니 사ᄅᆞᆷ ᄀᆞ토ᄃᆡ ᄲᅳ리⁸⁶⁾ 이실ᄊᆡ 사ᄅᆞ민가⁸⁷⁾ 사ᄅᆞᆷ 아닌가 ᄒᆞ야 疑_{ᅌᅴ}心_심ᄃᆞ빈니 놀애 브르ᄂᆞ 神_씬靈_령이니 부텨 說_{ᅌᅯᇙ}法_법ᄒᆞ신 다마다⁸⁸⁾ 다

으로 보아서 '몯내'를 '몯(못, 不)'의 강조적인 의미로 보아서 '끝내 못'으로 옮긴다.

64) 앓 : 아(← 알다 : 알다, 知)- + -ㅭ(관전)

65) ᄂᆞᆯ나고 : ᄂᆞᆯ나[날래다, 速 : ᄂᆞᆯ(날다, 飛)- + 나(나다, 現)-]- + -고(연어, 계기)

66) 모디다 : 모디(← 모딜다 : 모질다, 虐)- + -Ø(현시)- + -다(평종)

67) ᄠᅳ디니 : ᄠᅳᆮ(뜻, 意) + -이(서조)- + -니(연어, 설명 계속)

68) ᄂᆞ라ᄃᆞ니ᄂᆞ니라 : ᄂᆞ라ᄃᆞ니[날아다니다, 飛行 : ᄂᆞᆯ(날다, 飛)- + -아(연어) + ᄃᆞᆮ(닫다, 走)- + 니(가다, 다니다, 行)-]- + -ᄂᆞ(현시)- + -니(원칙)- + -라(← -다 : 평종)

69) 香내 : 香내[향내 : 香(향기) + 내(냄새, 臭)]

70) 맏ᄂᆞ다 : 맏(← 맡다 : 맡다, 嗅)- + -ᄂᆞ(현시)- + -다(평종)

71) 풍류ᄒᆞᄂᆞ : 풍류ᄒᆞ[풍류하다 : 풍류(風流 : 명사) + -ᄒᆞ(동접)-]- + -ᄂᆞ(현시)- + -ㄴ(관전)

72) 하늘해 이셔 : 하늘ㅎ(하늘, 天) + -애(-에 : 부조, 위치) # 이시(있다, 在)- + -어(연어)

73) 올아가ᄂᆞ니라 : 올아가[올라가다 : 올(← 오ᄅᆞ다 : 오르다, 登)- + -아(연어) + 가(가다, 去)-]- + -ᄂᆞ(현시)- + -니(원칙)- + -라(← -다 : 평종)

74) 아니라 : 아니(아니다, 不 : 형사)- + -Ø(현시)- + -라(← -다 : 평종)

75) ᄒᆞ논 : ᄒᆞ(하다, 謂)- + -ㄴ(← -ᄂᆞ- : 현시)- + -오(대상)- + -ㄴ(관전)

76) 하늘콰 : 하늘ㅎ(하늘, 天) + -과(부조 : 비교)

77) ᄀᆞ토ᄃᆡ : ᄀᆞᇀ(← ᄀᆞᆮᄒᆞ다 : 같다, 如)- + -오ᄃᆡ(-되 : 연어, 설명 계속)

78) 嗔心 : 진심. 왈칵 성내는 마음이다.

79) 젼ᄎᆞ라 : 젼ᄎᆞ(까닭, 이유, 因) + -ㅣ(← -이- : 서조)- + -Ø(현시)- + -라(← -다 : 평종)

80) ᄂᆞᆯ개라 : ᄂᆞᆯ개[날개, 翼 : ᄂᆞᆯ(날다, 飛)- + -개(명접)] + -이(서조)- + -Ø(현시)- + -라(← -다 : 평종)

81) 혼 : ᄒᆞ(← ᄒᆞ다 : 하다, 謂)- + -Ø(과시)- + -오(대상)- + -ㄴ(관전)

82) ᄂᆞᆯ개 ᄊᆞᅀᅵ : 날개(날개, 翼) + -ㅅ(-의 : 관조) # ᄊᆞᅀᅵ(사이, 間) + -Ø(← -이 : 주조)

83) 모기 : 목(목, 頸) + -이(-에 : 부조, 위치)

84) 如意珠 : 여의주. 용의 턱 아래에 있는 영묘한 구슬이다. 이것을 얻으면 무엇이든 뜻하는 대로 만들어 낼 수 있다고 한다.

85) 疑心ᄃᆞ빈 : 疑心ᄃᆞ빈[의심되다 : 疑心(의심 : 명사) + -ᄃᆞ빈(형접)-]- + -Ø(현시)- + -ㄴ(관전)

86) ᄲᅳ리 : ᄲᅳᆯ(뿔, 角) + -이(주조)

87) 사ᄅᆞ민가 : 사ᄅᆞᆷ(사람, 人) + -이(서조)- + -Ø(현시)- + -ㄴ가(-ㄴ가 : 의종, 판정)

88) 다마다 : 다(데, 곳, 處) + -마다(보조사, 각자)

能눙히 놀애로 브르〻〻니라[89] 摩망睺睺羅랑伽꺙〻 큰 빗바다ᅀ로[90] 긔여[91] ᄒ니〻다[92] 혼 ᄠᅳ디니 큰 ᄇᆡ얌[93] 神씬靈령이라 變변은 常쌍例롕에셔[94] 다ᄅᆞᆯ 씨오[95] 化황〻 ᄃᆞ욀 씨라 三삼은 세히오[96] 十씹은 열히오 六륙은 여스시라 열 百ᄇᆡᆨ이 千쳔이오 열 千쳔이 萬먼이라 여슷 자히[97] 步뽕ᅵ오 三삼百ᄇᆡᆨ 步뽕ᅵ 里링라 珠즁〻 구스리라[98] 說쉃은 니를[99] 씨라 】

【 八部(팔부)는 여덟 종류이니, 天(천)과 龍(용)과 夜叉(야차)와 乾闥婆(건달바)와 阿修羅(아수라)와 迦樓羅(가루라)와 緊那羅(긴나라)와 摩睺羅伽(마후라가)이니, 龍(용)은 고기 中(중)에 으뜸인 것이니 한 몸이 커졌다가 작아졌다가 하여 神奇(신기)한 變化(변화)를 끝내 못 아는 것이다. 夜叉(야차)는 '날래고 모질다.' 한 뜻이니 虛空(허공)에 날아다니느니라. 乾闥婆(건달바)는 '香(향)내를 맡는다.' 하는 뜻이니, 하늘의 풍류하는 神靈(신령)이니, 하늘에서 풍류하려 할 적이면 이 神靈(신령)이 香(향)내를 맡고 올라가느니라. 阿修羅(아수라)는 '하늘이 아니다.' 하는 뜻이니, 福(복)과 힘은 하늘과 같되 하늘의 행적이 없으니, (이는) 嗔心(진심)이 많은 까닭이다. 迦樓羅(가루라)는 '金(금) 날개이다.' 하는 뜻이니, 두 날개의 사이가 三百三十六萬(삼백삼십육만) 里(리)이고 목에 如意珠(여의주)가 있고 龍(용)을 밥으로 삼아 잡아먹느니라. 緊那羅(긴나라)는 '의심이 되는 神靈(신령)이다.' 하는 뜻이니, 사람과 같되 뿔이 있으므로 사람인가 사람이 아닌가 하여 疑心(의심)되니, (이는) 노래 부르는 神靈(신령)이니 부처가 說法(설법)하신 데마다 다 能(능)히 노래로 부르느니라. 摩睺羅伽(마후라가)는 '큰 배의 바닥으로 기어 움직인다.' 하는 뜻이니 큰 뱀의 神靈(신령)이다. 變(변)은 보통에서 다른 것이요 化(화)는 되는 것이다. 三(삼)은 셋이요 十(십)은 열이요 六(육)은 여섯이다. 열 百(백)은 千(천)이요 열 千(천)이 萬(만)이다. 여섯 자(尺)가 步(보)이요 三百 步(삼백 보)가 里(리)이다. 珠(주)는 구슬이다. 說(설)은 이르는 것이다.】

---

89) 브르〻〻니라 : 브르(부르다, 歌)- + -〻(객높)- + -〻(현시)- + -니(원칙)- + -라(←-다 : 평종)

90) 빗바다ᅀ로 : [뱃바닥 : 빅(배, 腹) + -ㅅ(관조, 사잇) + 바당(바닥, 面)] + -ᅀᆞ로(부조, 방편)

91) 긔여 : 긔(기다, 匍)- + -여(←-어 : 연어)

92) ᄒ니〻다 : ᄒ니(움직이다, 動)- + -〻(현시)- + -다(평종)

93) ᄇᆡ얌 : ᄇᆡ얌(뱀, 蛇) + -ㅅ(-의 : 관조)

94) 常例예셔 : 常例(상례, 보통 있는 일 : 명사) + -예(←-에 : 부조, 위치) + -셔(-서 : 보조사, 위치 강조)

95) 다ᄅᆞᆯ 씨오 : 다ᄅᆞ(다르다, 異)- + -ㄹ(관전) # ᄊᆞ(←ᄉᆞ : 것, 者, 의명) + -이(서조)- + -오(←-고 : 연어, 나열)

96) 세히오 : 세ㅎ(세, 三 : 수사, 양수) + -이(서조)- + -오(←-고 : 연어, 나열)

97) 자히 : 자ㅎ(자, 尺 : 의명) + -이(주조)

98) 구스리라 : 구슬(구슬, 珠) + -이(서조)- + -∅(현시)- + -라(←-다 : 평종)

99) 니를 : 니르(이르다, 曰)- + -ㄹ(관전)

普_퐁光_광佛_뿛이 讚_잔歎_탄ᄒ야 니르샤ᄃᆡ【讚_잔歎_탄은 기릴¹⁾ 씨라】됴타²⁾ 네 阿_항僧_승祇_낑 劫_겁을 디나가 부톄³⁾ ᄃᆞ외야 號_뽛ᄅᆞᆯ 釋_셕迦_강牟_뭏尼_닝라 ᄒ리라【號_뽛ᄂᆞᆫ 일훔 사마 브르는 거시라 釋_셕迦_강ᄂᆞᆫ 어딜며 ᄂᆞᆷ 어엿비⁴⁾ 너기실 씨니 衆_즁生_{ᄉᆡᆼ} 爲_윙ᄒ야 世_솅間_간애 나샤ᄆᆞᆯ⁵⁾ 솗고 牟_뭏尼_닝ᄂᆞᆫ 괴외ᄌᆞᆷᄌᆞᆷᄒᆞᆯ⁶⁾ 씨니 智_딩慧_휑ㅅ 根_{ᄀᆞᆫ}源_원을 솗ᄫᅳ니 釋_셕迦_강 ᄒ실ᄊᆡ 涅_녏槃_빤애 아니 겨시고 牟_뭏尼_닝 ᄒ실ᄊᆡ 生_{ᄉᆡᆼ}死_{ᄉᆞᆼ}애 아니 겨시니라 涅_녏槃_빤은 업다 ᄒᄂᆞᆫ 뜨디라】

普光佛(보광불)이 讚歎(찬탄)하여 이르시되【讚歎(찬탄)은 기리는 것이다.】, "좋다. 네가 阿僧祇(아승기) 劫(겁)을 지나가서 부처가 되어 號(호)를 釋迦牟尼(석가모니)라 하리라."【號(호)는 이름 삼아 부르는 것이다. 釋迦(석가)는 어질며 남을 가엾이 여기시는 것이니, 衆生(중생)을 爲(위)하여 世間(세간)에 나신 것을 사뢰고, 牟尼(모니)는 고요하고 잠잠한 것이니 智慧(지혜)의 根源(근원)을 사뢰니, '釋迦(석가)' 하시므로 涅槃(열반)에 아니 계시고, '牟尼(모니)' 하시므로 生死(생사)에 아니 계시니라. 涅槃(열반)은 '없다.' 하는 뜻이다.】

授_{ᄊᆛᇢ}記_긩 다 ᄒ시고【授_{ᄊᆛᇢ}記_긩ᄂᆞᆫ 네⁷⁾ 아모⁸⁾ 저긔 부텨 ᄃᆞ외리라 미리 니르실 씨라】부텨 가시논⁹⁾ ᄯᅡ히 즐어늘¹⁰⁾ 善_쎤慧_휑 니버 잇더신¹¹⁾ 鹿_록皮_삥 오ᄉᆞᆯ 바사 ᄯᅡ해¹²⁾ ᄭᆞᄅᆞ시고¹³⁾【鹿_록皮_삥ᄂᆞᆫ 사ᄉᆞ믹 가치라¹⁴⁾】마리ᄅᆞᆯ 퍼¹⁵⁾ 두퍼시ᄂᆞᆯ¹⁶⁾ 부톄 볼ᄫᅡ¹⁷⁾ 디나시

---

1) 기릴 : 기리(기리다, 높이 칭찬하다, 譽)-+-ㄹ(관전)
2) 됴타 : 둏(좋다, 好)-+-∅(현시)-+-다(평종)
3) 부톄 : 부텨(부처, 佛)-+-ㅣ(←-이 : 보조)
4) 어엿비 : [불쌍히, 불쌍하게, 憫(부사) : 어엿ㅂ(← 어엿브다 : 불쌍하다, 憫 : 형사)-+-이(부접)]
5) 나샤ᄆᆞᆯ : 나(나다, 現, 生)-+-샤(←-시- : 주높)-+-ㅁ(←-옴 : 명전)-+-ᄋᆞᆯ(목조)
6) 괴외ᄌᆞᆷᄌᆞᆷᄒᆞᆯ : 괴외ᄌᆞᆷᄌᆞᆷᄒ[고요하고 잠잠하다(형사) : 괴외(고요 : 명사)-+ᄌᆞᆷᄌᆞᆷ(잠잠, 潛潛 : 불어)+-ᄒ(형접)-]-+-ㄹ(관전)
7) 네 : 너(너, 汝 : 인대, 2인칭)-+-ㅣ(←-이 : 주조)
8) 아모 : 아무, 某(관사, 지시, 부정칭)
9) 가시논 : 가(가다, 行)-+-시(주높)-+-ㄴ(←-ᄂᆞ- : 현시)-+-오(대상)-+-ㄴ(관전)
10) 즐어늘 : 즐(질다, 泥)-+-어늘(←-거늘 : 연어, 상황)
11) 니버 잇더신 : 닙(입다, 着)-+-어(연어) # 잇(← 이시다 : 있다, 보용, 완료 지속)-+-더(회상)-+-시(주높)-+-ㄴ(관전)
12) ᄯᅡ해 : ᄯᅡㅎ(땅, 地)-+-애(부조, 위치)
13) ᄭᆞᄅᆞ시고 : ᄭᆞᆯ(깔다, 藉)-+-ᄋᆞ시(주높)-+-고(연어, 계기)
14) 가치라 : 갗(가죽, 皮)-+-이(서조)-+-∅(현시)-+-라(←-다 : 평종)
15) 퍼 : ㅍ(← 프다 : 펴다, 伸)-+-어(연어)

고 쏘 授_쓩記_긩ᄒ샤딕¹⁸⁾ 네 後_{ᅘᅮᇂ}에 부톄¹⁹⁾ ᄃᆞ외야 五_{ᅌᅩᆼ}濁_똽²⁰⁾ 惡_{ᅘᅡᆨ}世_솅²¹⁾예【濁_똽ᄋᆞᆫ

흐릴 씨오 惡_{ᅘᅡᆨ}ᄋᆞᆫ 모딜 씨라 五_{ᅌᅩᆼ}濁_똽ᄋᆞᆫ 劫_겁濁_똽²²⁾ 見_견濁_똽²³⁾ 煩_뻔惱_놀濁_똽²⁴⁾ 衆_즁生_{ᅀᅵᆼ}濁_똽²⁵⁾

命_명濁_똽²⁶⁾이니 本_본來_링 ᄆᆞᆯ건 性_셩에 흐린 ᄆᆞᅀᆞᆷ²⁷⁾ 니러나미²⁸⁾ 濁_똽이라 劫_겁은 時_씽節_졇이니

時_씽節_졇에 모딘 이리 만ᄒᆞ야²⁹⁾ 흐리워³⁰⁾ 罪_쬥業_업을 니르바ᄃᆞᆯ³¹⁾ 씨라 見_견은 볼 씨니 빗근³²⁾

보미라³³⁾ 煩_뻔은 만홀 씨오 惱_놀ᄂᆞᆫ 어즈릴³⁴⁾ 씨라 주그며 살며 ᄒᆞ야 輪_륜廻_{ᅘᆅᆼ}호미³⁵⁾ 衆_즁生_{ᅀᅵᆼ}濁_똽

이라 목수믈 몯 여희유미³⁶⁾ 命_명濁_똽이니 命_명은 목수미라 】天_텬人_{ᅀᅵᆫ} 濟_졩渡_똥호ᄆᆞᆯ 썰비³⁷⁾

---

16) 두퍼시ᄂᆞᆯ : 둪(덮다, 蔽)- + -시(주높)- + -어…ᄂᆞᆯ(-거늘 : 연어, 상황)

17) 불바 : 볿(← 볿다, ㅂ불 : 밟다, 履)- + -아(연어)

18) 授記ᄒ샤딕 : 授記ᄒ[수기하다 : 授記(수기 : 명사) + -ᄒ(동접)-]- + -샤(←-시- : 주높)- + -딕(← -오딕 : -되, 연어, 설명 계속) ※ '授記(수기)'는 부처가 그 제자에게 내생에 성불(成佛)하리라는 예언기(豫言記)를 주는 것이다.

19) 부톄 : 부텨(부처, 佛) + -ㅣ(←-이 : 보조)

20) 五濁 : 오탁. 세상의 다섯 가지 더러움이다. 명탁(命濁), 중생탁(衆生濁), 번뇌탁(煩惱濁), 견탁(見濁), 겁탁(劫濁)을 이른다.

21) 惡世 : 악세. 악한 일이 성행하는 나쁜 세상이다.

22) 劫濁 : 겁탁. 기근, 질병, 전쟁 따위의 여러 가지 재앙이 일어남을 이른다.

23) 見濁 : 견탁. 사악한 사상과 견해가 무성하게 일어나 더러움이 넘쳐흐름을 이른다.

24) 煩惱濁 : 번뇌탁. 애욕(愛慾)을 탐하여 마음을 괴롭히고 여러 가지 죄를 범하게 됨을 이른다.

25) 衆生濁 : 중생탁. 견탁(見濁)과 번뇌탁의 결과로 인간의 과보(果報)가 점점 쇠퇴하고 힘은 약해지며 괴로움과 질병은 많고 복은 적어짐을 이른다.

26) 命濁 : 명탁. 악한 세상에서 악업이 늘어나 8만 세이던 사람의 목숨이 점점 짧아져 백 년을 채우기 어렵게 됨을 이른다.

27) ᄆᆞᅀᆞᆷ : 마음, 心.

28) 니러나미 : 니러나[일어나다 : 닐(일어나다, 起)- + -어(연어) + 나(나다, 出, 現)-]- + -ㅁ(←-옴 : 명전) + -이(주조)

29) 만ᄒᆞ야 : 만ᄒᆞ(많다, 多)- + -야(←-아 : 연어)

30) 흐리워 : 흐리우[흐리게 하다 : 흐리(흐리다, 濁 : 형사)- + -우(사접)-]- + -어(연어)

31) 니르바ᄃᆞᆯ : 니르받[일으키다, 惹起 : 닐(일어나다, 起 : 자동)- + -으(사접)- + -받(강접)-]- + -ᄋᆞᆯ(관전)

32) 빗근 : 빗(가로지다, 비뚤어지다, 橫)- + -∅(과시)- + -은(관전)

33) 보미라 : 보(보다, 見)- + -ㅁ(←-옴 : 명전) + -이(서조)- + -∅(현시)- + -라(←-다 : 평종)

34) 어즈릴 : 어즈리[어지럽히다, 亂 : 어즐(어질 : 불어) + -이(사접)-]- + -ㄹ(관전)

35) 輪廻호미 : 輪廻ᄒ[← 輪廻ᄒ다 : 輪廻(윤회 : 명사) + -ᄒ(동접)-]- + -옴(명전) + -이(주조) ※ '輪廻(윤회)'는 수레바퀴가 끊임없이 구르는 것과 같이, 중생이 번뇌와 업에 의하여 삼계 육도(三界六道)의 생사 세계를 그치지 아니하고 돌고 도는 일이다.

36) 여희유미 : 여희(여의다, 떠나다, 버리다, 別)- + -윰(←-움 : 명전) + -이(주조)

37) 썰비 : [어렵게, 難(부사) : 쎯(← 쎯다, ㅂ불 : 어렵다, 難, 형사)- + -이(부접)]

아니 호미³⁸⁾ 당다이³⁹⁾ 나 곧ᄒᆞ리라⁴⁰⁾ 【天텬人ᅀᅵᆫ은 하ᄂᆞᆯ콰⁴¹⁾ 사ᄅᆞᆷ괘라⁴²⁾ 】

授記(수기)를 다하시고 【授記(수기)는 "네가 아무 때에 부처가 되겠다." 미리 이르시는 것이다.】 부처 가시는 땅이 질거늘, 善慧(선혜)가 입고 있으시던 鹿皮(녹피) 옷을 벗어 땅에 까시고 【鹿皮(녹피)는 사슴의 가죽이다.】 머리를 펴 덮으시거늘, 부처가 밟아 지나시고 또 授記(수기)하시되 "네가 後(후)에 부처가 되어 五濁(오탁) 惡世(악세)에 【濁(탁)은 흐린 것이요, 惡(악)은 모진 것이다. 五濁(오탁)은 劫濁(겁탁), 見濁(견탁), 煩惱濁(번뇌탁), 衆生濁(중생탁), 命濁(명탁)이니, 本來(본래) 맑은 性(성)에 흐린 마음이 일어나는 것이 濁(탁)이다. 劫(겁)은 時節(시절)이니, 時節(시절)에 모진 일이 많아 흐리게 하여 罪業(죄업)을 일으키는 것이다. 見(견)은 보는 것이니, 비뚤어지게 보는 것이다. 煩(번)은 많은 것이요, 惱(뇌)는 어지럽히는 것이다. 죽으며 살며 하여 輪廻(윤회)하는 것이 衆生濁(중생탁)이다. 목숨을 못 떨치는 것이 命濁(명탁)이니 命(명)은 목숨이다.】 天人(천인)을 濟渡(제도)하는 것을 어렵게 아니 하는 것이 마땅히 나와 같으리라." 【天人(천인)은 하늘과 사람이다.】

그 ᄢᅴ⁴³⁾ 善션慧휑 부텻긔⁴⁴⁾ 가아 出츓家강ᄒᆞ샤 世셍尊존ㅅ긔 ᄉᆞᆲᄫᅡ샤ᄃᆡ⁴⁵⁾ 【出츓은 날 씨오⁴⁶⁾ 家강ᄂᆞᆫ 지비니 집 ᄇᆞ리고 나가 머리 갓골⁴⁷⁾ 씨라 】 내 어저ᄭᅴ⁴⁸⁾ 다ᄉᆞᆺ 가짓 ᄭᅮ믈 ᄭᅮ우니⁴⁹⁾ ᄒᆞ나ᄒᆞᆫ⁵⁰⁾ 바ᄅᆞ래⁵¹⁾ 누ᄫᅳ며⁵²⁾ 둘흔 須슣彌밍山산⁵³⁾을 볘며⁵⁴⁾ 【須슣彌밍ᄂᆞᆫ

---

38) 아니 호미 : 아니(아니, 不 : 부사, 부정) # ᄒᆞ(하다, 爲)- + -옴(명전) + -이(주조)

39) 당다이 : [반드시, 마땅히, 必(부사) : 당당(마땅, 當然 : 불어) + -Ø(←-ᄒᆞ- : 형접)- + -이(부접)]

40) 곧ᄒᆞ리라 : 곧ᄒᆞ(같다, 如)- + -리(미시)- + -라(←-다 : 평종)

41) 하ᄂᆞᆯ콰 : 하ᄂᆞᆯㅎ(하늘, 天) + -과(접조)

42) 사ᄅᆞᆷ괘라 : 사ᄅᆞᆷ(사람, 人) + -과(접조) + -ㅣ(←-이- : 서조)- + -Ø(현시)- + -라(←-다 : 평종)

43) 그 ᄢᅴ : 그(그, 彼 : 관사) # ᄢᅴ(←ᄢᅳ : 때, 時) + -의(-에 : 부조, 위치)

44) 부텻긔 : 부텨(부처, 佛)- + -ㅅ긔(-께 : 부조, 상대, 높임) ※ '-ㅅ긔'는 [-ㅅ(-의 : 관조) + 긔(거기에 : 의명)]로 분석되는 파생 조사이다.

45) ᄉᆞᆲᄫᅡ샤ᄃᆡ : ᄉᆞᆲ(← ᄉᆞᆲ다, ㅂ불 : 사뢰다, 아뢰다, 奏)- + -ᄋᆞ샤(←-ᄋᆞ시- : 주높)- + -ᄃᆡ(←-오ᄃᆡ : 연어, 설명 계속)

46) 날 씨오 : 나(나다, 出)- + -ㄹ(관전) # 씨(← ᄉᆞ : 것, 의명) + -이(서조)- + -오(←-고 : 연어, 나열)

47) 갓골 씨라 : 갓ᄀᆞ(깎다, 削)- + -ㄹ(관전) # 씨(← ᄉᆞ : 것, 의명) + -이(서조)- + -Ø(현시)- + -라(←-다 : 평종)

48) 어저ᄭᅴ : [어저께(명사) : 어저(← 어제 : 어제, 昨日) + -ㅅ(관조, 사잇) + 긔(거기에 : 의명)]

49) ᄭᅮ우니 : ᄭᅮ(꾸다, 夢)- + -우(화자)- + -니(연어, 설명, 이유)

50) ᄒᆞ나ᄒᆞᆫ : ᄒᆞ나ᄒᆞ(하나, 一 : 수사, 양수) + -은(보조사, 주제) ※ 15세기 국어에서 양수사는 'ᄒᆞ나ᄒᆞ, 둘ㅎ, 세ㅎ, 네ㅎ, 다ᄉᆞᆺ, 여슷, 닐굽, 여듧, 아홉, 열ㅎ, 스믈ㅎ, 셜흔, 마ᅀᆞᆫ, 쉰, 여쉰, 닐흔, 여든,

274   제2부 강독편

ᄀ장 놉다 ᄒᆞ논⁵⁵⁾ ᄠᅳ디라 】 세흔 衆_즁生_{ᄉᆡᆼ}들히⁵⁶⁾ 내 몸 안해⁵⁷⁾ 들며 네흔 소내 히를⁵⁸⁾ 자ᄇᆞ며 다ᄉᆞᆺ 소내 ᄃᆞ를⁵⁹⁾ 자보니⁶⁰⁾ 世_셍尊_존하⁶¹⁾ 날 爲_윙ᄒᆞ야 니ᄅᆞ쇼셔⁶²⁾

그때에 善慧(선혜)가 부처께 가 出家(출가)하시어, 世尊(세존)께 사뢰시되【出(출)은 나는 것이요 家(가)는 집이니, (出家는) 집을 버리고 나가 머리를 깎는 것이다.】, "내가 어저께 다섯 가지의 꿈을 꾸니, 하나는 바다에 누우며, 둘은 須彌山(수미산)을 베며【須彌(수미)는 가장 높다 하는 뜻이다.】, 셋은 衆生(중생)들이 내 몸 안에 들며, 넷은 손에 해를 잡으며, 다섯은 손에 달을 잡으니, 世尊(세존)이시여 나를 爲(위)하여 이르소서."

부톄⁶³⁾ 니ᄅᆞ샤ᄃᆡ 바ᄅᆞ래 누ᄫᅮᆫ⁶⁴⁾ 이ᄅᆞᆫ 네⁶⁵⁾ 죽사릿⁶⁶⁾ 바ᄅᆞ래 잇논⁶⁷⁾ 야ᅌᅵ오⁶⁸⁾ 須_슝彌_밍山_산 베윤⁶⁹⁾ 이ᄅᆞᆫ 죽사리를 버서날⁷⁰⁾ 느지오⁷¹⁾ 衆_즁生_{ᄉᆡᆼ}이 모매 드로ᄆᆞᆫ⁷²⁾

아ᄒᆞᆫ, 온, 즈믄, …, 몇, 여러ㅎ…' 등으로 실현된다.

51) 바ᄅᆞ래 : 바ᄅᆞᆯ(바다, 海) + -애(-에 : 부조, 위치)

52) 누ᄫᅳ며 : 눕(← 눕다, ㅂ불 : 눕다, 臥)- + -으며(연어, 나열)

53) 須彌山 : 수미산. 불교의 우주관에서, 세계의 중앙에 있다는 산이다. 꼭대기에는 제석천이, 중턱에는 사천왕이 살고 있으며, 그 높이는 물 위로 팔만 유순이고 물속으로 팔만 유순이며, 가로의 길이도 이와 같다고 한다.

54) 베며 : 베(베다, 枕)- + -며(연어, 나열)

55) ᄒᆞ논 : ᄒᆞ(하다, 謂)- + -ㄴ(← -ᄂᆞ- : 현시)- + -오(대상)- + -ㄴ(관전)

56) 衆生들히 : 衆生들ㅎ[중생들 : 衆生(중생) + -들ㅎ(-들 : 복접)] + -이(주조)

57) 안해 : 안ㅎ(안, 內) + -애(-에 : 부조, 위치)

58) 히를 : 히(해, 日) + -를(목조)

59) ᄃᆞ를 : ᄃᆞᆯ(달, 月) + -올(목조)

60) 자보니 : 잡(잡다, 執)- + -오(화자)- + -니(연어, 설명 계속)

61) 世尊하 : 世尊(세존) + -하(-이시여 : 호조, 아주 높임)

62) 니ᄅᆞ쇼셔 : 니ᄅᆞ(이르다, 說)- + -쇼셔(-소서 : 명종, 아주 높임)

63) 부톄 : 부텨(부처, 佛) + -ㅣ(← -이 : 주조)

64) 누ᄫᅮᆫ : 눕(← 눕다, ㅂ불 : 눕다, 臥)- + -∅(과시)- + -우(대상)- + -ㄴ(관전)

65) 네 : 너(너, 汝 : 인대, 2인칭) + -ㅣ(← -이 : 주조)

66) 죽사릿 : 죽사리[죽살이, 生死 : 죽(죽다, 死)- + 살(살다, 生)- + -이(명접)] + -ㅅ(-의 : 관조)

67) 잇논 : 잇(← 이시다 : 있다, 在)- + -ㄴ(← -ᄂᆞ- : 현시)- + -오(대상)- + -ㄴ(관전)

68) 야ᅌᅵ오 : 양(모습, 모양, 樣 : 의명) + -이(서조)- + -오(← -고 : 연어, 나열)

69) 베윤 : 베(베다, 枕)- + -∅(과시)- + -유(← -우- : 대상)- + -ㄴ(관전)

70) 버서날 : 버서나[벗어나다 : 벗(벗다, 脫)- + -어(연어) + 나(나다, 出)-]- + -ㄹ(관전)

71) 느지오 : 늦(조짐, 징조, 兆) + -이(서조)- + -오(← -고 : 연어, 나열)

眾_중生_싱이 歸_귕依_힁홇⁷³⁾ 싸히 드욀 느지오 히를 자보문 智_딩慧_휑 너비⁷⁴⁾ 비췰⁷⁵⁾ 느지오 드를 자본⁷⁶⁾ 이른 묽고 간다본⁷⁷⁾ 道_똘理_링로 眾_중生_싱을 濟_곙渡_똥ᄒ야 더본⁷⁸⁾ 煩_뻔惱_놀를 여희의⁷⁹⁾ 홇 느지니【더본 煩_뻔惱_놀ᄂᆞᆫ 煩_뻔惱_놀ㅣ 블 ᄀ티⁸⁰⁾ 다라⁸¹⁾ 나ᄂᆞᆫ⁸²⁾ 거실ᄊᆡ⁸³⁾ 덥다 ᄒᆞᄂᆞ니라】 이 ᄭᅮ믜⁸⁴⁾ 因_힌緣_원은 네 쟝ᄎᆞ⁸⁵⁾ 부텨 드욇 相_샹이로다⁸⁶⁾ 善_쎤慧_휑 듣ᄌᆞᆸ고 깃거ᄒᆞ더시다⁸⁷⁾

부처가 이르시되 "바다에 누운 일은 네가 생사(生死)의 바다에 있는 모양이요, 須彌山 (수미산)을 벤 일은 생사(生死)를 벗어날 조짐이요, 眾生(중생)이 몸에 드는 것은 (네가) 眾生(중생)이 歸依(귀의)할 땅이 될 조짐이요, 해를 잡은 것은 (너의) 智慧(지혜)가 널리 비칠 조짐이요, 달을 잡은 일은 (네가) 맑고 시원한 道理(도리)로 眾生(중생)을 濟渡(제도) 하여 더운 煩惱(번뇌)를 떠나게 할 조짐이니【더운 煩惱(번뇌)는 煩惱(번뇌)가 불 같이 달아서 나는 것이므로 덥다 하느니라.】, 이 꿈의 因緣(인연)은 네가 장차 부처가 될 相(상)이구나." 善慧(선혜)가 듣고 기뻐하시더라.

---

72) 드로ᄆᆞᆫ : 들(들다, 入)- + -옴(명전) + -ᄋᆞᆫ(보조사, 주제)

73) 歸依홇 : 歸依ᄒᆞ[← 歸依ᄒᆞ다(귀의하다) : 歸依(귀의 : 명사) + -ᄒᆞ(동접)-]- + -오(대상)- + -ㅭ(관 전) ※ '歸依(귀의)'는 부처와 불법)과 승가(僧伽)로 돌아가 의지하여 구원을 청하는 것이다.

74) 너비 : [널리, 演(부사) : 넙(넓다, 廣 : 형사)- + -이(부접)]

75) 비췰 : 비취(비치다, 照 : 자동)- + -ㄹ(관전)

76) 자본 : 잡(잡다, 執)- + -Ø(과시)- + -오(대상)- + -ㄴ(관전)

77) 간다ᄫᆞᆫ : 간답(← 간답다, ㅂ블 : 시원하다, 서늘하다, 凉)- + -Ø(현시)- + -은(관전)

78) 더ᄫᆞᆫ : 덥(← 덥다, ㅂ블 : 덥다, 暑)- + -Ø(현시)- + -은(관전)

79) 여희의 : 여희(이별하다, 여의다, 別)- + -의(← -긔 : -게, 연어, 사동)

80) ᄀ티 : [같이, 如(부사) : ᄀᇀ(← ᄀᆞᆮᄒᆞ다 : 같다, 如, 형사)- + -이(부접)]

81) 다라 : 달(달다, 뜨거워지다, 焦, 熱)- + -아(연어)

82) 나ᄂᆞᆫ : 나(나다, 出)- + -ᄂᆞ(현시)- + -ㄴ(관전)

83) 거실ᄊᆡ : 것(것, 者 : 의명) + -이(서조)- + -ㄹᄊᆡ(-므로 : 연어, 이유)

84) ᄭᅮ믜 : 숨[꿈, 夢 : ᄭᅮ(꾸다, 夢 : 타동)- + -ㅁ(명접)] + -의(관조)

85) 쟝ᄎᆞ : 장차, 將(부사)

86) 相이로다 : 相(상, 모습) + -이(서조)- + -Ø(현시)- + -로(← -도- : 감동)- + -다(평종)

87) 깃거ᄒᆞ더시다 : 깃거ᄒᆞ[기뻐하다 : 깄(기뻐하다, 歡)- + -어(연어) + ᄒᆞ(하다, 爲 : 보용)-]- + -더 (회상)- + -시(주높)- + -다(평종)

4. 번역노걸대

　『번역노걸대』(飜譯老乞大)는 한문본인 『노걸대』(老乞大)를 한글로 번역한 책이다. 세 명의 고려의 상인이 인삼 등 한국 특산물을 말에 싣고 중국 베이징에 가서 팔고 그곳 특산물을 사서 귀국할 때까지의 일화를 적었다. 긴 여로(旅路), 교역(交易) 등에서 벌어지는 주요 장면을 설정하고, 그에 알맞은 대화를 48장 106절로 꾸며 이를 익힘으로써 중국어를 배울 수 있도록 하였다. 활자본으로서 2권 1책이다. '걸대(乞大)'는 몽골어로 중국인을 뜻하는 'kita(i)'에서 온 것으로 추측한다.

　『번역노걸대』는 조선 중종 때 최세진이 『노걸대』의 원문 한자에 한글로 중국의 정음과 속음을 달고 번역한 중국어 학습서이다.(2권 2책) 『번역노걸대』의 원간본은 전하지 않으나 중간본이 전한다. 간행된 해는 분명하지 않으나 1517년(중종 12)에 발간된 『사성통해』(四聲通解)에 '번역노걸대 박통사 범례(飜譯老乞大朴通事凡例)'가 실려 있으므로, 1517년(중종 12) 이전에 발간된 것임을 알 수 있다.

　『번역노걸대』는 독특한 대화체의 풍부한 자료를 담고 있다. 그리고 1670년에 발간된 『노걸대언해』(老乞大諺解)와 비교함으로써 국어의 변천 과정을 연구할 수 있으며, 원문에 달려 있는 한글 독음은 중국어의 음운사 연구에 귀중한 자료가 된다.

　이 책에 나타나는 표기상의 특징을 보면 다음과 같다.

　첫째, 15세기에 쓰였던 글자 가운데에서 'ㆆ', 'ㆅ', 'ㅸ'이 쓰이지 않았다.

　둘째, 'ㅿ'과 'ㆁ'의 글자는 대체로 15세기 문헌과 다름없이 쓰였다. 특히 'ㆁ'과 'ㅇ'은 엄격하게 구분하여 사용하였다.

　셋째, 'ㅆ'의 글자는 'ㅅ'과 혼용이 심하다.

　넷째, 'ㆍ'는 대체로 15세기와 같다. 그러나 둘째 음절 이하에서 /ㆍ/가 다른 소리로 변화함에 따라서, 15세기에 'ㆍ'로 표기되던 것이 간혹 'ㅡ, ㅗ, ㅜ'로 적힌 데도 있다.

　다섯째, '끊어 적기(分綴)'를 시도하여서 형태소의 원형을 밝혀 적는 경우도 있다.

　여섯째, 'ㄷ'의 구개음화와 /ㄹ/의 두음 법칙이 거의 일어나지 않았으나, 비음화 현상은 간혹 눈에 띈다.

　일곱째, 방점이 찍혀 있어서 15세기 시대의 성조가 대체로 유지된 듯하나, 방점을 찍는 방법이 15세기와 약간 다르다.

老乞大 上

[1장~7장]

고려 상인과 중국 상인이 만나 북경으로 가면서 이야기하다

〈 고려 상인과 중국 상인이 길에서 만나다 〉

中*: 큰형님[1] 네 어드러로셔브터[2] 온다[3]

高: 내 高麗 王京으로셔브터 오라[4]

中: 이제 어드러 가는다[5]

高: 내 北京 항ᄒ야[6] 가노라[7]

中: 네 언제 王京의셔[8] 떠난다[9]

高: 내 이 ᄃᆞᆳ 초ᄒᆞᄅᆞᆺ날[10] 王京의셔 떠나라[11]

中: 이믜 이 ᄃᆞᆳ 초ᄒᆞᄅᆞᆺ날 王京의셔 떠나거니[12] 이제 반 ᄃᆞ리로ᄃᆡ[13] 잇디[14]

---

* '中'과 '高' : 대화를 나누는 인물 중에서 '中'은 중국의 상인이며, '高'는 고려의 상인이다.

1) 큰형님 : [큰형님, 大哥 : 크(크다, 大)- + -ㄴ(관전) + 형(兄) + -님(높접)] ※ 중국어 원문의 '大哥(대가)를 직역한 것이다.

2) 어드러로셔브터 : 어드러(어디로 : 부사) + -로(부조, 방향) + -셔(-서 : 보조사, 위치 강조) + -브터 (-부터 : 보조사, 비롯함)

3) 온다 : 오(오다, 來)- + -∅(과시)- + -ㄴ다(-는가 : 의종, 2인칭)

4) 오라 : 오(오다, 來)- + -∅(과시)- + -∅(←-오- : 화자)- + -라(←-다 : 평종)

5) 가는다 : 가(가다, 去)- + -ᄂᆞ(현시)- + -ㄴ다(-ㄴ가 : 의종, 2인칭)

6) 항ᄒ야 : 항ᄒᆞ[← 향ᄒᆞ다(向하다) : 향(向 : 불어) + -ᄒᆞ(동접)-]- + -야(-아 : 연어) ※ '항ᄒ야'는 향 ᄒᆞ야'를 오각한 형태이다.

7) 가노라 : 가(가다, 去)- + -ㄴ(←-ᄂᆞ- : 현시)- + -오(화자)- + -라(←-다 : 평종)

8) 王京의셔 : 王京(왕경) + -의(-에 : 부조, 위치) + -셔(-서 : 보조사, 위치 강조)

9) 떠난다 : 떠나[떠나다, 離 : ᄠ(←ᄠᅳ다 : ᄠᅳ다, 사이가 벌어지다, 隔)- + -어(연어) + 나(나다, 出)]- + -∅(과시)- + -ㄴ다(-ㄴ가 : 의종, 2인칭)

10) 초ᄒᆞᄅᆞᆺ날 : [초하룻날 : 초(초, 初 : 접두)- + ᄒᆞ룩(하루, 一日) + -ㅅ(관조, 사잇) + 날(날, 日)]

11) 떠나라 : 떠나[떠나다, 離 : ᄠ(← ᄠᅳ다 : 사이가 벌어지다, 隔)- + -어(연어) + 나(나다, 出)]- + -∅ (과시)- + -∅(←-오- : 화자)- + -라(←-다 : 평종)

12) 떠나거니 : 떠나[떠나다, 離 : ᄠ(← ᄠᅳ다 : 사이가 벌어지다, 隔)- + -어(연어) + 나(나다, 出)]- + -거 (확인)- + -니(연어)

앗가ᄉᆞ예[15] 오뇨[16]

高：내 흔 버디 ᄠᅥ디여[17] 올ᄊᆡ[18] 내 길 조차[19] 날회여[20] 녀[21] 기들워[22]

　　오노라[23] ᄒᆞ니 이런 젼ᄎᆞ로[24] 오미[25] 더듸요라[26]

中：그 버디 이제 미처[27] 올가[28] 몯 올가

高：이 버디 곧 긔니[29] 어재[30] ᄀᆞᆺ[31] 오다[32]

中：네 이 ᄃᆞᆺ 그믐ᄭᅴ[33] 北京의 갈가 모로리로다[34]

---

13) 반 ᄃᆞ리로ᄃᆡ : 반(반, 半) # ᄃᆞᆯ(달, 月 : 의명) + -이(서조)- + -로ᄃᆡ(←-오ᄃᆡ : -되, 연어, 설명 계속)

14) 잇디 : 잇디(←엇디 : 어찌, 何, 부사) ※ '잇디'는 '엇디'를 오각한 형태이다.

15) 앗가ᄉᆞ예 : 앗가(←아까, 방금 : 명사) + -ᄉᆞ(←-야 : 보조사, 한정 강조) + -예(←-애 : -에, 부조, 위치) ※ '-예'는 부사격 조사 '-애'를 오각한 형태이다.

16) 오뇨 : 오(오다, 來)- + -Ø(과시)- + -뇨(-느냐 : 의종, 설명) ※ 주어가 2인칭일 때는 의문형 종결 어미로서 '-ㄴ다'가 쓰이는 것이 보통인데, 여기서는 '-뇨'가 쓰였다. 따라서 이 시기의 '-뇨'는 주어의 인칭에 관계없이 쓰이는 '비인칭의 의문형 어미'인 것을 확인할 수 있다.

17) ᄠᅥ디여 : ᄠᅥ디[←ᄠᅥ디다(떨어지다, 뒤떨어지다, 처지다, 落後) : ᄠᅳ(←ᄠᅳ다 : 사이가 벌어지다, 隙)- + -어(연어) + 디(지다 : 보용, 피동)]- + -여(←-어 : 연어) ※ 'ᄠᅥ디여'는 'ᄠᅥ디다'의 연결형인 'ᄠᅥ디여'를 오각한 형태이다.

18) 올ᄊᆡ : 오(오다, 來)- + -ㄹᄊᆡ(-므로 : 연어, 이유)

19) 조차 : 좇(좇다, 따르다, 沿)- + -아(연어)

20) 날회여 : 날회[늦추다, 느리게 하다 : 날호(느리다, 慢慢 : 형사)- + -ㅣ(←-이- : 사접)-]- + -여(←-어 : 연어)

21) 녀 : 녀(가다, 다니다, 行)- + -Ø(←-어 : 연어)

22) 기들워 : 기들우(기다리다, 候)- + -어(연어)

23) 오노라 : 오(오다, 來)- + -노라(-느라고 : 연어, 이유) ※ '-노라'는 앞절의 일이 뒷절의 일에 목적이나 원인이 됨을 나타내는 연결 어미이다.

24) 젼ᄎᆞ로 : 젼ᄎᆞ(까닭, 이유, 因) + -로(부조, 이유)

25) 오미 : 오(오다, 來)- + -ㅁ(←-옴 : 명전) + -이(주조)

26) 더듸요라 : 더듸(더듸다, 遲)- + -Ø(현시)- + -요(←-오- : 화자)- + -라(←-다 : 평종)

27) 미처 : 및(미치다, 좇다, 따르다, 趕)- + -어(연어)

28) 올가 : 오(오다, 來)- + -ㄹ가(-ㄹ까 : 의종, 판정, 미시)

29) 긔니 : 그(그, 是 : 인대, 정칭) + -ㅣ(←-이- : 서조)- + -니(연어 : 설명 계속)

30) 어재 : 어재(←어제 : 어제, 명사) ※ '어재'는 '어제'를 오각한 형태이다.

31) ᄀᆞᆺ : 갓, 이제 막(부사)

32) 오다 : 오(오다, 來)- + -Ø(과시)- + -다(평종)

33) 그믐ᄭᅴ : 그믐ᄭᅴ[그믐께, 晦 : 그므(←그물다 : 저물다, 暮)- + -ㅁ(명접) + ᄭᅴ(←ᄢᅴ : 때, 時)] + -의(-에 : 부조, 위치)] ※ 'ᄢᅴ>ᄭᅴ'의 변화는 'ᄡ'계 합용 병서가 'ㅅ'계 합용 병서로 바뀐 예이다.

34) 모로리로다 : 모로(←모ᄅᆞ다 : 모르다, 不知)- + -리(미시)- + -로(←-도- : 감동)- + -다(평종) ※ 16세기 초기에 둘째 음절의 /ㆍ/가 /ㅗ/로 바뀐 형태이다.

高 : 그 마를 엇디 니ᄅ리오[35] 하ᄂᆞᆯ히 어엿비[36] 녀기샤[37] 모미 편안ᄒᆞ면
　　가리라

中 : 큰형님. 네가 어디에서 왔는가?

高 : 내가 高麗(고려) 王京(왕경)으로부터 왔다.

中 : 이제 어디로 가는가?

高 : 내가 北京(북경)을 향하여 간다.

中 : 네가 언제 王京(왕경)에서 떠났는가?

高 : 내가 이 달 초하룻날 王京(왕경)에서 떠났다.

中 : 이미 이 달 초하룻날 王京(왕경)에서 떠났으니, 이제 반 달(개월)이로되, 어찌 아까(방
　　금 전)에야 왔느냐?

高 : 나의 한 벗이 뒤떨어져서 오므로 내가 길을 좇아(따라) 늦추어 가서 (벗을) 기다려서
　　오느라 하여, 이런 까닭으로 오는 것이 더디다.

中 : 그 벗이 이제 따라 올까 못 올까?

高 : 이 벗이 곧 그이니 어제 막 왔다.

中 : 네가 이 달 그믐때에 北京(북경)에 갈까 모르겠구나.

高 : 그 말을 어찌 이르겠느냐?
　　하늘이 불쌍히 여기시어 몸이 편안하면 (북경에) 가겠다.

〈 고려 상인이 학당에서 중국어를 배운 이야기 〉

中 : 너ᄂᆞᆫ　高麗ㅅ　사ᄅᆞ미어시니[38]　ᄯ또　엇디　漢語　닐오미[39]　잘　ᄒᆞᄂᆞ뇨[40]

高 : 내　漢兒人의손ᄃᆡ[41]　글　ᄇᆡ호니[42]　이런　젼ᄎᆞ로　져그나[43]　漢語　아노라[44]

---

35) 니ᄅ리오 : 니ᄅ(이르다, 말하다, 說)- + -리(미시)- + -오(←-고 : -느냐, 의종, 설명)

36) 어엿비 : 어엿비[불쌍히, 憐(부사) : 어엿ㅂ(← 어엿브다 : 불쌍하다, 憐 : 형사)- + -이(부접)]

37) 녀기샤 : 녀기(여기다, 思)- + -샤(←-시- : 주높)- + -∅(←-아 : 연어)

38) 사ᄅᆞ미어시니 : 사ᄅᆞᆷ(사람, 人) + -이(서조)- + -어(←-거 : 확인)- + -시(주높, ?)- + -니(-는데 :
　　연어, 불구, 不拘) ※ 주어로 쓰인 '너'가 아주 낮춤의 등급이므로, 문맥상 '사ᄅᆞ미어시니'는 '사ᄅᆞ미어니'
　　를 오각한 형태이다. 〈노걸대언해, 1760년〉에는 '사ᄅᆞ미어니'로 표기되었다.

39) 닐오미 : 닐(← 니ᄅᆞ다 : 이르다, 說)- + -옴(명전) + -이(←-율 : 주조)

40) 잘ᄒᆞᄂᆞ뇨 : 잘ᄒᆞ[잘하다, 好 : 잘(잘 : 부사) + -ᄒᆞ(동접)-]- + -ᄂᆞ(현시)- + -뇨(-느냐 : 의종, 설명)

41) 漢兒人의손ᄃᆡ : 漢兒人(한아인, 중국인) + -의손ᄃᆡ(-에게 : 부조, 상대) ※ '-의손ᄃᆡ'는 15세기에는
　　'-의(관조) + 손ᄃᆡ(의명)'로 분석하였으나, 16세기에서는 '-의손ᄃᆡ(= -에게)'가 상대를 나타내는 부

中 : 네 뉘손디[45] 글 비호다[46]

高 : 내 되[47] 흑당의셔[48] 글 비호라[49]

中 : 네 므슴[50] 그를 비호다

高 : 論語 孟子 小學을 닐고라[51]

中 : 네 미실[52] 므슴 이력ᄒ는다[53]

高 : 미실 이른 새배[54] 니러 흑당의 가 스승님씌[55] 글 듣줍고 흑당의
　　 노하든[56] 지븨 와 밥머기[57] 뭇고[58] 쏘 흑당의 가 셔품[59] 쓰기 ᄒ고
　　 셔품 쓰기 뭇고 년구ᄒ기[60] ᄒ고 년구ᄒ기 뭇고 글 이피[61] ᄒ고

　　사격 조사로 굳은 것으로 본다.(허웅, 1989: 82 참조.)

42) 비호니 : ① 비호(배우다, 學)- + -니(연어, 설명 계속) ② 비호(배우다, 學)- + -∅(←-오- : 화자)-
　　+ -니(연어, 설명 계속) ※ 화자 표현의 선어말 어미 '-오-/-우-'는 연결형에서는 수의적으로 실
　　현된다. ※ 16세기 문헌에서는 '빟다(버릇이 되다, 習)'의 어형이 발견되지 않으므로 '비호다'를 단
　　일어로 처리한다.

43) 져그나 : [조금, 적으나(부사) : 젹(적다, 小)- + -으나(연어 ▷ 부접)]

44) 아노라 : 아(← 알다 : 알다, 知)- + -ㄴ(←-ᄂᆞ- : 현시)- + -오(화자)- + -라(← 다 : 평종)

45) 뉘손디 : 누(누구, 誰 : 인대, 미지칭) + -ㅣ손디(-에게 : 부조, 상대)

46) 비호다 : 비호(배우다, 學)- + -∅(과시)- + -ㄴ다(-는가 : 의종, 2인칭)

47) 되 : 중국인, 漢兒.

48) 흑당의셔 : 흑당(학당, 學堂) + -의(-에 : 부조, 위치) + -셔(-서 : 보조사, 위치 강조)

49) 비호라 : 비호(배우다, 學)- + -∅(과시)- + -∅(←-오- : 화자)- + -라(←-다 : 평종)

50) 므슴 : 무슨, 甚麽(관사)

51) 닐고라 : 닑(읽다, 讀)- + -∅(과시)- + -오(화자)- + -라(← 다 : 평종)

52) 미실 : 매일, 每日(부사)

53) 이력ᄒ는다 : 이력ᄒ[← 이력ᄒ다(공부하다) : 이력(履歷, 공부) + -ᄒ-(동접)-]- + -ᄂᆞ(현시)- + -ㄴ
　　다(-는가 : 의종, 2인칭)

54) 새배 : 새배(새벽, 晨) + -∅(←-예 : -에, 부조, 위치)

55) 스승님씌 : [스승님 : 스승(스승, 師) + -님(높접)] + -씌(-께 : 부조, 상대, 높임)

56) 노하든 : 놓(놓다, 파하다, 마치다, 放)- + -아든(-거든 : 연어, 조건)

57) 밥머기 : [밥머기 : 밥(밥, 飯) + 먹(먹다, 食)- + -이(명접) ※ '밥머기'는 '밥'과 '먹-'으로 합성된 말
　　에 다시 명사 파생 접미사인 '-이'가 붙어서 된 파생어이다.(합성어의 파생어 되기)

58) 뭇고 : 뭇(← 뭇다 : 마치다, 罷)- + -고(연어, 계기)

59) 셔품 : 서품(글씨본, 倣書)

60) 년구ᄒ기 : 년구ᄒ[聯句하다, 한시(漢詩)를 대구(對句)하다 : 년구(연구, 聯句 : 명사) + -ᄒ(동접)-]-
　　+ -기(명전)

61) 이피 : [읊기, 吟詩(명사) : 잎(읊다, 吟)- + -이(명접)] ※ '잎다 〉 읊다'로 변화하였다.

> 글 입피[62] 뭇고 스승님 앏픠[63] 글 강ᄒ노라[64]
>
> 中 : 므슴 그를 강ᄒᄂ뇨
>
> 高 : 小學 論語 孟子를 강ᄒ노라

中 : 너는 高麗(고려)의 사람이신데 또 어찌 漢語(한어)를 말하는 것을 잘 하느냐?

高 : 내가 漢兒人(한아인)에게 글을 배웠으니 이런 까닭으로 조금이나 漢語(한어)를 안다.

中 : 네가 누구에게서 글을 배웠는가?

高 : 내가 오랑캐 학당(學堂)에서 글을 배웠다.

中 : 네가 무슨 글을 배웠는가?

高 : 論語(논어), 孟子(맹자), 小學(소학)을 읽었다.

中 : 네가 매일 무슨 이력(履歷)하는가?

高 : 매일 이른 새벽에 일어나, 학당에 가서 스승님께 글을 듣고, 학당에서 (학생들을)
놓거든 집에 와 밥 먹기를 마치고, 또 학당에 가 서품(글씨본) 쓰기 하고, 서품 쓰기
마치고 연구(聯句)하기 하고, 연구하기 마치고 글 읊기 하고, 글 읊기 마치고 스승님
앞에 글을 강(講)한다.

中 : 무슨 글을 강하느냐?

高 : 小學(소학), 論語(논어), 孟子(맹자)를 강한다.

> 中 : 글 사김ᄒ기[65] 뭇고 므슴 공부 ᄒᄂ뇨
>
> 高 : 나죄[66] 다듣거든[67] 스승님 앏픠셔[68] 사슬[69] ᄲᅢ혀[70] 글 외오기 ᄒ야

---

62) 입피 : [읊기, 吟詩(명사) : 입ᄑ(← 잎다 : 읊다)- + -이(명접)] ※ '입피'는 '잎-'의 종성 /ㅍ/을 'ㅂㅍ'
으로 거듭 적어서(重綴) 표기한 형태이다.

63) 앏픠 : 앏ᄑ(← 앞 : 앞, 前)- + -의(-에 : 부조, 위치) ※ '앏ᄑ'은 '앞'의 종성 /ㅍ/을 'ㅂㅍ'으로 거듭
적어서(重綴) 표기한 형태이다.

64) 강ᄒ노라 : 강ᄒ[강하다 : 강(강, 講 : 명사) + -ᄒ(동접)-]- + -ㄴ(←-ᄂ- : 현시)- + -오(화자)- +
-라(←-다 : 평종) ※ '강(講)'은 예전에, 서당이나 글방 같은 데서 배운 글을 선생이나 시관 또는
웃어른 앞에서 외던 일이다.

65) 사김ᄒ기 : 사김ᄒ[새김하다, 說書 : 사기(새기다, 풀이하다)- + -ㅁ(명접) + -ᄒ(동접)-]- + -기(명
전) ※ '새김하다'는 '글의 뜻을 알기 쉽게 풀이하다.'의 뜻으로 쓰이는 말이다.

66) 나죄 : 나조(← 나조ㅎ : 저녁, 夕) + -ᅵ(-에 : 부조, 위치)] ※ '나죄'는 '나조ᄒ이(나조ㅎ + -ᅵ)'가 줄어
서 된 말인데, 문맥상 '저녁에'로 옮긴다.

67) 다듣거든 : 다듣[← 다ᄃ다(다다르다, 到) : 다(다, 悉 : 부사) + 돋(닫다, 달리다, 走)-]- + -거든(연
어, 조건) ※『번역노걸대』에는 둘째 음절 이하에서 '·'로 표기되어야 할 곳에 'ㅡ'나 'ㅗ', 'ㅜ'로
표기된 경우가 흔히 발견된다. 이러한 현상은 이 시기부터 단어의 둘째 음절 이하에서 /·/의 소리

외오니란[71] 스승님이 免帖[72] ᄒᆞ나흘[73] 주시고 ᄒᆞ다가[74] 외오디 몯ᄒᆞ야든[75]

딕실[76] 션븨[77] ᄒᆞ야[78] 어피고[79] 세 번 티ᄂᆞ니라[80]

中: 엇디홀 시[81] 사슬 ᄲᅢ혀 글 외오기며 엇디홀 시 免帖인고[82]

高: 미[83] ᄒᆞᆫ 대똑애[84] ᄒᆞᆫ 션븨 일홈 쓰고 모든 션븨[85] 일후믈 다 이리

써 ᄒᆞᆫ 사슬 통에 다마 딕실 션븨 ᄒᆞ야 사슬 통 가져다가[86] 흔드러

그 듕애 ᄒᆞ나 ᄲᅢ혀[87] ᄲᅢ혀니[88] 뉜고[89] ᄒᆞ야 믄득 그 사ᄅᆞᆷ ᄒᆞ야 글

외오요ᄃᆡ[90] 외와든[91] 스승이 免帖 ᄒᆞ나흘 주ᄂᆞ니 그 免帖 우희 세

가 소멸되고, 대신에 /ㅡ/나 /ㅗ/, /ㅜ/ 등으로 바뀐 것을 나타낸다.

68) 앏픠셔 : 앏ㅍ(← 앏 : 앞, 前) + -의(-에 : 부조, 위치) + -셔(-서 : 보조사, 위치 강조)
   ※ '앏ㅍ'은 '앒'의 /ㅍ/을 'ㅂㅍ'으로 거듭적기(重綴)로 표기한 형태이다.

69) 사슬 : 제비, 簽.

70) ᄲᅢ혀 : ᄲᅢ혀[빼다 : ᄲᅢ(빼다, 撤)- + -혀(강접)-]- + -Ø(← 어 : 연어)

71) 외오니란 : 외오(외우다, 念)- + -Ø(과시)- + -ㄴ(관전) # 이(이, 者 : 의명) + -란(-는 : 보조사, 대조)

72) 免帖 : 면첩. 어떤 일을 면하게 하는 서류이다.

73) ᄒᆞ나흘 : ᄒᆞ나ㅎ(하나, 一 : 수사, 양수) + -을(목조)

74) ᄒᆞ다가 : 만일, 若(부사)

75) 몯ᄒᆞ야든 : 몯ᄒᆞ[못하다(보용, 부정) : 몯(못, 不能 : 부사, 부정) + -ᄒᆞ(동접)-]- + -야든(← -아든 : -거든, 연어, 조건)

76) 딕실 : 직일(直日). 숙직이나 일직을 하는 날이다.

77) 션븨 : 선비, 士. 학생이다.

78) ᄒᆞ야 : ᄒᆞ이[시키다, 하게 하다, 教 : ᄒᆞ(하다, 爲 : 타동)- + -이(사접)-]- + -아(연어)

79) 어피고 : 어피[엎게 하다, 엎드리게 하다 : 엎(엎다, 伏 : 타동)- + -이(사접)-]- + -고(연어, 계기)

80) 티ᄂᆞ니라 : 티(치다, 打)- + -ᄂᆞ(현시)- + -니(원칙)- + -라(← -다 : 평종)

81) 엇디홀 시 : 엇디ᄒᆞᆯ[어찌하다 : 엇디(어찌, 何 : 부사)- + -ᄒᆞ(동접)-]- + -ㄹ(관전) # ㅅ(← 스 : 것, 의명) + -이(주조)

82) 免帖인고 : 免帖(면첩) + -이(서조)- + -Ø(현시)- + -ㄴ고(-ㄴ가 : 의종, 설명)

83) 미 : 매, 각각, 每(부사)

84) 대똑애 : 대똑[대쪽 : 대(대, 竹) + 똑(쪽, 조각)] + -애(-에 : 부조, 위치)

85) 션븨 : 션븨(← 션비 : 선비, 학생) + -Ø(←-의 : 관조) ※ '션븨'는 '션비'의 오각한 형태이다.

86) 가져다가 : 가지(가지다, 持)- + -어(연어) + -다가(보조사 : 동작의 유지, 강조)

87) ᄲᅢ혀 : ᄲᅢ혀[빼다 : ᄲᅢ(빼다, 撤)- + -혀(강접)-]- + -Ø(←-어 : 연어)

88) ᄲᅢ혀니 : ᄲᅢ혀[빼다 : ᄲᅢ(빼다, 撤)- + -혀(강접)-]- + -Ø(과시)- + -ㄴ(관전) # 이(이 : 의명) + -Ø(←-이 : 주조)

89) 뉜고 : 누(누구, 誰 : 인대, 미지칭)- + -ㅣ(←-이- : 서조)- + -Ø(현시)- + -ㄴ고(-ㄴ가 : 의종, 설명)

90) 외오요ᄃᆡ : 외오이[외우게 하다 : 외오(외우다, 誦 : 타동)- + -이(사접)-]- + -오ᄃᆡ(-되 : 연어, 설명 계속)

번 마조물[92] 면ᄒ라 ᄒ야 쓰고 스승이 우희 쳐[93] 두ᄂᆞ니라[94] ᄒ다가
다시 사슬 ᄲᅥ혀 외오디 몯ᄒ야도 免帖 내여 ᄒᆡ야ᄇ리고[95] 아릭[96]
외와 免帖 타[97] 잇던 공오로[98] 이번 몯 외온 죄를 마초와[99] 티기를
면ᄒ거니와[1] ᄒ다가 免帖곳[2] 업스면 일뎡[3] 세 번 마조믈 니브리라[4]

中 : 글 새김하기 마치고 무슨 공부하느냐?

高 : 저녁에 다다르거든 스승님 앞에서 제비를 빼어(뽑아) 글 외우기 하여, 외운 이는 스
승님이 免帖(면첩) 하나를 주시고, 만일 외우지 못하거든 일직(日直)하는 선비를 시키
어서 (외우지 못한 이를) 엎드리게 하고 세 번 치느니라.

中 : 어찌하는 것이 제비를 빼어 글 외우기며 어찌하는 것이 免帖(면첩)인가?

高 : 각각 한 대쪽에 한 선비의 이름을 쓰고, 모든 선비의 이름을 다 이렇게 써서 한 제비
통에 담아, 일직(日直) 선비를 시키어 제비 통 가져다가 흔들어 그 중에 하나를 빼어,
"뺀 이가 누구인가?" 하여 문득 그 사람을 시키어 글을 외우게 하되, 외우거든 스승
이 免帖(면첩) 하나를 주니, 그 免帖(면첩) 위에 "세 번 맞음을 면하라." 하여 쓰고,
스승이 위에 수결(手決)을 두느니라. 만일 다시 제비를 빼어 외우지 못하여도 면첩을
내어 헐어버리고, 예전에 외워 免帖(면첩)을 타 있던 공으로 이번 못 외운 죄를 맞추
어 치기를 면하거니와, 만일 免帖(면첩)만 없으면 반드시 세 번 맞음을 당하리라.

中 : 너ᄂᆞᆫ 高麗ㅅ 사ᄅᆞ미어시니[5] 漢人의 글 ᄇᆡ화 므슴[6] ᄒᆞᆯ다[7]

---

91) 외와든 : 외오(외우다, 背)- + -아든(-거든 : 연어, 조건)

92) 마조믈 : 맞(맞다, 被打)- + -옴(명전) + -울(목조)

93) 쳐 : 수결, 手決 ※ '수결(手決)'은 자기의 성명이나 직함 아래에 도장 대신에 자필로 글자를 직접
쓰던 일 또는 그 글자를 이른다.

94) 두ᄂᆞ니라 : 두(두다, 置)- + -ᄂᆞ(현시)- + -니(원칙)- + -라(← -다 : 평종)

95) ᄒᆡ야ᄇ리고 : ᄒᆡ야ᄇ리(← ᄒᆞ야ᄇ리다 : 헐어버리다, 망그러뜨리다, 毀)- + -고(연어, 계기)

96) 아릭 : 아릭(← 아래 : 예전, 昔)

97) 타 : ᄐ(← ᄐᆞ다 : 타다, 受)- + -아(연어)

98) 공오로 : 공(功) + -오로(← -ᄋᆞ로 : -으로, 부조, 방편) ※ /·/가 /ㅗ/로 바뀐 형태이다.

99) 마초와 : 마초오[← 마초다(맞추다) : 맞(맞다, 當 : 동사)- + -호(사접)-]- + -아(연어)

1) 면ᄒ거니와 : 면ᄒ[면하다 : 免(면 : 불어) + -ᄒ(동접)-]- + -거니와(-거니와, -지만 : 연어, 대조)

2) 免帖곳 : 免帖(면첩) + -곳(보조사, 한정 강조)

3) 일뎡 : 반드시, 필경, 일정, 必(부사)

4) 니브리라 : 닙(입다, 당하다, 喫)- + -으리(미시)- + -라(← -다 : 평종)

高 : 네 닐옴도[8] 을타[9] 커니와[10] 각각 사ᄅᆞ미 다 웃듬으로[11] 보미[12] 잇ᄂᆞ니라[13]

中 : 네 므슴[14] 웃듬 보미 잇ᄂᆞ뇨[15] 네 니ᄅᆞ라 내 드로마[16]

高 : 이제 됴뎡이[17] 텬하를 一統ᄒᆞ야[18] 겨시니 셰간애[19] 쓰ᄂᆞ니[20] 漢人의 마리니

　　우리 이 高麗ㅅ 말소믄[21] 다믄[22] 高麗ㅅ 싸해만[23] 쓰는 거시오 義州 디나[24]

　　中朝 싸해 오면 다 漢語 ᄒᆞᄂᆞ니 아뫼나[25] ᄒᆞᆫ[26] 마를 무러든[27] 또 ᄃᆡ답디[28]

　　몯ᄒᆞ면 다ᄅᆞᆫ 사ᄅᆞ미 우리를다가[29] 므슴 사ᄅᆞᆷ을[30] 사마[31] 보리오[32]

---

5) 사ᄅᆞ미어시니 : 사ᄅᆞᆷ(사람, 人) + -이(서조)- + -어(← -거- : 확인)- + -시(주높, ?)- + -니(-ㄴ데 : 연어, 대조) ※ 주체가 아주 낮춤의 인칭 대명사인 '너'이므로 높임의 선어말 이미 '-시-'가 실현된 것은 오각한 형태이다. 『노걸대언해』(1675년)에는 '사ᄅᆞ미어니'로 표기되었다.

6) 므슴 : 무엇, 怎(지대)

7) ᄒᆞᆯ다 : ᄒᆞ(하다, 爲)- + -ㄹ다(-ㄹ까 : 의종, 2인칭, 미시)

8) 닐옴도 : 닐(← 니ᄅᆞ다 : 이르다, 曰)- + -옴(명전) + -도(보조사, 마찬가지)

9) 을타 : 옳(← 옳다 : 是)- + -Ø(현시)- + -다(평종) ※ '을타'는 '올타'를 오각한 형태이다.

10) 커니와 : ᄒᆞ(← ᄒᆞ다 : 하다, 謂)- + -거니와(-거니와, -지만 : 연어, 대조)

11) 웃듬으로 : 웃듬(으뜸, 主) + -으로(부조, 자격)

12) 보미 : 보(보다, 見)- + -ㅁ(← -옴 : 명전) + -이(주조)

13) 잇ᄂᆞ니라 : 잇(← 이시다 : 있다, 有)- + -ᄂᆞ(현시)- + -니(원칙)- + -라(← -다 : 평종)

14) 므슴 : 무슨, 怎(관사, 지시, 미지칭)

15) 잇ᄂᆞ뇨 : 잇(있다, 有)- + -ᄂᆞ(현시)- + -뇨(-느냐 : 의종, 설명)

16) 드로마 : 들(← 듣다, ㄷ불 : 듣다, 聽)- + -오(화자)- + -마(평종, 약속)

17) 됴뎡이 : 됴뎡(조정, 朝廷) + -이(주조)

18) 一統ᄒᆞ야 : 一統ᄒᆞ[일통하다, 하나로 합하다 : 一統(일통 : 명사) + -ᄒᆞ(동접)-]- + -야(← -아 : 연어)

19) 셰간애 : 셰간(世間 : 세간, 일반 세상) + -애(-에 : 부조, 위치)

20) 쓰ᄂᆞ니 : 쓰(쓰다, 사용하다, 用)- + -ㄴ(← -ᄂᆞ- : 현시)- + -오(대상)- + -ㄴ(관전) # 이(이, 것, 者 : 의명) + -Ø(← -이 : 주조)

21) 말소믄 : 말솜[← 말쏨(말씀, 言) : 말(말, 言) + -솜(← -씀 : 접미)] + -은(보조사, 주제)

22) 다믄 : 다믄(← 다ᄆᆞᆫ : 다만, 只, 부사) ※ '다ᄆᆞᆫ'이 '다믄'으로 바뀐 것은 둘째 음절 이하에서 /ㆍ/가 /ㅡ/로 바뀐 형태이다.

23) 싸해만 : 싸ㅎ(땅, 地) + -애(-에 : 부조, 위치) + -만(보조사, 한정) ※ 15세기 국어까지는 '만'을 의존 명사로 처리했으나, 16세기의 국어부터는 현대어와 마찬가지로 보조사로 처리한다.

24) 디나 : 디나(지나다, 過)- + -아(연어)

25) 아뫼나 : 아모(아무, 有人 : 인대, 부정칭) + -ㅣ나(← -이나 : 보조사, 선택)

26) ᄒᆞᆫ : ᄒᆞᆫ(한, 一 : 관사, 양수)

27) 무러든 : 물(← 묻다, ㄷ불 : 묻다, 問)- + -어든(-거든 : 연어, 조건)

28) ᄃᆡ답디 : ᄃᆡ답[← ᄃᆡ답ᄒᆞ다(대답하다, 對答하다) : ᄃᆡ답(대답, 對答 : 명사) + -Ø(← -ᄒᆞ- : 동접)-]- + -디(-지 : 연어, 부정)

29) 우리를다가 : 우리(우리, 咱們 : 인대) + -를(목조) + -다가(보조사, 강조)

中 : 너는 高麗(고려)의 사람이시니 漢人(한인)의 글을 배워 무엇을 하겠는가?

高 : 네가 말하는 것도 옳다 하거니와, 각각 사람이 다 으뜸으로 보는 것이 있느니라.

中 : 네 무슨 으뜸으로 보는 것이 있느냐? 네가 이르라. 내가 들으마.

高 : 이제 조정(朝廷)이 천하를 一統(일통)하여 있으니, 세간(世間)에 쓰는 것이 漢人(한인)의 말이니, 우리 이 高麗(고려)의 말은 다만 高麗(고려)의 땅에만 쓰는 것이요, 義州(의주)를 지나서 中朝(중조)의 땅에 오면 다 漢語(한어)를 하니, 아무나 한 (마디의) 말을 묻거든 또 대답하지 못하면, 다른 사람이 우리를 무슨(어떤) 사람으로 여기어 보겠느냐?

中 : 네 이리 漢人손듸[33] 글 비호거니[34] 이 네[35] 무슴모로[36] 비호는다[37]

　　 네 어버싀 너를 ᄒᆞ야[38] 비호라 ᄒᆞ시ᄂᆞ녀[39]

高 : 올ᄒᆞ니[40] 우리 어버싀 나를 ᄒᆞ야 비호라 ᄒᆞ시ᄂᆞ다

中 : 네 비환 디[41] 언마[42] 오라뇨

高 : 내 비환 디 반 히 남즉ᄒᆞ다[43]

中 : 알리로소녀[44] 아디 몯ᄒᆞ리로소녀[45]

---

30) 사ᄅᆞᄆᆞᆯ : 사름(사람, 人) + -ᄋᆞᆯ(-으로 : 목조, 보조사적 용법, 의미상 부사격)

31) 사마 : 삼(삼다, 여기다)- + -아(연어)

32) 보리오 : 보(보다, 看)- + -리(미시)- + -오(←-고 : -느냐, 의종, 설명)

33) 漢人손듸 : 漢人(한인, 중국인) + -손듸(←-손ᄃᆡ : -에게, 부조, 상대) ※ 16세기에는 '-의손ᄃᆡ'가 부사격 조사로 기능한다.

34) 비호거니 : 비호(배우다, 學)- + -거(←-어- : 확인)- + -니(연어, 설명 계속)

35) 네 : 너(너, 汝 : 인대, 2인칭) + -ㅣ(-의 : 관조)

36) 무슴모로 : 무슴(마음, 心) + -오로(←-ᄋᆞ로 : -으로, 부조, 방편)

37) 비호는다 : 비호(배우다, 學)- + -ᄂᆞ(현시)- + -ㄴ다(-는가 : 의종, 2인칭)

38) ᄒᆞ야 : ᄒᆞ이[시키다, 하게 하다, 使 : ᄒᆞ(하다, 爲 : 타동)- + -이(사접)-]- + -아(연어)

39) ᄒᆞ시ᄂᆞ녀 : ᄒᆞ(하다, 시키다, 使)- + -시(주높)- + -ᄂᆞ(현시)- + -녀(-느냐 : 의종, 판정)

40) 올ᄒᆞ니 : 옳(옳다, 是)- + -ᄋᆞ니(연어, 설명 계속)

41) 비환 디 : 비호비호(배우다, 學)- + -Ø(과시)- + -아(확인)- + -ㄴ(관전) # 디(것, 시간의 경과 : 의명) + -Ø(←-이 : 주조)

42) 언마 : 얼마, 多少 (부사)

43) 남즉ᄒᆞ다 : 남즉ᄒᆞ[남짓하다, 有餘 : 남즉(남짓 : 의명) + -ᄒᆞ(형접)-]- + -Ø(현시)- + -다(평종)

44) 알리로소녀 : 알(알다, 省)- + -리(미시)- + -롯(←-돗- : 감동)- + -오녀(←-ᄋᆞ녀 : -냐, 의종, 판정)

45) 몯ᄒᆞ리로소녀 : 몯ᄒᆞ[못하다(보용, 부정) : 몯(못, 不能 : 부사, 부정) + -ᄒᆞ(동접)-]- + -리(미시)- + -롯(←-돗- : 감동)- + -오녀(←-ᄋᆞ녀 : -냐, 의종, 판정)

高 : 미실[46] 漢兒 선비들콰[47] ᄒᆞ야[48] 흔ᄃᆡ셔[49] 글 ᄇᆡ호니[50] 이런 견ᄎᆞ로[51] 져기[52] 아노라[53]

中 : 네가 이렇게 漢人(한인)에게 글을 배우니 이것은 네 마음(뜻)으로 배우는가? 네 어버이가 너를 시키어서 "배우라." 하시느냐?

高 : 옳으니, 우리 어버이가 나를 시키어 "배우라." 하신다.

中 : 네가 배운 지 얼마나 오래냐?

高 : 내가 배운 지 반 해 남짓하다.

中 : (漢語를) 알겠느냐 알지 못하겠느냐?

高 : 매일 漢兒(한아) 선비들과 더불어 한 곳에서 글을 배우니 이런 까닭으로 조금 안다.

中 : 네 스승이 엇던 사ᄅᆞᆷ고[54]

高 : 이[55] 漢人이라

中 : 나히[56] 언메나[57] ᄒᆞ뇨

高 : 셜혼 다ᄉᆞ시라[58]

中 : 즐겨[59] ᄀᆞᄅᆞ녀[60] 즐겨 ᄀᆞᄅᆞ치디 아닛ᄂᆞ녀[61]

---

46) 미실 : 매일, 每日(부사)

47) 선비들콰 : 선비들ㅎ[선비들, 學生們 : 선비(선비, 學生) + -들ㅎ(-들 : 복접)] + -과(부조)

48) ᄒᆞ야 : ᄒᆞ(하다, 더불다, 和)- + -야(← -아 : 연어)

49) 흔ᄃᆡ셔 : 흔ᄃᆡ[한데, 한 곳(명사) : 흔(한, 一 : 관사) + ᄃᆡ(데, 處)] + -셔(-서 : 보조사, 위치 강조)

50) ᄇᆡ호니 : ① ᄇᆡ호(배우다, 學)- + -니(연어, 이유, 설명 계속) ② ᄇᆡ호(배우다, 學)- + -∅(← -오- : 화자)- + -니(연어, 이유, 설명 계속)

51) 견ᄎᆞ로 : 견ᄎᆞ(까닭, 이유, 由) + -로(부조, 방편)

52) 져기 : [약간, 조금(부사) : 젹(젹다, 少 : 형사)- + -이(부접)]

53) 아노라 : 아(← 알다 : 알다, 知)- + -ㄴ(← -ᄂᆞ- : 현시)- + -오(화자)- + -라(← -다 : 평종)

54) 사ᄅᆞᆷ고 : 사람(사람, 人) + -고(-인가 : 보조사, 의문, 설명)

55) 이 : 이(이 : 지대, 정칭, 是) + -∅(← -이 : 주조) ※ '이'는 원래는 정칭의 지시 대명사이지만, 여기서는 3인칭의 인칭 대명사로 쓰였다.

56) 나히 : 나ㅎ(나이, 歲) + -이(주조)

57) 언메나 : 언머(← 언마 : 얼마, 지대) + -ㅣ나(← -이나 : 보조사, 정도의 추측)

58) 다ᄉᆞ시라 : 다ᄉᆞᆺ(다섯, 五 : 수사) + -이(서조)- + -∅(현시)- + -라(← -다 : 평종)

59) 즐겨 : 즐기(즐기다, 樂)- + -어(연어) ※ 15세기 국어에서는 '즑다(= 즐거워하다)'의 형태가 있으므로, '즐기다'를 [즑(자동)- + -이(사접)- + -다]로 분석하였다. 그러나 16세기 이후의 문헌에서는 '즑다'의 어형이 나타나지 않으므로, '즐기다'를 단일어로 처리한다.

高 : 우리 스승이 셩이[62] 온화ᄒᆞ야 ᄀᆞ장[63] 즐겨 ᄀᆞᄅ치ᄂᆞ다

中 : 네 모든 션븨 듕에 언메나 漢兒人[64]이며 언메나 高麗ㅅ 사ᄅᆞᆷ고[65]

高 : 漢兒와 高麗 반이라

中 : 그 듕에 글외ᄂᆞ니[66] 잇ᄂᆞ녀[67]

高 : 글외ᄂᆞ니 잇닷[68] 마리ᄼㅏ[69] 니ᄅᆞ려 미실 學長[70]이 글외ᄂᆞᆫ 學生을다가[71]
　　 스승님ᄭㅢ 숣고 그리[72] 텨도[73] 다함[74] 저티[75] 아닌ᄂᆞ니라[76] 漢兒 아ᄒᆡ들히[77]
　　 ᄀᆞ장 글외거니와[78] 高麗ㅅ 아ᄒᆡ들흔 져기 어디니라[79]

---

60) ᄀᆞᆮᄂᆞ녀 : ᄀᆞᆮ(← ᄀᆞᄅ치다 : 가르치다, 敎)- + -ᄂᆞ(현시)- + -녀(-냐 : 의종, 판정) ※ 중국어 원문의 '敎'이므로 'ᄀᆞᆮ-'은 'ᄀᆞᄅ치-'의 준말이다. 『노걸대언해』에는 'ᄀᆞᄅ치ᄂᆞ뇨'로 표기되었다.

61) 아닛ᄂᆞ녀 : 아닛(← 아닣다 ← 아니ᄒᆞ다 : 아니하다, 보용, 부정)- + -ᄂᆞ(현시)- + -녀(-냐 : 의종, 판정) ※ '아닛다'는 '아니ᄒᆞ다'의 준말인 '아닣다'이 /ㅎ/을 'ㅅ'으로 표기한 것이다.

62) 셩이 : 셩(성, 性 : 성품) + -이(주조)

63) ᄀᆞ장 : 대단히, 매우, 가장(부사)

64) 漢兒人 : 한아인. 중국인이다.

65) 사ᄅᆞᆷ고 : 사ᄅᆞᆷ(사람, 人) + -고(보조사, 의문)

66) 글외ᄂᆞ니 : 글외(방종하다, 제멋대로이다, 頑)- + -ᄂᆞ(현시)- + -ㄴ(관전) # 이(이, 人 : 의명) + -Ø(← -이 : 주조)

67) 잇ᄂᆞ녀 : 잇(← 이시다 : 있다, 有)- + -ᄂᆞ(현시)- + -녀(-냐 : 의종, 판정)

68) 잇닷 : 잇(← 이시다 : 있다, 有)- + -Ø(과시)- + -다(평종) + -ㅅ(-의 : 관조) ※ 이때의 '-ㅅ'은 문장의 뒤에 실현되어서 문장 전체를 관형어로 쓰이게 하였다.

69) 마리ᄼㅏ : 말(말, 言) + -이ᄼㅏ(-이야 : 보조사, 한정 강조) ※ 15세기 국어에서는 '-이ᄼㅏ'를 주격 조사인 '-이'에 보조사 '-ᄼㅏ'가 결합된 형태로 처리했다. 그러나 여기서 '말이ᄼㅏ'는 문장에서 목적어로 쓰였으므로, 이때의 '-이ᄼㅏ'는 현대 국어처럼 하나의 보조사로 처리한다. 따라서 16세기 이후에는 '-이ᄼㅏ'가 보조사로 쓰였던 것을 것으로 추정할 수 있다.

70) 學長 : 학장. 학당(學堂)에서 공부하는 학생 중의 우두머리이다.

71) 學生을다가 : 學生(학생) + -을(목조) + -다가(보조사, 강조)

72) 그리 : 그렇게(부사)

73) 텨도 : 티(치다, 때리다, 打)- + -어도(연어, 양보)

74) 다함 : 다함(← 다하 : 그래도, 도리어, 또한, 只, 부사)

75) 저티 : 젛(두려워하다, 怕)- + -디(-지 : 연어, 부정)

76) 아닌ᄂᆞ니라 : 아닌[← 아니ᄒᆞ다(아니하다 : 보용, 부정) : 아니(부사, 부정) + -ᄒᆞ(동접)-]- + -ᄂᆞ(현시)- + -니(원칙)- + -라(← -다 : 평종) ※ '아니ᄒᆞᄂᆞ니라 → 아닣ᄂᆞ니라 → 아닌ᄂᆞ니라 → 아닌ᄂᆞ니라'의 순서로 형태가 변동했다. 'ᆞ' 탈락, 평파열음화, 비음화의 변동을 겪었다.

77) 아ᄒᆡ들히 : 아ᄒᆡ들ㅎ[아이들 : 아ᄒᆡ(아이, 兒) + -들ㅎ(-들 : 복접)] + -이(주조)

78) 글외거니와 : 글외(방종하다, 사납다, 頑)- + -거니와(-거니와, -지만 : 연어, 대조)

79) 어디니라 : 어디(← 어딜다 : 어질다, 순하다, 好)- + -Ø(현시)- + -니(원칙)- + -라(← -다 : 평종)

中 : 네 스승이 어떤 사람인가?

高 : 이(= 우리 스승은)는 漢人(한인)이다.

中 : 나이가 얼마이냐?

高 : 서른 다섯이다.

中 : (네 스승이) 즐겨 가르치느냐 즐겨 가르치지 아니하느냐?

高 : 우리 스승이 성품이 온화하여 대단히 즐겨 가르친다.

中 : 너의 모든 선비(학생) 중에 얼마가 漢児人(한아인, 중국인)이며, 얼마가 高麗(고려)의
     사람인가?

高 : 漢児人(한아인)과 高麗(고려)의 사람이 반이다.

中 : 그 중에 (행동이) 제멋대로인 이가 있느냐?

高 : 제멋대로인 이가 있었다는 말이야 (굳이 말로써) 이르겠느냐?[80) 매일(每日) 學長(학장)
     이 제멋대로인 學生(학생)을 스승님께 사뢰고, 그렇게 쳐도(때려도) 그래도 두려워하
     지 아니하느니라. 漢児(한아)의 아이들이 매우 제멋대로이거니와 高麗(고려)의 아이
     들은 조금 어지니라.

---

80) 이 문장은 한문의 '可知有頑的(제멋대로인 학생이 있었다는 것을 능히 알 수 있다)'를 의역한 문장이
    다. 곧, '학생들 중에서 행동이 제멋대로인 학생이 있었다는 것은 말할 필요도 없다.'는 뜻으로
    쓰인 문장이다. 『노걸대언해』에는 '그리어니 ᄀ래ᄂ니 잇ᄂ니라'로 표기되었다.

5. 소학언해

『소학언해』(飜譯諺解)는 중국의 『소학』(小學)을 훈민정음으로 번역한 책이다. 『소학』(小學)은 중국 남송(南宋)시대에 주희(朱熹, 朱子)의 감수 아래 그의 제자인 유청지(劉淸之) 등이 편찬한 책인데, 『소학서』(小學書)라고도 한다. 『소학』은 1185년에 대략적으로 탈고(脫稿)하고, 그 뒤 일부 수정을 가하여 1187년에 주희가 58세 때에 완성했다. 소학(小學)이란 대학(大學)에 대응시킨 말인데, 아동의 초보 교육을 위해서 아동에게 일상적 예의 범절과 어른을 섬기고 벗과 사귀는 도리를 가르치는 것을 목적으로 한 책이다. 『소학』 6권은 '내편(內篇 : 立敎, 明倫, 敬身, 稽古)'과 '외편(外篇 : 嘉言, 善行)'의 2편으로 나뉘었다. 내편은 경서를 인용한 개론에 해당하고, 외편은 그 실제를 사람들의 언행으로 보여 주고 있다.

『소학언해』(1587년, 선조 20)가 발간되기 50여 년 전인 1518년(중종 19)에 『번역소학』(飜譯小學)이 간행되었다. 이 책은 한문본을 지나치게 의역(意譯)했다는 비판을 받았는데, 이에 따라서 선조 때에 『소학언해』를 직역을 원칙으로 하여 간행하였다. 이 책은 교정청본의 전질(全秩)이 경상북도 안동(安東)의 도산서원(陶山書院)에 수장되어 있는데, 경진자본(庚辰字本)의 6권 4책으로 짜였다. 그 뒤 1744년(영조 20)에 왕명으로 교정청본을 다시 수정한 『어제소학언해』(御製小學諺解)가 간행되었다.

『소학언해』는 16세기 후반기에 쓰인 국어의 모습을 보여 주는 중요한 자료이다. 곧 이 책은 중세 국어와 근세 국어의 차이를 이루는 중요한 음운과 문법의 변화가 16세기 후반에 일어났음을 보여 준다.

이 책에 나타나는 표기와 음운상의 특징을 요약하면 다음과 같다.

첫째, 이 책에서는 방점이 유지되고 있으나 표기 방법에 심한 혼란을 보인다.

둘째, 'ㆁ'과 'ㅇ'이 구분되어서 쓰였으나 초성에서 실현되는 'ㆁ'은 쓰임에 제약이 있었다. 곧 앞 음절의 종성이 'ㅇ'인 환경에서만, 뒤의 음절에서 'ㆁ'을 첫 글자로 썼다. 이를 볼 때 'ㆁ'과 'ㅇ'의 구분이 혼들리고 있음을 알 수 있다.

셋째, 'ㅿ'이 나타나지 않아서 이 시기에 /ㅿ/의 소리가 거의 사라졌음을 알 수 있다.

넷째, 'ㅅ' 받침으로 적히던 곳에 'ㄷ'이 쓰인 예가 많이 나타난다.(7종성 체계)

다섯째, 특히 자음 동화의 한 종류인 비음화 현상이 많이 일어난다.

여섯째, 아주 드물지만 구개음화와 두음법칙의 예가 보인다.

일곱째, 명사형 어미가 '-음/-ㅁ'으로 실현된 예가 보이며, 대상 표현과 화자 표현의 선어말 어미의 실현이 불규칙한 경우가 나타난다.

여덟째, '끊어적기(분철, 分綴)'와 '거듭적기(중철, 重綴)'가 함께 많이 나타난다.

이러한 특징 때문에 『소학언해』는 중세 국어와 근세 국어의 차이를 알 수 있는 중요한 문헌이다. 특히 16세기 초에 발행된 『번역소학』과 비교함으로써 이러한 차이를 확인할 수 있다는 점에서 국어의 변화를 살피는 데에 큰 도움이 된다.

小_쇼學_흑書_셔 題_데*

져근[1] 아히[2] 비홀[3] 글월의[4] 쓴 거시라

작은 아이가 배울 글에 쓴 것이다.

네[5] 小_쇼學_흑애 사름을 ᄀᆞ른츄딩[6] 믈 쓰리고[7] 쁠며[8] 應_읗ᄒᆞ며 對_대ᄒᆞ며
【應_읗은 블러든[9] 딩답홈이오 對_딩ᄂᆞᆫ 무러든[10] 딩답홈이라 】 나ᅀᆞ며[11] 므르ᄂᆞᆫ[12] 졀ᄎᆞ와
어버이를 ᄉᆞ랑ᄒᆞ며 얼운을[13] 공경ᄒᆞ며 스승을 존딩ᄒᆞ며 벋을 親_친히[14] 홀
道_도로 뻐[15] ᄒᆞ니 다 뻐 몸을 닷ᄀᆞ며[16] 집을 ᄀᆞ즉기[17] ᄒᆞ며 나라흘 다ᄉᆞ리며
天_텬下_하를 平_평히[18] 홀 근본을 ᄒᆞᄂᆞᆫ 배니[19]

---

* 小學 題 : 소학서 제. 『소학서』(小學書)의 머리말이다.

1) 져근 : 젹(작다, 小)- + -Ø(현시)- + -은(관전)

2) 아히 : 아히(아이, 兒) + -Ø(← -이 : 주조)

3) 비홀 : 비호(배우다, 學)- + -Ø(← -오- : 대상)- + -ㄹ(관전)

4) 글월의 : 글월[글월 : 글(글, 書) + -월(접미)] + -의(-에 : 부조, 위치)

5) 네 : 예전, 昔(명사)

6) ᄀᆞ른츄딩 : ᄀᆞ른치(가르치다, 敎)- + -우딩(← -오딩 : -되, 연어, 설명 계속)

7) 쓰리고 : 쓰리(뿌리다, 청소하다, 灑)- + -고(연어, 나열)

8) 쁠며 : 쁠(비로 쓸다, 掃)- + -며(연어, 나열)

9) 블러든 : 블르(← 브르다 부르다, 召)- + -어든(-거든 : 연어, 조건)

10) 무러든 : 물(← 묻다, ㄷ불 : 묻다, 問)- + -어든(-거든 : 연어, 조건)

11) 나ᅀᆞ며 : 나(← 낫다, ㅅ불 : 나아가다, 進)- + -ᅀᆞ며(연어, 나열) ※ '나ᅀᆞ며>나ᅀᆞ며'의 변화를 통해서 /ㅿ/이 사라졌음을 알 수 있다.

12) 므르ᄂᆞᆫ : 므르(물러나다, 退)- + -ᄂᆞ(현시)- + -ㄴ(관전)

13) 얼운을 : 얼운[어른, 長(명사) : 얼(교합하다, 娶)- + -우(사접)- + -ㄴ(관전▷명접)] + -을(목조)

14) 親히 : [친히(부사) : 親(친 : 불어) + -ᄒᆞ(← -ᄒᆞ- : 형접)- + -이(부접)]

15) 뻐 : [그로써, 그것으로써, 以(부사) : ᄡᅳ(← 쓰다(쓰다, 사용하다, 用)- + -어(연어▷부접)] ※ '뻐'는 한자 '以(이)'를 직역한 것으로 '그로써'로 의역한다.

16) 닷ᄀᆞ며 : 닦(닦다, 修)- + -ᄋᆞ며(연어, 나열)

17) ᄀᆞ즉기 : [가지런히(부사) : ᄀᆞ죽(가지런 : 불어) + -Ø(← -ᄒᆞ- : 형접)- + -이(부접)] ※ '몸 닷ᄀᆞ며 집 ᄀᆞ죽이 ᄒᆞ며'는 소학의 원문에 나오는 '修身齊家(수신제가)'를 언해한 말이다.

18) 平히 : [평평히, 平(부사) : 平(평 : 불어) + -ᄒᆞ(← -ᄒᆞ- : 형접)- + -이(부접)]

19) ᄒᆞᄂᆞᆫ 배니 : ᄒᆞ(하다, 爲)- + -ㄴ(← -ᄂᆞ- : 현시)- + -오(대상)- + -ㄴ(관전) # 바(바, 것 : 의명) + -

옛날 小學(소학)에 사람을 가르치되, 물을 뿌리고 쓸며, 應(응)하며 對(대)하며【應(응)은 부르거든 대답하는 것이요, 對(대)는 묻거든 대답하는 것이다.】, 나아가며 물러나는 절차(節次)와, 어버이를 사랑하며 어른을 공경(恭敬)하며 스승을 존대(尊待)하며 벗을 친(親)히 할 도(道)로써 하니, 다 그로써 몸을 닦으며 집을 가지런히 하며 나라를 다스리며 天下(천하)를 平(평)히 할 근본(根本)을 하는 바이니

반ᄃᆞ시 히여곰²⁰⁾ 그 졈어 어려실²¹⁾ 제 講ᄀᆞᆼᄒᆞ야²²⁾ 니기게²³⁾ 홈은 그 니교미 디혜로²⁴⁾ 더브러 길며²⁵⁾ 되오미²⁶⁾ ᄆᆞᄋᆞᆷ과로²⁷⁾ 더브러 이러²⁸⁾ 거슬ᄡᅳ며²⁹⁾ 막딜이여³⁰⁾ 이긔디³¹⁾ 몯홀 근심이 업과댜³²⁾ 홈이니라

반드시 하여금 그 젊어 어려 있을 적에 講(강)하여 익히게 함은, 그 익히는 것이 지혜(智慧)로 더불어 자라며, (그) 되는 것이 마음과 더불어 이루어져, 거슬리며 막질리어 이기지 못할 근심이 없고자 함이니라.

이제 그 오온³³⁾ 글월을 비록 可ᄀᆞ히 보디 몯ᄒᆞ나 傳뎐記긔【녯 글월들이라】예

　ㅣ(←-이- : 서조)- + -니(연어, 설명 계속) ※ '나라ᄒᆞᆯ 다ᄉᆞ리며 天下를 平히 ᄒᆞ다'는 소학의 원문에 나오는 '治國平天下(치국평천하)'를 옮긴 말이다.

20) 히여곰 : [하여금, 令(부사) : ᄒᆞ(하다, 爲)- + -ㅣ(←-이- : 사접)- + -여(←-어 : 연어 ▷부접) + -곰(보조사, 강조)]

21) 어려실 : 어리(어리다, 穉)- + -어시(완료 지속)- + -ㄹ(관전) ※ '-어시-'는 '-어 이시-'가 축약되어서 '완료 지속'의 뜻을 나타내는 선어말 어미이다.

22) 講ᄒᆞ야 : 講ᄒᆞ[강하다 : 講(강 : 명사) + -ᄒᆞ(동접)-] + -야(←-아 : 연어) ※ '講(강)'은 예전에, 서당이나 글방 같은 데에서, 배운 글을 선생이나 시관 또는 웃어른 앞에서 외는 것이다.

23) 니기게 : 니기[익히다, 習 : 익(익다, 熟)- + -이(사접)-] + -게(연어, 사동)

24) 디혜로 : 디혜(지혜, 知慧) + -로(부조, 방편)

25) 길며 : 길(길어지다, 자라다, 長 : 동사)- + -며(연어, 나열)

26) 되오미 : 되(되다, 爲)- + -옴(명전) + -이(주조)

27) ᄆᆞᄋᆞᆷ과로 : ᄆᆞᄋᆞᆷ(마음, 心)- + -과(접조) + -로(부조, 방편)

28) 이러 : 일(이루어지다, 成)- + -어(연어)

29) 거슬ᄡᅳ며 : 거슬ᄡᅳ[거슬리다, 扞 : 거슬(거스르다 : 타동)- + -ㅂᄡᅳ(←-ᄡᅳ- : 피접)-] + -며(연어, 나열) ※ '거슬ᄡᅳ며'는 '거슬쁘며'의 /ㅂ/을 거듭 적은 형태이다.

30) 막딜이여 : 막딜이[막질리다, 앞질러 가로막히다, 格 : 막(막다 : 타동)- + 딜ᄅᆞ(가로막다 : 타동)- + -이(피접)-] + -여(←-어 : 연어)

31) 이긔디 : 이긔(이기다, 勝)- + -디(-지 : 연어, 부정)

32) 업과댜 : 업(← 없다 : 없다, 無)- + -과댜(-고자 : 연어, 목적)

섯거[34] 낟는[35] 딕[36] 또 하건마는[37] 닐글 이[38] 잇다감[39] 흔갓[40] 녜와 이제와 맛당홈이[41] 달름으로[42] 뻐 行(힝)티 아니흐느니 즈뭇[43] 그 녜와 이제와 달옴이[44] 업슨 거시 진실로 비르소[45] 可(가)히 行(힝)티 몯홀 거시 아닌 줄을 아디 몯흐느니라

이제 그 모든 글을 비록 可(가)히 보지 못하나, 傳記(전기)【예전의 글들이다.】에 섞이어 나타나는 데가 또 많건마는, 읽을 이가 이따금 한갓 예전과 이제와 마땅함이 다름으로써 行(행)하지 아니하나니, 자못 그 예전과 이제와 다른 것이 없는 것이, 진실로 비로소 可 (가)히 行(행)하지 못할 것이 아닌 줄을 알지 못하느니라.[46]

이제 즈뭇 어더 모도와[47] 뻐 이 글을 밍그라 아히 어리니를[48] 주어 그 講(강)흐야 니교물[49] 즈뢰케[50] 흐노니 거의 풍쇽이며 교화의 만분에 흐나히나[51]

---

33) 오온 : [온, 모든, 온전한, 全(관사) : 오오(← 오올다 : 온전하다, 全)-+-ㄴ(관전▷관접)]

34) 섯거 : 셧(섞이다, 雜)-+-어(연어)

35) 낟는 : 낟(나타나다, 出)-+-ᄂ(현시)-+-ㄴ(관전)

36) 딕 : 딕(데, 處)+-∅(←-이 : 주조)

37) 하건마는 : 하(많다, 多)-+-건마는(-건마는 : 연어, 대조)

38) 닐글 이 : 닑(읽다, 讀)-+-을(관전) # 이(이, 者 : 의명)+-∅(←-이 : 주조)

39) 잇다감 : 이따금, 往往(부사)

40) 흔갓 : [한갓, 直(부사) : 흔(한, 一 : 관사, 양수)+갓(← 가지 : 가지, 類 : 의명)] ※ '흔갓'은 '고작 하 여야 다른 것 없이 겨우'의 뜻으로 쓰이는 부사이다.

41) 맛당홈이 : 맛당흐[마땅하다, 宜 : 맛당(마땅 : 불어)-+-흐(형접)-]-+-옴(명전)+-이(주조)

42) 달름으로 : 다ᄅ(← 다르다 : 다르다, 異)-+-음(←-옴 : 명전)+-으로(부조, 방편) ※ 명사형 전성 어미가 '-옴'에서 '-음'으로 바뀌어서 실현되었다.

43) 즈뭇 : 즈뭇(← 즈모 : 자못, 생각보다 매우, 頗, 부사)

44) 달옴이 : 달(← 다ᄅ다 : 다르다, 異)-+-옴(명전)+-이(주조)

45) 비르소 : [비로소, 庶幾(부사) : 비릇(비롯하다, 由)-+-오(부접)]

46) 그 녜와 ~ 몯흐느니라 : 이 구절은 다음과 같이 의역하여 옮길 수 있다. "그 옛날의 일과 지금의 일이 다르지 않으므로, (글을 읽는 사람이) 진실로 행할 수 있다는 것을 알아야만 하느니라."

47) 모도와 : 모도오[←모도다(모으다, 集) : 몯(모이다, 集)-+-오(사접)-]-+-아(연어)

48) 어리니를 : 어리(어리석다, 蒙)-+-∅(현시)-+-ㄴ(관전) # 이(이, 者 : 의명)+-를(-에게 : 목조, 보조사적 용법, 의미상 부사격)

49) 니교믈 : 니기[익히다, 習 : 닉(익다, 熟)-+-이(사접)-]-+-옴(명전)+-을(목조)

50) 즈뢰케 : 즈뢰흐[← 즈뢰흐다(자뢰하다, 밑천으로 삼다, 資) : 즈뢰(자뢰, 資賴 : 명사)-+-흐(동접)-]- +-게(연어, 사동)

51) 흐나히나 : 흐나ᄒ(하나, 一 : 수사, 양수)+-이나(보조사, 선택)

보태욤이⁵²⁾ 이시리니라

이제 자못 (글들을) 얻어 모아서, (그로써) 이 글을 만들어 아이와 어리석은 이에게 주어서, 그것을 講(강)하여 익히는 것을 자뢰(資賴)하게 하나니, 거의 풍속(風俗)이며 교화(敎化)에 만분(萬分)에 하나나 보태는 것이 있겠느니라.

淳_순熙_희【宋_송 孝_효宗_종 년회라⁵³⁾】 丁_뎡未_미 三_삼月_월 초ㅎ른날⁵⁴⁾ 晦_회菴_암【朱_쥬子_ᄌ⁵⁵⁾ㅅ 별회라⁵⁶⁾】은 쓰노라⁵⁷⁾

淳熙(순희) 【宋(송)나라의 孝宗(효종)의 연호(年號)이다.】 丁未(정미)년 三月(삼월) 초하룻날 晦菴(회암) 【朱子(주자)의 별호(別號)이다.】은 쓴다.

---

52) 보태욤이 : 보태(보태다, 補)- + -욤(←-옴 : 명전) + -이(주조)

53) 년회라 : 년호(연호, 年號) + -ㅣ(←-이- : 서조)- + -Ø(현시)- + -라(←-다 : 평종)
   ※ '년호(年號)'는 해의 차례를 나타내기 위하여 붙이는 이름이다.

54) 초ㅎ른날 : [초하룻날, 朔旦 : 초(초, 初 : 접두)- + ㅎ른(하루, 一日) + -ㅅ(관조, 사잇) + 날(날, 日)]
   ※ '초ᄒᆞᆺ날 → 초ᄒᆞᄅᆞᆫ날 → 초ᄒᆞ른날'처럼 평파열음화와 비음화의 변동을 거쳤다.

55) 朱子 : 주자. 중국 송나라의 유학자이다(1130~1200). 도학(道學)과 이학(理學)을 합친 이른바 송학(宋學)을 집대성하였다. '주자(朱子)'라고 높여 이르며, 주자의 정립한 학설을 '주자학'이라고 한다. 주요 저서에 『신전』(詩傳), 『사서집주』(四書集註), 『근사록』(近思錄), 『자치통감강목』(資治通鑑綱目) 따위가 있다.

56) 별회라 : 별호(별호, 別號) + -ㅣ(←-이- : 서조)- + -Ø(현시)- + -라(←-다 : 평종) ※ '별호(別號)'는 본명이나 자 이외에 쓰는 이름으로, 허물없이 쓰기 위하여 지은 이름이다.

57) 쓰노라 : 쓰(쓰다, 書)- + -ㄴ(←-ᄂᆞ- : 현시)- + -오(화자)- + -라(←-다 : 평종)

小_쇼學_혹諺_언解_히 卷_권之_지一_일

內_닉篇_편*

立_립教_교 第_데一_일이라

ᄀᆞᄅ치믈[1] 셰미니[2] ᄎ례예[3] ᄒᆞ낫재라[4]

입교(立教) 第一(제일)이다.

가르침을 세움이니 차례(次例)에 첫째이다.

子_{ᄌᆞ}思_{ᄉᆞ}子_{ᄌᆞ}[5]【子_{ᄌᆞ}思_{ᄉᆞ}ᄂᆞᆫ 지오[6] 일호믠[7] 伋_급이니 孔_공子_{ᄌᆞ}ㅅ 손ᄌᆞ라[8] 아랟[9] 子_{ᄌᆞ}ᄃ[10] ᄌᆞᄂᆞᆫ[11] 존칭ᄒᆞᄂᆞᆫ 말이라】ㅣ ᄀᆞᄅ샤ᄃᆡ[12] 하ᄂᆞᆯ히 命_명ᄒᆞ신 거슬 닐온[13] 性_셩이오 性_셩을

---

* 內篇 : 내편. 〈소학〉 6권은 '내편(內篇 : 立教, 明倫, 敬身, 稽古)'과 '외편(外篇 : 嘉言, 善行)'의 2편으로 나뉘었다. 여기서 '내편(內篇)'은 경서를 인용한 개론에 해당하고, '외편(外篇)'은 그 실제를 사람들의 언행으로 보여 주고 있다.

1) ᄀᆞᄅ치믈 : ᄀᆞᄅ침[가르침(명사) : ᄀᆞᄅ치(가르치다, 教)- + -ㅁ(명접)] + -을(목조)

2) 셰미니 : 셰[세우다, 立 : 셔(서다, 立)- + -ㅣ(← -이- : 사접)-]- + -ㅁ(← -옴 : 명전) + -이(서조)- + -니(연어, 설명 계속) ※ 15세기 국어에서 '-옴/-움'의 형태였던 명사형 전성 어미가 이 시기에는 '-옴/-움'과 함께 '-ㅁ/-음/-음' 등의 형태로 다양하게 실현되었다.

3) ᄎ례예 : ᄎ례(차례, 次例)- + -예(← -에 : 부조, 위치)

4) ᄒᆞ낫재라 : ᄒᆞ낫재[첫째, 第一(수사, 서수) : ᄒᆞ나(← ᄒᆞ나ㅎ : 하나, 一, 수사, 양수) + -ㅅ(-의 : 관조, 사잇) + -재(-째 : 접미, 서수)] + -∅(← -이- : 서조)- + -∅(현시)- + -라(← -다 : 평종) ※ 15세기 국어에서는 '第一'의 뜻을 나타내는 서수사로서 'ᄒᆞ낫재'의 형태가 나타나지 않았는데, 'ᄒᆞ낫재'의 형태는 여기서 처음으로 나타난다.

5) 子思子 : 자사자. (子思, BC483? ~ BC402?) 중국 고대 노(魯)나라의 학자이다. 공자의 손자이며 4서의 하나인 『중용』(中庸)의 저자로 전한다. 고향인 노나라에 살면서 증자(曾子)의 학문(學問)을 배워 유학을 전승하는 데에 힘썼다. 일상 생활에서는 중용(中庸)을 지향했다.

6) 지오 : ᄌᆞ(자, 字) + -ㅣ(← -이- : 서조)- + -오(← -고 : 연어, 나열) ※ '자(字)'는 본이름 외에 부르는 이름이다. 예전에 이름을 소중히 여겨 함부로 부르지 않았던 관습이 있어서, 흔히 관례(冠禮) 뒤에 본이름 대신으로 불렀다.

7) 일호믠 : 일홈(← 일훔 : 이름, 名)- + -은(보조사, 주제)

8) 손ᄌᆞ라 : 손ᄌᆞ(손자, 孫子) + -ㅣ(← -이- : 서조)- + -∅(현시)- + -라(← -다 : 평종)

9) 아랟 : 아래(아래, 下) + -ㄷ(← -ㅅ : -의, 관조) ※ '-ㄷ'은 관형격 조사인 '-ㅅ'을 '-ㄷ'으로 적은 것인데, 이는 종성의 자리의 'ㅅ'이 /ㄷ/으로 소리나는 예이다.(7종성 체계)

10) 子ㄷ : 子(자 : 명사) + -ㄷ(← -ㅅ : -의, 관조)

11) ᄌᆞᄂᆞᆫ : ᄌᆞ(자, 글자, 字) + -ᄂᆞᆫ(보조사, 주제)

조츠믈[14] 닐온 道도ㅣ오 道도를 닷고믈[15] 닐운 敎교ㅣ라[16] ᄒᆞ시니 하ᄂᆞᆶ 볼근 거슬 법바드며[17] 성인ㅅ 法법을 조차 이 編편을[18] 밍ᄀᆞ라 ᄒᆞ여곰 스승 되니로[19] ᄡᅥ[20] ᄀᆞᄅᆞ칠 바를 알에[21] ᄒᆞ며 뎨ᄌᆞ로 ᄡᅥ 비홀 바를 알에 ᄒᆞ노라

子思子(자사자) 【子思(자사)는 자(字)이고 이름은 伋(급)이니, 孔子(공자)의 손자(孫子)이다. 아래의 子(자)의 자(字)는 존칭하는 말이다.】 가 이르시되, "하늘이 命(명)하신 것을 말한 것이 性(성)이고, 性(성)을 좇는 것을 말한 것이 道(도)이고, 道(도)를 닦는 것을 말한 것이 敎(교)이다." 하시니, 하늘의 밝은 것을 본받으며 성인(聖人)의 法(법)을 좇아 이 編(편)을 만들어, 스승 된 이로 하여금 가르칠 바를 알게 하며 제자(弟子)로써 배울 바를 알게 한다.

烈렬女녀傳뎐【녜[22] 겨지븨 ᄉᆞ실[23] 긔록ᄒᆞᆫ 칙이라】에 ᄀᆞ로디 녜 겨지비 ᄌᆞ식 ᄇᆡ여실[24] 제 잘 제 기우리디[25] 아니ᄒᆞ며 안조매[26] 근지디[27] 아니ᄒᆞ며 셔매[28]

---

12) ᄀᆞᄅᆞ샤디 : 골(가로다, 말하다, 曰)- + -ᄋᆞ샤(← -ᄋᆞ시- : 주높)- + -되(← -오디 : -되, 연어, 설명 계속)

13) 닐온 : 닐(← 니ᄅᆞ다 : 이르다, 謂)- + -∅(과시)- + -오(대상)- + -ㄴ(관전, 명사적 용법) ※ 이때의 '-ㄴ'은 관형사형 어미가 명사적 용법으로 쓰였으므로, '닐온'을 '말한 것'로 옮긴다.

14) 조츠믈 : 좇(좇다, 따르다, 率)- + -음(← -옴 : 명전)- + -을(목조)

15) 닷고믈 : 닭(닦다, 修)- + -옴(명전)- + -을(목조)

16) 敎ㅣ라 : 敎(교, 가르침)- + -ㅣ(← -이- : 서조)- + -∅(현시)- + -라(← -다 : 평종)

17) 법바드며 : 법받[본받다, 則(동사) : 법(法, 본 : 명사) + 받(따르다, 좇다, 從 : 동사)-]- + -ᄋᆞ며(연어, 나열)

18) 編 : 편. 책의 내용을 일정한 단락으로 크게 나눈 한 부분을 나타내는 말이다. 여기서는 소학언해 권지일의 '내편(內篇)'을 이른다.

19) 되니로 : 되(되다, 爲)- + -∅(과시)- + -ㄴ(관전) # 이(이, 人 : 의명) + -로(부조, 방편)

20) ᄡᅥ : [그로써(부사) : ᄡᅳ(← 쓰다 : 쓰다, 用)- + -어(연어▷부접)] ※ 'ᄡᅥ'는 한자 '以'를 직역한 것인데, 국어 문장에서는 군더더기 표현이다.

21) 알에 : 알(알다, 知)- + -에(← -게 : 연어, 사동)

22) 녜 : 예전, 昔(명사)

23) ᄉᆞ실 : 사실(事實). 실제로 있었던 일이나 현재에 있는 일이다.

24) ᄇᆡ여실 : ᄇᆡ(배다, 妊)- + -여시(← -어시- : 완료 지속)- + -ㄹ(관전) ※ '-어시-'는 '-어 이시-'가 축약되어 동작의 '완료 지속'을 나타내는 선어말 어미로 형성되었다.

25) 기우리디 : 기우리[기울이다 : 기울(기울다, 傾 : 자동)- + -이(사접)-]- + -디(-지 : 연어, 부정)

26) 안조매 : 앉(앉다, 坐)- + -옴(명전)- + -애(-에 : 부조, 위치)

27) 근지디 : 근지[가에 치우치다, 邊 : 근(← ᄀᆞᆺ : 가, 邊, 명사) + -지(동접)-]- + -디(-지 : 연어, 부정) ※ '근지디'는 'ᄀᆞᆺ'의 'ㅅ'을 'ㄷ'으로 적었는데, 'ㅅ'이 /ㄷ/으로 소리난 예이다.(7종성 체계)

흔 발 칙²⁹⁾ 디듸디³⁰⁾ 아니ᄒ며 샤특흔³¹⁾ 마슬 먹디 아니ᄒ며 버힌³²⁾ 거시
正ᄌᆡᇰ티³³⁾ 아니커든³⁴⁾ 먹디 아니ᄒ며 돗씨³⁵⁾ 正ᄌᆡᇰ티 아니커든 안씨³⁶⁾ 아니ᄒ며
누네 샤특흔 비츨 보디 아니ᄒ며 귀예 음란흔 소릭를 듣디 아니ᄒ고 바미어든³⁷⁾
쇼경³⁸⁾으로 ᄒ여곰 모시³⁹⁾를 외오며⁴⁰⁾ 正ᄌᆡᇰ흔 이를 니르더니라⁴¹⁾ 이러틋시⁴²⁾ ᄒ면
나흔⁴³⁾ ᄌᆞ식이 얼굴⁴⁴⁾이 端ᄃᆞᆫ正ᄌᆡᇰᄒ며 지죄⁴⁵⁾ 사름의게⁴⁶⁾ 넘으리라

烈女傳(열녀전)【옛날 여자의 사실(事實)을 기록한 책이다.】에 가로되, 옛날 여자가 자식을 배어 있을 때, 잘 때 (몸을) 기울이지 아니하며, 앉음에 가에 치우치지 아니하며, 일어섬에 한 발을 기울게 디디지 아니하며, 샤특(邪慝)한 맛을 먹지 아니하며, 벤 것이 바르지 아니하거든 먹지 아니하며, 자리가 바르지 아니하거든 앉지 아니하며, 눈에 샤특한 빛을

---

28) 셔매 : 셔(서다, 立)- + -ㅁ(←-옴 : 명전) + -애(-에 : 부조, 위치)

29) 칙 : [치우치게, 기울게, 踤(부사) : 칙(치우치다, 踤)- + -∅(부접)]

30) 디듸디 : 디듸(디듸다, 踏)- + -디(-지 : 연어, 부정)

31) 샤특흔 : 샤특ᄒ[사특하다, 邪慝하다 : 샤특(사특, 邪慝 : 명사) + -ᄒ(형접)-]- + -∅(현시)- + -ㄴ(관전) ※ '邪慝(샤특)'은 요사스럽고 간특한 것이다.

32) 버힌 : [베다, 斬 : 벟(베어지다 : 자동)- + -이(사접)-]- + -∅(과시)- + -ㄴ(관전)

33) 正티 : 正ᄒ[←正ᄒ다(바르다) : 正(정 : 명사) + -ᄒ(형접)-]- + -디(-지 : 연어, 부정)

34) 아니커든 : 아니ᄒ[←아니ᄒ다(아니하다, 非 : 보용, 부정) : 아니(아니, 非 : 부사, 부정) + -ᄒ(형접)-]- + -거든(연어, 조건)

35) 돗씨 : 돗ᄉᆞ(←돍 : 자리, 座) + -이(주조) ※ '돗ᄉᆞ'은 '돍'의 'ㅅ'을 'ㅅㅅ'으로 거듭 적은 형태다.

36) 안씨 : 앉(←앉다 : 앉다, 坐)- + -디(-지 : 연어, 부정)

37) 바미어든 : 밤(밤, 夜) + -이(서조)- + -어든(←-거든 : 연어, 조건)

38) 쇼경 : 소경(瞽), 눈이 먼 사람이다.

39) 모시 : 모시(毛詩). '시경(詩經)'을 달리 이르는 말이다. 중국 한나라 때의 '모형(毛亨)'이 전하였다고 하여 이렇게 이른다.

40) 외오며 : 외오[외게 하다 : 외(외다, 誦 : 타동)- + -오(사접)-]- + -며(연어, 나열)

41) 니르더니라 : 니르(이르다, 道)- + -더(회상)- + -니(원칙)- + -라(←-다 : 평종)

42) 이러틋시 : 이러ᄒ[←이러ᄒ다(이러하다, 如此 : 형사) : 이러(불어, 부사) + -ᄒ(형접)-]- + -ᄃᆞᆺ시(-듯이 : 연어, 비교, 흡사)

43) 나흔 : 낳(낳다, 産)- + -∅(과시)- + -은(관전) ※ '나흔'에서는 대상법의 선어말 어미가 실현되지 않은 것이 특징이다. 15세기의 문헌에서는 '나혼(낳- + -∅- + -오- + -ㄴ)'으로 표기된다.

44) 얼굴 : 모습, 형용(形容)

45) 지죄 : 지조(재주, 才) + -ㅣ(←-이 : 주조)

46) 사름의게 : 사름(사람, 人) + -의게(-에게 : 부조, 위치, 비교) ※ '사름의게'는 '사ᄅᆞᆷᄋᆡ게'를 끊어 적은 형태이다.

보지 아니하며, 귀에 음란한 소리를 듣지 아니하고, 밤이거든 소경으로 하여금 모시(毛詩)를 외게 하며, 正(정)한 일을 이르더니라. 이렇듯이 하면 낳은 자식이 모습이 端正(단정)하며, 재주가 (딴) 사람에게 넘으리라.

內ᄂᆡ則측【禮례記긔篇편 일홈이라】에 ᄀᆞ로딕 믈읫[47] ᄌᆞ식 나호매[48] 모든[49] 어미와 다ᄆᆞᆺ[50] 可가흔 이예[51] 굴히오딕[52] 반ᄃᆞ시 그 어위크고[53] 누그러오며[54] ᄌᆞ샹ᄒᆞ고 인혜로오며[55] 온화ᄒᆞ고 어딜며 공슌ᄒᆞ고 조심ᄒᆞ며 삼가고[56] 말ᄉᆞᆷ 져그니를[57] 구ᄒᆞ야 ᄒᆞ여곰 ᄌᆞ식의 스승을[58] 사몰 디니라[59]

內則(내칙)【禮記篇(예기편)의 이름이다.】에 가로되, 무릇 자식을 낳음에 모든 어미와 함께 可(가)한 사람에서 (자식의 스승을) 가리되, 반드시 그 드넓고 크며 너그러우며 자상하고 은혜로우며 온화하고 어질며 공손하고 조심하며 삼가고 말이 적은 이(人)를 구하여, (그로) 하여금 자식의 스승으로 삼을 것이니라.

ᄌᆞ식이 能ᄂᆞᆼ히 밥 먹거든 ᄀᆞᄅᆞ츄딕[60] 올흔손으로[61] ᄡᅥ ᄒᆞ게 ᄒᆞ며 能ᄂᆞᆼ히

---

47) 믈읫 : 무릇, 凡(부사)

48) 나호매 : 낳(낳다, 生)- + -옴(명전) + -애(-에 : 부조, 위치)

49) 모든 : [모든, 諸(관사) : 몯(모이다, 會 : 자동)- + -은(관전▷관접)]

50) 다ᄆᆞᆺ : 더불어, 함께, 與(부사)

51) 이예 : 이(이, 사람, 者 : 의명) + -예(←-에 : -에, -에서, 부조, 위치)

52) 굴히오딕 : 굴히(가리다, 擇)- + -오딕(-되 : 연어, 설명 계속)

53) 어위크고 : 어위크[드넓고 크다, 寬 : 어위(드넓다, 廣 : 형사)- + 크(크다, 大 : 형사)-]- + -고(연어, 나열)

54) 누그러오며 : 누그러오(← 누그럽다, ㅂ불 : 너그럽다, 裕)- + -며(←-으며 : 연어, 나열)

55) 인혜로오며 : 인혜로오[← 인혜롭다, ㅂ불 : 인혜(仁惠 : 불어) + -롭(형접)-]- + -며(←-ᄋᆞ며 : 연어, 나열) ※ '인혜롭다'는 어질고 은혜로운 것이다.

56) 삼가고 : 삼가(삼가다, 愼)- + -고(연어, 나열)

57) 져그니를 : 젹(적다, 少)- + -Ø(현시)- + -은(관전) # 이(이, 사람, 者 : 의명) + -를(목조)

58) 스승을 : 스승(스승, 師) + -을(-으로 : 목조, 보조사적 용법, 의미상 부사격)

59) 사몰 디니라 : 삼(삼다, 爲)- + -오(대상)- + -ㄹ(관전) # ᄃ(← ᄃᆞ : 것, 者, 의명) + -이(서조)- + -Ø(현시)- + -니(원칙)- + -라(←-다 : 평종)

60) ᄀᆞᄅᆞ츄딕 : ᄀᆞᄅᆞ치(가르치다, 敎)- + -우딕(-되 : 연어, 설명 계속)

61) 올흔손으로 : 올흔손[오른손 : 옳(옳다, 是 : 형사)- + -은(관전▷관접) + 손(손, 手 : 명사)] + -으로(-으로 : 부조, 방편)

> 말ᄒ거든 ᄉ나히ᄂᆞᆫ[62] 섈리 되답ᄒ고 겨집은 ᄂᆞ즈기[63] 되답게[64] ᄒ며 ᄉ나히
> 씌ᄂᆞᆫ[65] 갓츠로[66] ᄒ고 겨집의 씌ᄂᆞᆫ 실로 홀 디니라

자식이 能(능)히 밥을 먹거든 가르치되 오른손으로써 하게 하며, 能(능)히 말하거든 남자는 빨리 대답하고 여자는 느직이 대답하게 하며, 남자의 띠는 가죽으로 하고 여자의 띠는 실로 할 것이니라.

> 여슷 ᄒᆡ어든[67] 혬과[68] 다뭇[69] 방소[70] 일홈믈 ᄀᆞᄅ칠 디니라

여섯 해이거든 셈(算)과 함께 방소(方所)의 이름을 가르칠 것이니라. [1:4]

> 닐굽 ᄒᆡ어든 ᄉ나히와 겨지비 돗글[71] ᄒᆞᆫ가지로[72] 아니 ᄒ며 먹기를 ᄒᆞᆫ듸[73]
> 아니 홀 디니라

일곱 해거든 남자와 여자가 자리를 한가지로(함께) 아니 하며 먹기를 함께 아니 할 것이니라.

> 여듧 ᄒᆡ어든 門문과[74] 戶호애[75] 나며 드롬과[76] 밋[77] 돗씌[78] 나아가며 飮음食식호

---

62) ᄉ나히ᄂᆞᆫ : ᄉ나히[사나이, 사내, 男 : 손(장정, 壯丁) + 아히(아이, 童)] + -ᄂᆞᆫ(보조사, 주제)

63) ᄂᆞ즈기 : [느직이, 唯(부사) : ᄂᆞ즉(ᄂᆞ직 : 불어) + -Ø(←-ᄒ- : 형접)- + -이(부접)]

64) 되답게 : 되답[←대답ᄒ다(對答하다) : 되답(대답, 對答 : 명사) + -ᄒ(동접)-]- + -게(연어, 사동)

65) 씌ᄂᆞᆫ : 씌(띠, 帶) + -ᄂᆞᆫ(보조사, 대조)

66) 갓츠로 : 갓ㅊ(← 갗 : 가죽, 살갗, 革)- + -ᄋ로(부조, 방편) ※ '갓츠로'는 '가츠로'의 /ㅊ/을 'ㅅㅊ'으로 거듭 적은 형태이다.

67) ᄒᆡ어든 : ᄒᆡ(해, 年 : 의명) + -Ø(←-이- : 서조)- + -어든(←-거든 : 연어, 조건)

68) 혬과 : 혬[셈, 數(명사) : 혜(세다, 계산하다, 算)- + -ㅁ(명접)] + -과(부조, 공동)

69) 다뭇 : 함께, 與(부사)

70) 방소 : 방소(方所). 방위(方位)이다.

71) 돗글 : 돗ㄱ(자리, 席) + -을(목조)

72) ᄒᆞᆫ가지로 : ᄒᆞᆫ가지[한가지(명사) : ᄒᆞᆫ(한, 一 : 관사, 양수) + 가지(가지, 種 : 의명)] + -로(부조, 방편) ※ 'ᄒᆞᆫ가지로'는 '함께'의 뜻을 나타낸다.

73) ᄒᆞᆫ듸 : [한데, 한 곳, 함께, 同(명사, 부사) : ᄒᆞᆫ(한, 一 : 관사, 양수)- + 듸(데, 處 : 의명)] ※ 'ᄒᆞᆫ듸'는 명사와 부사로 쓰이는데, 한문 원문의 '不共食'을 감안하여 부사인 '함께'로 해석한다.

매⁷⁹⁾ 반드시⁸⁰⁾ 얼운의게⁸¹⁾ 후에 ㅎ야 비로소 스양ㅎ기를 ㄱㄹ칠 디니라

여덟 해이거든 門(문)과 戶(호)에 나며 들어옴과 자리에 나아가며 마시고 먹음에, 반드시 어른의 후(後)에 하여 비로소 사양하기를 가르칠 것이니라.

열 히어든 나 밧⁸²⁾ 스숭의게 나아 가 밧긔셔⁸³⁾ 이시며 자며 글쓰기며 산계를⁸⁴⁾ 비호며 오슬 기브로⁸⁵⁾ 핟옷⁸⁶⁾과 고의⁸⁷⁾를 아니 ㅎ며 禮_례를 처엄 ㄱㄹ친 대로 조차⁸⁸⁾ ㅎ며 아춤 나조히⁸⁹⁾ 져머셔⁹⁰⁾ ㅎ욜⁹¹⁾ 례모⁹²⁾를 비호딕⁹³⁾ 간이⁹⁴⁾ㅎ고 신실흔 일로⁹⁵⁾ 請_쳥ㅎ야 니길⁹⁶⁾ 디니라

---

74) 門과 : 門(문, 두쪽 문) + -과(접조)

75) 戶애 : 戶(호, 한쪽 문) + -애(-에 : 부조, 위치)

76) 드롬과 : 들(들다, 入)- + -옴(명전) + -과(접조)

77) 밋 : 및, 及(부사). 한자 '及'을 직역한 것으로, '잉여 표현'으로 쓰였다.

78) 돗싀 : 돗시(← 돔 : 자리, 席) + -의(-에 : 부조, 위치) ※ '돗시'은 '돔'을 거듭적기(重綴)로 표기한 형태이다.

79) 飮食호매 : 飮食ㅎ[음식하다, 마시고 먹다 : 飮食(음식 : 명사) + -ㅎ(동접)-] + -옴(명전) + -애(-에 : 부조, 위치)

80) 반드시 : [반드시, 必(부사) : 반둧(반듯, 直 : 불어) + -이(부접)]

81) 얼운의게 : 얼운[어른, 長者(명사) : 얼(← 어르다 : 사랑의 짯으로 삼다, 娶)- + -우(사접)- + -ㄴ(관전▷명접)] + -의게(-에게 : 부조, 상대)

82) 밧 : 밧(← 밖 : 밖, 外)

83) 밧긔셔 : 밖(밖, 外) + -의(-에 : 부조, 위치) + -셔(-서 : 보조사, 위치 강조)

84) 산계를 : 산계(산계, 계산, 算計) + -를(목조)

85) 기브로 : 깁(비단, 帛) + -으로(부조, 방편)

86) 핟옷 : [핟옷, 솜을 둔 옷, 襦 : 핟(핫- : 솜을 둔, 접두)- + 옷(옷, 衣 : 명사)]

87) 고의 : 남자의 여름 홑바지이다. 한자를 빌려 '袴衣'로 적기도 한다.

88) 조차 : 좇(좇다, 따르다, 從)- + -아(연어)

89) 나조히 : 나조ㅎ(저녁, 夕) + -의(-에 : 부조, 위치)

90) 져머셔 : 졈(젊다, 幼)- + -어셔(-어서 : 연어, 상태의 유지, 강조)

91) ㅎ욜 : ㅎ(하다, 爲)- + -요(←-오 : 대상)- + -ㄹ(관전)

92) 례모 : 예모(禮貌). 예절에 맞는 몸가짐이다.

93) 비호딕 : 비호(배우다, 學)- + -딕(←-오딕 : -딕, 연어, 설명 계속)

94) 간이 : 간이(簡易). 간단하고 편리한 것이다.

95) 일로 : 일(일, 事) + -로(부조, 방편)

96) 니길 : 니기[익히다, 肄 : 닉(익다, 熟 : 자동)- + -이(사접)-]- + -ㄹ(관전)

열 해거든 나가서 밖의 스승에게 나아가, 밖에서 있으며, 자며, 글쓰기며 계산을 배우며, 옷을 비단으로 핫옷과 고의를 아니 하며, 禮(예)를 처음 가르친 대로 좇아(따라) 하며, 아침저녁에 젊어서 할 예모(禮貌)를 배우되 간이(簡易)하고 신실(信實)한 일로 請(청)하여 익힐 것이니라.

열히오[97] 쏘 세 히어든 음악을 비호며 모시 외오며 勺쟉으로 춤츠고[98] 아히 일어든[99] 象샹【勺쟉 象샹은 다 樂악章쟝[1]이라】으로 춤츠며 활쏘기와[2] 어거ᄒᆞ기를[3] 비홀 디니라

열이고 또 세 해이거든 음악을 배우며 모시(毛詩)를 외우며 勺(작)으로 춤추고, 아이가 다 자라거든 象(상)【勺(작)·象(상)은 다 樂章(악장)이다.】으로 춤추며 활쏘기와 어거하기를 배울 것이니라.

스믈 히어든 가관ᄒᆞ야[4] 비로소[5] 禮례를 비호며 可가히 뻐 갓옷[6]과 기블[7] 니브며 大대夏하【樂악章쟝이라】로 춤츠며 효도홈과 공슌호믈 도타이[8] 行ᄒᆡᆼᄒᆞ며 너비[9] 비호고 ᄀᆞᄅ치디 아니ᄒᆞ며 소개 두고 내디 아니홀 디니라

---

97) 열히오 : 열ᄒ(열, 十 : 수사, 양수) + -이(서조)- + -오(←-고 : 연어, 나열)
98) 춤츠고 : 춤츠[춤추다, 舞(동사) : ᄎ(←츠다 : 추다, 舞)- + -움(명접) + 츠(추다, 踊)-]- + -고(연어, 나열)
99) 일어든 : 일(成, 성장하다, 다 자라다)- + -어든(←-거든 : 연어, 조건)
1) 樂章 : 악장. '악곡(樂曲)'을 이른다.
2) 활쏘기와 : 활쏘기[활쏘기, 射 : 활(활, 弓 : 명사) + 쏘(쏘다, 射 : 타동)- + -기(명접)] + -와(←-과 : 접조)
3) 어거ᄒᆞ기를 : 어거ᄒᆞ[어거하다 : 어거(馭車 : 명사) + -ᄒᆞ(동접)-]- + -기(명전) + -를(목조)
   ※ '어거(馭車)'는 수레를 메운 소나 말을 부리어 모는 것이다.
4) 가관ᄒᆞ야 : 가관ᄒᆞ[가관하다 : 가관(가관, 加冠 : 명사) + -ᄒᆞ(동접)-]- + -야(←-아 : 연어)
   ※ '가관(加冠)'은 성년식인 관례를 치르며 갓을 처음 쓰는 것이다.
5) 비로소 : [비로소, 드디어, 始(부사) : 비롯(비롯하다, 始 : 자동)- + -오(부접)]
6) 갓옷 : [가죽옷 : 갓(←갗 : 가죽, 皮, 명사) + 옷(옷, 衣, 명사)]
7) 기블 : 깁(비단, 帛) + -을(목조)
8) 도타이 : [도타이, 惇(부사) : 도타(←도탑다, ㅂ불 : 도탑다)- + -이(부접)] ※ '도타이'는 '서로의 관계에 사랑이나 인정이 많고 깊게'의 뜻이다.
9) 너비 : [널리, 廣(부사) : 넙(넓다, 廣 : 형사)- + -이(부접)]

스물 해이거든 가관(加冠)하여 비로소 禮(예)를 배우며, 可(가)히 (그로써) 가죽옷과 비단으로써 입으며, 大夏(대하) 【樂章(악장)이다.】로 춤추며, 효도함과 공손함을 도타이 行(행)하며, 널리 배우고 가르치지 아니하며 (마음) 속에 두고 내지 아니할 것이니라. [1 : 5]

셜흔이어든 안해ᄅᆞᆯ[10] 두어 비르소 ᄉᆞ나ᄒᆡ 이를 다ᄉᆞ리며 너비 ᄇᆡ화 ᄀᆞᆮ[11] 업시 ᄒᆞ며 버들 손슌히[12] 호ᄃᆡ ᄠᅳ들 볼 디니라

서른이거든 아내를 두어 비로소 남자의 일을 다스리며, 널리 배워 자리를 가리지 않고 행하며, 벗에게 겸손히 하되 그 뜻을 볼 것이니라.

마ᄋᆞᆫ애[13] 비르소 벼슬ᄒᆞ야 일에 마초와[14] 계교를 내며 ᄉᆞ려[15]를 베펴[16] 道도ㅣ 맛거든[17] 일ᄋᆞᆯ ᄒᆞ야 좃고 可가티[18] 아니커든 나갈 디니라

마흔에 비로소 벼슬하여 일에 맞추어 계교(計巧)를 내며, 사려(思慮)를 베풀어서 道(도)가 (일에) 맞거든 일을 하여 좇고, 可(가)하지 아니하거든 (벼슬에서) 나갈 것이니라.

쉰에 命명으로 태위[19] 되여 구윗[20] 졍ᄉᆞᄅᆞᆯ[21] 맛다[22] ᄒᆞ고 닐흔에 이ᄅᆞᆯ[23]

10) 안해ᄅᆞᆯ : 안해(아내, 妻) + -ᄅᆞᆯ(목조)

11) ᄀᆞᆮ : 곳, 장소, 方(의명)

12) 손슌히 : [손순히, 겸손히(부사) : 손슌(손순 : 명사) + -ㅎ(← -ᄒᆞ- : 형접)- + -이(부접)]
※ '손순히'는 '남을 존중하고 자기를 내세우지 않는 태도로'의 뜻을 나타내는 말이다.

13) 마ᄋᆞᆫ애 : 마ᄋᆞᆫ(마흔, 40 : 수사, 양수) + -애(-에 : 부조, 위치) ※ '마ᅀᆞᆫ 〉 마ᄋᆞᆫ'의 변화는 이 시기에 /ㅿ/의 음소가 없어짐에 따라서, 'ㅿ' 글자도 소실되었음을 보여 준다. '마ᄋᆞᆫ애'는 '마ᄋᆞ내'를 끊어 적은 형태이다.(分綴)

14) 마초와 : 마초오[← 마초다(맞추다, 方) : 맞(맞다, 當 : 자동)- + -호(사접)-]- + -아(연어) ※ '마초와'는 '마초아'의 오기로 볼 수도 있으나, '맞초와'의 어형도 15세기와 16세기의 문헌에 제법 나타난다. 여기서는 기본적인 형태를 '마초아'로 잡고 '마초와'는 '마초아'가 변형된 꼴로 본다.

15) ᄉᆞ려 : 사려(思慮). 여러 가지 일에 대하여 깊게 생각하는 것이나 또는 그런 생각이다.

16) 베펴 : 베ㅍ(← 베프다 : 베풀다, 發)- + -어(연어)

17) 맛거든 : 맛(← 맞다 : 맞다, 合)- + -거든(연어, 조건)

18) 可티 : 可ㅎ[← 可ᄒᆞ다(가하다, 옳다, 좋다) : 可(가 : 불어) + -ㅎ(← -ᄒᆞ- : 형접)-]- + -디(-지 : 연어, 부정)

19) 태위 : 태우(대부, 大夫) + -ㅣ(← -이 : 보조) ※ '大夫(대부, 태우)'는 중국에서 벼슬아치를 세 등급으로 나눈 품계의 하나이다. 주나라 때에는 경(卿)의 아래이며 사(士)의 위였다.

도로²⁴⁾ 드릴²⁵⁾ 디니라

쉰에 命(명)으로 대부(大夫)가 되어 관청의 정사를 맡아 하고, 일흔에 일을 도로 (나라에) 드릴 것이니라.

---

20) 구윗 : 구의(← 그위 : 관청, 官) + -ㅅ(-의 : 관조)

21) 졍ᄉᆞ를 : 졍ᄉᆞ(정사, 政事) + -를(목조)

22) 맛다 : 맜(맡다, 服)- + -아(연어)

23) 이를 : 일(일, 事) + -을(목조)

24) 도로 : [도로, 反(부사) : 돌(돌다, 回 : 자동)- + -오(부접)]

25) 드릴 : 드리[드리다, 納 : 들(들다, 入 : 자동)- + -이(사접)-]- + -ㄹ(관전) ※ '일를 도로 드리다'는 어떤 일에서 사직(辭職)하는 것이다.

小쇼學혹諺언解히 卷권之지二이

內닉篇편

明명倫륜 第뎨二이
인륜을 붉키미니[1] 츠례예[2] 둘재라[3]

인륜을 밝힘이니 차례에 둘째이다.

孔공子즛ㅣ 曾증子즛ᄃ려[4] 닐러[5] ᄀᆞᆯᄋᆞ샤딕[6] 몸이며 얼굴이며[7] 머리털이며 슬흔[8]
父부母모씩 받즈온[9] 거시라[10] 敢감히 헐워[11] 샹히오디[12] 아니홈이 효도이 비르소미
오[13] 몸을 셰워[14] 道도를 行ᄒᆡᆼᄒᆞ야 일홈을 後후世셰예 베퍼[15] 뻐[16] 父부母모를

---

1) 붉키미니 : 붉키[밝히다 : 붉(밝다, 明 : 형사)- + -히(사접)-]- + -ㅁ(←-옴 : 명전) + -이(서조)- + -니(연어, 설명 계속)

2) 츠례예 : 츠례(차례, 次例) + -예(←-에 : 부조, 위치)

3) 둘재라 : 둘재[둘째(수사, 서수) : 둘(←둘ㅎ : 둘, 二, 수사, 양수) + -재(-째 : 접미, 서수)] + -Ø(←-이- : 서조)- + -Ø(현시)- + -라(←-다 : 평종)

4) 曾子ᄃ려 : 曾子(증자) + -ᄃ려(-에게, -더러 : 부조, 상대) ※ '曾子(증자)'는 중국 노나라의 유학자(BC506 ~ ?BC436)로서 본명은 증삼(曾參)이다. 공자의 덕행과 사상을 조술(祖述)하여 공자의 손자인 자사(子思)에게 전하였다. 후세 사람이 높여 증자(曾子)라고 일컬었으며, 저서에 『증자』(曾子), 『효경』(孝經) 따위가 있다.

5) 닐러 : 닐ᄅ(←니르다 : 이르다, 謂)- + -어(연어) ※ 15세기 국어에서는 '닐어'의 형태였으나, 이 시기에 '닐러'의 형태가 나타나기 시작한다. 16세기 후반에 유성 후두 마찰음인 /ㆆ/의 음소가 소멸하면서, 그 전 시기에 실현되었던 '닐어'가 '닐러'의 형태로 바뀐 형태이다.

6) ᄀᆞᆯᄋᆞ샤딕 : ᄀᆞᆯ(가로다 : 말하다, 曰)- + -ᄋᆞ샤(←-ᄋᆞ시- : 주높)- + -딕(←-오딕 : -되, 연어, 설명 계속)

7) 얼굴이며 : 얼굴(형체, 體) + -이며(접조)

8) 슬흔 : 살ㅎ(살갗, 피부, 膚) + -은(보조사, 주제)

9) 받즈온 : 받(받다, 受)- + -즈오(←-ᄌᆞᆸ- : 객높)- + -Ø(과시)- + -ㄴ(←-은 : 관전)

10) 거시라 : 것(것, 者 : 의명) + -이(서조)- + -Ø(현시)- + -라(←-아 : 연어)

11) 헐워 : 헐우[헐게 하다, 毁 : 헐(헐다, 毁 : 자동)- + -우(사접)-]- + -어(연어)

12) 샹히오디 : 샹히[상하게 하다 : 샹(상, 傷 : 불어) + -ᄒᆞ(동접)- + -ㅣ(←-이- : 사접) + -오(사접)-]- + -디(-지 : 연어, 부정)

13) 비르소미오 : 비릇(비롯하다, 始)- + -옴(명전) + -이(서조)- + -오(←-고 : 연어, 나열)

14) 셰워 : 셰우[세우다, 立 : 셔(서다, 立)- + -ㅣ(←-이- : 사접)- + -우(사접)-]- + -어(연어)

> 현뎌케¹⁷⁾ 홈이 효도익 ᄆᆞ춤이니라¹⁸⁾

孔子(공자)가 曾子(증자)에게 일러 말씀하시되, 몸과 형체와 머리털과 살은 父母(부모)께 받은 것이라, 敢(감)히 헐게 하여 상하게 하지 아니함이 효도의 시작이고, 입신(立身)하여 道(도)를 行(행)하여 이름을 後世(후세)에 베풀어, 그로써 父母(부모)를 드러나게 함이 효도의 마침이니라.

> 효도ᄂᆞᆫ 어버이 셤곰애¹⁹⁾ 비릇고²⁰⁾ 님금 셤곰애 가온듸오²¹⁾ 몸 셰옴애²²⁾ ᄆᆞᆮᄂᆞ니라²³⁾

효도는 어버이를 섬김에(서) 비롯하고, 임금을 섬김에 가운데이고, 몸을 세움(立身)에 마치느니라.

> 어버이를 ᄉᆞ랑ᄒᆞᄂᆞ니ᄂᆞᆫ²⁴⁾ 敢_감히 사ᄅᆞᆷ의게 믜여ᄒᆞ디²⁵⁾ 아니코²⁶⁾ 어버이를

---

15) 베퍼 : 베ᄑ(← 베프다 : 베풀다, 떨치다, 揚)- + -어(연어)

16) 뻐 : [그로써(부사) : 쓰(쓰다, 用)- + -어(연어▷부접)] ※ '뻐'는 한자 '以'를 직역한 것인데, 군더더기 표현이다.

17) 현뎌케 : 현뎌ᄒ[← 현뎌ᄒ다(현저하다, 드러나다) : 현뎌(顯著, 현저 : 불어) + -ᄒ(형접)-]- + -게(연어, 사동)

18) ᄆᆞ춤이니라 : ᄆᆞ춤[마침, 終 : 뭇(마치다, 終)- + -움(명접)] + -이(서조)- + -Ø(현시)- + -니(원칙)- + -라(← -다 : 평종)

19) 셤곰애 : 셤기(섬기다, 事)- + -옴(명전) + -애(-에 : 부조, 위치)

20) 비릇고 : 비릇(비롯하다, 始)- + -고(연어, 나열)

21) 가온듸오 : 가온듸(가운데, 中) + -Ø(← -이- : 서조)- + -오(← -고 : 연어, 나열)

22) 셰옴애 : 셰[세우다 : 셔(서다, 立)- + -ㅣ(← -이- : 사접)-]- + -옴(명전) + -애(-에 : 부조, 위치)
※ '몸 셰옴'은 『소학』(小學) 원문의 '立身(입신)'을 언해한 말인데, '立身'은 세상에서 떳떳한 자리를 차지하고 지위를 확고하게 세우는 것이다.

23) ᄆᆞᆮᄂᆞ니라 : ᄆᆞᆮ(← 뭇다 : 마치다, 끝나다, 終)- + -ᄂᆞ(현시)- + -니(원칙)- + -라(← -다 : 평종)
※ '믓ᄂᆞ니라〉ᄆᆞᆮᄂᆞ니라'의 변화는 종성의 음운 체계가 7종성 체계임을 시사한다.

24) ᄉᆞ랑ᄒᆞᄂᆞ니ᄂᆞᆫ : ᄉᆞ랑ᄒᆞ[사랑하다, 愛 : ᄉᆞ랑(사랑, 愛 : 명사) + -ᄒᆞ(동접)-]- + -ᄂᆞ(현시)- + -ㄴ(관전) # 이(이, 사람, 者 : 의명) + -ᄂᆞᆫ(보조사, 주제)

25) 믜여ᄒᆞ디 : 믜여ᄒᆞ[미워하다, 嫉 : 믜(미워하다, 嫉)- + -여(← -어 : 연어) + ᄒᆞ(하다 : 보용)-]- + -디(-지 : 연어, 부정)

26) 아니코 : 아니ᄒ[← 아니ᄒ다(아니하다, 不 : 보용, 부정) : 아니(아니, 不 : 부사, 부정) + -ᄒ(동접)-]- + -고(연어, 나열)

공경ᄒᆞᄂᆞ니ᄂᆞᆫ 敢_감히 사ᄅᆞᆷ의게 거만티²⁷⁾ 아니ᄒᆞᄂᆞ니 ᄉᆞ랑ᄒᆞ며 공경홈을 어버이
셤굠애 다ᄒᆞ면 德_덕으로 ᄀᆞᄅᆞ침이²⁸⁾ 百_{ᄇᆡᆨ}姓_셩의게 더어²⁹⁾ 四_{ᄉᆞ}海_{ᄒᆡ}예 法_법이 되리니
이³⁰⁾ 天_텬子_{ᄌᆞ}의 효도ㅣ니라³¹⁾

어버이를 사랑하는 이는 敢(감)히 사람에게 미워하지 아니하고, 어버이를 공경하는
이는 敢(감)히 사람에게 거만치 아니하나니, 사랑하며 공경함을 어버이를 섬김에 다하
면, 德(덕)으로 가르침이 百姓(백성)에게 더하여 四海(사해)에 法(법)이 되겠으니, 이것이
天子(천자)의 효도(孝道)이니라.

曲_곡禮_례³²⁾예 ᄀᆞᆯ오ᄃᆡ³³⁾ ᄉᆞ나히와³⁴⁾ 겨집이 듕인³⁵⁾ ᄃᆞ니미³⁶⁾ 잇디 아니ᄒᆞ얏거든³⁷⁾
서르 일홈을 아디 아니ᄒᆞ며 례믈³⁸⁾을 받디 아니ᄒᆞ얏거든 사괴디³⁹⁾ 아니ᄒᆞ며
親_친히 아니 홀⁴⁰⁾ ᄃᆡ니라⁴¹⁾

<hr>

27) 거만티 : 거만ᄒ[거만ᄒᆞ다(← 거만하다 : 거만하다, 倨慢) : 거만(거만, 倨慢 : 명사) + −ᄒᆞ(형접)−]− + −디
　　(−지 : 연어, 부정)

28) ᄀᆞᄅᆞ침이 : ᄀᆞᄅᆞ치(가르치다, 敎)− + −ㅁ(명전) + −이(주조) ※ 15세기에 '−옴/−움'으로 실현되던 명
　　사형 전성 어미가 이 시기에 '−ㅁ/−음'의 형태로 바뀌었음을 보여 준다.

29) 더어 : 더(← 더으다 : 더하다, 加)− + −어(연어)

30) 이 : 이(이것, 此 : 지대, 정칭) + −∅(←−이 : 주조)

31) 효도ㅣ니라 : 효도(효도, 孝道) + −ㅣ(←−이− : 서조)− + −∅(현시)− + −니(원칙)− + −라(←−다 :
　　평종)

32) 曲禮 : 곡례. '곡례(曲禮)'의 본래의 뜻은 행사(行事)의 경우 등에 몸가짐을 어떻게 할 것인가를 설명
　　한 예법(禮法)을 말한다. 이러한 예법을 총괄한 것이 『예기』(禮記)이다.

33) ᄀᆞᆯ오ᄃᆡ : ᄀᆞᆯ(가로다, 말하다, 曰)− + −오ᄃᆡ(−되 : 연어, 설명 계속)

34) ᄉᆞ나히와 : ᄉᆞ나히[사나이, 남자, 男 : ᄉᆞᆫ(남자, 壯丁 : 명사) + 아히(아이, 兒 : 명사)] + −와(←−과 :
　　접조)

35) 듕인 : 중인(中人). 중매인(中媒人)이다.

36) ᄃᆞ니미 : ᄃᆞ니[← ᄃᆞ니다(다니다, 行) : ᄃᆞ(닫다, 달리다, 走)− + 니(가다, 行)−]− + −ㅁ(←−옴 : 명전)
　　+ −이(주조) ※ 'ᄃᆞᆮ니다 → ᄃᆞ니다'의 변동은 /ㄷ/이 /ㄴ/으로 비음화한 형태이다.

37) 아니ᄒᆞ얏거든 : 아니ᄒᆞ[아니하다(아니하다, 不 : 보용, 부정) : 아니(아니, 不 : 부사, 부정) + −ᄒᆞ(동
　　접)−]− + −얏(←−앗− : 완료 지속)− + −거든(연어, 조건)

38) 례믈 : 예물(禮物)

39) 사괴디 : 사괴(사귀다, 親)− + −디(−지 : 연어, 부정)

40) 아니 홀 : 아니(아니, 不 : 부사, 부정) # ᄒ(← ᄒᆞ다 : 하다, 爲)− + −오(대상)− + −ㄹ(관전)

41) ᄃᆡ니라 : ᄃᆞ(← ᄃᆞ : 것, 의명) + −이(서조)− + −∅(현시)− + −니(원칙)− + −라(←−다 : 평종)

曲禮(곡례)에 가로되, 남자와 여자가 중매인이 다님이 있지 아니하였거든 서로 이름을 알지 아니하며, 예물을 받지 아니하였거든 사귀지 아니하며 親(친)히 아니 할 것이니라.

그러모로[42] 날와[43] 둘로 뻐 님금의 告고ᄒ며 지계ᄒ야[44] 뻐 鬼귀神신【조샹[45]을 닐옴이라[46]】쯰[47] 告고ᄒ며 술와 음식을 밍ᄀ라[48] 뻐 ᄆᆞ술과[49] 동관[50]과 벋을 블으ᄂᆞ니[51] 뻐 그 ᄀᆞᆯ희욤을[52] 두터이[53] 홈이니라[54]

그러므로 날과 달로써 임금께 告(고)하며, 재계(齋戒)하여 그로써 鬼神(귀신)【조상(祖上)을 말함이라.】께 告(고)하며, 술과 음식을 만들어, 그로써 마을 사람과 직장 동료와 벗을 부르니, 그렇게 함으로써 그 가림(= 아내를 선택함)을 두텁게 함이니라.

안해를[55] 얻우ᄃᆡ[56] 同동姓셩[57]을 얻디 아니ᄒᆞᄂᆞ니 그러모로 妾쳡을 삼애[58]

---

42) 그러모로 : [그러므로(부사, 접속) : 그러(그러 : 불어, 부사) + -∅(← -ᄒᆞ- : 형접)- + -모로(연어 ▷ 부접)]

43) 날와 : 날(날, 日) + -와(← -과 : 접조)

44) 지계ᄒ야 : 지계ᄒ[재계하다 : 지계(재계, 齋戒 : 명사) + -ᄒ(동접)-] + -야(← -아 : 연어)
※ '지계(齋戒)'는 종교적 의식 따위를 치르기 위하여, 몸과 마음을 깨끗이 하고 부정(不淨)한 일을 멀리 하는 것이다.

45) 조샹 : 조상(祖上)

46) 닐옴이라 : 닐(← 니ᄅᆞ다 : 이르다, 曰)- + -옴(명전) + -이(서조)- + -∅(현시)- + -라(← -다 : 평종)

47) 鬼神쯰 : 鬼神(귀신) + -쯰(-께 : 부조, 상대, 높임)

48) 밍ᄀ라 : 밍ᄀᆞᆯ(만들다, 製)- + -아(연어)

49) ᄆᆞ술 : ᄆᆞ술(← ᄆᆞᅀᆞᆶ : 마을, 村) + -과(접조) ※ 여기서 'ᄆᆞ술'은 '마을 사람'의 뜻으로 쓰였는데, 이 시기에는 'ᅀ'이 거의 소실되어서 문헌에 쓰인 예가 아주 드물다.

50) 동관 : '同官(동관)'은 한 관아에서 일하는 같은 등급의 관리나 벼슬아치를 이른다. 여기서는 '직장 동료'의 뜻으로 쓰였다.

51) 블으ᄂᆞ니 : 블으(← 브르다 : 부르다, 召)- + -ᄂᆞ(현시)- + -니(연어, 설명 계속) ※ '블으다'는 '브르다'를 오각한 형태이다.(과잉 분철)

52) ᄀᆞᆯ희욤을 : ᄀᆞᆯ희(가리다, 구별하다, 選, 別)- + -욤(← -옴 : 명전) + -을(목조)

53) 두터이 : 두터이[두텁게, 厚(부사) : 두터(← 두텁다, ㅂ불 : 두텁다, 厚, 형사)- + -이(부접)]
※ '두터이'는 '신의, 믿음, 관계, 인정 따위가 굳고 깊게'라는 뜻이다.

54) 홈이니라 : ᄒᆞ(← ᄒᆞ다 : 하다, 爲)- + -옴(명전) + -이(서조)- + -∅(현시)- + -니(원칙)- + -라(← -다 : 평종)

55) 안해를 : 안해[아내, 妻 : 안ㅎ(안, 內) + -애(-에 : 부조 ▷ 명접)] + -를(목조)

56) 얻우ᄃᆡ : 얻(얻다, 得)- + -우ᄃᆡ(-되 : 연어, 설명 계속) ※ '얻우ᄃᆡ'는 용언의 어간과 어미를 분철하여 표기한 예인데, 체언과 조사를 분철하여 표기한 예보다 매우 드물게 나타난다.

> 그 姓_셩을 아디 몯ᄒ거든 졈복홀⁵⁹⁾ 디니라

아내를 얻되 同姓(동성)을 얻지 아니하나니, 그러므로 妾(첩)을 삼음에 그 姓(성)을 알지 못하거든 점복(占卜)할 것이니라.

> 士_ㅅ昏_혼禮_례【儀_의禮_례篇_편 일홈이라】예 글오듸 아비⁶⁰⁾ 아ᄃᆞᆯ을 醮_쵸⁶¹⁾【친영⁶²⁾홀 제
> 술 머켜⁶³⁾ 보내ᄂᆞᆫ 례되라⁶⁴⁾】홀 제 命_명ᄒᆞ야 글오듸 가 너 도을⁶⁵⁾ 이를 마자
> 우리 종묘ㅅ⁶⁶⁾ 일을 니오듸⁶⁷⁾ 힘뻐⁶⁸⁾ 공경오로⁶⁹⁾ 뻐 거느려 어미를 니을 이니⁷⁰⁾
> 네 곧 덛덛홈을 두라 아ᄃᆞᆯ이 글오듸 그리호링이다⁷¹⁾ 오직 감당티⁷²⁾ 몯홀가⁷³⁾

---

57) 同姓 : 동성. 같은 성씨(姓氏)이다.

58) 삼애 : 삼(삼다, 爲)- + -ㅁ(←-옴/-음 : 명전) + -애(←-에 : 부조, 위치) ※ '삼애'는 '사모매'를 오각한 형태이다.

59) 졈복홀 : 졈복ᄒ[← 졈복ᄒ다 졈복하다, 점을 치다 : 졈복(졈복, 占卜 : 명사)- + -ᄒ(동접)-]- + -오(대상)- + -ㄹ(관전)

60) 아비 : 아비(아버지, 父) + -∅(←-이 : 주조)

61) 醮 : 초. 관례(冠禮)나 혼례(婚禮)에서 마지막으로 행하는 의식으로, 복건을 쓰고 난삼을 입고 신을 신는 의식인 삼가(三加)가 끝난 뒤에 행하는 축하연을 이른다.

62) 친영 : 친영(親迎). 육례의 하나로서, 신랑이 신부의 집에 가서 신부를 직접 맞이하는 의식이다.

63) 머켜 : 머키[← 머키다(먹이다, 먹게 하다) : 먹ㄱ(← 먹다, 食 : 타동)- + -히(사접)-]- + -어(연어) ※ '머켜'는 '먹-'의 종성인 /ㄱ/을 'ㄱㄱ'으로 거듭 적은 형태이다.

64) 례되라 : 례도(禮度, 예의와 법도) + -ㅣ(←-이- : 서조)- + -∅(현시)- + -라(←-다 : 평종)

65) 도을 : 도(← 돕다, ㅂ불 : 돕다, 助)- + -을(관전) ※ '도을'은 '도울'을 오각한 형태이다.

66) 종묘ㅅ : 종묘(종묘, 宗廟) + -ㅅ(-의 : 관조)

67) 니오듸 : 니(← 닛다, ㅅ불 : 잇다, 承)- + -오듸(-되 : 연어, 설명 계속) ※ 15세기의 '니ᅀᅩ듸>니오듸'의 변화는, 이 시기에 /ㅿ/이 소멸되었음을 시사한다.

68) 힘뻐 : 힘ᄡᅥ[← 힘ᄡᅳ다(힘쓰다, 力) : 힘(힘, 力 : 명사) + ᄡᅳ(쓰다, 用 : 동사)-]- + -어(연어)

69) 공경오로 : 공경(공경, 恭敬) + -오로(←-ᄋᆞ로 : 부조, 방편)

70) 니을 이니 : 니(← 닛다, ㅅ불 : 잇다, 嗣)- + -을(관전) # 이(것, 者 : 의명) + -∅(←-이- : 서조)- + -니(연어, 설명 계속) ※ 15세기의 '니ᅀᅳᆯ>니을'의 변화는, /ㅿ/이 소멸되었음을 시사한다.

71) 그리호링이다 : 그리ᄒ[그렇게 하다 : 그리(그리 : 부사) + -ᄒ(동접)-]- + -오(화자)- + -리(미시)- + -ᅌᅵ이(←-이- : 상높)- + -다(평종) ※ 상대 높임의 선어말 어미가 '-이-'에서 '-ᅌᅵ이-'로 바뀌어 표기되었다. 이는 이 시기에 /ㆁ/이 초성에 쓰이지 않기 때문에 생긴 과도기적인 표기이다.

72) 감당티 : 감당ᄒ[← 감당ᄒ다(감당하다) : 감당(감당, 堪當 : 명사) + -ᄒ(동접)-]- + -디(-지 : 연어, 부정)

73) 몯홀가 : 몯ᄒ[못하다(보용, 부정) : 몯(못, 不能 : 부사, 부정) + -ᄒ(동접)-]- + -ㄹ가(-ㄹ까 : 의종, 판정, 미시)

젓솝거니와[74] 敢_감히 命_명을 닛디[75] 아니호링이다[76]

士昏禮(사혼례)【儀禮篇(의례편)의 이름이다.】에 이르되, 아버지가 아들을 醮(초)【친영(親迎)할 때 술을 먹여 보내는 예도(禮度)이다.】할 때에, 命(명)하여 가로되 "가서 너를 도울 이를 맞아 우리 종묘(宗廟)의 일을 잇되, 힘써서 공경(恭敬)으로써 거느려 어머니를 이을 것이니, 네가 곧 떳떳함을 두라." 아들이 이르되 "그리하겠습니다. 오직 감당하지 못할까 두려워하거니와, 敢(감)히 命(명)을 잊지 아니하겠습니다."

아비 똘을 보낼 제 命_명호야 굴오디 경계호며 조심호야 일졈을이[77] 호야 命_명을 어글웃디[78] 말라

아버지가 딸을 보낼 때에 命(명)하여 가로되, "경계(警戒)하며 조심하여 온종일 하여 命(명)을 어기지 말라."

어미 씌[79] 씌이고[80] 슈건 미오[81] 굴오디 힘쓰며 조심호야 일졈을이 호야 집일을 어글웃디 말라

어머니가 (딸에게) 띠(= 옷고름)를 띠게 하고, 수건(手巾)을 매고(= 매게 하고) 가로되, "힘

---

74) 젓솝거니와 : 젓(← 젛다 : 두려워하다, 恐)- + -솝(←-습- : 공손)- + -거니와(연어, 대조)
※ 이 시긴에는 제2 음절 이하에서 /·/가 소실됨에 따라서, '-습-'이 '-솝-'의 형태로 바뀌었다. 그리고 '-솝-'의 의미도 원래의 객체 높임의 뜻이 없고 공손(恭遜)의 뜻으로 바뀌었다.

75) 닛디 : 닛(← 닛다 : 잊다, 忘)- + -디(-지 : 연어, 부정)

76) 아니호링이다 : 아니ᄒᆞ[← 아니ᄒᆞ다(아니하다 : 보용, 부정) : 아니(부사, 부정) + -ᄒᆞ(동접)-]- + -오(화자)- + -리(미시)- + -ㅇ이(← -이- : 상높)- + -다(평종)

77) 일졈을이 : ① 일졈을이[← 일져므리(온종일, 내내, 夙夜 : 부사) : 일(← 이르다 : 夙, 동사)- + 져믈(← 져믈다 : 저물다, 暮, 동사)- + -이(부접)] ② 일졈을이[← 일져므리(온종일, 내내, 夙夜 : 부사) : 일(일찍, 이르게 : 부사) + 졈을(저물다 : 자동)- + -이(부접)]

78) 어글웃디 : 어글웃(← 으긔룿다 : 어긋나다, 어기다, 違)- + -디(-지 : 연어, 부정)

79) 씌 : 띠, 옷고름, 衿.

80) 씌이고 : 씌이[띠게 하다, 매게 하다, 帶 : 씌(띠다, 매다 : 타동)- + -이(사접)-]- + -고(연어, 계기)

81) 미오 : 미(매다, 結)- + -오(← -고 : 연어, 계기) ※ 사동사인 '씌이고'의 의미와 형태를 미루어 보면, '미오'를 '미이[매게 하다(사동사) : 미(매다, 結 : 타동)- + -∅(← -이- : 사접)-]- + -오(← -고 : 연어, 계기)'로 분석할 수 있다.

쓰며 조심하여 온종일 하여 집일을 어긋나게 하지 말라."

> 유익혼 이[82] 세 가짓 벋이오 해로온 이 세 가짓 벋이니 直딕혼 이를 벋호며 신실혼 이를 벋호며 들온[83] 것 한 이를 벋호면 유익호고 거동만[84] 니근[85] 이를 벋호며 아당호기[86] 잘 호는 이를 벋호며 말솜만 니근 이를 벋호면 해로온이라[87]

유익한 것이 세 가지 벗이고 해로운 것이 세 가지 벗이니, 정직한 이를 벗하며 신실(信實)한 이를 벗하며 들은 것이 많은 이를 벗하면 유익하고, 거동(擧動)만 익은 이를 벗하며 아첨하기를 잘하는 이를 벗하며 말만 익은 이를 벗하면 해로우니라.

> 孟밍子z ㅣ 굴ᄋ샤듸 얼운이로라[88] ᄒ야 삐디[89] 아니ᄒ며 貴귀호라[90] ᄒ야 삐디 아니ᄒ며 兄형弟뎨를 삐[91] 벋ᄒ디 아닐[92] 디니[93] 벋이란[94] 거슨 그 德덕을

---

82) 이 : 이(것, 이, 者 : 의명) + -Ø(←-이 : 주조)

83) 들온 : 들(← 듣다, ㄷ불 : 듣다, 聞)- + -Ø(과시)- + -오(대상)- + -ㄴ(관전)

84) 거동만 : 거동(거동, 겉행동, 擧動) + -만(보조사, 한정) ※ '-만'은 15세기 문법에서는 의존 명사로 잡았으나, 16세기 이후에는 현대어처럼 보조사로 처리한다.(허웅, 1989 : 123)

85) 니근 : 닉(익다, 익숙하다, 熟)- + -Ø(과시)- + -은(관전)

86) 아당ᄒ기 : 아당ᄒ[아첨하다, 佞 : 아당(아첨, 阿諂 : 명사) + -ᄒ(동접)-]- + -기(명전)

87) 해로온이라 : 해로오[← 해롭다, ㅂ불(해롭다, 損 : 형사) : 해(해, 害 : 명사) + -로오(←-롭- : 형접)-]- + -니(←-ᄋ니 : 원칙)- + -라(←-다 : 평종)' ※ '해로온이라'에 대응되는 〈小學〉 원문이 '損矣(= 해롭다)'이고, 그 아래 문단의 문장에서 서술어가 모두 '거시니라'와 'ᄒᄂ니라'로 실현되었다. 이러한 점을 감안하면 '해로온이라'는 '해로오니라'를 오각한 형태인 것으로 보인다.(과잉 분철)

88) 얼운이로라 : 얼운[어른, 長(명사) : 얼(교합하다, 娶)- + -우(사접)- + -ㄴ(관전▷명접)] + -이(서조)- + -Ø(현시)- + -로(←-오 : 화자)- + -라(←-다 : 평종)

89) 삐디 : 삐(끼다, 挾)- + -디(-지 : 연어, 부정) ※ '삐다'는 한문 원문의 '挾(협)'을 직역한 것으로 '가까이하다, 아끼다, 친하게 지내다' 등으로 의역할 수 있다.

90) 貴호라 : 貴ᄒ[← 貴ᄒ다(귀하다) : 貴(귀 : 불어) + -ᄒ(형접)-]- + -Ø(현시)- + -오(화자)- + -라(←-다 : 평종)

91) 삐 : 삐(끼다, 挾)- + -어(연어)

92) 아닐 : 아니[← 아니ᄒ다(아니하다 : 보용, 부정) : 아니(부사, 부정) + -ᄒ(동접)-]- + -ㄹ(관전)

93) 디니 : ᄃ(← ᄃ : 것, 의명) + -이(서조)- + -니(연어, 설명 계속)

94) 벋이란 : 벋(벗, 友) + -이(서조)- + -Ø(현시)- + -라(←-다 : 평종) + -ㄴ(관전) ※ '벋이란'은 '벋이라 ᄒᄂ'의 준말이다.

벋삼는 디라⁹⁵⁾ 可_가히⁹⁶⁾ 뻐⁹⁷⁾ 삠을⁹⁸⁾ 두디 몯홀 거시니라

孟子(맹자)가 이르시되, (내가) 어른이라고 하여 끼지(挾) 아니하며, 貴(귀)하다고 하여 끼지 아니하며, 兄弟(형제)를 껴서 벗하지 아니할 것이니, 벗이란 것은 그 德(덕)을 벗삼는 것이니, 可(가)히 그로써 끼는 것을 두지 못할 것이니라.

曲_곡禮_례예 굴오디 君_군子_ㅈ는 사름이⁹⁹⁾ 즐겨¹⁾ 홈을 다ᄒᆞ디²⁾ 아니ᄒᆞ며 사름이 졍셩³⁾을 다ᄒᆞ디 아니ᄒᆞ야 뻐 사괴욤을 오을게⁴⁾ ᄒᆞᄂᆞ니라

曲禮(곡례)에 이르되, 君子(군자)는 (다른) 사람이 (군자 자신을) 즐거워함(歡)을 다하지 아니하며, (다른) 사람이 (군자 자신에게) 정성(精誠)을 다하지 아니하여, 그로써 사귐을 온전하게 하느니라.⁵⁾

---

95) 디라 : ㄷ(← ᄃᆞ : 것, 의명) + -이(서조)- + -Ø(현시)- + -라(←-아 : 연어, 이유나 근거)

96) 可히 : [가히, 능히, 넉넉히(부사) : 可(가 : 불어) + -ᄒᆞ(←-ᄒᆞ- : 형접)- + -이(부접)]

97) 뻐 : [그것으로써 : ㅄ(← 쓰다 : 쓰다, 用)- + -어(연어 ▷부접)] ※ 여기서는 '뻐'는 '그것으로써'로 의역할 수 있는데, 이는 곧 앞에서 제시된 '얼운', 貴홈, 兄弟 등의 조건을 가리킨다.

98) 삠을 : 삐(끼다, 挾)- + -ㅁ(←-옴 : 명전) + -을(목조)

99) 사름이 : 사름(사람, 人) + -이(-의 : 관조, 의미상 주격)

1) 즐겨홈을 : 즐겨ᄒᆞ[즐겨하다, 歡 : 즑(즐거워하다, 홈 : 자동)- + -이(사접)- + -어(연어) + ᄒᆞ(하다 : 보용)-]- + -옴(명전) + -을(목조)

2) 다ᄒᆞ디 : 다ᄒᆞ[다하다, 盡, 歇 : 다(다, 悉 : 부사) + ᄒᆞ(동접)-]- + -디(-지 : 연어, 부정)

3) 졍셩 : 정성(精誠)

4) 오을게 : 오을(온전하다, 全)- + -게(연어, 사동)

5) 曲禮曰 君子不盡人之歡 不竭人之忠 以全交也 : 곡례에 이르되, "군자는 남들이 자신을 극진하게 환대하여 줄 것을 기대하지 않고, 남들이 정성을 다해 자신에게 대하는 것을 바라지 않음으로써, 벗과 사귀는 것을 온전하게 유지한다."

참고 문헌

강성일(1972), 「중세국어 조어론 연구」, 『동아논총』 9, 동아대학교.

강신항(1990), 『훈민정음연구』(증보판), 성균관대학교 출판부.

강인선(1977), 「15세기 국어의 인용구조 연구」, 석사학위 논문, 서울대학교.

고성환(1993), 「중세국어 의문사의 의미와 용법」, 『국어학논집』 1, 태학사.

고영근(1981), 『중세국어의 시상과 서법』, 탑출판사.

고영근(1995), 「중세어의 동사형태부에 나타나는 모음동화」, 『국어사와 차자표기-소곡 남
  풍현 선생 화갑 기념 논총』, 태학사.

고영근(2006), 『개정판 표준 중세국어 문법론』, 집문당.

고영근(2010), 『제3판 표준 중세국어 문법론』, 집문당.

고창수(1992), 「국어의 통사적 어형성」, 『국어학』 22, 국어학회.

곽용주(1986), 「'동사 어간 -다' 부정법의 역사적 고찰」, 『국어연구』 138, 국어연구회.

교육인적자원부(2010), 『고등학교 교사용 지도서 문법』, (주)두산동아.

교육인적자원부(2010), 『고등학교 문법』, (주)두산동아.

구본관(1996), 「15세기 국어 파생법에 대한 연구」, 박사학위 논문, 서울대학교.

국립국어원, 『표준 국어 대사전』, 인터넷판.

권용경(1990), 「15세기 국어 서법의 선어말어미에 대한 연구」, 『국어연구』 101, 국어연구회.

김문기(1999), 『중세국어 매인풀이씨 연구』, 석사학위 논문, 부산대학교.

김동소(1998), 『한국어 변천사』, 형설출판사.

김소희(1996), 「16세기 국어의 '거/어'의 교체에 대한 연구」, 『국어연구』 142, 국어연구회.

김송원(1988), 「15세기 중기 국어의 접속월 연구」, 박사학위 논문, 건국대학교.

김영욱(1990), 「중세국어 관형격조사 '익/의, ㅅ'의 기술과 관련된 문제 해결을 위하여」, 『주
  시경학보』 8, 탑출판사.

김영욱(1995), 『문법형태의 역사적 연구』, 박이정.

김정아(1985), 「15세기 국어의 '-ㄴ가' 의문문에 대하여」, 『국어국문학』 94, 국어국문학회.

김정아(1993), 「15세기 국어의 비교구문 연구」, 박사학위 논문, 서울대학교.

김진형(1995), 「중세국어 보조사에 대한 연구」, 『국어연구』 136, 국어연구회.

김차균(1986), 「월인천강지곡에 나타나는 표기체계와 음운」, 『한글』 182호, 한글학회.

김철환(1986), 『漢韓大字典』, 민중서림.

김충회(1972), 「15세기 국어의 서법체계 시론」, 『국어학논총』 5·6, 단국대학교.

김형규(1981), 『국어사 개요』, 일조각.

나진석(1971), 『우리말 때매김 연구』, 과학사.

나찬연(2004), 『우리말 잉여표현 연구』, 도서출판 월인.

나찬연(2011), 『수정판 옛글 읽기』, 도서출판 월인.

나찬연(2012), 제3판 『중세 국어 문법의 이해 - 문제편』, 경진출판.

나찬연(2013ㄱ), 제2판 『언어·국어·문화』, 월인.

나찬연(2013ㄴ), 제2판 『훈민정음의 이해』, 월인.

나찬연(2017), 제5판 『현대 국어 문법의 이해』, 월인.

나찬연(2019), 『국어 어문 규정의 이해』, 월인.

나찬연(2020ㄱ), 『국어 교사를 위한 학교 문법』, 경진출판.

나찬연(2020ㄴ), 『중세 국어 강독』, 경진출판.

나찬연(2020ㄷ), 『근대 국어 강독』, 경진출판.

나찬연(2022), 『중세 국어 서답형 문제집』, 경진출판.

남광우(2009), 『교학 고어사전』, (주)교학사.

남윤진(1989), 「15세기 국어의 접속어미에 대한 연구」, 『국어연구』 93, 국어연구회.

노동헌(1993), 「선어말어미 '-오-'의 분포와 기능 연구」, 『국어연구』 114, 국어연구회.

류광식(1990), 「15세기 국어 부정법의 연구」, 박사학위 논문, 건국대학교.

리의도(1989), 「15세기 우리말의 이음씨끝」, 『한글』 206, 한글학회.

민현식(1988), 「중세국어 어간형 부사에 대하여」, 『선청어문』 16·17집, 서울대학교 국어교육과.

민현식(1999), 『국어 정서법 연구』, 태학사.

박태영(1993), 「15세기 국어의 사동법 연구」, 석사학위 논문, 단국대학교.

박희식(1984), 「중세국어의 부사에 대한 연구」, 『국어연구』 63, 국어연구회.

배석범(1994), 「용비어천가의 문제에 대한 일고찰」, 『국어학』 24, 국어학회.

성기철(1979), 「15세기 국어의 화계 문제」, 『논문집』 13, 서울산업대학교.

손세모돌(1992), 「중세국어의 'ㅂ리다'와 '디다'에 대한 연구」, 『주시경학보』 9, 탑출판사.

안병희·이광호(1993), 『중세국어문법론』, 학연사.

양정호(1991), 「중세국어의 파생접미사 연구」, 『국어연구』 105, 국어연구회.

유동석(1987), 「15세기 국어 계사의 형태 교체에 대하여」, 『우해 이병선 박사 회갑 기념 논총』.

이관규(2002), 『개정판 학교문법론』, 월인.

이광정(1983), 「15세기 국어의 부사형어미」, 『국어교육』 44·45, 국어교육학회.

이광호(1972), 「중세국어 '사이시옷' 문제와 그 해석 방안」, 『국어사 연구와 국어학 연구 - 안 병희 선생 회갑 기념 논총』, 문학과지성사.

이광호(1972), 「중세국어의 대격 연구」, 『국어연구』 29, 국어연구회.

이광호(1995), 「후음 'ㅇ'과 중세국어 분철표기의 신해석」, 『국어사와 차자표기 - 남풍현 선생 회갑기념』, 태학사.

이기문(1963), 『국어표기법의 역사적 연구』(신정판), 한국연구원.

이기문(1998), 『국어사개설』(신정판), 태학사.

이숭녕(1981), 『중세국어문법』(개정 증보판), 을유문화사.

이승희(1996), 「중세국어 감동법 연구」, 『국어연구』 139, 국어연구회.

이정택(1994), 「15세기 국어의 입음법과 하임법」, 『한글』 223, 한글학회.

이주행(1993), 「후기 중세국어의 사동법」, 『국어학』 23, 국어학회.

이태욱(1995), 「중세국어의 부정법 연구」, 박사학위 논문, 성균관대학교.

이현규(1984), 「명사형어미 '-기'의 변화」, 『목천 유창돈 박사 회갑 기념 논문집』, 계명대학교 출판부.

이현희(1995), 「'-ᄊᆞ'와 '-沙'」, 한일어학논총 간행위원회 편, 『한일어학논총』, 국학자료원.

이홍식(1993), 「'-오-'의 기능 구명을 위한 서설」, 『국어학논집』 1, 태학사.

임동훈(1996), 「어미 '시'의 문법」, 박사학위 논문, 서울대학교.

전정례(1995), 「새로운 '-오-' 연구」, 한국문화사.

정 철(1954), 「원본 훈민정음의 보존 경위에 대하여」, 『국어국문학』 9, 국어국문학회.

정재영(1996), 『중세국어 의존명사 'ᄃᆞ'에 대한 연구』(국어학총서 23), 태학사.

최동주(1995), 「국어 시상체계의 통시적 변화에 관한 연구」, 박사학위 논문, 서울대학교.

최현배(1961), 『고친 한글갈』, 정음사.

최현배(1980=1937), 『우리말본』, 정음사.

한글학회(1985), 『訓民正音』(영인본).

한재영(1984), 「중세국어 피동구문의 특성에 대한 연구」, 『국어연구』 61, 국어연구회.

한재영(1986), 「중세국어 시제체계에 관한 관견」, 『언어』 11(2), 한국언어학회.

한재영(1990), 「선어말어미 '-오/우-'」, 『국어 연구 어디까지 왔나』, 동아출판사.

한재영(1992), 「중세국어의 대우체계 연구」, 『울산어문논집』 8, 울산대학교 국어국문학과.

허웅(1975=1981), 『우리 옛말본』, 샘문화사.

허웅(1981), 『언어학』, 샘문화사.

허웅(1986), 『국어 음운학』, 샘문화사.

허웅(1989), 『16세기 우리 옛말본』, 샘문화사.

허웅(1992), 『15·16세기 우리 옛말본의 역사』, 탑출판사.

허웅(1999), 『20세기 우리말의 통어론』, 샘문화사.

허웅(2000), 『20세기 우리말의 형태론(고침판)』, 샘문화사.

허웅·이강로(1999), 『주해 월인천강지곡』, 신구문화사.

홍윤표(1969), 「15세기 국어의 격연구」, 『국어연구』 21, 국어연구회.

홍윤표(1994), 「중세국어의 수사에 대하여」, 『국문학논집』, 단국대학교 국어국문학과.

홍종선(1983), 「명사화어미의 변천」, 『국어국문학』 89, 국어국문학회.

황선엽(1995), 「15세기 국어의 '-(으)니'의 용법과 기원」, 『국어연구』 135, 국어연구회.

河野六郎(1945), 朝鮮方言學試攷—「鋏」語考, 京城帝國大學校文學會論聚 第十一輯, 京城: 東都
　　書籍株式會社 京城支店.

Bloomfield. L.(1962), "Language", Ruskin House, George Allen & Unwin LTD.

Greenberg. H.(ed)(1963), "Universals of Language", MIT Press.

kuno, S.(1980), "Discourse Deletion", Harvard Studies in Syntax and Semantics. vol. Ⅲ.

Sampson, Goeffrey(1985), "Writing System", Stanford Univ Press.

Sturtevant, Edgar H.(1947), "An Introduction to Linguistic Science", New Haven: Yale
　　University Press.

지은이 **나찬연**은 1960년 부산에서 태어났다. 부산대학교 국어국문학과를 나오고(1986), 같은 학교 대학원에서 문학 석사(1993)와 문학 박사(1997)의 학위를 받았다. 지금은 경성대학교 국어국문학과에서 교수로 재직하고 있으면서 국어학과 국어교육 분야의 강의를 하고 있다.

주요 논저

우리말 이음에서의 삭제와 생략 연구(1993), 우리말 의미중복 표현의 통어·의미 연구(1997), 우리말 잉여 표현 연구(2004), 옛글 읽기(2011), 벼리 한국어 회화 초급 1, 2(2011), 벼리 한국어 읽기 초급 1, 2(2011), 제2판 언어·국어·문화(2013), 제2판 훈민정음의 이해(2013), 근대 국어 문법의 이해-강독편(2013), 표준 발음법의 이해(2013), 제5판 현대 국어 문법의 이해(2017), 쉽게 읽는 월인석보 서, 1, 2, 4, 7, 8, 9, 10, 11(2017~2022), 쉽게 읽는 석보상절 3, 6, 9, 11, 13, 19(2017~2019), 제2판 학교 문법의 이해 1, 2(2018), 한국 시사 읽기(2019), 한국 문화 읽기(2019), 국어 어문 규정의 이해(2019), 현대 국어 의미론의 이해(2019), 국어 교사를 위한 고등학교 문법(2020), 중세 국어의 이해(2020), 중세 국어 강독(2020), 근대 국어 강독(2020), 길라잡이 현대 국어 문법(2021), 길라잡이 국어 어문 규정(2021), 중세 국어 서답형 문제집(2022)

*전자메일 : ncy@ks.ac.kr
*전화번호 : 051-663-4212

* '학교문법교실(http://scammar.com)'의 자료실에서는 학교 문법과 관련된 각종 자료를 제공합니다. 그리고 학교문법교실의 '문답방'을 통하여 독자들의 질문에 대하여 지은이가 직접 피드백을 합니다.

중세 국어 입문
- 이론과 강독 -

©나찬연, 2020

1판 1쇄 발행__2020년 05월 10일
1판 2쇄 발행__2023년 01월 30일

지은이__나찬연
펴낸이__양정섭

펴낸곳__경진출판
　　　　등록__제2010-000004호
　　　　이메일__mykyungjin@daum.net
　　　　사업장주소__서울특별시 금천구 시흥대로 57길(시흥동) 영광빌딩 203호
　　　　전화__070-7550-7776　**팩스**__02-806-7282

값 14,500원
ISBN 978-89-5996-738-4 93710